PODER CONSTITUINTE
E
PODER POPULAR

(Estudos sobre a Constituição)

José Afonso da Silva

PODER CONSTITUINTE
E
PODER POPULAR

(Estudos sobre a Constituição)

1ª edição, 3ª tiragem

PODER CONSTITUINTE E PODER POPULAR
(Estudos sobre a Constituição)

© José Afonso da Silva

1ª edição, 1ª tiragem, 03.2000; 2ª tiragem, 02.2002.

ISBN 978-85-7420-152-8

Direitos reservados desta edição por
MALHEIROS EDITORES LTDA.
Rua Paes de Araújo, 29, conjunto 171
CEP 04531-940 — São Paulo — SP
Tel.: (0xx11) 3078-7205
Fax: (0xx11) 3168-5495
URL: www.malheiroseditores.com.br
e-mail: malheiroseditores@terra.com.br

Composição
PC Editorial Ltda.

Capa
Criação: Vânia Lúcia Amato
Arte: PC Editorial Ltda.

Impresso no Brasil
Printed in Brazil
01-2007

Quando nas praças s'eleva
Do povo a sublime voz...
Um raio ilumina a treva
O Cristo assombra o algoz...
...
A praça! A praça é do povo
Como o céu é do condor.
É o antro onde a liberdade
Cria águias em seu calor.
Senhor!... pois quereis a praça?
Desgraçada a populaça
Só tem a rua de seu...
Ninguém vos rouba os castelos
Tendes palácios tão belos...
Deixai a terra ao Antreu.
(Castro Alves, *O Povo ao Poder*)

Quem é professor nato considera cada coisa
apenas em relação aos seus alunos
– inclusive a si mesmo.
(Nietzsche, *Além do Bem e do Mal*, máx. 63)

El amor mismo no se fatiga...
Porque esta agua hace cada vez
más sediento cuanto más se bebe.
(Max Scheler, *Ordo amoris*, p. 49)

SUMÁRIO

O cruzamento da aranha caranguejeira
com o marimbondo do mato 11

PRIMEIRA PARTE: CONSTITUINTE – CONSTITUIÇÃO – DEMO-
CRACIA

Constituinte: Caminho para uma Nova Ordem Constitucional

1. Necessidade de uma nova Constituição 17
2. Equilíbrio entre o poder estatal e os direitos fundamentais do Homem 20
3. Equilíbrio federativo 23
4. Equilíbrio entre os poderes governamentais 26
5. Convocação da Assembléia Nacional Constituinte 29
Debates 35

Constituinte e Regime Democrático

1. Introdução 42
2. Conceito de democracia 43
3. Princípios e qualificações da democracia 46
4. Exercício do poder democrático 47
5. Democracia representativa 47
6. Democracia participativa 50
7. Conclusão 52
Debates 52

Constituinte

1. Constituição 66
2. Poder constituinte 67
3. Atuação do poder constituinte 68
4. Exercício do poder constituinte 70
5. Assembléia Constituinte soberana 72
6. Referendo constitucional 75
7. Convocação da Assembléia Nacional Constituinte 78
8. Conclusão de 1999 79

Poder Constituinte e Poder Popular (A Experiência Brasileira)

1. Introdução 82
2. Poder constituinte 82
3. O poder popular e procedimento 86

4. O conflito entre o princípio popular e o princípio monárquico no constitucionalismo brasileiro 88
5. O conflito entre o poder popular e o poder oligárquico 93
6. A Revolução de 1930 e novas frustrações do povo 96
7. O poder popular e redemocratização de 1946 101
8. O conflito entre o poder popular e o poder militar 103
9. O princípio popular e a Constituição de 1988 107
10. Conclusão 112

Corrupção e Estado Democrático de Direito (O Caso Brasileiro)

1. Democracia e Estado de Direito 114
2. Estado Liberal de Direito 115
3. Estado Social de Direito 117
4. Ética no Estado de Direito 119
5. Legalidade e moralidade 121
6. Poder e moralidade no Brasil 122
7. O Estado Democrático de Direito e a ética política 125
8. A lei no Estado Democrático de Direito 126
9. Constitucionalidade do princípio da moralidade 127
10. O processo do *impeachment* 129
11. Conclusão: uma tarefa fundamental do Estado Democrático de Direito 134

SEGUNDA PARTE: CIDADANIA – DIGNIDADE – DIREITOS HUMANOS

Faculdades de Direito e Construção da Cidadania

1. Introdução 137
2. Cidadania e democracia 138
3. Os direitos do Homem e do Cidadão 138
4. Uma nova dimensão da cidadania 140
5. O papel das Faculdades de Direito 142

A Dignidade da Pessoa Humana como Valor Supremo da Democracia

1. Fundamento constitucional 144
2. Pessoa humana 145
3. Dignidade 146
4. Proteção constitucional da dignidade humana 146
5. Natureza da dignidade tutelada 148
6. Conclusão 149

Acesso à Justiça e Cidadania

1. Introdução 150
2. Cidadania e seus direitos 151
3. Acesso à Justiça 152
4. Justiça igual para todos 155
5. Acesso à Justiça e organização judiciária 158
6. Pontos da reforma judiciária 161
7. Conclusão 165

Proteção Constitucional dos Direitos Humanos no Brasil (Evolução Histórica e Direito Atual)

1. Direitos humanos no constitucionalismo brasileiro 166
2. Constituição de 1988 174
3. Garantias constitucionais 175
4. Justiça constitucional 177
5. Jurisdição constitucional da liberdade 178
6. Proteção especial 181
7. Apreciação 181
8. Conclusão 186

Impacto da Declaração Universal dos Direitos Humanos na Constituição Brasileira de 1988

I – Dos direitos humanos em geral

1. Constituição e direitos humanos 188
2. Universalização das declarações dos direitos humanos 190
3. Universalidade, indivisibilidade e interdependência dos direitos humanos 196

II – O problema da eficácia dos direitos sociais

4. Introdução 197
5. Direitos sociais 198
6. Positivação dos direitos sociais como pressuposto de sua eficácia 199
7. Instrumentos da eficácia 203
8. Garantias econômicas 205
9. Conclusão 206

Direitos Humanos da Criança

1. Questão de ordem 207
2. A Convenção e a Constituição 207
3. Direitos fundamentais da criança 208
4. Direito à liberdade 210
5. Conclusão: reconhecimento de direitos e realidade 220

Reforma Constitucional e Direito Adquirido

1. Introdução à lei no tempo 221

I – Estabilidade dos direitos subjetivos

2. Segurança das relações jurídicas e lei no tempo 222
3. Direito adquirido 223
4. Ato jurídico perfeito e direito adquirido 225
5. Coisa julgada 226

II – Norma constitucional e direito adquirido

6. Questão de ordem 227
7. Poder constituinte originário e direito adquirido 227
8. Poder de reforma e direito adquirido 231
9. Norma de garantia e direito garantido 232
10. Conclusão 233

TERCEIRA PARTE: ESTABILIDADE E MUDANÇA CONSTITUCIONAL

Defesa da Constituição e Mudança Constitucional

1. Pressupostos e conceito 237
2. Defesa política da Constituição 238
3. Defesa jurídica da Constituição 240
4. Princípio da constitucionalidade
   4.1 Conceito e conteúdo 240
   4.2 Limitações ao poder de reforma constitucional 244
   4.3 As funções da reforma constitucional 246
   4.4 Jurisdição constitucional
       4.4.1 Introdução 247
       4.4.2 Sistemas de controle 247
       4.4.3 Sistema brasileiro 251
       4.4.4 A Constituição de 1988 254
       4.4.5 Inconstitucionalidade por omissão 255
5. Princípio da proteção dos direitos fundamentais 258
6. O princípio democrático 259
7. Conclusão 259

Acertos e Desacertos das Reformas Constitucionais

1. Colocação do tema 260
2. A estabilidade constitucional 260
3. Funções da reforma constitucional 265
4. Balanço das reformas 269
5. Globalização e reforma constitucional 273
6. Reforma administrativa 275
7. Reforma da Previdência 278
8. Conclusão 278

Mutações Constitucionais

1. Estabilidade e mudança das Constituições 279
2. Formas de mudança constitucional 281
3. Conceito e fundamento das mutações constitucionais 283
4. Tipos de mutações constitucionais 287
5. Os atos de complementação constitucional 288
6. A interpretação e a construção constitucionais 291
7. As práticas político-sociais 294
8. Limites das mutações constitucionais 297

Índice alfabético remissivo 299

O CRUZAMENTO DA ARANHA CARANGUEJEIRA COM O MARIMBONDO DO MATO

1. Os dois partidos políticos que disputavam o poder no Império eram o Conservador e o Liberal. Este era tido como o defensor das idéias mais avançadas, tais como o expurgo da marca absolutista da Constituição outorgada, maior autonomia às Províncias, Senado temporário, eliminação do Poder Moderador. Os conservadores defendiam a situação existente. Quando, no entanto, o Partido Liberal subia ao poder não executava nada do que pregava. Daí é que surgiu o dito: *não há nada mais parecido com um conservador do que um liberal no poder.* Agora também já se pode dizer que *não há nada mais semelhante a um neoliberal do que um socialdemocrata no poder.* Essa parece ser uma sina maldita dos partidos progressistas. Nos Estados Unidos, tem-se o Partido Republicano como conservador e o Partido Democrata como progressista; no entanto, nada mais belicoso no poder do que um democrata; é sempre o Partido Democrata, no poder, que provoca as invasões arbitrárias, o desrespeito à soberania de outros povos.

2. Os nossos socialdemocratas encontraram um meio para uma adesão ornamental ao liberalismo, enfeitando este com o signo "social". Então, sem originalidade e até se apoderando de expressões de homens da direita, defendem um tal de *liberalismo social*, querendo, com isso, identificar esse conceito contraditório com a socialdemocracia. É bem verdade que o Partido Social Democrata da Alemanha, que foi a matriz da socialdemocracia no mundo, sofreu profundas mudanças ideológicas e programáticas no Congresso de Bad Godesberg (1959). Fizeram isso para chegar ao poder, como de fato aconteceu, e sob a justificativa de que não importa se se aproxima do socialismo partindo do marxismo, do humanismo ou do cristianismo; o que importa é que o socialismo seja democrático e que a democracia seja social. Pelo menos, lá não se buscou encostar-se num conceito tão comprometidamente direitista como o chamado *liberalismo social*, porque é um conceito fundado numa contradição em termos, pois se é liberalismo não é "social", e se é social não é "liberalismo". Esse acoplamento do social ao liberal se assemelha a um *cruzamento da aranha caranguejeira com o marimbondo do mato*: tão incompatíveis são os consortes que não pode dar cria e, se der, só pode ser algum monstrengo. Ornamentar o liberal com o "social" não melhora em nada aquele, e deforma o ornamento. Sempre que o enfeite desarmoniza com o enfeitado o ridículo desponta tão ostensivamente que não se vê outra coisa senão essa característica.

3. As esquerdas têm sido muito incompetentes no mundo inteiro. Não são capazes de se entender em torno de um princípio básico, que possibilite assumir uma concepção simples de *democracia como revolução permanente*.[1] A direita é muito mais competente. Tem seus interesses básicos comuns, mas divergências grupais não impedem que, nos momentos cruciais, haja união para atingi-los Não é sem razão que se fala em "direita" no singular, enquanto de "esquerda" se tem de falar no plural, tal a sua fragmentação, que, por desacordo permanente, não lhe permite chegar ao poder com possibilidade de governar com seus princípios ideológicos. Se alguma corrente atinge o poder, há que fazê-lo por tais e quais composições políticas que, no fim, quem governa mesmo são os conservadores.

4. Não faltará, por certo, quem diga: "que coisa mais velha essa de direita e esquerda!", "coisa mais antiga e fora de moda ou *démodée*, como gostam de dizer". Pois, agora, quando se quer desqualificar argumentos de posições progressistas, o mais apropriado tem sido chamá-los de "coisa atrasada". Nesse assunto, prefiro ficar na companhia de Maurice Duverger e de Norberto Bobbio. O primeiro, citando Alain, escreve: "Lorsqu'on me demande si la coupure entre partis de droite et partis de gauche, hommes de droite et hommes de gauche, a encore un sens, la première idée que me vient est que l'homme qui pose cette question n'est certainement pas un homme de gauche".[2]

Norberto Bobbio discute a distinção entre os dois termos e nos ministra critérios que demonstram a existência da díade, reconhecendo na esquerda conotação positiva e na direita conotação negativa, e que o ideal de igualdade é a estrela polar que faz a diferença.[3]

---

1. Sobre esse assunto, cf. meu "Perspectivas das formas políticas", in Cármen Lúcia Antunes Rocha (coord.), *Perspectivas do Direito Público, Estudos em Homenagem a Miguel Seabra Fagundes*, Belo Horizonte, Del Rey, 1995, p. 149.

2. Cf. *Constitutions et Documents Politiques*, 6ª ed., Paris, Presses Universitaires de France, 1971, p. 394: "Quando me perguntam se a divisão entre partidos de direita e partidos de esquerda, homens de direita e homens de esquerda, ainda tem sentido, a primeira idéia que me ocorre é a de que o homem que põe essa questão não é certamente um homem de esquerda".

3. Cf. *Destra e Sinistra*, 9ª tir., Roma, Donzelli Editore, 1994, pp. 85 e 86.

"'Destra' e 'sinistra' sono due termini antitetici, che da più di due secoli sono impiegati abitualmente per designare il contrasto delle ideologie e dei movimenti, in cui è diviso l'universo, eminentemente conflituale, del pensiero e delle azioni politiche.

"(...).

"E poi 'sinistra' e 'destra' non indicano soltanto ideologie. Ridurle a pura espressione di pensiero ideologico sarebbe un'indebita semplificazione: indicano contrapposti programmi rispetto a molti problemi la cui soluzione appartiene abitualmente all'azione politica, contrasti non solo d'interesse e di valutazioni sulla direzione da dare alla società, contrasti che esistono in ogni società, e che non si vede come possano scomparire."[4]

5. Essas observações vêm a propósito dos escritos que integram este volume. Foram preparados para serem falados e debatidos. Revelam a preocupação com os princípios de uma democracia concebida como revolução permanente que tem no povo a sua primeira e fundamental referência; daí por que todos os textos estão plenos de postulações por vigência de direitos sociais e, por conseqüência, de uma ideologia da igualdade, o que configura uma posição nitidamente de esquerda. E porque esses estudos são de defesa da Constituição, não da Constituição como um simples nome, mas da Constituição como repositório de valores políticos populares, é que não me conformo com o papel que o governo da socialdemocracia vem desempenhando em favor do conservadorismo neoliberal, mascarado com uma doutrina mal enjambrada do tal liberalismo social, que, num único dia (15.8.1995), deu à globalização cinco emendas constitucionais por onde ela pôde deslizar desembaraçadamente sobre a economia nacional. Num dos textos que se vai ler consta uma observação amarga: "os vencidos estão passando a vencedores. O 'Centrão' recupera seu ideário constitucio-

---

4. Ob. cit., pp. 3 e 5:
"'Direita' e 'esquerda' são dois termos antitéticos, que há mais de dois séculos são empregados habitualmente para designar o contraste das ideologias e dos movimentos, em que é dividido o universo, eminentemente conflituoso, do pensamento e das ações políticas.
"(...).
"E, depois, 'esquerda' e 'direita' não indicam somente ideologias. Reduzi-las à pura expressão do pensamento ideológico seria uma indébita simplificação: indicam programas contrapostos a respeito de muitos problemas cuja solução pertence habitualmente à ação política, contrastes não só de idéias mas também de interesses e de valorações sobre a direção a dar à sociedade, contrastes que existem em toda sociedade, e que não se vê como possam desaparecer."

nal e fá-lo prevalecer nas reformas em andamento. Fernando Henrique Cardoso vinga-se da derrota sofrida para relator da Constituinte, e se transforma no relator da deformação da obra do poder constituinte originário". Nem assim estão satisfeitos. Os juristas, incluindo constitucionalistas, que serviram à ditadura militar, que nunca se conformaram com a democratização do país, por uma Constituição voltada para os direitos fundamentais em sua dimensão mais ampla, insistem em acusá-la de inadequação, pois, na sua concepção, Constituição só o é quando seja puramente garantística (Constituição-garantia), superposta a uma sociedade estática, para simplesmente engessá-la no imobilismo elitista; por isso desprezam e agridem os documentos constitucionais, como a Constituição de 1988, que tenham um conteúdo de transformação em favor das classes populares.

6. Os textos que seguem são textos de luta por uma Constituição dessa natureza, antes que ela fosse feita e, depois, em sua defesa. Não são textos apologéticos, são críticos. Não endeusam a Constituição, porque reconhecem nela defeitos e imperfeições. Mas há uma essência de transformação nela que precisa ser defendida. É por isso que resolvi publicar tais escritos.

7. Os três primeiros são anteriores à Constituição. São escritos de luta pela convocação do poder constituinte originário para a elaboração de uma Constituição democrática e voltada à realização dos interesses do povo. Dois deles são publicados com os debates que sucederam à exposição. Não os modifiquei, mesmo que a reflexão pudesse ditar conveniência de atualizar idéias. Não o fiz porque me pareceu conveniente que os leitores conheçam meu pensamento de então e confiram com o texto da Constituição, para verificarem o que foi aceito ou não. Os outros textos foram preparados para conferências e debates (não registrados e se perderam) em certames nacionais ou estrangeiros, sempre com a preocupação de analisar criticamente a Constituição, mas, sobretudo, com a visão de que ela é um instrumento importante para o povo sofredor do Brasil, que tem nela uma pauta de luta por seus direitos, de que não pode abrir mão. Os três últimos contêm discussões sobre o processo de mudança constitucional empreendido nestes últimos quatro anos, e as críticas pertinentes. No meio estão escritos sobre a cidadania, a dignidade da pessoa humana e os direitos fundamentais do Homem.

8. O título do volume – *Poder Constituinte e Poder Popular* – é o de um dos escritos, que foi preparado para uma conferência num Seminário realizado na Faculdade de Direito da Universidade de Roma, *La Sapienza*. Pareceu-me que esse título revela a essência de todos os escritos aqui colecionados.

PRIMEIRA PARTE
CONSTITUINTE – CONSTITUIÇÃO – DEMOCRACIA

> *La Constitution n'est pas ouvrage*
> *du pouvoir constitué,*
> *mais du pouvoir constituant.*
> (E. Sieyès, *Qu'est-ce que le Tiers État*)

> *Uma Constituição não é outra cousa, que a ata do pacto social,*
> *que fazem entre si os homens, quando se ajuntam*
> *e associam para viver em reunião ou sociedade.*
> (Frei Caneca, *Manifesto* na reunião popular
> no Recife para deliberar sobre o juramento
> do projeto de Constituição do Império)

> *Uma Constituição é, por assim dizer,*
> *a miniatura política da fisionomia*
> *de uma nacionalidade.*
> (Ruy Barbosa, *Discurso*, no Colégio Anchieta, 1903)

> *Democracia é conceito com que se fala da atuação*
> *do povo na criação da ordem estatal.*
> (Pontes de Miranda, *Democracia, Liberdade, Igualdade*, 2ª ed., p. 140)

> *Democracia não é roupa que se ordene sob medida,*
> *ou se adquira feita, para se vestirem países.*
> (Idem, ibidem, p. 155)

CONSTITUINTE: CAMINHO PARA UMA NOVA ORDEM CONSTITUCIONAL[1]

1. Necessidade de uma nova Constituição. 2. Equilíbrio entre o poder estatal e os direitos fundamentais do Homem. 3. Equilíbrio federativo. 4. Equilíbrio entre os poderes governamentais. 5. Convocação da Assembléia Nacional Constituinte.

1. Necessidade de uma nova Constituição

1. As discussões em torno da normalização democrática e da institucionalização do Estado de Direito deixaram de ser digressões das elites. Tomaram a rua. As multidões que acorreram, ordeira, mas entusiasticamente, aos comícios em prol da eleição direta do Presidente da República interpretaram o sentimento da Nação, em busca do reequilíbrio da vida nacional, que só pode consubstanciar-se numa nova ordem constitucional, em uma Constituição que refaça o pacto social e interprete as tendências populares mediante atuação de uma Assembléia Nacional Constituinte, a ser convocada na forma que proporemos ao final.

2. A crise profunda em que se debate o Estado brasileiro tem sua origem na ruptura das tendências populares para um regime democrático de conteúdo social, que se delineava fortemente sob a Constituição de 1946. Ao opor-se a essa tendência, o regime político instaurado em 1964 provocou grave crise de legitimidade, ao impor um sistema constitucional desvinculado da fonte originária do poder, que é o povo. A Constituição daí resultante e suas alterações posteriores, por consubstanciarem uma ordenação autoritária, aprofundaram os conflitos entre a sociedade civil e o Estado e, assim, romperam o sistema de equilíbrio, que tradicionalmente se reconhece como sendo primordial objetivo de um regime constitucional democrático, ou seja: *a*) equilíbrio entre o poder estatal e os direitos fundamentais do Homem; *b*) equilí-

---

1. Conferência pronunciada na Assembléia Legislativa do Estado do Rio Grande do Sul no Simpósio "Constituinte em Debate", no dia 15 de outubro de 1984.

brio entre poderes, especialmente entre os Poderes Legislativo e Executivo; *c*) equilíbrio entre o poder central e os poderes regionais e locais. Equilíbrios, esses, que, sendo consagrados formalmente no texto constitucional, se mantêm eficazes mediante o estabelecimento de controles recíprocos, mas especialmente do controle popular fundado em sistema democrático de participação no poder.

3. O regime constitucional vigente após 1964, fundado na geopolítica da Escola Superior de Guerra, preocupou-se basicamente com o equilíbrio Leste-Oeste e com a busca do equilíbrio financeiro orientado pela concepção monetarista. Por isso, o regime construiu documentos constitucionais voltados para a segurança nacional, como fim primeiro e último do ordenamento constitucional, e para uma estrutura financeira e tributária centralizada, como instrumento monetarista de política econômica. Aquela pretendendo solucionar e impedir conflitos ideológicos, e esta com o objetivo de conseguir a estabilidade financeira a qualquer preço.

4. Por um lado, o regime votou solene desprezo ao conflito Norte-Sul, conflito entre sociedades industrializadas e sociedades subdesenvolvidas, gerador de desequilíbrio interno nestas, porque aquela geopolítica não admitia senão incondicional alinhamento com os países ricos ocidentais, para o quê era mister reconhecer neles não interesses conflitantes com os nossos, mas interesses coincidentes. De outro lado, mas coerentemente, a política monetarista, desconhecendo o conflito estrutural da economia, acabou por provocar a crise em que nos debatemos.

5. Voltado, assim, para o exterior, o regime constitucional necessitou agasalhar o autoritarismo ditatorial, a fim de impor, pela força, o equilíbrio interno, sufocando, para tanto, as aspirações da sociedade civil a um regime de respeito aos direitos humanos fundamentais. O centralismo federal, diluindo as autonomias estaduais e municipais, e a hipertrofia do Poder Executivo foram os instrumentos utilizados pela Constituição vigente *[1969]* para a execução daquela concepção geopolítica autoritária, que importou, além do mais, o surgimento de outro elemento perturbador: a progressiva inibição dos governantes políticos em favor dos tecnocratas. Com isso, às oligarquias formadas pelas elites políticas tradicionais alia-se um novo tipo de oligarquias, fechadas, reacionárias, intransigentes e insensíveis, constituídas pelas elites profissionais compostas de especialistas qualificados tecnicamente. "Ora, se o equilíbrio constitucional exige, em certo sentido, uma abertura contínua das oligarquias, o predomínio tecnocrático conduz a uma crise institucional, pela supressão do *controle político sobre decisões políticas*."

6. Chegou a hora de reverter esse sistema. Todos sentem que o Brasil vive aquele momento histórico que a teoria constitucional denomina *situação constituinte*, situação que se caracteriza pela necessidade de criação de *normas fundamentais*, consagradoras de *nova idéia de direito*, informada pelo princípio da justiça social, em substituição ao sistema autoritário que nos vem regendo há vinte anos. Aquele espírito do povo, que transmuda em *vontade social*, que dá integração à comunidade política, já se despertara irremissivelmente, como sempre acontece nos momentos históricos de transição, em que o povo reivindica e retoma o seu direito fundamental primeiro, qual seja, o de manifestar-se sobre a existência política da Nação e sobre o modo desta existência, pelo exercício do *poder constituinte originário*, mediante uma *Assembléia Nacional Constituinte*. E se a esta é que cabe decidir da forma e conteúdo de uma Constituição democrática, cumpre que se estabeleça, desde logo, um amplo debate sobre essa temática, a fim de que os eleitores se conscientizem para a escolha de constituintes que se comprometam com as suas aspirações mais sentidas.

7. De nossa parte, entendemos que uma Constituição democrática, para o Brasil de nossos dias, há de voltar-se para a realidade interna, intuir as aspirações populares e acolher as tendências que se manifestam no seio da sociedade civil, abrindo-se para enriquecer-se ao longo do tempo com o conteúdo revivificador, gerado na dinâmica dos entrechoques sociais, que um regime democrático administra sem preconceito e sem medo. Tal Constituição não há de ser um sistema fechado, amarrado a princípios dogmáticos pretensamente absolutos, que tolham o recolhimento de novos valores sociais, que dêem renovadora dimensão às suas normas, sem necessidade de sucessivas mudanças formais; mas também não deverá ser muito elástica, curta, como alguns desejam, deixando de contemplar novos princípios da ordem econômica e social e novos direitos do homem, em nome de preocupações sintéticas que nada mais fazem do que deixar campo aberto à dominação econômica aos trabalhadores e afastar a participação pública na economia.

8. As discussões públicas em torno do conteúdo de uma nova ordem constitucional devem fugir às abstrações e descer às idéias concretas. É com esse pensamento que exporemos alguns princípios que nos parece devam ser adotados se quisermos restabelecer os três equilíbrios antes mencionados: *a*) equilíbrio entre o poder estatal e os direitos fundamentais do Homem; *b*) equilíbrio entre o poder central e os poderes regionais e locais, vale dizer: equilíbrio federativo; *c*) equilíbrio entre os poderes governamentais.

2. Equilíbrio entre o poder estatal e os direitos fundamentais do Homem

9. O equilíbrio entre o poder e a cidadania só se realiza efetivamente num Estado Democrático de Direito em que se amplie, por todas as formas possíveis, a participação do povo no poder. Onde essa participação é ampla, o Estado se integra na sociedade civil, de sorte que os conflitos *poder/povo* são resolvidos dialeticamente. Um tal regime há que incorporar, além do mais, as novas manifestações dos direitos do Homem, conforme será enunciado em seguida, harmonizando-se com as declarações internacionais dos direitos humanos, de que o Brasil é signatário.

10. Assim, pois, no campo dos *direitos políticos*, uma ordem constitucional democrática tem de reconhecer que a base da autoridade repousa na vontade do povo, vontade que há de expressar-se mediante sufrágio universal e igual e por voto secreto e direto para o Legislativo e Executivo em todos os níveis. Os mecanismos de sinceridade e liberdade do voto precisam ser desenvolvidos. Somos pela atribuição do direito de voto ao analfabeto. Entendemos que o sistema de representação proporcional é o único sistema eleitoral capaz de propiciar organizações partidárias autônomas e devidamente institucionalizadas como instrumentos de organização, coordenação e expressão da vontade popular, como força para romper a estrutura oligárquica que sempre dominou os partidos e os governos do país. Por isso também, a possibilidade de criação de partidos políticos, que procurem acolher as várias correntes ideológicas, constitui o único sistema partidário compatível com uma democracia que se pretenda pluralista.

Ao lado dos mecanismos da democracia representativa, devemos institucionalizar instrumentos de participação permanente do povo e de suas organizações de base no processo político e na ação governamental, por meio de institutos de democracia semidireta, forma de *democracia participativa* que corrige, em boa medida, os defeitos e as ficções do mandato político representativo, que não reproduz a vontade popular por inteiro. Tais são a *iniciativa popular* (direito de certo número de eleitores ou entidades de base de apresentar projetos de lei ou emenda constitucional), o *referendo popular* (direito de o corpo eleitoral aprovar ou rejeitar projetos aprovados pelo Legislativo, antes da sanção), o *veto popular* (direito de o corpo eleitoral revogar lei em vigor), a *revocação popular* (instituto de natureza política pelo qual os eleitores, por via eleitoral, podem revocar mandatos populares), a *ação popular* (já existente, meio pelo qual o cidadão invoca a jurisdição em tutela de um interesse coletivo).

O *direito de antena*, no rádio e na televisão, deverá ser reconhecido em nível constitucional, para que as agremiações partidárias possam utilizar esses meios de comunicação de massa a fim de divulgar os princípios programáticos e fazer sua propaganda eleitoral.

11. Cumpre aperfeiçoar o rol dos *direitos e garantias individuais* do atual art. 153 da Constituição *[1969]*. O direito à vida precisa ser melhor especificado e garantido, criando-se mecanismos mais eficazes contra a tortura e outras formas de desrespeito à integridade física e moral das pessoas. Há que introduzir regras que enunciem e preservem a intimidade pessoal e a privacidade familiar. Assegurar-se-á a todos o direito de conhecer os registros informáticos a seu respeito e de saber a que se destinam as informações, assim como o de exigir retificação dos dados registrados. A Informática, tal como dispõe a Constituição portuguesa, não pode ser utilizada para tratamento de dados referentes a convicções filosóficas ou políticas, filiação partidária ou sindical, fé religiosa ou vida privada.

Instituir-se-ão garantias mais eficazes para a tutela dos direitos individuais. A isso servirá a jurisdição de uma Corte Constitucional especial, conforme mencionaremos mais embaixo. Além disso, pode-se pensar na criação de um Provedor de Justiça, como previsto no art. 23 da vigente Constituição portuguesa, ou no Defensor do Povo, como alto comissário do Congresso Nacional, para a defesa dos direitos fundamentais do Homem, e dos direitos individuais em especial (Constituição espanhola, art. 54).

Não se deve admitir suspensão ou cassação de mandatos, ou dos direitos políticos, senão nos casos de perda da nacionalidade ou dos requisitos normais para o exercício desses direitos e no caso de condenação judicial que importe esses efeitos ou na hipótese de revocação popular na forma constitucionalmente estatuída.

12. Direitos econômicos e sociais: os princípios sobre a *ordem econômica e social*, traduzindo em normas da Constituição as tendências do momento, devem estar, por isso mesmo, voltados para as transformações sócio-econômicas requeridas por uma democracia de conteúdo social. A expansão da oportunidade de emprego produtivo há de ser um dos primeiros princípios ordenadores do sistema econômico. Assim, a execução de uma política econômica de pleno emprego é incumbência dos poderes públicos, que cometerão infringência constitucional se desenvolverem políticas recessivas. Há de se atender ao princípio de subordinação do poder econômico ao poder político democrático. A Constituição deverá definir mais adequadamente a função de planejamento econômico com vista à realização de progresso sócio-econômico e de justa distribuição da renda regional e pessoal, operando, assim, a correção das desigualdades na distribuição da riqueza. Reconhecer-se-á a liberdade de iniciativa econômica enquanto instrumento do progresso coletivo. O direito de propriedade deverá ser regulado nesta parte da Constituição, a fim de ser adequado à função social da propriedade e da empresa, bem como ao regime especial a que ficará sujeita a propriedade dos meios de produção, a fim de conseguir-se efetiva realização da justiça social. A ordem econômica apoiar-se-á na coexistência democrática de diversas formas de propriedade e de empresa. No interesse geral, a lei poderá reservar o monopólio de atividades produtivas ou de serviços para o Estado; do mesmo modo, a Constituição poderá prever a faculdade de reserva de determinadas atividades produtivas ou de serviços para os brasileiros. Estabelecer-se-ão os princípios constitucionais relativos à disciplina da atividade econômica e dos investimentos de estrangeiros no país, especialmente no que tange às multinacionais. As empresas públicas e de economia mista e outras de participação estatal na economia ficam sujeitas aos critérios de autogestão, na forma da lei. Firmar-se-á o princípio de que o Estado (União, Estados e Municípios e Distrito Federal) exercerá sua atividade empresarial com o fim de promover a economia do país, prestar serviços públicos, alcançar objetivos de desenvolvimento, segurança e justiça social. Será sempre vedado o monopólio privado, coibido ainda o abuso do poder econômico em qualquer de suas formas.

13. As normas de associação profissional e sindical precisam ser revistas para assegurar liberdade sindical, atendidos os princípios de organização e gestão democráticas. Reconhecer-se-á o direito dos trabalhadores de criarem comissões para defesa de seus interesses e intervenção democrática na vida da empresa. Assegurar-se-ão os direitos trabalhistas hoje consignados na Constituição, aperfeiçoando sua eficácia.

Uma Constituição democrática e social há de preordenar o direito de todos à segurança social, destinado a protegê-los na doença, velhice, invalidez, viuvez, orfandade, no desemprego e em todas as situações de falta ou insuficiência de meios de subsistência. Há que superar o sistema simplesmente previdenciário e assistencial da Constituição vigente *[1969]*, que somente outorga serviços e benefícios aos segurados e suas famílias. Há que se dar um passo à frente no sentido da segurança social, organizada, coordenada e subsidiada pelo Estado, mediante um sistema unificado e descentralizado, com participação das associações comunitárias e de beneficiários, como fazem as Constituições mais recentes (espanhola, art. 41; portuguesa, art. 63; peruana, art. 12).

A saúde é um direito de todos. Todos têm direito a um ambiente que assegure qualidade de vida, sadia e ecologicamente equilibrada. Mas todos têm o dever de defender a qualidade desse ambiente.

Todos têm direito a uma moradia em condições de higiene e conforto que preservem a intimidade pessoal e familiar. É dever do poder público programar e executar uma política da habitação que assegure o direito de moradia a todos, nos termos indicados.

A Constituição garantirá o direito de ensino e o direito de aprender. Reconhecerá que o direito à educação e à cultura é inerente à pessoa humana e é dever do Estado prestá-las. Assegurará a gratuidade do ensino em todos os seus níveis. Admitirá o ensino privado em caráter subsidiário.

14. Assim, a nova ordem constitucional reconhecerá que *a democracia é um processo de convivência social em que o poder emana do povo, há de ser exercido, direta ou indiretamente, pelo povo e em proveito do povo.*

3. Equilíbrio federativo

15. A *Federação* precisa ser reinstituída, com real garantia de autonomia dos Estados. É preciso sair do federalismo nominal de hoje. Para tanto, a nova Constituição terá que expurgar as exigências centralizadoras, atualmente previstas, fixando-se apenas os princípios gerais de equilíbrio federativo. Há de aumentar a área de competência estadual; especialmente é cabível desenvolver a área de competência supletiva, mas com definição precisa de competência da União na fixação de normas gerais correspondentes. Pode-se pensar em atribuir, por exemplo, à União competência para legislar sobre normas de teoria geral do processo civil e penal, deixando aos Estados a competência para legislar sobre o procedimento civil e penal, harmonizando-se, assim, as competências procedimentais com a de organização judiciária, que independerá de lei orgânica federal. É preciso não esquecer que dentro da unidade territorial, e mesmo cultural, do país existem diversidades de estágio e de capacidade que podem justificar tratamentos especiais de determinadas matérias, quando isso não contribua para agravar essas diversidades; isto é, sem prejuízo de medidas econômicas, sociais e financeiras dirigidas para a integração de todas as áreas no processo de desenvolvimento nacional.

16. A questão regional: certos doutrinadores têm postulado a estruturação de um federalismo de regiões, não propriamente como forma de substituir o federalismo de Estados-Membros, mas como uma organização mais complexa, com a formação de um quarto nível de governo, ao lado do federal, do estadual e do municipal. Elevar-se-iam as Regiões (Norte, Nordeste, Sudeste, Sul e Centro-Oeste) à condição de entidades autônomas, com governo próprio.[2] Com isso, surgiria um governo intermediário entre Estados e União. Mas a coisa ficaria mais complicada se se lembrar das *Regiões Metropolitanas*, situadas no interior dos Estados, para as quais também se requer governo próprio, como um nível de governo entre Estado e Município.

A nova Constituição deverá estabelecer normas de princípios sobre as Regiões geoeconômicas e as Regiões Metropolitanas. A estas se pode prever a instituição de sistema governamental próprio. Mas parece descabível um federalismo de Regiões, consideradas estas como um nível de governo dotado de autonomia política e com competência própria. Parece, contudo, plausível estatuir que lei complementar lhes dê estrutura descentralizada da União, inclusive com administrador próprio. Poder-se-á pensar numa organização dos Estados nessas Regiões ou em Sub-Regiões, para o exercício de atribuições que a União descentralizará nelas.

17. O sistema municipal brasileiro carece de profunda reformulação, com organização diferente à vista de vários fatores, inclusive com a reintegração de Municípios claramente inviáveis em outros. Talvez seja aconselhável criar tipos diversos de organização municipal, tendo em vista, por exemplo, suas características de *rurais*, *industriais* e *de capitais*, com tratamento constitucional diferenciado, inclusive do ponto de vista tributário.

18. É nesse contexto que entra a questão tributária. A reformulação do *sistema tributário nacional* é tão urgente que talvez nem possa

---

2. Paulo Bonavides, "O planejamento e os organismos regionais como preparação a um federalismo de regiões", in *Reflexões, Política e Direito*, p. 111. [E "Federalismo de Regiões", in *A Constituição Aberta*, 2ª ed., São Paulo, Malheiros Editores, 1996.]

aguardar a convocação de uma Assembléia Nacional Constituinte. Há de ser a primeira providência do próximo governo democrático a ser eleito a 15 de janeiro de 1985. É que não existe Federação sem eqüitativa discriminação constitucional de rendas tributárias, que assegure a cada entidade autônoma (União, Estados e Municípios) meios financeiros adequados à prestação dos serviços de sua competência.

Há que se buscar bases lógicas para fundar um sistema tributário que seja capaz de satisfazer os princípios federalistas, sem perder sua função de instrumento de política econômica. Por isso, os impostos referentes a fatos mais nitidamente de produção da riqueza ficarão com a União. Os ligados à circulação da riqueza, inclusive serviços, caberão aos Estados. Os pertinentes à propriedade terão suas rendas sempre destinadas aos Municípios, por decretação própria ou por distribuição. O esquema seguinte pode servir para um debate mais amplo sobre o tema:

I – À União caberiam os impostos sobre:

a) comércio exterior (importação e exportação);

b) produtos industrializados;

c) renda e proventos de qualquer natureza incidentes sobre os rendimentos hoje classificados nas cédulas A, B, C, F, G e H; e sobre lucro das empresas;

d) propriedade territorial rural;

e) operações financeiras (crédito, câmbio, seguros e títulos ou valores mobiliários);

f) lubrificantes e combustíveis;

g) energia elétrica;

h) minerais do país;

i) transportes interestaduais.

II – Aos Estados competiriam os impostos sobre:

a) circulação de mercadorias;

b) serviços de qualquer natureza, incluindo os serviços de transportes exclusivamente dentro do seu território, inclusive os urbanos;

c) rendimento de trabalho não assalariado, hoje classificado na cédula D (que são rendimentos ligados à prestação de serviços; o que se harmoniza com a competência para a tributação de serviços).

III – Aos Município seria atribuída a competência para instituir impostos sobre:

a) propriedade predial e territorial urbana;

b) transmissão da propriedade, *causa mortis* e *inter vivos*, dando-se progressividade àquele em função do monte da herança e da distância das vocações hereditárias;

c) lucro imobiliário nas alienações eventuais de imóveis, corrigido o preço de aquisição, mediante índices previstos em lei federal;

d) rendimento de aforamento, locação e sublocação e arrendamentos, hoje classificados na cédula E;

e) propriedade de veículos automotores.

Além disso, todas essas entidades poderão instituir preços, taxas e contribuição de melhoria.

Aos Municípios seria ainda distribuída uma parcela de 25% da arrecadação do IPI, mantida a participação de 20% do produto do ICM, que, assim, continuará a ser um imposto partilhado. Com isto os Municípios ficam compensados da perda para o Estado do ISS, além de serem aquinhoados, no sistema proposto, por quatro impostos novos, rentáveis e de administração fácil. A eles a União devolverá integralmente o produto do imposto sobre a propriedade territorial rural e do imposto de renda incidente sobre rendimentos agropastoris, hoje classificado na cédula G.

Pertencerá também aos Estados e Municípios o produto do imposto incidente sobre rendimentos por eles pagos a qualquer título.

4. Equilíbrio entre os poderes governamentais

19. O equilíbrio entre os Poderes Legislativo e Executivo, resgatando as prerrogativas do primeiro, é condição necessária ao exercício da democracia.

20. Não podemos, porém, iludir-nos, pretendendo instituir um Executivo fraco. O Estado intervencionista, empresarial e planificador não apenas exige, mas necessariamente gera um Executivo forte, mas não desvencilhado de freios que o contenham nos limites da legalidade constitucional. O equilíbrio de poderes não estará no enfraquecimento do Executivo, retirando dele o que só a ele deve corresponder. Estará no aparelhamento do Legislativo para o exercício de suas funções com eficiência e presteza, nesse tipo de Estado em transformação. Um Estado forte há de ter instituições governamentais igualmente fortes: Legislativo e Executivo, mas também um Judiciário dotado de condições para o exercício de suas funções nesse tipo de Estado.

Nunca nos impressionou o debate entre presidencialismo e parlamentarismo, até porque há nítida tendência para superar esse esquema, nas Repúblicas, em favor de um presidencialismo menos presidencialista, e um parlamentarismo mais para o presidencialismo. Entendemos, contudo, que o presidencialismo, com presidente eleito diretamente pelo povo, é o único sistema de governo capaz de ampliar a autonomia da vontade popular na formação dos poderes governamentais e assim contribuir para a ruptura da dominação das oligarquias tradicionais ou tecnocráticas. Reconhecemos, contudo, que as tarefas do presidente da República, no presidencialismo, em um Estado intervencionista e empresarial, são tão grandes que não há pessoa que as realize sozinha com eficiência. É certo que a repartição de competências federativas mais amplas, como aqui se propõe, suavizará bastante os poderes centrais, aliviando a carga presidencial. Mesmo assim, contudo, a carga fica imensa, e os poderes do Presidente demasiadamente alentados. Ora, o que há de ser forte é o Poder Executivo, não necessariamente o presidente. Por isso, talvez seja conveniente a divisão, entre órgãos diversos, das atribuições de chefia de Estado, chefia do Governo e chefia da Administração Federal, que hoje se concentram todas no presidente da República. Tratar-se-á de conseguir uma racional divisão de trabalho, que facilitará a consecução de eficiência e funcionamento mais adequado do poder governamental. O parlamentarismo, como se sabe, realiza essa divisão, mas importa outros mecanismos e exigências, que podem gerar crises prejudiciais até mesmo àquela eficiência, para um país instável como o nosso. Vai surgindo nas Constituições contemporâneas um sistema de governo, entre o parlamentarismo e o presidencialismo, com resultado de estabilidade e eficiência que merece consideração: uma espécie de *presidencialismo de gabinete*, presidencialismo mitigado, no qual ocorre aquela divisão entre o presidente da República e o gabinete de ministros (Conselho de Ministros), sob a direção de um *primeiro-ministro*, ministério, esse, que não é de confiança do Parlamento como no parlamentarismo, mas de confiança do presidente. É o sistema vigorante na França e no Peru, com alguns elementos típicos do parlamentarismo, como a responsabilidade perante o Parlamento e dissolução deste. Talvez pudéssemos pensar num sistema desses.

21. Um *Poder Judiciário* independente e imparcial constitui a garantia das garantias dos direitos fundamentais do Homem. Mas, para que possa cumprir essa sagrada missão, é mister se lhe dêem condições materiais e recursos humanos, que lhe possibilitem a prestação jurisdicional igualmente a pobres e a ricos. É, pois, função de uma Constituição democrática abrir caminhos largos para que os pobres tenham acesso fácil à Justiça. Tudo isso exige uma autêntica reforma do Judiciário, até para corrigir as distorções da pretendida reforma introduzida pela Emenda Constitucional 7/77, imposta ao país autoritariamente.

Alguns pontos dessa reformulação podem ser mencionados, como a criação de um Tribunal Superior de Justiça, a que se redistribua parte da competência do Supremo Tribunal Federal, que ficará como tribunal de equilíbrio da Federação, ou Tribunal de Cassação. Outro ponto é o da imprescindível criação de um Tribunal ou Corte Constitucional.

De fato, hoje, a *jurisdição constitucional*, exercida concentradamente por uma Corte Constitucional: *a*) configura um dos pressupostos fundamentais do Estado contemporâneo, destinada a consubstanciar um contrapeso efetivo entre um Poder Executivo cada vez mais hegemônico e um Poder Legislativo que ainda não conseguiu superar suas formas clássicas de Legislativo do Estado Liberal; *b*) constitui um pressuposto fundamental para a preservação dos direitos humanos; *c*) é o instrumento mais apto para a garantia e a proteção dos direitos humanos e será, também, o melhor instrumento de controle e de tutela para o funcionamento democrático dos demais poderes do Estado, realizando eficaz função moderadora, conforme mostram as Cortes Constitucionais da Itália, Alemanha Federal, da Espanha e de Portugal, mais recentemente. Por tais razões, essa função deve ser entregue a um Tribunal especializado, uma Corte Constitucional, provida por um corpo de especialistas em Direito Público, em geral, e em Direito Constitucional, em especial, para o exercício concentrado do controle de constitucionalidade, e de outras garantias constitucionais – pois a experiência vem mostrando, entre nós, especialmente nesses últimos tempos, que a Magistratura comum não vem cumprindo a função de jurisdição constitucional a contento, não por culpa dela, mas em decorrência das insuficiências do próprio sistema. É que esse sistema de justiça constitucional, de origem norte-americana, assumiu uma orientação exclusivamente técnica, porque seus problemas não foram outros que os de impedir a ruptura de coerência interna do ordenamento constitucional. Por isso é que a doutrina afirma que esse sistema não integra uma verdadeira jurisdição constitucional, não tanto por atribuir a solução dos conflitos constitucionais a órgãos judiciários comuns, mas porque a jurisdição ordinária não se caracteriza como guardiã dos valores políticos ínsitos na Constituição, como sucede na Europa. A par da criação desse Tribunal ou Corte especial, pode-se dar, ou deve-se dar, legitimação não só a órgãos profissionais como sindicatos, conselhos profissionais (CREA, OAB etc.), mas também a partidos políticos e ao povo (ação popular de declaração de inconstitucionalidade), para provocar o controle de constitucionalidade sobre atos do poder público.

É necessário descentralizar a Justiça Federal, criando círculos de primeira instância dentro dos Estados, mas especialmente criando Tribunais Federais de Recursos regionais, um para cada uma das grandes Regiões geoeconômicas do país, ficando o de Brasília como Tribunal Superior de Recursos, para exercer, no âmbito da Justiça Federal, atribuições semelhantes à dos Tribunais Superiores do Trabalho e Eleitoral, como o Tribunal Superior de Justiça, a ser criado, em relação à Justiça Comum. O Supremo Tribunal Federal ficaria acima de todos eles, menos da Corte Constitucional, que será Tribunal especial à parte, mas o único competente, afinal, para decidir os litígios constitucionais *inter partes* ou entre poderes.

Os Tribunais de Alçada dos Estados também precisam ser descentralizados, como espécies de Tribunais de circuitos dentro do Estado. É preciso levar as decisões finais da Justiça para perto dos jurisdicionados.

Não basta, evidentemente, uma reforma de cúpula. É preciso refazer as bases, criando Justiças especializadas de Trânsito, Agrária etc. Sobretudo, cumpre encontrar um meio de acelerar os procedimentos judiciais, em matéria criminal especialmente, para dar solução mais expedita aos litígios. A Constituição não poderá descer a tais minúcias, mas deve deixar campo aberto para a atuação da lei ordinária que possa empreender as mudanças necessárias.

5. Convocação da Assembléia Nacional Constituinte

22. Com esse conteúdo ou com outro, o certo é que a Nação reclama a reconstitucionalização democrática do Brasil. Tornou-se, pois, imperativo histórico a convocação da Assembléia Nacional Constituinte, para tanto. Se estamos numa *situação constituinte*, como mencionamos no início desta exposição, faltam ainda passos importantes para que entremos no *período constituinte*, durante o qual a *vontade constituinte* da Nação possa produzir o *ato constituinte fundamental*, que é a Constituição esperada.

23. O *modus faciendi* para chegar-se a isso tem sido objeto de controvérsia. Se a falta de visão histórica não tivesse impedido a conquista das eleições diretas para a presidência da República, por certo que a questão constituinte seria resolvida nos debates políticos da eleição popular do futuro presidente. Não sendo possível a eleição presidencial direta agora, só a escolha de um candidato democrático poderá conduzir o processo político em consonância com as aspirações da Nação, que profunda pesquisa do Instituto de Direito Público e Ciência Política, da Fundação Getúlio Vargas, dirigida pelo professor Afonso Arinos de Melo Franco, demonstrou ser a conquista de uma nova Constituição democrática, por via de uma *Assembléia Constituinte*, que há de ser *livre e soberana*, conforme o candidato da Aliança Democrática, Dr. Tancredo Neves, se comprometera, expressamente, a convocar, se eleito presidente da República. Isso quer dizer, por um lado, que não se trata de outorgar poder constituinte ao atual Congresso Nacional, que nem por isso adquiriria poderes legítimos para elaborar uma nova Constituição; e, por outro lado, que se hão de eliminar primeiramente todos os resquícios do autoritarismo, a fim de que a eleição dos membros à Assembléia Constituinte se faça com amplos debates sobre o modo e a forma de existência política da Nação brasileira.

24. Uma Assembléia Constituinte *livre e soberana*, tal como o Dr. Tancredo Neves se comprometeu a convocar, pressupõe a adoção de medidas *pré-constituintes*, medidas que visam a criar condições de ampla liberdade para o debate democrático sobre o conteúdo da futura Constituição, entre as quais estão a democratização das regras de formação e funcionamento dos partidos políticos e o expurgo das normas autoritárias que impedem o pronunciamento livre das diversas correntes de pensamento nacional. Assim, a posse, na presidência da República, de um candidato democrático e comprometido, solene e formalmente, com a convocação da Assembléia Constituinte se revela como a primeira condição de ingresso do país na fase pré-constituinte.

25. Tomadas com firmeza e determinação as medidas pré-constituintes, chegar-se-á ao momento culminante da prática do *ato de convocação da Assembléia Constituinte*. E, nesse ponto, é preciso que tenhamos o bom senso de afastar todas as filigranas formais inúteis e prejudiciais à consecução do que é essencial.

A história de nossas Constituintes pode ministrar-nos algum ensinamento.

A primeira, chamada *Assembléia Geral Constituinte e Legislativa do Brasil*, foi convocada por decreto de D. Pedro I, a 3 de junho de 1822, antes mesmo da proclamação da Independência. Bem se sabe que, instalada a 3 de maio de 1823, iniciou os trabalhos constituintes, mas não tardaram os conflitos de poderes, que culminaram com a sua dissolução, a 12 de novembro do mesmo ano, por ato autoritário do Imperador, que outorgou a Constituição do Império, de 25 de março de 1824.

Proclamada a República, logo o Governo Provisório constituiu uma Comissão de cinco membros incumbida de elaborar o anteprojeto de Constituição. Em seguida também (21 de dezembro de 1889), pelo Decreto 78-B, foi convocada a *Assembléia Constituinte Republicana*, para 15 de novembro de 1890. Essa convocação fora confirmada pelo Decreto 510, de 22.6.1890, que aprovou o projeto da Comissão, revisto por Ruy Barbosa, como Constituição Provisória. Eleita a 15 de setembro de 1890, conforme regulamento baixado pelo Decreto 511, de 23.6.1890, instalaram-se os trabalhos constituintes, com base no projeto oferecido pelo Governo Provisório, e pouco mais de três meses depois – ou seja, em 24 de fevereiro de 1891 – a primeira *Constituição da República dos Estados Unidos do Brasil* estava promulgada; e, então, o Congresso se reuniu em assembléia-geral para eleger o presidente da República, que depois o dissolveu. Concluída essa eleição, o Congresso, em que se transmudou a Constituinte, separou-se em Câmara e Senado, encetando o exercício de suas funções normais a 15 de junho do mesmo ano de 1891.

A Constituição de 1891 durou até 1930, quando, por força da Revolução desse ano, foi revogada por ato do Governo Provisório, que foi o Decreto 19.398, de 11.11.1930. Em 1932 começam as pressões para a convocação de uma Assembléia Constituinte, que viesse organizar jurídica e politicamente a Nação. Como agora, o país entrou naquela situação em que se reclama a elaboração de normas fundamentais de reconstitucionalização. O Chefe do Governo, Getúlio Vargas, diante disso, expediu o Decreto 21.402, de 14.5.1932, convocando a *Assembléia Constituinte*, fixando sua eleição para o dia 3 de maio de 1933, mas só se instalaria a 15 de novembro desse ano. E os trabalhos constituintes foram concluídos pouco mais de seis meses depois, ou seja, em 16 de julho de 1934, com a promulgação da segunda *Constituição da República dos Estados Unidos do Brasil*. Aqui também a Constituinte se converteu em Congresso legislativo ordinário, depois de eleger indiretamente o presidente da República, que o fechou com o Golpe de 10 de novembro de 1937.

Em 1945 a Nação, que desde 1937 estava submetida ao regime ditatorial, reclama a normalização constitucional do país. Entra, assim, em uma situação constituinte, como agora, requerendo a produção de normas fundamentais democráticas que reinstituíssem o Estado de Direito. O Chefe do Governo ditatorial, diante dos reclamos nacionais, expediu a Lei Constitucional 9, de 18.2.1945, com que modificou vários dispositivos da Carta de 1937, e convocou eleições gerais para a Câmara dos Deputados e para o Senado Federal, assim como para a presidência da República. Não convocou uma Assembléia Constituinte, apesar das exigências nacionais. Com a queda do ditador em 29 de outubro de 1945, o governo Linhares, compreendendo a situação pré-constituinte em que vivia o país durante a campanha eleitoral, houve por bem expedir as Leis Constitucionais 13, de 12.11.1945, e 15, de 16.11.1945, pelas quais se estabeleceu que os deputados e senadores a serem eleitos, no dia 2 de dezembro de 1945, se reuniriam em *Assembléia Constituinte*, com poderes ilimitados, para elaborar uma nova Constituição para o Brasil. E assim se fez, e no dia 18 de setembro de 1946 era promulgada a C*onstituição dos Estados Unidos do Brasil*, que foi, sem dúvida, a mais democrática de quantas temos tido.[3] Terminada sua obra, a Constituinte passou a funcionar como Congresso legislativo ordinário,[4] separando-se em Câmara e Senado, como nos casos anteriores.

A Constituição de 1967 foi feita por um Congresso legislativo ordinário, daí por que sempre se questionou sua legitimidade, e a atual *[1969]* foi puramente outorgada em forma de emenda àquela.

26. A situação constituinte que estamos vivendo revela peculiaridades em relação àquelas do passado, que não podemos desconhecer. É que em 1823, 1891, 1934 e 1946 não havia Congresso legislativo em funcionamento, como existe agora. Naqueles casos, o detentor do poder pôde convocar a Constituinte para o momento oportuno, por decreto, porque não importava truncar mandato parlamentar algum. Agora, no entanto, não há como proceder do mesmo modo. Só o próprio Congresso Nacional poderia, convocando uma Assembléia Nacional Constituinte, encerrar a legislatura em curso, no dia da instalação daquela. Mas isto é politicamente impensável. Ninguém pretenda convocar uma Constituinte por cima do Congresso Nacional, impondo a este encerrar suas atividades, pois isso, no fundo, revelaria golpe de Estado, que nenhum democrata deseja.

Por outro lado, não será factível convocar uma Assembléia Nacional Constituinte que passe a funcionar paralelamente ao Congresso Nacional, porque tal procedimento geraria tais e tantos conflitos que, por certo, acabaria redundando num desastre nacional. Procedimento desse tipo já se tentou na Colômbia em 1977, mas as controvérsias foram tantas que só cessaram quando a Corte Constitucional o julgou inconstitucional, o que, de certo, aconteceria aqui, também.

3. *Nota desta edição*: Note-se que essa observação foi feita antes da Constituição de 1988, que certamente é mais democrática do que a de 1946.
4. Na verdade, o Congresso, Câmara e Senado, já tinha sido convocado como Congresso ordinário.

27. Neste contexto é que o processo constituinte de 1946 é rico de ensinamento. Dele podemos extrair a orientação básica para encaminharmos a solução do problema. Recorda-se que a eleição de deputados e senadores já estava marcada, para o Congresso Nacional ordinário. Foi uma lei constitucional, de n. 13, que previu que os representantes (deputados e senadores), a serem eleitos a 2 de dezembro de 1945, se reuniriam em Assembléia Constituinte, com poderes constituintes ilimitados, para elaborar a nova Constituição.

Esse é o caminho que podemos utilizar também agora. O que é importante é que o povo saiba que estará elegendo representantes incumbidos de fazer nova Constituição. O importante é que o ato de convocação da Assembléia Constituinte emane da ação conjunta do presidente da República, eleito a 15 de janeiro de 1985, e do Congresso Nacional. Daí por que não nos parece que uma resolução do Congresso, convocando a Constituinte, seja a melhor forma. Resolução congressual é ato de efeito interno e de eficácia muito limitada para resolver a problemática que sempre envolve a convocação de uma Assembléia Constituinte.

Nossa proposta é que o presidente da República, eleito a 15 de janeiro de 1985, após aprovadas as medidas pré-constituintes, lembradas acima, submeta ao Congresso Nacional uma proposta de lei constitucional, em forma de emenda à Constituição vigente, pela qual se convoque o *poder constituinte originário*, para que, em *Assembléia Nacional Constituinte*, elabore e promulgue um nova Constituição democrática para o Brasil. Por ela, ficará expresso que os eleitores outorgarão poder constituinte originário aos representantes que forem eleitos no dia 15 de novembro de 1986, para a Câmara dos Deputados e Senado Federal; que os representantes, assim eleitos, se reunirão na sede do Congresso Nacional, em Assembléia Nacional Constituinte, com poderes ilimitados, para votar a nova Constituição.[5] Aprovada essa emen-

---

5. *Nota desta edição*: Essa proposta tinha naquele momento um simbolismo político indiscutível. O pragmatismo me levou a pôr acima, até, de convicções doutrinárias um objetivo prático, porque me parecia que de outro modo não sairíamos da situação em que nos encontrávamos. A solução aventada foi seguida. Muitas vezes refleti sobre o tema, e cheguei até a escrever criticando a fórmula adotada, convencendo-me de que, na verdade, não se convocou uma Assembléia Nacional Constituinte (cf., neste volume, *Constituinte* e, também, *Poder Constituinte e Poder Popular*). O equivocado na proposta está exatamente no fato de ter sugerido a convocação de Câmara e Senado para se reunirem em Assembléia Constituinte. Poderia ter sugerido a convocação simplesmente de representantes do povo para se reunirem em Assembléia Nacional Constituinte, e não em convocação de Câmara e Senado, que se caracterizam como órgãos constituídos, e não como órgãos consti-

da ou lei constitucional convocatória, estará satisfeito um pressuposto importante para a legitimidade da Constituição assim criada – qual seja, o desencadeamento dos debates de esclarecimento popular, para que se elejam representantes que se afinem com suas aspirações.

28. Fica um problema a ser resolvido pela própria Assembléia Constituinte. É que não haverá renovação de um terço dos senadores. Então, há de ser definido qual o seu papel na Constituinte. Mas, sendo em número reduzido, sua influência, mesmo que participem da obra constituinte, não a maculará de ilegitimidade, pois, também, uma coisa deverá ficar clara: é que os trabalhos constituintes obedecerão a regimento adotado pela própria Assembléia Constituinte, que será dirigida por Mesa eleita também por ela, visto como, durante os trabalhos constituintes, os representantes constituirão uma assembléia unitária.

Disso derivará outra questão que sempre se coloca, qual seja, o saber como a função legislativa ordinária federal se há de realizar durante o período constituinte. O ato de convocação da Assembléia Constituinte precisa definir com clareza esse assunto, que foi fonte de sérios conflitos de poderes nas Constituintes de 1823 e de 1890-1891. Deve-se evitar o sistema de decretos-leis, que vigorou durante os trabalhos constituintes de 1934 e 1946. A acumulação pela Assembléia de poderes constituintes e poder legislativo ordinário gerará conflitos, como ocorreu em 1823 e 1890-1891. A emenda constitucional convocatória da Assembléia Constituinte poderá estabelecer, e ela aceitar, que a função legislativa ordinária seja exercida por uma Comissão Especial (de uns cem membros) constituída pela própria Assembléia, assegurada a representação proporcional dos partidos políticos e dos senadores.[6] Será um período curto em que se legislará por uma câmara unitária, que também poderá desempenhar atribuições privativas da Câmara e do Senado. Pode-se prever um prazo de seis meses, prorrogável, para a elaboração de nova Constituição. Promulgada esta, a Câmara dos Deputados e o Senado Federal, como sempre ocorreu nas Constituintes anteriores, passarão a funcionar como Poder Legislativo ordinário, se ela própria não dispuser de outro modo.

A Assembléia Constituinte fixará, também, na nova Constituição, a duração do mandato do presidente e do vice-presidente da Repúbli-

---

tuintes. É verdade que o procedimento de elaboração da Constituição e seu conteúdo corrigiram em boa parte os defeitos de convocação.

6. *Nota desta edição*: Esta proposta foi feita pensando na existência de *comissões legislativas* na estrutura dos Parlamentos modernos, como na Itália. Então, a experiência transitória poderia ser feita numa situação concreta – o que, aliás, veio a ser previsto na Constituição de 1988.

ca, em exercício, assim como fixará a data da eleição direta de seus sucessores.

Senhores, ao encerrar estas considerações, cumpre lembrar que a luta por um governo democrático, com a convocação de uma Assembléia Nacional Constituinte, que nos dê uma Constituição que resgate "a dignidade do ser humano, que compreende o direito aos bens essenciais, ao emprego, à saúde, educação, moradia e à vigência plena do Estado de Direito",[7] revive a pregação desse extraordinário gigante que foi Teotônio Vilela, cujo espírito, por certo, está no meio de nós, clamando pelo pagamento da imensa dívida social para com este povo que ele tanto amou.

Debates[8]

O Sr. Nivaldo Soares: Depois desta substanciosa, douta e magnífica palestra do Dr. José Afonso da Silva, democraticamente colocamos a palavra à disposição do Plenário para que, se alguém se interessar, possa formular as perguntas necessárias.

O palestrante está à disposição se algum esclarecimento se fizer necessário.

O Sr. Honório Severo: Sr. Presidente, Sr. Conferencista, é um prazer reencontrá-lo, eminente Professor, tanto tempo depois daquele nosso agradável convívio em Campos do Jordão, quando discutimos outra matéria – o anteprojeto do Código de Processo Civil –, nos idos de 1965, e V. Exa. teve participação brilhante, já demonstradora da valiosa contribuição que prometia dar, e certamente deu, aos estudos de Processo Civil e aos estudos de Direito Público neste país.

Com relação à convocação da Assembléia Constituinte, se bem entendi, em linhas gerais estou de pleno acordo com a proposta de V. Exa. Permito-me, entretanto, opor uma ponderação com relação à integração do terço dos senadores eleitos no pleito de 1982, à tarefa constituinte. Se bem entendi, V. Exa. propõe que a Assembléia eleita delibere a respeito. Quer-me parecer, entretanto, que esta seria uma précondição, seria uma questão prévia, que deveria ser enfrentada pelo próprio ato convocatório da Assembléia Nacional Constituinte, definindo com toda a clareza que o terço de senadores cujo mandato se prolonga por um quadriênio se integre naturalmente à tarefa constituinte. Deixar

---

7. Cf. Teotônio Vilela, *Projeto Emergência*, p. 5.
8. *Nota desta edição*: Após a conferência abriram-se os debates, que vão publicados.

este problema à deliberação dos membros da legislatura que vai ter tarefa constituinte seria deixar um problema a mais à sua resolução.

Quero manifestar também, com grande regozijo, a minha concordância com V. Exa. na solução que oferece à reforma judiciária no tocante à criação da Corte Constitucional.

Há alguns anos tivemos a honra de relatar, em Congresso promovido pela OAB/Seção RS, a reforma do Poder Judiciário, que àquele tempo se discutia, se não estou enganado, nos idos de 1976. A Comissão que integrei, constituída de eminentes advogados, magistrados, membros do Ministério Público, na qual, como disse, tive a honra de ser relator, já naquela época optou pela criação da Corte Constitucional, deixando ao Supremo Tribunal Federal a tarefa de Corte de cassação de acórdãos, não de pessoas... O Supremo Tribunal se ocuparia da uniformização da jurisprudência no país e da resolução, quiçá, dos conflitos entre os Estados da Federação ou entre entidades menores da Federação com a União, desde que nessas questões não fosse envolvida matéria de ordem constitucional. Envolvida matéria de ordem constitucional, naturalmente, a competência deveria caber à Corte Constitucional.

Num ponto, entretanto, devo oferecer radical objeção à posição de V. Exa. Sinto em V. Exa. uma tendência pela manutenção da República Presidencial no Brasil. Eu sou parlamentarista, acredito que o presidencialismo no Brasil foi uma sucessão de fracassos que conduziu ao regime autoritário que já dura quase vinte anos. O regime de 1964 é filho direto e dileto da ditadura presidencial do Brasil. É o produto mais acabado da ditadura presidencial. Aliás, o presidencialismo não funcionou nunca em país algum, a não ser nos Estados Unidos.

V. Exa., que é profundo conhecedor do Direito Constitucional, por certo há de ter presente o que ainda, em obra moderna, se diz a respeito do presidencialismo nos países sul-americanos, da ditadura dos sistemas autoritários de governo a que o presidencialismo conduziu nas Repúblicas sul-americanas. Também não acredito em parlamentarismo como está sendo proposto em emendas constitucionais que tramitam no Congresso Nacional, neste momento. Elas pretendem contemporização, entregando ao presidente da República o provimento e a direção das questões de política externa, bem como o provimento dos Ministérios militares, deixando à chefia do gabinete a tarefa administrativa. Esse hibridismo, a meu ver, será extremamente insensato. E digo mais a V. Exa.: a introduzir esse sistema de parlamentarismo no Brasil, eu preferiria ainda que o presidencialismo continuasse a produzir a sua obra nefasta, até que as consciências se convencessem e que as resistências cessassem à introdução do sistema parlamentar. V. Exa. produziu uma conferência belíssima, riquíssima em sugestões que não podem ser apreciadas numa intervenção ligeira. Eu queria apenas lhe prestar uma homenagem pelo brilho com que V. Exa. conduziu a sua conferência nesta Casa, nesta noite. Por certo, a sua conferência representará valioso subsídio ao debate que irá se seguir nos dias subseqüentes, debate que deverá se proporcionar no curso da campanha pela eleição da Constituinte. Desde logo, congratulo-me com a Casa, congratulo-me com o nobre deputado Nivaldo Soares e com a Comissão de Justiça pelo êxito da promoção e pelo êxito da intervenção brilhante com que o Mestre paulista no brindou nesta noite. Muito obrigado.

O Sr. José Afonso da Silva: Muito obrigado. Fico satisfeito em ver que tenho colegas que podem colocar os problemas. Não tínhamos nenhuma dúvida de que encontraríamos, no Rio Grande do Sul, oposição ao presidencialismo.

Mas vamos começar pela ordem, falando dos senadores: é verdade que esse é um problema, e um problema político. E, como problema político, talvez fosse melhor deixar para resolver depois, precisamente para que ele não seja empecilho à convocação da Assembléia Constituinte, à produção do próprio ato de convocação. Porque, se procurarmos resolver o problema no próprio ato convocatório, certamente teremos uma área de resistência a impedir o próprio ato de convocação ou criar alguns problemas. Não creio que ele, por si, impedisse, mas realmente criaria alguns problemas. É claro que se poderia esperar que eles mesmos compreendessem o problema e propusessem uma solução por si próprios.

Naturalmente, como esse é um problema político, sua solução tem que ser política. E a discussão de quando e como vai ser resolvido é realmente, nesta altura, muito difícil. Talvez fosse melhor deixar para se colocar o problema no momento do próprio ato de convocação. Já temos discutido o que fazer neste particular. Então, há realmente um problema político que nós achamos que a própria Constituinte deveria solucionar. Mas achamos – e parece que V. Sa. não concorda – que é preferível não haver a participação no ato de convocação da Constituinte. Mas entendemos que não irá haver uma influência tão grande, a menos que a própria Constituinte comece a dar a esses senadores condições de destaque na própria Constituinte. E, no caso, como uma Constituinte convocada vai agir, ninguém pode saber. Só depois da convocação e da instalação é que realmente vamos poder saber. Se eu pudesse, resolveria a questão. Mas encontro alguma dificuldade nesse sentido. Por isso não me aventurei a colocar o problema no próprio ato convocatório, porque acho que essa discussão, nesses termos, seria prematura. É melhor amadurecer um pouco o problema, para que então se comece a delinear uma solução definitiva.

Quanto ao problema da legislação ordinária, parece que não há divergência, porque, na verdade, na minha proposta está incluída a participação proporcional dos partidos e dos senadores. Eu não coloquei a proporcionalidade de senadores em função de partidos, mas em função do próprio nível de uma Comissão.

Quanto ao problema do presidencialismo, esta é uma discussão inacabada. Nós não chegaremos a conclusão alguma. Mas precisamos pensar no presidencialismo, não no sentido de reformas no presidencialismo. Quando pensamos em presidencialismo estamos pensando em presidencialismo como ele realmente deve ser, como é considerado, e não nas deformações do presidencialismo, que são marcas do autoritarismo na América do Sul, de modo geral. E é verdade que o parlamentarismo tem dado problemas. Isso tanto é verdade que vêm-se modificando os sistemas parlamentaristas. Na Alemanha vamos encontrar mecanismos de estabilidade do sistema. A França, hoje, não é mais aceita como tendo um sistema parlamentarista, até porque o presidente faz, desfaz, nomeia, demite e exonera seus ministros, sendo que os ministros podem nem sequer ser membros do Parlamento. De modo que há uma série de mecanismos na França que afastaram o sistema francês do sistema parlamentar. Praticamente, nas Repúblicas, hoje só temos na Itália um sistema mais ou menos próximo do tradicional, e com uma instabilidade de governo igualmente semelhante ao tradicional. É bem verdade que se sabe que há mecanismos de estabilidade da burocracia que mantêm os governos, apesar das instabilidades governamentais. Mas esse é um tema daqueles em que há vantagens e desvantagens de um lado e do outro. A questão fica muito mais opinativa. Coloco o problema em termos de realidade brasileira, em função de outros elementos. Eu acho que o presidencialismo tem uma série de elementos que não trarão resultados. Agora, acho que utilizar a idéia parlamentarista, como se faz constantemente neste país, para resolver crises é fazer com que aconteça o que aconteceu em 1961. Vamos inventar outra vez um parlamentarismo. Vamos dizer: "bom, agora, estamos numa crise e é o momento do parlamentarismo". Isso parece que vai gerando certa incredulidade no próprio sistema parlamentarista.

O Sr. Presidente: A palavra continua à disposição do Plenário. Com a palavra o Dr. Otávio Caruso Brochado da Rocha.

O Sr. Otávio Caruso Brochado da Rocha: Sr. Presidente, Srs. Membros do Plenário, prezados amigos. Duas são as razões que me levam a vencer o natural sentimento de reverência que, intelectualmente, despertam em mim, um afeiçoado do Direito, a harmonia e a minúcia, o equilíbrio e o zelo dos conceitos que se dispuseram perante este Plenário, nesta noite.

A primeira daquelas razões é esta de manifestar de público a confiança na divulgação, mesmo provisoriamente, que a promoção deste ciclo de debates possibilita, para que ainda no próprio ciclo este texto seja acessível e subsidie os diálogos e as discussões que se vão seguir.

A segunda das razões – e força é que excepcione e me escuse perante Honório Severo, exceção e escusa que farei num parênteses prévio à segunda das razões que me trazem aqui, ao microfone: exceção de não entrar no debate suscitado quanto a presidencialismo e parlamentarismo, escusa de manifestar a simpatia acentuada pela indicação de uma diretriz de presidencialismo mitigado, presidencialismo temperado, que afine com a herança tradicional da política brasileira e a morigere com alguns freios novos, capazes de, digamos assim, conferir "bóias de flutuação" àquele que se invista na – permita-me uma *blague* – shakespeariana missão de presidir a nossa pátria. Exceção e escusa, parênteses fechados, vamos à segunda razão pela qual tomo aqui, fastidiosamente para os Senhores, gratamente para mim, o tempo de nós todos.

Duas passagens chamaram-me sobremodo a atenção nesta palestra. Breves riscos, traços, pontos quase, pontuações, sinais gráficos no texto da conferência, não o seu próprio corpo, pegadas de algo que lhe subjaz. Uma, quando mencionou a singularidade deste período vivencial constituinte em que estamos, a saber, a de que temos um Congresso em funcionamento pleno. Porque o normal, que seria a convocação de uma Constituinte a qualquer momento, encontra hoje, no Brasil, esse estranho – entre realidade ou fantasma –, mas, seja como for, esse entulho que é um Congresso vivo, legiferante e com poderes de reforma. Aquele breve registro e o outro, o segundo, é que, quem sabe, a reforma tributária não possa esperar a Constituinte. Quem sabe seja tão aflitiva, tão dramática, tão angustiosa, a situação de disritmia na repartição de rendas relativa à República Brasileira que se impõe, de logo, a um presidente democrático, um caminhar, uma reforma tributária de repartição de rendas, pré-constituinte. Esses dois traços subjazem à conferência. Mas se me afigura que eles se articulam em entremostrar o período de transição que estamos a viver, originalíssimo. E essa, dizia, é a segunda razão de vir a este microfone, a de apelar ao conferencista para que, com a mesma criatividade, zelo, equilíbrio, senso de harmonia e constitutividade constitucional, digamos assim, com que elaborou sugestões a uma Constituinte que se inaugurará em algum momento do futuro, com esse mesmo espírito de ânimo, reflita sobre como conduzir-se o período pré-constituinte. Nós, de um segmento da opinião pública brasileira, temos uma opinião pública, formalizada inclusive em emenda constitucional, no Congresso, por ocasião da mensagem "Figueiredo", de um período de transição, de um governo de transição no Executivo, que é esse pela existência de um Congresso com o expirar deste Congresso, na convocação da Constituinte, para eleições diretas, que nos liberem dos presidentes eleitos indiretamente que, pela história brasileira, têm dissolvido os Congressos que os elegem. De um lado, e, de outro, a posição dos segmentos da opinião que esposo sustenta um período pré-constituinte e que neste mesmo biênio se abram, em todas as Assembléias Legislativas, em cada uma das Câmara Municipais, como na Câmara Federal, e bem assim no Senado da República, debates como este, de hoje, aqui, como este que Nivaldo Soares está a promover; debates que tragam a inteligência brasileira na sua formulação construtiva para a oferta à Assembléia Constituinte no futuro, e colham também, nos sindicatos e nas organizações de classes, sugestões e reclamos.

O apelo é o de uma reflexão científica sobre esse arco, essa ponte originalíssima na história constitucional dos povos, para não dizer sem precedentes, que estamos a viver. Foram essas as duas razões de quebrar aquele decoro reverencial de silêncio, e o reconhecimento das dimensões de amor cívico e de espírito patriótico que inspiraram a palestra que ouvi hoje me levariam a guardar silêncio. O Honório reserva-me o debate para mais própria oportunidade. Agradeço a todos e peço escusas pela intervenção.

O Sr. José Afonso da Silva: Agradeço muito a sua intervenção. Ela veio, na verdade, enriquecer o debate e, até, trazer sugestões, a reflexão que se há de fazer a propósito de algumas sugestões lembradas na introdução, ou na exposição.

Por certo que essa questão pré-constituinte revela-se extremamente importante no caso presente. Ela sempre existiu. Em qualquer fase, em qualquer Constituinte, ela sempre existe. Existe, porque constitui aqueles momentos em que realmente se praticam atos preparatórios para a instalação da Constituinte, até a sua convocação, como elaboração de normas sobre a eleição, como se vai eleger, quando não existem ainda essas normas. No nosso caso, nós teremos que rever tais normas, para adequá-las à eleição da Assembléia Constituinte. Teremos – quem sabe – que expurgar algumas coisas da Lei de Segurança Nacional, revogar a Lei Falcão e uma série de medidas que aí estão, que devem ser revistas, e esses atos todos são pré-constituintes.

Sem isso, a convocação da Constituinte correria o risco de levar essa Assembléia exatamente à mesma situação em que se encontra aí e, portanto, ela seria uma Constituinte meramente formal, mas sem que os eleitores tivessem amplo espectro a escolher quem seriam seus porta-vozes – essa palavra é muito má –, os intérpretes das suas aspirações na elaboração de uma nova Constituição.

Daí por que, no caso presente, como em geral ocorre, esta fase pré-constituinte é efetivamente importante; precisamente para limpar os horizontes.

Muito obrigado.

CONSTITUINTE E REGIME DEMOCRÁTICO[1]

1. Introdução. 2. Conceito de democracia. 3. Princípios e qualificações da democracia. 4. Exercício do poder democrático. 5. Democracia representativa. 6. Democracia participativa. 7. Conclusão.

1. Introdução

1. A convocação de uma Assembléia Constituinte, mesmo de forma defeituosa como Congresso Constituinte, constitui um ato político de extrema importância. Com isso, pôs-se em questão a ordem existente, que não mais é aceita pelo povo. E só isso já é um largo passo no sentido da democratização da vida brasileira, há muito submetida a uma convivência autoritária. Assim, o povo retoma seu direito fundamental primeiro, qual seja: manifestar-se sobre o modo de existência política da Nação pelo exercício do *poder constituinte originário*, por meio de uma Assembléia Constituinte.

2. A formação de uma Constituição democrática é processo longo, incerto e conflitivo. É submetido a jogos de interesses e tensões de toda ordem. Nunca é linear e isento de contradições. Forças contrárias às mudanças reorganizam-se para interrompê-lo. Há riscos de novas e perigosas rupturas. Raramente o processo constituinte chega ao fim sem alguma forma de transação política. Nesse ponto é que se entrecruzam os limites e possibilidades da Constituinte na construção da ordem democrática. E essa questão já se coloca desde o modo de formação da Constituição. É que esta só será um instrumento de construção de uma ordem democrática se tiver emanado de Assembléia Constituinte, como reunião de representantes do povo eleitos com poderes especiais para elaborar e promulgar a Constituição. Neste caso, o que se põe, especialmente, é o problema da legitimidade da Constituição e, pois, dos poderes governamentais que ela constitui. Uma Constituição

---

1. *Nota desta edição*: O texto que se vai ler foi de uma conferência proferida na Assembléia Legislativa de Minas Gerais no *Simpósio "Minas Gerais e a Constituinte"*, no dia 17 de abril de 1986; encontra-se publicado, com os debates, às pp. 251 e ss., no volume que aquela Assembléia fez publicar, com o título do Simpósio.

é legítima enquanto expressão da soberania popular. Mas a idéia de uma Constituição democrática não se esgota no fato de ser elaborada por uma Assembléia Constituinte. Não será democrática se assim não for formada, mas aqui o aspecto democrático se prende à sua origem.

3. Não basta ser democrática quanto à forma de sua elaboração; quer-se que o seja também quanto ao seu conteúdo, isto é, que, além dos direitos tradicionais do Homem (liberdades e igualdades formais), consagre, em seu texto, as garantias de eficácia dos direitos fundamentais de caráter econômico, social e cultural. Enfim, para que tenha efetivas possibilidades de construir uma ordem democrática, é preciso que a Constituição seja um instrumento de transformação da realidade existente, rompendo com privilégios e assegurando justiça social.

4. Se é à Assembléia Constituinte que cabe decidir da forma e conteúdo da Constituição democrática, cumpre debater esta temática, para a escolha de constituintes comprometidos com as aspirações mais sentidas do povo. Que tipo de democracia o povo deseja é questão que deve entrar nesses debates. E essa exposição visa a trazer alguma reflexão crítica sobre o tema, a partir do conceito mesmo de democracia, dos problemas da representação, até chegar a considerações gerais sobre uma democracia participativa.

2. *Conceito de democracia*

5. Democracia é conceito histórico. Não sendo por si um valor-fim, mas meio e instrumento de realização de valores essenciais de convivência humana que se traduzem basicamente nos direitos fundamentais do Homem, compreende-se que a historicidade destes a envolva também na mesma medida, enriquecendo-lhe o conteúdo a cada etapa do evolver social, mantido sempre o *princípio básico* de que *ela revela um regime político em que o poder repousa na vontade do povo.* Sob esse aspecto, a democracia não é mero conceito político abstrato e estático, mas é um *processo* de afirmação do povo e de garantia dos direitos fundamentais que o povo vai conquistando no correr da História.

6. Nesse processo vai-se configurando também a noção histórica de *povo*, pois, como adverte Burdeau, "se é verdade que não há democracia sem governo do povo pelo povo, a questão importante está em saber o que é preciso entender por povo e como ele governa".[2] A con-

---

2. Cf. Georges Burdeau, *Traité de Science Politique*, 2ª ed., t. V, Paris, Librairie Générale de Droit et de Jurisprudence, 1970, p. 571.

cepção de povo tem variado com o tempo, "porque, se sempre é o povo que governa, nem sempre é o mesmo povo".[3] Por isso é que a democracia da Antigüidade grega não é a mesma dos tempos modernos. Na *democracia grega, povo* era apenas o conjunto dos homens livres, excluída ainda a massa dos libertos. Como a maioria dos indivíduos era de escravos e libertos, os quais não gozavam da cidadania, não entravam no conceito de povo, aquela democracia era o regime da minoria e em seu favor existia. Na *democracia liberal, povo* era equiparado a uma construção ideal, alheia a toda realidade sociológica, não era o ser humano situado, mas um povo de *cidadãos*, isto é, indivíduos abstratos e idealizados, fruto do racionalismo e do mecanicismo que, prescindindo de toda consideração histórica, informa o constitucionalismo do século XIX.[4] Assim, a democracia liberal deforma o conceito de povo. Nela, o povo real, concreto, com seus defeitos e qualidades, permanece alheio ao exercício do poder, e na realidade não mais é do que um poder sobre o povo, como observa Xifras Heras.[5]

7. Há uma tendência de reduzir o povo ao conjunto dos cidadãos, ao corpo eleitoral, como se os membros deste fossem entidades abstratas, desvinculadas da realidade que os cerca, como se ao votar o cidadão não estivesse sob a influência de suas circunstâncias de fato e ideológicas, não estivesse fazendo-o sob a influência de seus pais ou de seus filhos, cônjuge, amante, namorado, namorada, e também de seu grupo, oficina, fábrica, escritório, e mais ainda de seus temores, da fome dos seus, das alegrias e das tristezas. O corpo eleitoral não constitui o povo, mas simples técnica de designação de agentes governamentais.

8. O conceito, que se deve a Lincoln, de que *democracia é o governo do povo, pelo povo e para o povo*, tem suas limitações, mas é essencialmente correto, se dermos interpretação real aos termos que o compõem. Uma das limitações consiste em definir democracia como *governo*, quando ela é muito mais do que isso: *é um regime, é uma forma de vida*, é, principalmente, *um processo*. O conceito de Lincoln é também formal, mas essa limitação desaparecerá com a interpretação adequada dos seus termos, como, aliás, fizera Xifras Heras,[6] que resumiremos aqui:

3. Cf. Georges Burdeau, *La Democracia*, Caracas/Barcelona, Ediciones Ariel, 1960, pp. 29 e 30.
4. Cf. Jorge Xifras Heras, *Curso de Derecho Constitucional*, t. II, Barcelona, Bosch, 1962, p. 28; Burdeau, *La Democracia*, p. 30.
5. Ob. cit., t. II, p. 28.
6. Ob. cit., t. II, pp. 21 e ss.

– *Governo do povo* significa que este é fonte e titular do poder, de conformidade com o princípio da soberania popular (*todo poder emana do povo*, inscrito no art. 1º, parágrafo único, da Constituição brasileira *[referência à de 1969, semelhante à atual]*), que é, pelo visto, o princípio fundamental de todo regime democrático.

– *Governo pelo povo* quer dizer governo que se fundamenta na vontade popular, que se apóia no *consentimento popular*; governo democrático é o que se baseia na adesão livre e voluntária do povo à autoridade, como base da legitimidade do exercício do poder por esta, que se efetiva pela técnica da *representação política* (*o poder é exercido em nome do povo*, art. 1º, parágrafo único, da Constituição*[1969]*).

– *Governo para o povo* é aquele que procura liberar o Homem de toda imposição autoritária e garante o máximo de segurança e bem-estar a todos.

Assim, podemos admitir que a democracia é *um processo de convivência social em que o poder emana do povo, há de ser exercido direta ou indiretamente pelo povo e em proveito do povo.*

9. Essa concepção se opõe à tese pessimista, se não de fundo elitista, segundo a qual a democracia nunca fora realizada em sua pureza em lugar algum. Essa posição concebe a democracia como um conceito estático, absoluto, como algo que há de instaurar-se de uma vez, de forma acabada, e assim perdurar para sempre. Os que assim pensam não concebem que a democracia seja um processo, e um processo dialético que vai rompendo os contrários, as antíteses, para, a cada etapa da evolução, incorporar conteúdo novo, enriquecido de valores colimados. Como tal a democracia nunca se realizará inteiramente, pois, como qualquer vetor que aponta a valores, a cada nova conquista feita abrem-se novos horizontes ao aperfeiçoamento humano, a serem atingidos.

10. A democracia é processo de luta, de conquistas. Pressupõe luta incessante pela justiça social. Não pressupõe que todos sejam instruídos, cultos, educados, perfeitos, mas há de ser um processo que busque distribuir a todos instrução, cultura, educação, aperfeiçoamento, vida digna. Bem o disse Claude Julien: "A democracia não pode resignar-se com as favelas e cortiços, com os alojamentos insalubres, os salários miseráveis, as condições de trabalho miseráveis".[7]

---

7. Cf. *O Suicídio das Democracias*, trad. de Marina Colasanti, Rio de Janeiro, Artenova, 1975, p. 26.

3. Princípios e qualificações da democracia

11. A essência da democracia não se altera, contudo, pois está no fato de o poder residir no povo. Democracia, para ser tal, repousa na vontade popular no que tange à fonte, exercício e objetivo do poder em oposição aos regimes autocráticos em que o poder emana do chefe, do caudilho, do ditador.

12. Vale dizer, portanto, que o conceito de democracia fundamenta-se na existência de um vínculo entre povo e poder. Como o poder recebe qualificações na conformidade de seu objeto e modo de atuação, chamando-se *poder político, poder econômico, poder social*, a libertação democrática vai-se estendendo, com o correr do tempo, a esses modos de atuação do poder. Isto é, a democratização do poder é fenômeno histórico, daí o aparecimento de qualificações: *democracia política*, para a democratização do poder político; *democracia social*, para a democratização do poder social; *democracia econômica*, para a democratização do poder econômico. São justas as seguintes palavras de Burdeau: "Politicamente, o objetivo da democracia é a libertação do indivíduo das coações autoritárias, a sua participação no estabelecimento da regra que, em todos os domínios, estará obrigado a observar. Econômica e socialmente, o benefício da democracia se traduz na existência, no seio da coletividade, de condições de vida que assegurem a cada um a segurança e a comodidade adquirida para a sua felicidade. Uma sociedade democrática é, pois, aquela em que se excluem as desigualdades devidas aos azares da vida econômica, em que a fortuna não é uma fonte de poder, em que os trabalhadores estejam ao abrigo da opressão, que poderia facilitar sua necessidade de buscar um emprego, em que cada um, enfim, possa fazer valer um direito de obter da sociedade uma proteção contra os riscos da vida. A democracia social tende, assim, a estabelecer ente os indivíduos uma igualdade de fato que sua liberdade teórica é impotente para assegurar".[8]

13. É preciso, contudo, que fique claro que isso não pode ser entendido como se a democracia fosse um sistema assistencial que simplesmente visasse a suavizar a miséria da massa trabalhadora, mas há de ser concebida como um meio de superar essa miséria. Por isso, não pode tolerar a extrema desigualdade entre trabalhadores e classe dominante.

14. Os valores da democracia são a *igualdade* e a *liberdade*; ou, em palavras mais abrangentes: a *democracia é regime de garantia ge-*

---

8. Cf. *La Democracia*, p. 61.

ral da realização dos direitos fundamentais do Homem, que se fundamenta em dois princípios primários: *a*) o da *soberania popular*, segundo o qual *o povo é a única fonte do poder* (o poder emana do povo); *b*) *a participação do povo no poder*, para que este seja efetiva expressão da vontade popular. Nos casos em que essa participação é indireta, surge um princípio secundário: o da *representação*.

4. Exercício do poder democrático

15. A forma como o povo participa do poder dá origem aos três tipos conhecidos de democracia, qualificada como *direta*, *indireta* ou *representativa* e *semidireta*.

Democracia direta é aquela em que o povo exerce, por si, os poderes governamentais, fazendo leis, administrando e julgando, o que é uma reminiscência histórica.

Democracia indireta, chamada democracia *representativa*, é aquela em que o povo, fonte primária do poder, não podendo dirigir os negócios do Estado diretamente, por si, outorga as funções de governo aos seus representantes, que elege periodicamente.

Democracia semidireta é, na verdade, democracia representativa, com alguns institutos de participação direta do povo nas funções de governo. É, de fato, no regime de democracia representativa que se desenvolvem a *cidadania* e as questões da *representatividade*, que tendem a fortalecer-se no regime de democracia participativa.

É uma temática que merece uma reflexão crítica. Pois, se toda democracia importa *participação do povo* no *processo do poder*, nem toda democracia é *participativa*, no sentido contemporâneo da expressão.

5. Democracia representativa

16. A *democracia representativa* pressupõe um conjunto de instituições que disciplinam a participação popular no processo político, que vêm a formar os direitos políticos que qualificam a cidadania, tais como as eleições, os sistemas eleitorais, os partidos políticos etc. Mas nela a participação é indireta, periódica e formal, por via das instituições eleitorais que visam a disciplinar as técnicas de *escolha dos representantes do povo*. A ordem democrática, contudo, não é apenas uma questão de eleições periódicas, em que, por meio do voto, são escolhidas as autoridades governamentais. É certo que a eleição é uma técnica da democracia representativa. Por um lado, ela é procedimento técnico para a designação de pessoas para o exercício de funções governamentais. Por outro lado, *eleger* significa expressar uma preferência entre alternativas, realizar um ato formal de decisão política. Realmente, nas democracias de partido e sufrágio universal as eleições tendem a ultrapassar a pura função designatória, para se transformarem num instrumento pelo qual o povo adere a uma política e confere seu consentimento, e, por conseqüência, legitimidade, às autoridades governamentais. É, assim, o modo pelo qual o povo, nas democracias representativas, participa na formação da vontade do governo e no processo político.[9]

A eleição consubstancia o *princípio da representação*, que se efetiva pelo *mandato político representativo*, que constitui situação jurídico-política com base na qual alguém, designado por via eleitoral, desempenha uma função político-governamental na democracia representativa.

17. O mandato é denominado *representativo* para distinguir-se do *mandato imperativo* que vigorou antes da Revolução Francesa, de acordo com o qual *seu titular* ficava vinculado a seus eleitores, cujas instruções teria que seguir nas assembléias parlamentares; se aí surgisse fato novo, para o qual o representante não dispusesse de instrução, teria que obtê-la dos eleitores, antes de agir; os eleitores, por sua vez, poderiam *revogar* o mandato do representante.

O mandato representativo é criação do Estado Liberal burguês, como um meio de manter distintos Estado e sociedade e como mais *uma forma de tornar abstrata a relação governo/povo*. Pois, segundo sua teoria, o titular do mandato não fica vinculado aos representados, por não se tratar de uma relação obrigacional. Realmente, a teoria afirma o princípio de que o mandato representativo é:

– *geral*, porque o eleito por uma circunscrição não é representante só dela, nem só de suas bases eleitorais, mas *é representante de toda a nação, e todo o povo*;

– *livre*, porque o representante não está vinculado a seus eleitores, dos quais não recebe instruções, porque, juridicamente, exprime, nos atos de governo, *a sua própria vontade*; afirma-se que o exercício do mandato decorre de poderes que a Constituição confere ao representante, que lhe garantem a autonomia da vontade;

---

9. Cf. nosso *Curso de Direito Constitucional Positivo*, 4ª ed., São Paulo, Ed. RT, 1987, p. 376 *[hoje, 17ª ed., São Paulo, Malheiros Editores, 2000, p. 369]*, citando Nils Diederich, "Elecciones, sistemas electorales", in *Marxismo y Democracia (Enciclopedia de Conceptos Básicos): Política 3*, trad. de Joaquín Sans Guijarro, Madri, Ed. Riodureo, 1975.

– *irrevogável*, porque o eleito tem o direito de manter seu mandato durante o tempo previsto para a sua duração nas normas constitucionais.

18. Como se vê, há muito de ficção no mandato representativo. Pode-se até dizer que não há representação, de sorte que a designação de mandatários não passa de simples técnica de formação dos órgãos governamentais. E só nisso se reduziria o princípio da participação popular, o princípio do governo pelo povo. E, em verdade, não será um governo de expressão da vontade popular, desde que os atos de governo se realizam com base na vontade autônoma do representante.

19. Nesses termos, a *democracia representativa* acaba fundando-se numa idéia de igualdade abstrata perante a lei, numa consideração de homogeneidade, e assenta-se no princípio individualista que considera a participação no processo do poder do *eleitor* individual no momento da votação, que "não dispõe de mais influência sobre a vida política de seu país do que a momentânea de que goza no dia da eleição, por certo relativizada por disciplina ou automatismo partidário e pela pressão dos meios de informação e da desinformação da propaganda; que, uma vez produzida a eleição, os investidos pela representação ficam desligados de seus eleitores, pois não os representam a eles em particular, mas a todo o povo, à nação inteira".[10] A representação é montada sobre o mito da "identidade entre representante e representado, que tende a fundar a crença de que quando este decide é como se decidisse o representado, que, em tal suposição, o povo se autogoverna, sem que haja desdobramento, atividade, relação intersubjetiva entre dois entes distintos: *o povo*, destinatário das decisões, e *o representante*, autor, autoridade, que decide para o povo".[11]

20. Contudo, a evolução do processo democrático vem incorporando outros elementos na democracia representativa que impõem relação mais estreita entre os *mandatários* e *o povo*, o que foi uma primeira conseqüência do *sufrágio universal*. Com ele o princípio da *soberania popular* se caracteriza mais concretamente e aparecem os *instrumentos de coordenação e expressão da vontade popular*, tais como a imprensa livre, os partidos políticos, os sindicatos, as associações políticas, as comunidades de base, os meios de comunicação de massa, de tal sorte que a opinião pública – expressão da cidadania – passa a exercer papel muito importante no sentido de que os eleitos prestem

---

10. Cf. Luís Carlos Sáchica, *Democracia, Representación, Participación*, Costa Rica, IIDH/CAPEL (Cuaderno CAPEL), 1985, p. 14.
11. Idem, ibidem, p. 15.

mais atenção às reivindicações do povo, mormente às de suas bases eleitorais. O sistema de partidos políticos, especialmente, tende a dar feição imperativa ao mandato político – transitando do mandato representativo para o *mandato partidário* –, na medida em que os representantes partidários estejam comprometidos com a realização do programa do partido.

21. É claro que essa natureza de *mandato imperativo*, em função da orientação do partido, se tornará cada vez mais uma vinculação ao povo, na proporção em que os partidos se façam mais democráticos, com seus órgãos dependentes de ampla vontade de seus filiados. Em relação aos partidos de massa o *mandato partidário* realizará uma tendência de mandato imperativo de caráter popular democrático. Em relação, porém, aos partidos de quadro, ao contrário, realizará uma função de mandato imperativo de caráter oligárquico.

22. O *tipo de sistema eleitoral* exerce influência na representatividade, especialmente se tivermos em conta que o *sistema eleitoral* forma com o *sistema de partido* os dois mecanismos de expressão da vontade popular na escolha dos governantes. A circunstância de ambos se voltarem para um mesmo objetivo imediato – organização da vontade popular – revela a influência mútua entre eles. O *sistema eleitoral de representação proporcional* favorece a melhor e mais eqüitativa representatividade do povo, visto como, por ele, a representação, em determinada circunscrição, se distribui em proporção às correntes ideológicas ou de interesse integradas nos partidos políticos concorrentes. Nossa opção pelo sistema de representação proporcional está em que entendemos ser ele o único capaz de instrumentar a formação de um regime democrático para o Brasil em oposição ao sistema oligárquico.[12]

6. Democracia participativa

23. O que se quer acentuar com essas considerações é que o sistema de partidos, com o sufrágio universal e representação proporcional,

---

12. Não desconhecemos graves defeitos na aplicação do sistema de representação proporcional. Destacamos esses defeitos em "Representação proporcional: efeitos corporativos no Brasil", trabalho apresentado ao Simpósio Internacional sobre "Sistema Electoral y Representación Política", realizado em Cuenca, de 19 a 21 de maio de 1987, organizado pelo Instituto de Cooperação Ibero-Americano e a Fundação Friedrich Ebert, trabalho que será publicado em breve por CAPEL. Esse texto foi publicado posteriormente no volume *Sistemas Electorales y Representación Política em Latinoamérica*, Madri, Fundación Friedrich Ebert/Instituto de Cooperación Iberoamericana, s/d., pp. 351 e ss., sob o título, na versão espanhola, "Representación proporcional: efectos corporativos en Brasil".

dá à *democracia representativa* um sentido mais concreto, no qual desponta com mais nitidez o *princípio participativo*. Não é tanto a participação individualista, isolada, do eleitor no só momento da eleição. É a *participação coletiva organizada*. Mas é ainda uma participação representativa, que assenta no princípio eleitoral. Ora, qualquer forma de participação que dependa de eleição não realiza a *democracia participativa* no sentido atual desta expressão. A eleição consubstancia o *princípio representativo*, segundo o qual o eleito pratica os atos de governo em nome do povo. O *princípio participativo* caracteriza-se pela participação direta e pessoal do eleitorado na formação dos atos de governo.

24. As primeiras manifestações da *democracia participativa* consistem nos institutos da democracia semidireta, que combina instituições de participação direta com instituições de participação indireta, tais como:

– a *iniciativa legislativa popular*, pela qual se admite que certo número de eleitores apresente às Câmaras Legislativas projetos de leis que devam ser discutidos e votados;

– o *referendo popular*, que se caracteriza no fato de que projetos de lei ou propostas de emendas constitucionais aprovados pelo Legislativo devam ser submetidos a votação popular, atendidas certas exigências, tais como pedido de certo número de eleitores, de certo número de parlamentares ou do próprio Poder Executivo, de sorte que o projeto ou proposta se terá por aprovado apenas se receber aprovação popular, do contrário reputar-se-á rejeitado;

– o *veto popular*, pelo qual uma lei em vigor pode ser submetida a voto popular se assim o solicitar certo número de eleitores, sendo confirmada ou revogada conforme seja favorável ou desfavorável a votação;

– *revocação* (*recall*), pelo qual, a requerimento de certo número de eleitores, o mandato de um parlamentar ou de um funcionário eletivo é submetido à apreciação do voto popular, sendo revogado se não obtiver confirmação;

– *ação popular*, meio pelo qual qualquer cidadão pode pleitear a nulidade de atos lesivos ao patrimônio público (já existe no sistema brasileiro, desde 1934).

25. Há muitas outras formas de participação direta do povo na vida política e na direção dos assuntos públicos, que dão configuração concreta à democracia participativa, que não elimina as instituições da democracia representativa. Ao contrário, reforça-a, fazendo com que a relação governo/povo, representante/representado, seja mais estreita e mais dinâmica, propiciando melhores condições para o desenvolvimento de um governo efetivo do povo, pelo povo e em favor do povo.

7. Conclusão

26. Enfim, a discussão desses temas é que vai definir que democracia o povo quer construir no Brasil através da Assembléia Constituinte. Temos de ter em mente que "não é suficiente que se reúna uma Assembléia que aprove um documento no qual se estabeleçam as decisões políticas fundamentais; é preciso que essa Assembléia seja eleita pelo povo; em segundo lugar, é preciso que se manifeste um consenso popular que apóie essas decisões tomadas por seus representantes" (Héctor Fix-Zamudio).

27. Vale dizer: seria o caso de, já na formação da futura Constituição, ser aberta ao povo a possibilidade de ampla participação na formulação de seu conteúdo básico, e de ela própria, uma vez aprovado o projeto pela Constituinte, ser submetida a referendo popular, para que assim receba um banho de legitimidade na fonte autêntica do poder e para que não seja um simples nome, mas venha a ser expressão de valores de nacionalidade e instrumento de mudanças, na busca da realização de justa distribuição de riquezas e de efetiva concretização da justiça social. E seja o meio pelo qual se refaça o pacto político-social do país, buscando o restabelecimento dos três equilíbrios primordiais que constituem o objetivo de um regime democrático:

– equilíbrio entre o poder estatal e os direitos fundamentais do Homem, tomada a expressão no sentido mais amplo, que abrange os direitos individuais e os direitos econômicos, sociais e políticos;

– equilíbrio entre o poder central e os poderes estaduais e municipais: equilíbrio federativo;

– equilíbrio entre os poderes governamentais.

Era o que eu tinha a dizer. Muito obrigado.

Debates[13]

O Sr. Conferencista (Prof. José Afonso da Silva): Assim foram minhas considerações sobre as intervenções dos debatedores:

---

13. *Nota desta edição*: Terminada a palestra, abriram-se os debates, que reproduzimos, com observação de que da Mesa constavam três debatedores: os professores José Carlos Pimenta, da PUC/MG; José Pires de Oliveira, da UFUberlân-

Tenho pouco a dizer. Quero, em primeiro lugar, agradecer as palavras que acabaram me dirigindo, muito bondosamente.

Suponho que o problema relativo ao presidencialismo e ao parlamentarismo acabará surgindo em perguntas. A minha posição é pelo presidencialismo. Acho que não é possível analisar sistema de governo abstraindo-se da realidade de cada país. Acho que no parlamentarismo existem mecanismos formais, que revelam atuação democrática no relacionamento dos poderes. Do ponto de vista formal, realmente, há um sistema de responsabilidade política que retorna, com certa freqüência, através da dissolução de Parlamentos, da queda ou não de Ministérios; há consulta ao povo, para se resolverem conflitos constitucionais. Acho, entretanto, que a argumentação de que as crises constitucionais no Brasil, ou em outros países da América Latina, são fruto do presidencialismo não procede. Na realidade, são crises econômicas e sociais, que, por conseguinte, se refletem nas formas governamentais, quaisquer que sejam elas.

Já tivemos experiências parlamentaristas em outros países da América Latina, como no Chile, em que realmente não houve a estabilização esperada, porque os conflitos estavam muito mais na base do que nas formas.

Acho que o Dr. Carlos Pimenta deu, aqui, a base do sucesso do presidencialismo, ao dizer que nos Estados Unidos o presidencialismo, de fato, deu certo, porque são fortes o Congresso, especialmente o Senado, e o Judiciário, assim como, também, o presidente é forte.

É claro que num Estado forte não pode haver governo fraco. O que é necessário é o reequilíbrio governamental, para que o Poder Legislativo tenha condições de funcionar adequadamente, com a recuperação das suas prerrogativas e das funções próprias, usurpadas pelo Executivo.

O que temos é a deformação do presidencialismo, na medida em que o presidente assumiu funções que não são do Executivo, mas do Legislativo. Então, devolvam-se ao Legislativo suas próprias funções, a capacidade de iniciativa, porque o Legislativo é governo também, e tem todo o direito de tomar iniciativa a respeito de problemas funda-

---

dia; Lauro Antunes de Morais, das Faculdades de Direito de Itaúna e de Divinópolis. Suas intervenções enriqueceram o debate. Contudo, não me sinto autorizado a reproduzir, aqui, seus textos. A resposta que dei indica o essencial da intervenção de cada um. O teor dessas intervenções consta da publicação Simpósio *"Minas Gerais e a Constituinte"*, Fase I, Assembléia Legislativa do Estado de Minas Gerais, abril de 1986, pp. 265 e ss.

mentais que devem ser traduzidos na lei, para que se estabeleça aquele sistema de equilíbrio e controle mútuos. E mais, quando pleiteamos uma participação mais efetiva do povo, isso leva ao equilíbrio democrático, na medida em que uma democracia pode ser uma abertura para a ascensão do povo. Enquanto houver um sistema sócio-econômico injusto, vamos ter problemas de desequilíbrio social, que vão gerar desequilíbrio do poder.

Acho que é possível estabelecer um presidencialismo, que chamo presidencialismo de gabinete, que tem um Conselho de ministros com competência própria, mas que depende de confiança do próprio presidente, não do Parlamento.

Pode haver um ministro ou outro com a possibilidade de cair por voto de censura parlamentar. Tivemos um ministro, ao longo deste período, que, por exemplo, continuou ministro apesar de ser repudiado por toda a Nação. Se houvesse um sistema de censura, isso não teria acontecido. Ele teria caído.

O Dr. José Pires de Oliveira, na sua palestra, que foi muito importante, apontou obstáculos à democracia. Permitir-me-ia dizer que os obstáculos levantados não são propriamente da democracia, são situações que ocorrem exatamente porque a democracia é regime de liberdade. É preferível o problema da demagogia na democracia do que na ditadura. Advogo a mais ampla participação do povo no processo político, porque é através dessa participação que se vai aperfeiçoando o sistema democrático e, por conseguinte, o povo vai repudiando os demagogos e todas as demais formas de obstáculos apontados.

Não se vai chegar a uma democracia pura, porque ela pressupõe, como qualquer regime político, uma correlação de poderes. E, num sistema de ampla liberdade, aparecem os aventureiros. Cumpre ao povo afastá-los. Não são todas as promessas de governo que não são cumpridas e que são demagógicas. Há promessas feitas de boa-fé; porém, quando o governante chega ao poder, percebe que a estrutura e a burocracia o impedem de realizar tais promessas. Mas a demagogia tem por base promessas absurdas.

É na democracia que surgem os líderes. Numa fase de transição, os líderes vêm surgindo depois. Um dos graves problemas do movimento de 1964 foi acabar com as lideranças do país e não gerar nenhuma.

O pluralismo e o bipartidarismo são um problema sociológico, não um problema formal. Na Inglaterra, por exemplo, são dois partidos que dominam o processo político. Nos Estados Unidos, apesar de haver milhares de partidos, são dois que realmente dominam. Mas o problema está muito mais ligado à natureza do meio em que os partidos atuam. Se uma sociedade está ainda em transição, a tendência é a de formar vários partidos. Na verdade, o sistema partidário será desenvolvido na democracia. No período de 1946 até 1965 tivemos treze ou catorze partidos; entretanto, realmente eram três os partidos. Havia a UDN, o PSD e o PTB. Mas a estrutura do poder interferiu, liquidando com o sistema. Por quê? Porque os partidos, no sistema de 1946, estavam-se tornando independentes das dominações oligárquicas, que também prevaleceram durante o bipartidarismo. Na prática, isso vai acontecer. Se existem trinta partidos, eles vão começar a se dissipar, para ficarem, talvez, três ou quatro que possam ter influência no processo político brasileiro. Também na Itália existem vários partidos.

Retomemos o problema do parlamentarismo, para observar que ele só funcionará bem onde exista um sistema partidário bem estruturado; e este não se constrói de um momento para outro.

No mais, acho que a expressão "a Constituição é obra do sábio" vai contra a posição de Tancredo Neves. Isso fica num campo muito filosófico, o que, aliás, foi a tônica da participação do professor Lauro Antunes de Morais.

Acho que a convocação de Constituinte congressual tem um defeito: quando se convocam, como se fez, membros da Câmara e do Senado, já estamos pressupondo um bicameralismo, quando isso é problema da Constituinte. Dever-se-iam convocar puramente constituintes para fazer a Constituição.

O conceito de democracia como regime da maioria é formal e político, pura e simplesmente, excluindo, portanto, os conceitos de democracia social e forma de convivência.

Pergunta do Sr. Antônio Carlos Gomes (advogado): Considerando a fragilidade sistemática e ideológica dos partidos políticos que aí estão, dadas as atuais facilidades de se criarem inúmeros partidos sem expressão, além de se permitirem trocas de siglas de um dia para outro, sem obedecer a qualquer norma ou princípio, questiono: o que V. Exa. pensa sobre isso, dada a desordem da atual legislação eleitoral? Nesse caso, não há extrema violação das aspirações do povo brasileiro?

O Sr. Conferencista (Prof. José Afonso da Silva): Em boa parte já respondi a essa pergunta quando me referi ao problema partidário. Um sistema partidário não se constrói de cima para baixo, nem através de legislação. Constrói-se na prática da vida política democrática. É necessário haver alguns mecanismos para impedir a proliferação de partidos. Acho que só deve haver partido que tenha alguma representatividade nas Casas Legislativas. Se não tiver representatividade, o partido ficará como um locador de sigla. Isso não é sistema partidário.

Pergunta do Sr. Geraldo Teixeira da Silva (da ABDPSIAS): Depois da Constituinte, teremos mesmo um país democrático? Eu aprendi que democracia é uma palavra de origem grega, que quer dizer: *demos* (povo) + *cracia* (governo), que, resumindo, seria povo e governo unidos. Conseguiremos essa união no Brasil?

O Sr. Conferencista (Prof. José Afonso da Silva): Isso depende muito do tipo de Constituinte que for eleita. Se o povo eleger uma Constituinte voltada realmente para os interesses populares, poderemos ter uma Constituição que possibilite ao sistema uma abertura para a democracia, pois não é a Constituição, de uma hora para outra, que irá instituir o sistema democrático. O que ela deve e pode fazer é criar as condições e instrumentos para a atuação democrática. A nossa proposta foi no sentido de maior participação possível do povo no processo político do governo. Portanto, advogo uma Constituição que consolide tais instrumentos de participação.

Temos de ter em mente que a Constituinte não é panacéia. A Constituição, por si só, não vai resolver todos os problemas. É preciso que se continue a participar na vida política do país para que se tenha uma Constituição que seja viável e que funcione. Enquanto o povo não perceber que a Constituição é um instrumento de interesse do povo e não passar a conhecê-la e a exigir seu cumprimento, teremos sempre um sistema muito frágil.

Pergunta do Sr. Valfrido Antônio Teixeira Pires (funcionário público): Se é que podemos falar em Constituinte, o Senhor não acha que começamos um regime antidemocrático, haja vista a criação de uma Comissão de Reforma Constituição, ou seja, o Grupo dos 50?

Para mim, teremos, num futuro bem próximo, problemas que novamente nos colocarão diante de uma Constituição efêmera. E para o Senhor?

O Sr. Conferencista (Prof. José Afonso da Silva): Para mim, depende da Constituinte que elegermos. Se for realmente aquela que vai fazer uma Constituição mais próxima da realidade, poderemos ter uma Constituição duradoura. Uma Constituição só é duradoura quando está em sintonia com a realidade em que atua. Para que seja assim, é preciso que a Constituinte que for eleita esteja em sintonia também com a paisagem social do país.

Quanto à argumentação de que começamos com uma atividade antidemocrática com a Comissão Afonso Arinos, acho – não é porque

CONSTITUINTE E REGIME DEMOCRÁTICO

participo dessa Comissão – que a Comissão não cria uma Constituição democrática (ou não). É um equívoco de algumas lideranças sociais deste país, até da OAB, atribuir à Comissão um caráter que ela realmente não tem. O que a Comissão vai fazer é um estudo sobre o projeto da futura Constituição, que a Constituinte poderá utilizar ou não. Se a Constituinte for a que desejamos, ela vai examinar todos os projetos, não só o da Comissão. Todos os partidos deveriam ter o seu projeto de Constituição. Há sindicatos que estão fazendo projetos de Constituição. Todos devem fazer isso. Houve o caso de um membro convidado que recusou o convite e acabou fazendo sozinho o seu projeto. Ele se recusou a participar de uma obra coletiva e fez um projeto próprio, e fez muito bem. É uma contribuição, uma colaboração que deve ser examinada pela Constituinte. Se a Constituinte for boa, não sofrerá qualquer influência da obra feita por essa Comissão, só pelo fato de ter sido feita por ela. Mas também não quer dizer que a Comissão não vá fazer uma obra importante, um projeto que realmente venha a satisfazer as conveniências do país. Julgar *a priori* o trabalho da Comissão é uma atitude antidemocrática. A obra vai ser feita. Aí, sim, critiquemos a obra, apontemos os seus erros. Recusar *a priori* é uma atitude muito mais autoritária do que realmente a criação de uma Comissão.

Pergunta do Sr. René Zeferino (da Biblioteca Pública Estadual Prof. Luiz de Bessa): Os povos governados por decretos nunca sabem quem os governa, dada a impossibilidade de compreenderem o mecanismo político em si mesmo. Se o governo da sabedoria foi chamado governo de boas leis, o governo de decretos adequados pode ser corretamente apelidado de governo da esperteza. Como o Senhor situa a fase atual do governo da Aliança Democrática dentro deste contexto? Como vê a proposta de Constituinte que partiu desse mesmo governo?

O Sr. Conferencista (Prof. José Afonso da Silva): Não sei como se convocar uma Constituinte, a não ser através de alguma autoridade que detenha o poder. Tenho ouvido a idéia de que a convocação da Constituinte deveria ser submetida a plebiscito. Acho até que, anteontem, isso foi dito aqui pelo conferencista do dia. O que quero mencionar é que algumas teses que parecem muito evoluídas na verdade não o são. Digo isso porque o sistema de plebiscito só tem cabimento em relação a problemas políticos em discussão e quando se formam correntes antagônicas. Se tivéssemos um debate entre duas correntes, uns contra a Constituinte e outros lutando pela sua convocação, isso daria ao povo a possibilidade de decidir tal debate político por meio do plebiscito. Ninguém está contestando a convocação da Constituinte. Controvérsia existe sobre o modo de convocação, não sobre a convocação mesma.

Então, para que plebiscito? Para criar dificuldades à própria convocação? Plebiscito apenas se faz quando há debate em torno de alguma coisa, de algum problema a respeito do qual o povo precisa decidir; quando existe oposição do povo em relação a qualquer fato. Veja: houve plebiscito justo para decidir entre o parlamentarismo e o presidencialismo em 1961. Aí se justificou o plebiscito, para resolver a controvérsia. Mas se ninguém está contra a convocação da Constituinte, ele não se justifica. O importante é que o povo seja esclarecido, quando for necessário. Não estou de acordo com o modo como foi feita a convocação, e já o disse. Mas é esse um outro problema. Fazer plebiscito para se convocar a Constituinte não tem sentido. Toda Constituinte é convocada por alguém que está no poder. O modo como se fez a convocação é que trouxe descontentamentos. O problema fundamental, contudo, é que ela seja convocada e que sejam eleitas pessoas afinadas com os interesses do povo.

Pergunta da Sra. Sandra Rios (estudante): Por que seu discurso foi baseado em palavras de ilustres figuras? Por que não fala por si mesmo? A Constituinte será elaborada por nós ou por teóricos do passado?

O Sr. Conferencista (Prof. José Afonso da Silva): Não mencionei ninguém do passado; estamos discutindo problemas do mundo, e constitucionais. O que acontece é que há determinadas questões que são universais, e quando se fala em democracia, em sistema de governo, verificamos que é uma realidade de vários países, e então vai-se criando uma democracia de nível de evolução do mundo todo. Se nós não aceitássemos o que foi criado em outros países, provavelmente não teríamos um regime de liberdade, pois, na verdade, foi a Revolução Francesa, a Declaração dos Direitos do Homem na França, que universalizou o princípio da liberdade, adotado, primeiro, na Constituição Imperial.

Revolução política, não apenas num país. Quando estou repetindo que a Constituição depende das pessoas que vamos eleger, quando me refiro ao fato de que é preciso que a Constituição esteja em sintonia com a realidade, naturalmente estou preocupado com que se crie um sistema de acordo com as tendências do próprio país. A Constituição de 1891 foi cópia da Constituição dos Estados Unidos com algumas normas da Argentina e Suíça, e não deu certo. A de 1934 foi cópia da Constituição da Alemanha, de Weimar. Não podia dar certo, naturalmente. Por isso, queremos uma Constituição criada por nós. Democracia é universal. Não há como fugir desse fato.

Pergunta do Sr. Carlos Roberto Cardoso Braga (estudante da UFMG): O senhor acha que a frase pronunciada por Abraão Lincoln, então Presidente dos Estados Unidos da América do Norte, "do povo, pelo povo, para o povo", exprime totalmente a noção de democracia, ou falta nela algum elemento? Em qual regime de governo, parlamentarista ou presidencialista, a democracia está mais viva?

O Sr. Conferencista (Prof. José Afonso da Silva): Quando citei o conceito de Lincoln, observei que tal conceito tinha as suas limitações, mas que seria essencialmente correto se déssemos interpretação exata a seus elementos. Há democracias que dão mais valor à liberdade. São as democracias ocidentais, chamadas democracias políticas. Outras tendem a valorizar mais o princípios da igualdade, como as chamadas democracias populares ou as democracias de caráter socialista. Mesmo em países como a Suécia, que são menos socialistas, há preocupação com maior igualdade em relação ao povo. O ideal acontecerá no momento em que esses dois valores puderem ser fundamentados no sistema democrático.

Pergunta do Sr. Leonardo de Souza Fonseca (do SERPRO): Quais foram as experiências práticas da democracia, no que diz respeito aos teóricos citados por V. Exa., no passado e na atualidade? Deram resultado positivo? Para quem, como e por quê?

O Sr. Conferencista (Prof. José Afonso da Silva): Os teóricos não fizeram suas teorias a partir de meras abstrações. Os teóricos, os cientistas políticos, os publicistas, fizeram suas teorias a partir da observação da realidade. Então, nós encontramos exemplos de democracia no mundo com conotações sociais, com preocupações sociais, como as encontradas na Suécia e na Dinamarca, que têm uma democracia social mais acentuada. Há experiências de países socialistas que procuraram adotar um sistema mais igualitário. Por outro lado, há experiências de participação do povo, mais acentuadamente na Itália, através da iniciativa popular, do *referendum* popular. Isso ocorre atualmente na Espanha, com o sistema constitucional voltado para uma democracia social; em Portugal, com uma Constituição tentando construir uma democracia no país voltada para o interesse social. São direitos sociais que estão aí a exigir uma formulação constitucional.

Todos nós estamos discutindo o direito à moradia. Até recentemente, ninguém falava nisso como direito social assegurado na Constituição, mas esse é um direito fundamental do Homem e deve estar consagrado na Constituição, de modo que seja efetivamente realizado. Para que isso ocorra, é necessário que a Constituição tenha mecanismos para aplicação desse princípio. Há vários processos para isso, com a participação direta do povo.

Há outros direitos sociais que devem constar da futura Constituição, como: os direitos do consumidor, os dos idosos, o direito ao meio ambiente sadio etc.

Pergunta do Sr. Pedro Paulo de Almeida (estudante): Professor, o senhor considera o tabelamento de preços medida democrática?

O Sr. Conferencista (Prof. José Afonso da Silva): Poderia haver uma série de discussões em torno do problema do tabelamento de preços.

Por um lado, a utilização do decreto-lei sempre foi condenada por mim, e acho que decreto-lei não é instrumento adequado à legislação. Por outro lado, teríamos que examinar esse fato tendo em vista a realidade atual. Primeiro, há que se admitir que nos encontrávamos num processo inflacionário galopante e com um tipo de indexação da economia que o realimentava, gerando, conseqüentemente, instabilidade e amplo descontentamento da população. Essa situação precisava acabar por meio de uma medida do governo, porque a correção monetária fora criada pelo governo, e a indexação da economia não poderia permanecer. Além disso, não haveria como interromper um processo inflacionário senão através de uma medida que atuasse nos preços. Teremos que examinar o problema dos preços considerando o interesse de quem os estabelecia. Era democrático o sistema de composição de preços ou o tipo de preços que existia? Sabemos que o aumento dos preços era feito não apenas em função da inflação, mas muito mais em função da especulação, porque toda vez que se aumentavam os preços o aumento não se dava apenas no nível da inflação imediata; mas acima desse nível, para aumentar os lucros reais. Esse sistema propiciou, por um lado, uma grande concentração de renda no país, o que é antidemocrático, pois o sistema democrático visa à distribuição eqüitativa das rendas. Por outro lado, sabemos que as rendas decorrentes dos constantes aumentos de preços não eram destinadas ao desenvolvimento da economia, mas serviam muito mais à especulação no mercado de capitais. Os comerciantes aplicavam o dinheiro arrecadado no sistema especulativo financeiro. Isso não era democrático.

Foi a primeira vez que se tomou uma atitude, em relação à economia, neste país, que não atingisse apenas os trabalhadores e os pequenos. Foi a primeira vez que o plano de estabilização atingiu os grandes. Foi a primeira vez que o povo sentiu imediatamente que isso tinha alguma coisa a ver com ele. Se o ato não era democrático, democratizou-se com o apoio popular, e a conscientização da grande massa de povo foi imediata, muito mais do que a das elites e muito mais, até, que a dos partidos políticos.

Pergunta do Sr. João Rocha de Andrade: A aprovação, neste momento, do projeto que estabelece o retorno das prerrogativas parlamentares, do poder do Legislativo, em tramitação no Congresso, pode perturbar a marcha da redemocratização? O que fazer para que o atual governo concorde com a sua aprovação?

O Sr. Conferencista (Prof. José Afonso da Silva): Eu não acho que a perturbe. Fortalecer o Legislativo só contribui para o fortalecimento da democracia. Não vejo também como o Poder Executivo irá interferir no processo. Ele poderá interferir por via política, com os seus representantes, para que isso não ocorra. Não acredito que o faça, mas, se o fizer, cabe ao Legislativo demonstrar que está à altura de recuperar os seus poderes. Se ele estiver à altura, aprovará todas as modificações que venham a fortalecê-lo. Se não estiver, continuará diminuído. Se isso ocorrer, o Presidente da República não terá condições de interferir *a posteriori*, porque a emenda constitucional não vai à sanção do Presidente da República. Se for aprovada, ele não terá como interferir.

Pergunta da Sra. Márcia Mara de Araújo Abreu (da Secretaria de Estado da Educação): Sendo o povo colocado dentro da conceituação que V. Exa. fez, não seria da responsabilidade dos políticos – aqueles que falam e fazem em nome do povo – a omissão, a ausência da massa popular na vida pública? Por que os deputados, senadores, prefeitos, vereadores – os representantes do povo –, não o consultam quando desempenham tarefas e deveres públicos? Por que a distância entre políticos e quem eles dizem representar?

O Sr. Conferencista (Prof. José Afonso da Silva): Quando fizemos aqui algumas observações históricas foi exatamente para examinar criticamente essa representação, e mostramos esse grave defeito do sistema de representação política: a desvinculação entre o representante e o representado. É por essa razão que propusemos primeiro a conveniência de se lutar para o fortalecimento do sistema partidário, de modo que os partidos tenham programas definidos e que o povo participe realmente dos partidos, para que, através deles, se façam essa comunicação e essa convivência mais estreita entre representantes e representados. E mais, para corrigir defeitos da representação, propusemos a participação direta do povo no processo político, especialmente nos ato de governo. Não vamos deixar de ter representantes ruins, porque também no seio do povo existem pessoas de todos os tipos. É até normal que entre os representantes do povo existam pessoas de todos os tipos. O que é preciso é corrigir todos os mecanismos, porque não é só por isso que a representação é ruim. O próprio sistema possibilita esse tipo de representação. Vamos continuar a ter representantes ruins, mas vamos ter a possibilidade de que esses representantes ruins possam ser, inclusive, cassados por via popular.

Pergunta do Sr. Marcel Othon Pereira (do Setor de Psicologia da FUMEC): Para que o processo democrático brasileiro surta efeito, é condição *sine qua non* que o povo tenha cultura para absorvê-lo. Tal fato constitui veto para uma democracia a curto prazo. Quando e como poderemos chegar lá?

O Sr. Conferencista (Prof. José Afonso da Silva): Não participo dessa idéia. Desculpe-me quem fez a pergunta, mas essa é uma corrente de pensamento elitista. Se não, estaríamos numa situação de nunca conseguir um processo democrático, porque as ditaduras não têm interesse na cultura, no desenvolvimento, no conhecimento e na educação do povo, pois partem da idéia de que, quanto mais conhecimento ele possui, maior possibilidade tem de derrubar a ditadura. Eu mencionei isso. Não é preciso que o povo seja perfeito, culto, que tenha instrução, para que participe, mas é uma obrigação do sistema democrático atuar no sentido de proporcionar ao povo o acesso à escola e à educação, porque esses são direitos fundamentais do Homem. Nesse processo dialético vão-se aperfeiçoando, lado a lado, a democracia e o próprio povo. À medida que a democracia proporciona ascensão em relação ao nível de vida, à cultura e à instrução, mais ela tem condições de ser estável. Fora da democracia não vejo como chegar a essas conquistas.

Pergunta do Sr. Antônio Ferreira de Santana (estudante de Ciências Contábeis da PUC/MG): De que maneira o senhor vê a influência dos meios de comunicação como formadores de opinião, isto é, a TV e os grandes jornais, que são órgãos regionais, fazendo com que seus posicionamentos se transformem em forma de pensar da maioria dos brasileiros?

Pergunta do Sr. Mário Augusto Neto: Entende o conferencista que a TV possa influir de maneira marcante na Constituinte? Se assim for, como fazer para evitar tal distorção?

O Sr. Conferencista (Prof. José Afonso da Silva): Os meios de comunicação influem e muito, mas não há democracia sem meios de comunicação livres, sem imprensa livre. A TV e o rádio têm uma influência poderosa, mas acredito que esses meios de comunicação acabam por se adequar às lutas do povo, quando o povo realmente toma consciência de um determinado tipo de luta.

Tivemos dois exemplos muito recentemente. Um foi o da luta pelas *Diretas-já*. Tivemos grandes jornais contra ou indiferentes naquele momento. Poderosas emissoras de TV foram contra e às vezes nem noticiavam os comícios; mas, à medida que o movimento foi crescendo, elas acabaram assumindo a mesma luta, porque meios de comunicação que ficam contra o povo acabam perdendo a sua característica de comunicação.

É certo que eles influem poderosamente, mas é certo também que o povo percebe o problema antes de os meios de comunicação o divulgarem. Alguns órgãos de imprensa não ficam a favor da opinião pública, mas não fazem campanha diretamente contra ela, porque isso seria obter o repúdio do povo. Acho que a Constituinte terá muito mais importância se os meios de comunicação se engajarem na luta pela Constituinte democrática. Sabemos que há deformações, pois os meios de comunicação estão na dependência de determinados interesses que os impedem de assumir a posição democrática num sentido popular; mas, à medida que o povo começa a tomar consciência da necessidade de lutar por uma causa, esses meios de comunicação acabam aderindo a ela.

Pergunta do Sr. João Júlio de Souza: Em que pese ao disposto no art. 153 da Constituição Federal *[1969]*, o pleno exercício da cidadania pelas minorias – mulheres e negros, por exemplo – é freqüentemente obstado por discriminações noticiadas diariamente na imprensa. Que poderá fazer a Constituinte para solucionar o problema? Enquanto não o solucionam, são constitucionais as iniciativas dos Estados nessa área – como a lei carioca que veda discriminação em entradas de edifícios – ou leis de outros Estados que têm procurado punir a inobservância da legislação federal?

O Sr. Conferencista (Prof. José Afonso da Silva): A discriminação é um fato lamentável, e essa é uma luta muito séria das mulheres, por um lado, dos negros, por outro, e de outras minorias que estão batalhando ferozmente para que tenham o seu momento na vida nacional. Acho que a Constituinte tomará posição importante em relação a esse problema se essas categorias, essas comunidades, essas minorias – mulheres não são minorias, mas são discriminadas –, elegerem seus representantes. Que negros elejam pessoas que estejam afinadas com as lutas dos negros. Através disso é que poderão ter oportunidade de interferir efetivamente para que a Constituição seja democrática nesse sentido. É claro que a mera proibição de discriminar raça, cor e religião tem muito pouca eficácia. A Constituição, hoje, precisa de um mecanismo efetivo para que tal proibição se torne eficaz. Todo Estado tem obrigação de fazer cumprir a Constituição, e, dentro da competência que cada um tem para legislar, é sua obrigação criar leis que impeçam essa discriminação.

Pergunta do Sr. Edwaldo Almada de Abreu (estudante da Faculdade de Direito Mílton Campos): Temos observado nos dias atuais uma tendência de continuísmo nos cargos executivos; pessoas eleitas para exercer cargos de vice que, por obra do destino, passaram legitimamente a titular.

Há também governantes que foram eleitos para titular de cargo executivo e se movimentam para concorrer a cargo de vice, a fim de, numa eventualidade ou por montagem casuística, se promoverem a titular. Dentro do atual ordenamento jurídico e momento político, V. Exa. considera essas pretensões democráticas? Qual a legitimidade desses anseios?

O Sr. Conferencista (Prof. José Afonso da Silva): A Constituição *[1969]* traz algumas limitações a esse respeito. Não é o caso de entrarmos em pormenores casuísticos a respeito de problemas que a imprensa tem noticiado.

A Constituição *[1969]* distingue claramente o que é irreelegibilidade e o que é inelegibilidade. A inelegibilidade possibilita a desincompatibilização para se concorrer a outros cargos.

A reeleição por si só não é democrática ou antidemocrática, desde que realmente não haja uma usurpação pura e simples do poder. Se o problema for submetido realmente à votação popular a questão democrática estará resolvida. E cabe a cada país estabelecer ou não normas que possibilitem o retorno ao poder. No México, por exemplo, quem já foi presidente da República nunca mais pode voltar a sê-lo. O México proíbe a reeleição. Isso é bom ou não é? Bem, os corruptos, que não sejam reeleitos, que o povo não os eleja mais. O último Presidente do México *[esta fala é de 1986]* foi realmente um corrupto da pior espécie. Hoje, vive em palacete, construído com o dinheiro do país, que levou à dívida externa por causa da corrupção. Quanto ao Brasil, não sei se a situação foi a mesma. De certa forma, houve um pouco de abuso. Assim, o último Presidente do México não voltará mais ao poder. Já o ex-Presidente mexicano Lázaro Cárdenas foi um grande estadista, um dos maiores do mundo, que, lamentavelmente, teve cortadas as possibilidades de retornar à presidência ou ao Congresso e influir no destino do seu país. Também no México o deputado não pode retornar no período subseqüente ao seu mandato. Deputados e senadores não podem ser reeleitos, a não ser passado um certo período. Isso é bom ou não? Pessoalmente, acho que não. Se o deputado presta um serviço qualificado, não vejo mal na continuidade do seu mandato. Nos Estados Unidos permite-se a reeleição do presidente da República, e em outros países ela é proibida. É problema de cada país.

Acho que é legítimo discutir se se deve admitir ou não a reeleição no Brasil. O assunto deve ser bem analisado, e, em face do texto da Constituição, estabelecer-se se determinado candidato ou ocupante de cargo público pode ou não pleitear a sua recondução.

Qualquer líder importante, esteja ocupando ou não um cargo público, tem certamente a possibilidade de reassumir esse cargo, pela liderança que exerce. Então, é possível que um presidente da República, também pela liderança que assume, pela qualidade de administração que tenha exercido, tenha a possibilidade de voltar a ser eleito. Trata-se de problema que vai ser analisado pela Constituinte.

CONSTITUINTE[1]

1. Constituição. 2. Poder constituinte. 3. Atuação do poder constituinte. 4. Exercício do poder constituinte. 5. Assembléia Constituinte soberana. 6. Referendo constitucional. 7. Convocação da Assembléia Nacional Constituinte. 8. Conclusão de 1999.

1. Constituição

1. A palavra *constituição*[2] tem vários significados, tais como: *a*) "conjunto dos elementos essenciais de alguma coisa: a *constituição* do universo, a *constituição* dos corpos sólidos"; *b*) "temperamento, compleição do corpo humano: uma *constituição* psicológica explosiva, uma *constituição* robusta"; *c*) "organização, formação de alguma coisa: a *constituição* de uma assembléia, a *constituição* de uma comissão"; *d*) "o ato de estabelecer juridicamente: a *constituição* do dote, de renda, de uma sociedade anônima"; *e*) "conjunto de normas que compõem uma instituição: a *constituição* da propriedade, ou seja, a institucionalização da propriedade"; *f*) "a lei fundamental de um Estado: a Constituição Federal do Brasil, a Constituição dos Estados Unidos, a Constituição da França, a Constituição da Itália etc.".

Todos esses significados, como se vê, exprimem uma idéia geral comum, porque se referem ao *modo de ser de alguma coisa, o modo como alguma coisa ou entidade é formada e organizada, a organização interna dos seres, das entidades e das instituições.*

É nesse sentido que se diz que *todo Estado* (país) *tem constituição*, que é o simples *modo de ser da Nação organizada em Estado*. Mas hoje, quando se fala em *constituição do Estado*, está-se referindo *ao modo como o Estado é juridicamente organizado*. Assim é que

---

1. *Nota desta edição*: Este texto foi produzido no início de 1986 para servir de roteiro a diversas discussões, especialmente em Faculdades de Direito e outras escolas, sobre a Constituinte.

2. As considerações que se seguem sobre os vários sentidos da palavra *constituição* já se encontravam no meu *Curso de Direito Constitucional Positivo [e ainda se encontram, hoje, na 17ª ed., pp. 39 e ss.].*

se diz que *a constituição é a lei fundamental, a lei maior, de uma Nação organizada em Estado.*

2. A constituição estatal pode ser *escrita* ou *não-escrita, popular* (democrática) ou *outorgada*. Há outras classificações, que não interessam aqui.

3. *Constituição escrita* é a constituição codificada e sistematizada num texto único, elaborado reflexivamente e de um jato por um órgão constituinte, encerrando todas as normas tidas como fundamentais sobre a estrutura do Estado, a organização dos poderes, seu modo de exercício e limites de atuação, os direitos fundamentais (políticos, individuais e sócio-econômicos).

4. *Não-escrita* é a *constituição* cujas normas não constam de um documento único e solene, mas que se baseia principalmente nos costumes, na jurisprudência, em convenções e em textos constitucionais esparsos, como é a Constituição inglesa. É inútil, por isso, chegar-se a uma livraria na Inglaterra e pedir um exemplar da Constituição inglesa, porque não existe.

5. São *populares* (ou democráticas) as *constituições* que se originam da participação do povo, por si ou por representantes eleitos para o fim de as elaborar, como são exemplos as Constituições brasileiras de 1891, 1934 e 1946[3] e as atuais da Itália, de Portugal e da Espanha. *Outorgadas* são as elaboradas e estabelecidas sem a participação do povo, aquelas que o governante – rei, imperador, presidente, junta governativa, ditador –, por si ou por interposta pessoa ou instituição, outorga, impõe, concede ao povo, como foram as Constituições brasileiras de 1824, 1937, 1967 e 1969.

6. A atual Constituição Federal do Brasil *[1969]* foi outorgada por uma Junta Militar, em 17 de outubro de 1969. Não teve origem democrática e é autoritária por seu conteúdo. Por isso é que o povo vem reclamando a elaboração de outra constituição por via da atuação do *poder constituinte originário*.

2. Poder constituinte

7. *Poder constituinte* é o poder que cabe ao povo de dar-se uma constituição. É a mais alta expressão do poder político, porque é aquela *energia* capaz de organizar política e juridicamente a Nação.

---

3. *Nota desta edição*: Este texto é de 1986. Agora podemos acrescentar a essa enumeração também a Constituição de 1988.

8. Fischbach define o poder constituinte como a "genuína e original expressão da soberania do povo. É o poder supremo que o povo tem de dar-se uma constituição e de reformar a vigente". Aí, ele inclui também o poder de reforma constitucional, que, em geral, é de competência do Poder Legislativo ordinário. Segue, assim, a doutrina que concebe dois tipos de poder constituinte: o *poder constituinte originário*, que serve de fundamento à criação de uma constituição nova, e o *poder constituinte derivado* (ou poder de emenda ou de reforma da constituição), que não é propriamente poder constituinte, mas competência para modificar a constituição existente – ou seja, poder constituinte derivado é simples competência constituinte. Quando, pois, falarmos, aqui, em poder constituinte, estaremos mencionando o originário.

3. Atuação do poder constituinte

9. O *poder constituinte* repousa no povo. É a *vontade política do povo* capaz de *constituir* o Estado por meio de uma constituição. Quando surge uma *situação constituinte* – ou seja, situação que reclama a criação de nova constituição, que consagre nova *idéia de Direito*, como está ocorrendo no Brasil de uns três anos para cá *[referência aos movimentos para a reconstitucionalização do país no início dos anos 80]*, o espírito do povo se transmuda em *vontade social* e reivindica a retomada do seu *direito fundamental* primeiro, qual seja, o de manifestar-se sobre o *modo de existência política da Nação* pelo exercício do poder constituinte, que atua em três fases, segundo esquema de Pietro Giuseppe Grasso,[4] que resumiremos em seguida:

a) uma *iniciativa constituinte*, ou seja, uma decisão preliminar para obter o estabelecimento de uma nova constituição; é a primeira etapa do movimento de inovação, que freqüentemente se segue à ruptura ou decadência de um regime anteriormente constituído, como se observa no Brasil atualmente *[1986]*;

b) o *período preparatório*, determinado pela ação de um governo de fato, provisório ou de transição, com duas ordens de atribuições: 1ª) continuar a questão dos serviços públicos em geral; 2ª) preparar a convocação do órgão constituinte, de um *referendum* ou de outras formas de manifestação do consenso coletivo; garantir a plena liberdade de expressão e de propaganda a todos os grupos, além da liberdade de voto aos eleitores;

---

4. "Potere costituente", in *Enciclopedia del Diritto*, v. IV, Milão, Giuffrè, 1985.

c) a *formação da constituição*, com que se conclui a atividade constituinte; trata-se da fase em que se vai elaborar a constituição. É a fase de procedimento formal, quando se discute, debate, emenda e vota o texto da constituição. Os procedimentos populares historicamente verificados (nota Grasso) são de notável variedade, não segundo paradigmas uniformes nem rígidos. No momento em que estamos empenhados na elaboração de nova constituição, somos tentados a lembrar alguns modelos históricos. Um deles consiste em confiar a uma Assembléia, eleita segundo pressupostos democráticos, a missão de elaborar e votar definitivamente um texto constitucional. Tem-se, então, como suficiente o voto da maioria dos eleitos, de modo que não se tem *referendum*, nem antes nem depois. Diz-se, então, que a aprovação popular é reconhecida como implícita e preventiva pela participação nas eleições constituintes.

10. Todavia, a doutrina mais recente vem afirmando a tese de que não é suficiente que se reúna uma Assembléia que aprove documento no qual se estabeleçam as decisões políticas fundamentais. É preciso que se manifeste um consenso popular que apóie as decisões políticas tomadas pelos representantes do povo (Fix-Zamudio). E o referendo popular é freqüentemente utilizado para a outorga desse consenso.

11. Essa é uma questão que diz respeito à *legitimidade* da constituição, que não há de ser considerada um *simples nome*, mas há de ser a expressão jurídica de um sistema de valores, pois quando as constituições não atuam um sistema de valores, convertem-se em meros instrumentos de falsificação da realidade política (Pedro de Vega).

12. Constituição legítima é a que se funda na vontade soberana do povo. Contudo, a idéia de uma constituição democrática não se esgota no fato de ser elaborada por uma Assembléia Constituinte, livre e soberana. Aí se tem a constituição democrática por sua origem, por seu processo de formação, desde que proveniente da atuação do poder constituinte originário. A constituição não será democrática se não for expressão da vontade popular. Mas quer-se que seja democrática também quanto a seu conteúdo e quanto à adoção de instrumentos de permanente participação do povo no processo do poder, como a *iniciativa popular*, o *referendo popular*, o *veto popular* e a *revocação (ou revogação) de mandato parlamentar*.

13. Enfim, por um lado, a constituição, como expressão de valores, precisa ser um instrumento democrático de mudanças na busca da realização da justa distribuição de riquezas e de efetiva realização da justiça social. Por outro lado, há de ser o meio pelo qual se refaça o pacto político-social, buscando o real restabelecimento dos três equilíbrios primordiais que constituem o objetivo de um regime democrático:

a) o equilíbrio entre o poder estatal e os direitos fundamentais do Homem, tomada a expressão no sentido mais amplo, que abrange os direitos individuais (liberdades públicas), os direitos políticos e de nacionalidade e os direitos econômicos, sociais e culturais;

b) o equilíbrio entre o poder central e os poderes estaduais e municipais (equilíbrio federativo);

c) o equilíbrio entre os poderes governamentais, com respeito às prerrogativas dos Poderes Legislativo e Judiciário, a fim de que o Poder Executivo se contenha nos limites de observância dos direitos democráticos.

4. Exercício do poder constituinte

14. O problema dos procedimentos de formação de uma constituição democrática diz respeito aos modos de *exercício do poder constituinte*. Este é um poder que pertence ao povo, que tem de exercê-lo direta ou indiretamente. Descartemos, desde já, as formas autocráticas de fazer uma constituição: os *processos de outorga constitucional*. Pois não são formas democráticas, não constituem modos de exercício do poder constituinte, que tem como único titular o povo. A outorga constitucional é forma de usurpação do poder constituinte do povo.

15. As formas democráticas só se realizam mediante *procedimentos populares*. E a evolução constitucional dos povos mostra que temos basicamente quatro modos democráticos de exercício do poder constituinte, que são:

a) *exercício direto*, criação *popular* da constituição, que pode ser *por aclamação*, que hoje é reminiscência histórica, ou *por referendo*; por esta forma, um projeto de constituição preparado pelo governo provisório ou de transição ou por uma comissão restrita é submetido diretamente ao referendo popular, sem passar pela deliberação de uma Assembléia Constituinte. Como exemplos podemos recordar a prática dos plebiscitos napoleônicos do I e do II Impérios franceses (1799 e 1852); em certo sentido, assim também foram a Constituição francesa do General De Gaule, de 1958, e sua modificação de 1961; o sistema não raro é utilizado para consagrar governos autoritários como os plebiscitos napoleônicos e como se deu no Chile de Pinochet, em 1980;

b) *exercício indireto*, modo *popular* de criação da constituição, mediante uma Assembléia Constituinte composta de representante do povo eleitos com poderes especiais para elaborar e promulgar uma constituição; tem sido o modo mais comum; criação *representativa* da constituição;

c) *exercício por forma mista*, modo *popular* de criação da constituição que combina a forma representativa com a participação direta do povo, pelo qual uma Assembléia Constituinte eleita pelo povo elabora e aprova um projeto de constituição que é submetido a *referendo popular*, de sorte que ela só será promulgada se o povo a aprovar; a primeira vez que esse procedimento se deu foi para a Constituição de Massachussetts de 1780, depois o sistema foi aplicado nas Constituições francesas de 1793, 1795 e 1946 *[tendo sido o primeiro projeto rejeitado pelo referendo popular; refeito, o segundo referendo ratificou-o]*; a Constituição espanhola de 1978 foi aprovada por via de referendo popular após ter sido adotado o seu projeto pelas Cortes bicamerais, compostas de Câmara de Deputados e Senado;

d) *exercício pactuado*, criação *consensual* da constituição, que na História apresenta exemplos de duas naturezas. Um primeiro corresponde a uma forma híbrida ou ambígua da titularidade do poder constituinte, em que os documentos constitucionais eram formados por meio de *pactos* entre o rei e representantes da sociedade; a Carta Magna de 1215 da Inglaterra é um exemplo, se bem que se lhe nega autêntica natureza de documento constitucional; a Constituição francesa de 1830 foi negociada entre Luís Felipe e o Parlamento burguês (Vanossi). Outra forma consensual de exercício do poder constituinte é a dos *pactos* entre Estados ou províncias que conduzem à reunião de um congresso, assembléia ou convenção que estabeleça uma nova forma de Estado por meio de um procedimento federal, como se teve nos Estados Unidos em 1787, quando se reuniu uma Convenção composta de delegados dos treze Estados soberanos, ex-colônias inglesas, com o encargo de rever os anteriores artigos da Confederação; em vez de simples revisão desses artigos, deliberou-se sobre um projeto de Constituição Federal, que foi, depois, submetido à aprovação dos Estados-membros (1788-1790); assim também foram criadas a Constituição da Argentina de 1853, proveniente de *Pacto* e *Acordo Federal* de 1831 e 1852, e a atual Constituição da República Federal da Alemanha, elaborada por um Conselho Parlamentar, composto de representante dos Parlamentos dos *Länder* (Estados-membros) compreendidos nas zonas de ocupação ocidental da Alemanha; o mesmo texto foi depois aprovado pelos Parlamentos locais (Prieto G. Grasso). De modo semelhante foi feita a Constituição da Federação Suíça, de 1848, enquanto a atual, de 1874, também decorrente de processo consensual entre os Cantões

(Estados-membros), foi, depois, submetida ao referendo popular, que a aprovou.

16. O importante é a participação popular, pois só assim uma Assembléia Constituinte tem condições de realizar uma revolução constitucional. A formação da primeira Constituição francesa, a de 1791, é um exemplo marcante. Quando o Rei de França convocou, em maio de 1789, as três ordens estamentais, a *nobreza* (Primeiro Estado), o *clero* (Segundo Estado) e o *povo* (Terceiro Estado), que formavam os Estados Gerais, depois de quase duzentos anos de inércia, não esperava que daí decorressem textos constitucionais revolucionários. De fato, especialmente por força do sentido revolucionário do Terceiro Estado, pelo qual o povo francês assumiu o seu próprio destino, os Estados Gerais proclamaram-se em Assembléia Nacional (17 de junho de 1789), reivindicando para si o exercício do poder constituinte da Nação francesa. Daí vieram a queda da Bastilha, a Declaração dos Direitos do Homem e do Cidadão, de 1789, e a Constituição de 1791. As Cortes espanholas de 1977-1978 não foram também convocadas como Assembléias Constituintes, mas logo no início, por força de sua representação popular, proclamaram-se Constituintes e fizeram a Constituição democrática de 1978, que foi, depois, aprovada por *referendo popular*.

5. Assembléia Constituinte soberana

17. A convocação da Assembléia Constituinte provocou amplas controvérsias, o que é muito bom, porque concorre para ampliar o debate sobre sua problemática geral. Pessoalmente dou preferência à discussão sobre o conteúdo da futura constituição, numa tentativa de alertar o povo quanto à necessidade de eleger deputados constituintes afinados com suas aspirações mais sentidas, a fim de que a constituição seja menos um instrumento de organização estática da sociedade e mais um instrumento de transformação política, econômica e social, que o povo brasileiro necessita e requer.

18. A divergência se pôs em face da proposta de convocação da Assembléia Constituinte pelo Presidente José Sarney. De um lado ficaram os que a adotaram tal qual foi apresentada. De outro, os que reivindicavam uma Assembléia Nacional Constituinte plena, exclusiva e desvinculada do Congresso Nacional, mas funcionando concomitantemente com este. A tese da Constituinte exclusiva e autônoma esteve sempre ligada à concepção de que as funções de poder constituinte e de poder legislativo não podem ser exercidas por um único órgão. O poder constituinte deve ser exercido pela Assembléia Constituinte e o poder legislativo pelo Congresso Nacional. Daí a conclusão de que só será legítima a Assembléia Constituinte a que cabe fazer a constituição, dissolvendo-se depois: *aí a idéia de exclusividade*. A tese, assim, importa necessariamente a existência paralela do Congresso Nacional, que continuaria com sua função de elaborar a legislação ordinária. E, então, a *idéia de autonomia* da Constituinte, que, assim, estaria funcionando separada dos poderes constituídos: Legislativo, Executivo e Judiciário. É, no fundo, ter durante certo tempo um poder, paralelo aos demais, em funcionamento.

19. Essa corrente desenvolveu também um argumento em torno da tese da Assembléia Constituinte *soberana*. É que Tancredo Neves prometera convocar uma Assembléia Nacional Constituinte *livre e soberana*, a ser eleita a 15 de novembro de 1986, data em que se renovaria a eleição para o Congresso Nacional. A razão é que a Assembléia Constituinte deveria ser instalada assim que terminasse a legislatura do Congresso legislativo ordinário, exatamente para que só a Assembléia Constituinte ficasse funcionando, não separada de outro órgão legislativo, porque este não existiria, mas sozinha, como poder normativo único. Mas a corrente da Constituinte exclusiva não aceitava a Constituinte como único órgão supremo em funcionamento, porque, cabendo também a ela resolver sobre a legislação ordinária, passou a acusar esse sistema, equivocadamente, de mera atribuição de poder constituinte ao Congresso. E, para combater o sistema, parte dessa corrente começou a argumentar que a Assembléia Constituinte nunca é soberana, porque soberano é o povo apenas. Mas esse é um falso problema. Soberano é o poder constituinte, que reside no povo; de que o povo é sujeito e titular (*todo poder emana do povo*). No final das contas, é certo que *o povo é o soberano*. Mas a questão não é da definição do titular da soberania. A questão repousa no saber quem exerce essa soberania, *quem exerce o poder constituinte originário, incondicionado e ilimitado*. Ou é o povo que o exerce diretamente, e o faz soberanamente, ou o povo confere seu exercício a uma Assembléia Constituinte (*o poder, que emana do povo, é então exercido em seu nome*). Ora, se o povo confere o exercício do poder constituinte, e, pois, o exercício da soberania, a uma Assembléia Constituinte, não se vê como negar-lhe uma atuação soberana. Ela é soberana na medida em que recebe poderes para o exercício da soberania popular. Essa atuação soberana vigora enquanto o próprio povo, por qualquer meio, não a retire ou reduza. Não se trata de delegação da soberania, como equivocadamente alguém quis sustentar. Trata-se de conferir o *exercício*, apenas o exercício numa situação concreta, dessa soberania.

20. Quando se reconhece soberania à Assembléia Constituinte, está-se-lhe reconhecendo um poder revolucionário. É soberana porque não encontra limites na ordem jurídica vigente e anterior e porque não está condicionada a qualquer outro poder. É soberana no sentido de que, enquanto está em funcionamento, é o único poder real existente, porque, em princípio, não há outro poder efetivo funcionando. Poderão existir órgãos executivo e judiciário funcionando, mas não como poderes autônomos e independentes. Não se trata, pois, de mero poder autônomo, independente e separado dos demais, porque a Assembléia será o único poder funcionando, os demais ficam condicionados à sua vontade, porque ela pode, pela Constituição, cortar o mandato do presidente da República, extinguir o Senado Federal, reduzir vencimentos da Magistratura, acabar com a vitaliciedade, extinguir tribunais e juízes, criar Cortes diversas, adotar o parlamentarismo, eliminar a Federação e até a República, reinstituindo o Império. Por isso é que não se admite um órgão paralelo com funções normativas, que também pode ser extinto por ela. "Sendo o poder inicial – lembra Raul Machado Horta –, a Constituinte se coloca acima dos demais poderes e órgãos do Estado, e o dinamismo do processo constituinte poderá assumir as projeções da *Convenção*, a exemplo do famoso precedente da Convenção Francesa de 1792/1793, que a História Constitucional registra".[5]

21. Isso mostra que uma Assembléia Nacional Constituinte constitui momento culminante da atuação da soberania popular, porque nela, como vimos, se encarna e se exerce o poder constituinte originário, que é inicial, uno e indivisível. Por isso, encarnação da soberania do povo, não reconhece outro poder de maior hierarquia nem de igual hierarquia, porque lhe cabe definir todos os demais poderes estatais. Esses atributos são incompatíveis com a existência e funcionamento simultâneo de dois órgãos de representação da soberania popular. Se existirem dois, nenhum será soberano. Ou a Assembléia Constituinte é soberana, e só a ela cabe decidir sobre todos os assuntos da organização estatal e de sua ordenação jurídica em todos os níveis, ou então não será soberana e, assim, não passará de uma entidade de menor significação. E por isso é que entendo que na tese da Constituinte paralela ao Congresso Nacional se escondia uma posição conservadora, de quem não quer uma Constituinte capaz de gerar um texto para a mudança.

22. Não é possível a existência de dois soberanos no mesmo espaço, como se sabe. O conflito de poderes será inevitável, e um acabará

---

5. "Reflexões sobre a Constituinte", in *RBEP* 62/35.

destruindo o outro ou, no mínimo, sufocando-o. Assim, se o soberano fosse o Congresso Nacional, ele é que seria o detentor do poder maior, e a presença da Assembléia Constituinte, exclusiva e paralela, não passaria de uma criação sua e, assim, não seria a encarnação do poder constituinte originário, incondicionado e ilimitado, capaz de fazer uma constituição legítima, mas seria apenas um poder constituinte constituído, instituído, condicionado e limitado, pela própria presença institucional e atuante do poder legislativo ordinário, mas instituidor daquele, e mais uma instituição, como as demais, a opor resistência ao processo de mudanças porventura querido pela Constituinte.

Hoje a questão está em boa parte superada pela promulgação da Emenda Constitucional 16, de 28.11.1985, que convoca a Assembléia Nacional Constituinte, com instalação prevista para o dia 1º de fevereiro de 1987, e que mais adiante merecerá análise. Contudo, ainda é pertinente fazer rápida observação sobre o tema para confirmar o equívoco da Constituinte paralela pretendida.

23. Ao contrário, se a Constituinte estiver funcionando sozinha (e não há nada mais exclusivo do que algo que seja único), terá até a possibilidade de fazer uma revolução constitucional, dependendo só de o povo conscientizar-se de sua importância e mandar para lá representantes voltados para os interesse populares. Ao lado do Congresso, como se preconizava, e não quero dizer fisicamente, mas funcionalmente, não passaria de sua criatura, e, como tal, sujeita às determinações e resistências do criador. Onde há partilha de poderes, há poderes regrados e limitados, e isso é incompatível com uma Assembléia Constituinte que há de ter poderes do ponto de vista jurídico.

6. *Referendo constitucional*

24. Outro problema que inquieta os espíritos é o de que a futura constituição precisa ser submetida a *referendo popular* antes de sua promulgação e entrada em vigor. Devemos lutar para que o projeto da constituição aprovado pela Constituinte seja levado ao povo em votação popular, a fim de ser por ele acolhido ou não. Se rejeitado, a Constituinte permanecerá em funcionamento para elaborar novo texto a ser aceito pelo povo. Se for aceito, significa que recebeu o consenso popular, que vem reforçar sua legitimidade e viabilidade política.

25. Sempre sustentei esse ponto de vista, não porque negue soberania à Assembléia Constituinte, mas porque, embora eleita pelo povo, pode não ser adequadamente representativa dos interesses populares, dada a interferência de múltiplos fatores que, ao longo da vida política brasileira, distorcem a expressão da vontade popular, especialmente a atuação do poder econômico. O referendo servirá para verificar se a obra feita é satisfatória. Não será ideal. Todos sabemos que nenhuma constituição agrada a todos. Mormente quando provém de um sistema de transação para a transição, encontra muitas resistências.

26. A formação de uma constituição democrática é processo longo, incerto e conflitivo. É submetido a jogo de interesses e tensões de toda ordem. Nunca é linear e isento de contradições. Forças contrárias às mudanças reorganizam-se para interrompê-lo. Há riscos de novas e perigosas rupturas. Raramente o processo constituinte chega ao fim sem alguma forma de transação política, quer se instaure por via revolucionária, como se deu em Portugal em 25 de abril de 1975, quer se efetive pelo trânsito pacífico de uma ditadura para uma democracia, como ocorreu na Espanha depois da morte de Franco.

27. O processo constituinte português começou com a vitória do Movimento das Forças Armadas que, em 25 de abril de 1974, pôs fim ao fascismo, que já durava mais de quarenta anos. A Lei 3, de 14.5.1974, definindo a estrutura constitucional transitória, foi seu marco formal. O Programa do Movimento das Forças Armadas incluía como um de seus pontos fundamentais (ponto a.2.a) a convocação, no prazo de doze meses, de uma Assembléia Nacional Constituinte, eleita por sufrágio universal, direto e secreto, o que se cumpriu a 25 de abril de 1975. Mais uma ano, ou seja, 25 de abril de 1976, a Constituição estava em vigor. Foram dois anos de debates, controvérsias, tentativas de retrocesso e até de confronto armado. Neles, emergiram forças sociais e políticas. Organizaram-se os partidos e as liberdades públicas. Aprofundou-se a conscientização popular. Promoveram-se mudanças econômicas e sociais.

28. Mas foram indispensáveis dois acordos de profundidade entre o Conselho da Revolução (militar) e os partidos políticos para o êxito do processo. O primeiro – "Plataforma de Acordo Constitucional" de abril de 1975 – possibilitou o funcionamento da Constituinte, definindo que a constituição a ser elaborada teria vigência transitória (três a cinco anos), depois seria eleita nova Assembléia, que, mediante revisão, formaria a constituição definitiva. O segundo – "Plataforma de Acordo Constitucional" de fevereiro de 1976 –, quando a constituição já estava aprovada pela Constituinte, mas ainda não promulgada, permitiu que ela fosse definitiva, revogando o acordo anterior, o que não impediu, e até favoreceu, uma profunda revisão constitucional em

1982,[6] precisamente para extirpar a marcante e pesada influência da organização militar no sistema da Constituição portuguesa. Esta, em verdade, surgiu e se desenvolveu como um vasto e complexo compromisso entre as várias forças políticas que intervieram na sua feitura.

29. Diferente foi o processo constituinte que produziu a Constituição espanhola de 1978. Foi trabalhado, elaborado, conduzido, porque aí não houve revolução, mas esgotamento do regime vinculado a uma pessoa (Franco), que morreu em novembro de 1975. Pode-se assinalar esse momento como seu início. Carlos Arías, Presidente do Governo, teve consciência do processo de mudanças, mas foi Adolfo Suárez, Presidente do Governo desde julho de 1976, quem o conduziu com maestria e coragem. Inicia-o propondo várias reformas. Promove diálogo aberto entre dirigentes de partidos e de sindicatos, teoricamente ilegais. Promete acelerar o processo democrático. Toma providências nesse sentido, fazendo reformas constitucionais que criam condições de liberdade e de credibilidade durante o segundo semestre de 1976. A Lei de Reforma Política, aprovada pelas Cortes (Poder Legislativo espanhol) e submetida a referendo popular, é o marco formal do processo (15 de dezembro de 1976). O êxito desse referendo popular foi retumbante. É o sentimento do povo, como sempre, superpondo-se às vacilações partidárias. O resultado do referendo permitiu convocar as Cortes por sufrágio universal e estimulou as oposições a participar de sua eleição. Acordo destas com o Governo resultou na modificação da legislação partidária e eleitoral, de sorte que as Cortes legitimadas por sufrágio universal puderam estabelecer-se junto ao Rei, em agosto de 1977. Foram constituídas de Câmara dos Deputados e Senado. Não foram convocadas como Assembléia Constituinte. No entanto, assumiram logo as características do poder constituinte originário – como Cortes Constituintes – e passaram a discutir e a elaborar uma nova constituição democrática, que, aprovada por elas em 31 de outubro de 1978, submetida a *referendo popular* a 6 de dezembro de 1978, acolhida por 87,8% dos votantes, entraria em vigor a 29 de dezembro de 1978. Durante o processo constituinte houve tensões, incertezas, crises, rupturas e recomposições do consenso político. Os Pactos econômicos e políticos de Moncloa foram peças fundamentais para o êxito do trânsito da ditadura para a democracia.

30. Essa digressão mostra como é tormentoso o processo constituinte, especialmente quando se quer produzir uma constituição que

---

6: *Nota desta edição*: Este meu texto é de 1986, anterior, portanto, à segunda revisão da Constituição portuguesa, efetivada em 1989.

assuma os direitos econômico e sociais do povo. Mas isso só depende especialmente da vontade política do povo. Se ele eleger constituintes comprometidos com as causas populares, a Constituinte estará qualificada para fazer a revolução constitucional. Do contrário, pouco importa que seja exclusiva ou não, sua obra será sempre elitista.

7. Convocação da Assembléia Nacional Constituinte

31. Não se tire das considerações *supra* que eu aprove o modo de convocação da Assembléia Nacional Constituinte feita pela Emenda Constitucional 26, de 27.11.1985. É procedente a crítica que se fez e ainda se faz à forma como a Constituinte foi convocada, porque, a rigor, foram outorgados poderes constituintes ao futuro Congresso Nacional. O modo correto seria convocar a Assembléia Nacional Constituinte a ser composta pelos representantes do povo a serem eleitos na data marcada. Estou de acordo em que a data da eleição seja mesmo 15 de novembro de 1986 para a instalação da Constituinte no fim do mandato dos atuais congressistas, ou seja, a 1º de fevereiro de 1987. Mas não é certo convocar membros da Câmara dos Deputados e do Senado Federal, porque, por princípio, tais órgãos do Poder Legislativo constituído não existem ou não deveriam considerar-se existentes durante o funcionamento da Constituinte. É que, pois, o que teremos é um Congresso Constituinte, ou uma Constituinte Congressual.

32. É certo também que estamos num processo constituinte atípico, o que dá à próxima Assembléia Constituinte característica singular, por não provir de fato revolucionário. Por isso, a convocação não se deu por ato do Governo Provisório, de Junta Governativa ou de titular do poder revolucionário. Nos exemplos históricos de Constituinte, nunca foi convocada quando estava funcionando um órgão regular de representação popular – o Congresso Nacional, como agora. Por essa razão é que o ato convocatório (Emenda Constitucional 26/85) processou-se por órgão de governo constituído: iniciativa do Presidente da República e elaboração do Congresso Nacional. O ato convocatório foi o resultado de uma conjugação de vontades: Presidente e Congresso. É de reconhecer, contudo, que, a rigor, não se trata de emenda constitucional, pois a função desta consiste precisamente em manter a Constituição vigente com as modificações por ela introduzidas. No caso, é bem o contrário disso, pois a Emenda 26/85, convocando o Congresso Constituinte, caracteriza-se como um ato revolucionário, na medida em que põe em questão a ordenação constitucional existente. A Emenda 26/85 não visa a manter e atualizar a Constituição vigente, mas à sua substituição por outra que há de ser elaborada pela Constituinte que ela convoca. Cabe ao povo conscientizar-se do sentido revolucionário desse ato – a despeito do defeito que o macula –, efetivando a revolução pelo voto, enviando ao Congresso Constituinte representantes – deputados federais e senadores – afinados com as suas aspirações de mudança.

8. Conclusão de 1999[7]

33. As observações críticas feitas acima a respeito da forma de convocação da Assembléia Nacional Constituinte não devem levar o leitor a confundir minha posição com a de certa corrente de constitucionalistas conservadores que asseveram que a Constituição de 1988 é obra do poder constituinte derivado, o que significa que não passaria de reforma da Constituição anterior, por ter sido convocada por uma emenda constitucional. Ora, mostramos acima, no texto de 1986, que a Emenda Constitucional 26/85 só tem o nome de emenda constitucional, porque nem sua função, nem seu conteúdo nem as conseqüências de sua aplicação são de emenda constitucional. Se ela convoca uma Assembléia Constituinte para fazer nova constituição em lugar daquela que existia é por desconhecer ou ignorar, por ignorância mesmo ou por ideologia, a teoria político-constitucional, que sempre tem como atuação do poder constituinte originário toda vez que representantes do povo, reunidos em Assembléia, fazem uma nova constituição. Isso tem sido assim ao longo da História, como vimos no texto *supra*. No caso da formação da Constituição de 1988, foram convocados os membros da Câmara dos Deputados e do Senado para se reunirem, *unicameralmente*, em Assembléia Nacional Constituinte. *Unicameralmente* significa que não se tratava de reunião conjunta da Câmara e do Senado, tanto que a votação da matéria constituinte se fazia como uma Assembléia unitária. Certo que houve um defeito nessa convocação, pois a convocação deveria ter sido de representantes do povo, para compor a Assembléia Constituinte. Convocando membros da Câmara dos Deputados e do Senado, incluindo os senadores biônicos, formou-se antes um Congresso Constituinte, mas, assim mesmo, um órgão de natureza constituinte.

34. Demais disso, a eleição daqueles membros era para compor dito órgão constituinte, de tal sorte que a eleição que ocorreria cerca de um ano mais tarde teria a finalidade constituinte originária, o pleito era

---

7. O item 8 constitui *acréscimo desta edição*.

exatamente para formar um órgão com competência para fazer uma nova Constituição. Tanto foi assim que o povo compreendeu e participou. Verdade que teve um concorrente de peso: as corporações de toda ordem.

35. Do ponto de vista da teoria do poder constituinte, a atual Constituição tem muito mais legitimidade do que teve a Constituição de 1946. Esta foi feita por um órgão legislativo, convocado como órgão legislativo ordinário pela Lei Constitucional 9, de 28.2.1945. A eleição de Presidente da República e do Congresso ordinário foi marcada para 2 de dezembro de 1945. O processo eleitoral se desenvolveu, normalmente, como de eleição presidencial e de Congresso legislativo ordinário. Vinte dias antes do pleito, só vinte dias, isto é, no dia 12 de novembro de 1945, é que veio a Lei Constitucional 13, para outorgar poderes constituintes aos representantes que seriam eleitos no dia 2 de dezembro de 1945 para a Câmara dos Deputados e o Senado Federal, em que, pela mesma lei, se transformou o Conselho Federal. Um ato de poder discricionário é que conferiu poderes constituintes àqueles representantes, ao passo que no caso da Constituição de 1988 a convocação, feita já por representantes do povo (Congresso Nacional), foi para uma eleição constituinte. A qualificação de constituinte vinha, pois, já na eleição popular.

36. O que é curioso é que esses constitucionalistas, que agora dizem que a Constituição foi feita por um poder constituinte derivado, jamais argüíram qualquer defeito de formação da Constituição de 1946. Ao contrário até, pois na sua idéia a nova República proposta por Tancredo Neves tinha por objetivo "restabelecer os princípios inspiradores da Constituição de 1946, esta por sua vez restauradora do cerne da Constituição de 1934, abandonado pela de 1937".[8] Quais seriam esses princípios inspiradores da Constituição de 1946 e do cerne da Constituição de 1934? Certamente: os princípios do liberalismo. Como a Constituição de 1988 não atendeu, inteiramente, a essa ideologia, ela passa a ser desqualificada. Digo "inteiramente" porque do ponto de vista da ordem econômica ela não fugiu muito ao figurino liberal, pois instaurou uma ordem essencialmente capitalista. Já dissera isso em obra publicada logo depois de promulgada a Constituição.[9] Mas ela rompeu

---

8 . Cf. Manoel Gonçalves Ferreira Filho, *O Poder Constituinte*, 3ª ed., São Paulo, Saraiva, 1999, p. 163.

9. Cf. José Afonso da Silva, *Curso de Direito Constitucional Positivo*, hoje na 17ª ed., São Paulo, Malheiros Editores, 2000, p. 760.

com os princípios liberais na estruturação da ordem social e dos direitos fundamentais, com a dimensão dos direitos sociais e culturais. Não é por outra razão que os vencidos na Constituinte empreendem hoje um processo de reforma "restaurador daqueles princípios", agora chamados de neoliberais.

PODER CONSTITUINTE E PODER POPULAR[1]
(A Experiência Brasileira)

1. Introdução. 2. Poder constituinte. 3. O poder popular e procedimento. 4. O conflito entre o princípio popular e o princípio monárquico no constitucionalismo brasileiro. 5. O conflito entre o poder popular e o poder oligárquico. 6. A Revolução de 1930 e novas frustrações do povo. 7. O poder popular e redemocratização de 1946. 8. O conflito entre o poder popular e o poder militar. 9. O princípio popular e a Constituição de 1988. 10. Conclusão.

1. Introdução

1. O tema envolve a questão dos fundamentos da constituição e da democracia. Mas este estudo não comporta senão referências muito ligeiras a essa problemática, apenas para verificar até que ponto o constitucionalismo brasileiro tem adotado o princípio democrático de que *todo poder emana do povo*, que aparece nas constituições que elaborou.

2. A doutrina distingue o *poder constituinte originário* do *poder constituinte constituído*. Este último, que é também denominado *instituído* ou *derivado*, é menos um poder do que uma competência constituinte, e não será objeto de consideração aqui, assim como também não o será o chamado *poder constituinte decorrente*, entendido como tal o poder de que provêm as constituições de Estados-membros de uma Federação, como é o caso brasileiro.

2. Poder constituinte

3. A idéia de que a constituição é obra do *poder constituinte*, e não do poder constituído, segundo a formulação de Sieyès, teve mais eficácia na liquidação da teoria do *poder divino dos reis* do que a doutrina da *soberania popular* de Rousseau.

4. O termo *soberania* corresponde à Monarquia de direito divino, e Rousseau adotou o mesmo conceito em contraposição dialética quan-

---

1. *Nota desta edição*: Este texto foi apresentado no Seminário realizado na Faculdade de Direito da Universidade de Roma *La Sapienza* em dezembro de 1991.

do o qualifica de *popular*.² Lembra Viamonte que "a substituição do rei pelo povo, como titular do poder social, fez-se empregando argumentos lógicos que pressupõem a existência desse poder social com os mesmos caracteres que havia tido antes".³ E Bertrand de Jouvennel refere-se ao paralelismo bastante expressivo com a teoria medieval da soberania divina.⁴ A doutrina de Sieyès era uma novidade, solidamente justificada em raciocínio de realidade jurídico-social bem palpável, que, de imediato, se contrapunha à justificação do direito divino ante a doutrina moral do Velho e do Novo Testamento. Bem se sabe que essa teoria do poder divino foi justificada numa passagem da *Epístola aos Romanos* de São Paulo: *non est enim potestas nisi a Deo*, interpretada como *todo governo vem de Deus*, ou seja, *os governantes são diretamente designados por Deus*, que justifica a existência de um vicário no plano temporal,⁵ que é o monarca (direito divino sobrenatural),⁶ entendimento repelido por Santo Tomás de Aquino, para quem a frase de São Paulo significa apenas que todo poder vem de Deus porque o poder é natural e deriva da natureza humana, e seu correto entendimento postula um complemento: *non est enim potestas nisi a Deo, 'sed per populum'* ("não há, pois, poder senão vindo de Deus, 'mas através do povo'").⁷

5. A construção doutrinária de Sieyès não precisou polemizar com a teoria do direito divino, pois isso já havia sido feito por Rousseau.⁸ Assim, pôde ela ser simplesmente afirmativa. É extraordinário que, sendo basicamente afirmativa da concepção revolucionária da soberania do povo, construída por Rousseau, acabou possibilitando o desenvolvimento da teoria da *soberania nacional*, de corte conservador. Ora, Sieyès usa o conceito de *Nação* não no sentido sociológico, mas como equivalente ao Terceiro Estado, ou seja, como conjunto dos indivíduos que pertencem à ordem comum. Nação é um "corpo de associados vi-

---

2. Cf. Carlos Sánchez Viamonte, *El Poder Constituyente*, Buenos Aires, Editorial Bibliográfica Argentina, 1957, pp. 264 e 265.
3. Ob. cit., p. 265.
4. Cf. *Du Pouvoir*, Paris, Hachette, 1972, p. 54.
5. Cf. J. J. Gomes Canotilho, *Direito Constitucional*, 5ª ed., Coimbra, Almedina, 1991, p. 103.
6. Cf. Carré de Malberg, *Contribution a la Théorie Générale de l'État*, t. II, Paris, Sirey, 1922, p. 151; Manoel Gonçalves Ferreira Filho, *Direito Constitucional Comparado I – Poder Constituinte*, São Paulo, Bushatsky/EDUSP, 1974, p. 32.
7. Cf. Manoel Gonçalves Ferreira Filho, ob. cit., p. 33.
8. Cf. *Du Contrat Social*, Paris, Éditions Sociales, 1955, pp. 58 e ss.

vendo sob uma lei *comum*" e o "Terceiro abrange, pois, todos aqueles que pertencem à Nação, e quem não é Terceiro não pode ter-se como sendo da Nação".[9]

6. Os doutrinadores, sempre que analisam a concepção de Sieyès, reconhecem que ele foi o grande teorizador da soberania do povo. "Depois de Sieyès, a soberania popular consiste essencialmente no poder constituinte do povo", diz Carré de Malberg.[10] De fato, Sieyés identificou Nação ao Terceiro Estado, porque necessitava um fundamento que transformasse esse estamento, como povo que era, no titular da soberania, postulando que ele, que era tudo, mas nada era na ordem política, viesse a ser alguma coisa, ou seja, "o povo quer ser *alguma coisa*", "que os deputados sejam *tirados de sua ordem*, sejam habilitados a ser os intérpretes de seu voto e os defensores de seus interesses".[11]

7. É certo, no entanto, que essa doutrina possibilitou a construção da *teoria da soberania nacional*, traduzida já no art. 3º da Declaração dos Direitos do Homem e do Cidadão, de 1789: "Le principe de toute souveraineté réside essentiellement dans la Nation", que se transformara num princípio basilar do Direito Público francês. Duguit critica-o severamente; diz que é uma hipótese gratuita e, demais, um postulado inútil, do qual de modo algum pode derivar o sufrágio universal.[12] Ao contrário, podemos dizer: até condicionou o sufrágio restrito e censitário do constitucionalismo do século passado, inclusive no Brasil. Também se lhe acusa de que não implica forma determinada de governo, mas pode conciliar-se com todas: democracia, aristocracia, Monarquia,[13] como ocorreu na França. Por isso se afirma que o princípio não tem sentido prático e não constitui senão pura fórmula verbal.[14] Carré de Malberg não o condena. Tenta justificá-lo como um meio teórico a que a Constituinte de 1789 recorreu para separar o Estado da pessoa do Rei e introduzir a Nação como elemento constitutivo essencial do Estado.[15] Sustenta, no entanto, que na democracia o *povo* é o centro e

9. Cf. *Qu'est-ce que le Tiers État?*, Genebra, Librairie Droz, 1970, pp. 126 e 128.

10. Cf. Carré de Malberg, ob. cit., t. II, p. 487; Eros Grau, *A Constituinte e a Constituição que Teremos*, São Paulo, Ed. RT, 1985, pp. 10 e ss.

11. Ob. cit., p. 134.

12. Cf. *Traité de Droit Constitutionnel*, t. I, Paris, Ancienne Librairie Fontemoing, 1927, pp. 582, 585 e 586.

13. Cf. Carré de Malberg, ob. cit., t. II, pp. 178 e 179.

14. Cf. Carré de Malberg, ob. cit., t. II, p. 180.

15. Ob. cit., t. II, pp. 169, 170, 186 e 187.

a fonte de todos os poderes; é ele que faz a constituição; *soberana*, aí, não é mais a Nação enquanto pessoa abstrata, mas a massa dos cidadãos; enfim, "a soberania primária, o poder constituinte, reside essencialmente no povo, na totalidade e em cada um de seus membros".[16]

8. Não deixa de haver certa confusão nessa doutrina, que reconhece o princípio da soberania nacional como fórmula constitucional posta, enquanto o poder de constituir reside no povo. Dito princípio é mesmo incompreensível, visto que a Nação, ente abstrato, não tem vontade própria que possa exprimir-se, e no regime representativo há que fazê-lo por via da vontade popular. O certo é que a universalização do voto a partir de 1848 abalou o princípio da soberania nacional. A lei constitucional francesa de 1875 silenciou sobre ele.[17] A Constituição da França de 1946, como a atual, enuncia-o de modo diverso: *a soberania nacional pertence ao povo francês* (art. 3º) – e assim reconhece, na verdade, o princípio da soberania do povo.

9. A Constituição Política do Império do Brasil, de 25 de março de 1824, não enunciou diretamente a fonte do poder, mas o fez indiretamente, quando estatuiu que o Governo do Império do Brasil é monárquico, hereditário, constitucional e representativo (art. 3º), que os poderes políticos eram quatro – o Legislativo, o Moderador, o Executivo e o Judiciário (art. 10) – e, mais, que os representantes da *Nação Brasileira* eram o Imperador e a Assembléia-Geral, esta composta de Câmara dos Deputados e Senado (arts. 11 e 14). Finalmente: "Todos esses poderes no Império do Brasil são delegações da Nação" (art. 12). Tudo isso reflete a teoria da soberania nacional, que era o princípio prevalente no constitucionalismo de então. Essa mesma justificativa já não prevalece para que a Constituição dos Estados Unidos do Brasil, de 1891, adotasse o mesmo princípio, também indiretamente, no art. 15, declarando: "São órgãos da *soberania nacional* o Poder Legislativo, o Executivo e o Judiciário (...)". Daí concluírem os comentadores do dispositivo que a *Nação soberana*, na impossibilidade de viver perpetuamente em Assembléias deliberantes, delega o exercício *da sua soberania* a pessoas que escolhe.[18] A Constituição de 1934, embora mantivesse uma expressão idêntica referindo-se a órgãos da *soberania na-*

---

16. Ob. cit., t. II, pp. 183 e 485.
17. A despeito disso, Joseph-Barthélemy e Paul Duez sustentam que fora mantido (cf. *Traité de Droit Constitutionnel*, Paris, Económica, 1985, reprodução da ed. de 1933, p. 58).
18. Cf. A. de Sampaio Dória, *Princípios Constitucionais*, São Paulo, São Paulo Editora, 1926, pp. 41 e ss.; Ruy Barbosa, *Comentários à Constituição Federal Brasileira*, v. I, São Paulo, Saraiva, 1932, pp. 407 e ss.

cional, fora expressa no designar o *povo* como fonte de todos os poderes (art. 2º). Daí por diante, as demais cinco Constituições, incluindo a Carta outorgada em 10 de novembro de 1937, adotaram o princípio de que *o poder emana do povo e em seu nome é exercido*, sendo que a atual acrescenta que o povo o exerce "por meio de representantes eleitos ou diretamente", o que significa maior proximidade com o princípio do poder popular.

3. O poder popular e procedimento

10. O emprego do termo *poder*, como fizeram as Constituições brasileiras, é mais adequado do que falar-se em *soberania*. Desprende-se, com isso, de vez, o ranço da soberania monárquica. É verdade que a expressão tradicional do constitucionalismo brasileiro – *todo poder emana do povo e em seu nome é exercido*, ou *todo poder emana do povo, que o exerce por meio de representantes eleitos ou diretamente* – enuncia um princípio do Direito constituído, visando a especificar o regime político adotado: *democracia representativa*, ou *representativo-participativa*. Mas isso significa também que o *poder constituinte*, que o enunciou constitucionalmente, se reconhece igualmente como um poder que repousa no povo.

11. Remanesce, contudo, a questão do que se entende por *povo*. Em Rousseau já encontramos o paradoxo na dualidade do conceito de povo: a um tempo soberano e súdito desse soberano, sujeito da soberania e objeto dela, ente coletivo de que emana a vontade geral e grupo de individualidades dissociadas a que correspondem vontades particulares.[19] Ora o povo é apenas o conjunto dos homens livres, ora é mera construção ideal, alheia a toda realidade sociológica, simples povo de *cidadãos*, considerado abstratamente, ora é o conjunto de pessoas dotadas de determinada renda, ora é o mero corpo eleitoral. No mais das vezes, o povo real, concreto, com suas circunstâncias e ideologia, permanece alheio ao exercício do poder, que, na realidade, nada mais tem sido do que um poder sobre o povo.[20]

12. O constitucionalismo brasileiro reflete uma luta constante na afirmação do povo nesse sentido concreto, não só na busca da extensão do voto à massa dos indivíduos capazes, de ambos os sexos, che-

---

[19] Ob. cit., pp. 69 e ss.; cf. também Carlos Sánchez Viamonte, ob. cit., p. 312.

[20] Cf. Jorge Xifras Heras, *Derecho Constitucional*, v. II, Barcelona, Bosch, 1957, p. 28.

gando agora à atribuição do direito de voto ao homem ou à mulher com dezesseis anos de idade e também aos analfabetos, mas especialmente no confronto ora com o poder imperial, quase sempre com o poder oligárquico e não raro com o poder militar. No fundo, esses fatores reais do poder é que têm definido o conteúdo dos documentos constitucionais brasileiros, como veremos ainda no correr desta exposição.

13. Mesmo nos momentos em que o povo participou do processo do poder, a organização do *procedimento constituinte* tem escamoteado a sua vontade. Seus mandatários não lhe são fiéis, apropriam-se do comando que exercem por delegação, usurpam-lhe a soberania.[21]

O modo de exercício do poder constituinte, revelado por um tipo de *procedimento constituinte*, não será compatível com o princípio do poder popular se não se efetivar com fidelidade a um princípio de *justiça do resultado*, porque a justiça da constituição – lembra Canotilho – depende exclusivamente do procedimento seguido para a sua feitura. "Se o procedimento for justo, será justo também o conteúdo da constituição."[22] Procedimento justo é o que seja a expressão da vontade popular e realize as aspirações do povo, e tanto pode ser o procedimento constituinte direto como o procedimento constituinte representativo,[23] mas a participação direta pode corrigir distorções procedimentais resultantes de vícios eleitorais ou pode simplesmente reforçar o caráter justo de um procedimento que tenha sido instaurado com fundamento no poder constituinte legítimo.[24]

14. A história constitucional brasileira revela formas procedimentais diretamente usurpadoras da vontade constituinte do povo, a come-

---

21. Assim se pode responder, em relação ao processo político brasileiro, às indagações sugestivas de Bertrand de Jouvennel:

"Il est plus ou moins explicitement énoncé que les mandataires sont tenus par des normes: la volonté divine ou la volonté générale a réglé le comportement du pouvoir.

"Mais ces mandataires seront-ils nécessairement fidèles? Ou tendront-ils à s'approprier le commandement qu'ils exercent par délégation? N'oublieront-ils point la fin pour laquelle ils ont été institués, le bien commun, les conditions auxquelles ils ont été soumis, l'exécution de la loi divine ou populaire, et enfin n'usurperont-ils pas la souveraineté?" (ob. cit., p. 54).

22. Ob. cit., p. 123.
23. Idem, ibidem, p. 127.
24. Para a discussão da problemática da participação popular, inclusive como corretivo necessário à representação política tradicional, cf. o livro de Maria Victória de Mesquita Benevides, *A Cidadania Ativa*, São Paulo, Ática, 1991.

çar pela outorga da Constituição do Império, quando o Imperador assumiu a titularidade do poder constituinte; mais tarde tivemos a titularidade autocrática do poder constituinte assumida por Getúlio Vargas com a outorga da Carta de 10 de novembro de 1937. O processo usurpatório do poder constituinte originário pelo poder militar aliado à oligarquia tecnocrática difundiu-se com a Revolução de 1964, produzindo uma normatividade institucional excepcional, através de dezessete atos institucionais e da outorga de duas Constituições, a de 24 de janeiro de 1967 e a de 17 de outubro de 1969, em termos que veremos. Mas, além desses processos diretos de usurpação, houve os meios indiretos, pela deformação da vontade popular por procedimentos convocatórios e eleitorais escamoteadores.

4. O conflito entre o princípio popular e o princípio monárquico no constitucionalismo brasileiro

15. O processo constitucional brasileiro inicia-se com uma singularidade: *começa antes mesmo da Independência, quando o Brasil ainda era Reino unido a Portugal.* O normal é que um povo conquiste sua independência, para depois ou concomitantemente ter início o seu processo formal de constitucionalização. O Brasil não foi assim. Teve até uma Constituição, por algumas horas, bem antes de tornar-se independente. Foi a Constituição espanhola, de 1812, dita de Cádiz, jurada pelos eleitores paroquiais do Rio de Janeiro, por exigência de um movimento popular; a "*plebe ébria e facciosa,* como a qualificou o futuro Maricá, tomou conta das decisões, levada pelos seus líderes, numa demonstração de consciência política que ainda hoje nos admira", como escreve Afonso Arinos.[25] Tomado por termo o juramento, foi ele apresentado a D. João VI, que expediu o seguinte ato: "havendo tomado em consideração o termo de juramento que os eleitores paroquiais desta comarca, a instâncias e declaração unânime do povo dela, prestaram à Constituição espanhola (...) sou servido ordenar que, de hoje em diante, fique estrita e literalmente observada neste Reino do Brasil (...), até o momento em que se ache inteira e definitivamente estabelecida a Constituição deliberada e decidida pelas Cortes de Lisboa".[26] Elegeu-se um Governo Provisório, que ficaria assistindo ao príncipe D. Pedro, que assumiria a regência com o retorno de D. João VI a Portugal. Foi um momento em que o princípio popular aflorou, mas fugazmente, por-

---

25. Cf. *Curso de Direito Constitucional Brasileiro*, v. II, Rio de Janeiro, Forense, 1960, pp. 32 e 33. Refere-se a Mariano da Fonseca, futuro Marquês de Maricá.
26. In Afonso Arinos de Melo Franco, ob. cit., v. II, p. 34.

que já na manhã seguinte foi declarado nulo o ato de adoção daquela Constituição, com uso de tropas sob orientação de D. Pedro. Era a vitória do princípio monárquico.

16. O certo, no entanto, é que o Brasil já vivia o momento histórico de fundação de um novo Estado. D. João VI retorna a Portugal e deixa aqui D. Pedro de Alcântara, seu filho mais velho. O ano de 1822 encontra o país em franco processo constituinte. D. Pedro convoca o Conselho de Procuradores-Gerais das Províncias do Brasil, proclamando, em 16 de fevereiro de 1822: "E desejando Eu, para utilidade geral do Reino Unido e particular do bem do Povo do Brasil, ir de antemão dispondo e arraigando o sistema constitucional, que ele merece, e Eu jurei dar-lhe, formando desde já um centro de meios e de fins, com que melhor se sustente e defenda a integridade e liberdade deste fortíssimo e grandioso País, e se provoca a sua futura felicidade: Hei por bem mandar convocar um Conselho de Procuradores-Gerais das Províncias do Brasil, que as representem interinamente (...)". Esses Procuradores foram eleitos em suas Províncias. O Conselho assim formado funcionaria como uma assessoria de alto nível do Príncipe Regente, que era seu presidente. Instala-se, e imediatamente requer a este a convocação de uma *Assembléia-Geral Constituinte e Legislativa*. E ele o faz no mesmo dia (3 de junho de 1822). O ato de convocação é importante, porque mostra que o Príncipe era sensível às idéias do tempo, e nele reconhecia formalmente o princípio democrático da soberania do povo: "Havendo-Me representado os Procuradores-Gerais de algumas Províncias do Brasil já reunidos nesta Corte, e diferentes Câmaras, e Povo de outras, o quanto era necessário, e urgente para a mantença da Integridade da Monarquia Portuguesa, o justo decoro do Brasil, *a convocação de uma Assembléia Luso-Brasiliense, que investida daquela porção de Soberania, que essencialmente reside no Povo deste grande, e riquíssimo Continente* (...): Hei de por bem, e com o parecer do Meu Conselho de Estado, mandar *convocar uma Assembléia-Geral Constituinte e Legislativa*, composta de Deputados das Províncias do Brasil novamente eleitos na forma das instruções, que em Conselho se acordarem, e que serão publicadas com a maior brevidade" (grifamos). O processo eleitoral, fundado no sufrágio restrito, foi demorado, de sorte que a Assembléia só se reuniu no dia 3 de maio de 1823, após a proclamação da Independência (7 de setembro de 1822). Composta de cem membros, só compareceram oitenta e três, constituídos de dezoito padres e um bispo, quarenta e cinco bacharéis em Direito, dentre os quais vinte e dois magistrados (desembargadores), três médicos e sete oficiais militares e outros.

17. Era uma Assembléia da aristocracia intelectual brasileira, graduada em Coimbra, e da nobreza rural assentada sobre a base dos grandes latifúndios; enfim, tratava-se da elite mental, econômica e política; o sistema eleitoral não propiciava composição mais democrática, pois só podia votar e ser votado quem dispusesse de certa quantia de bens imóveis ou de rendas. Era uma composição elitista, mas imbuída das novas teorias políticas que então agitavam o mundo europeu: liberalismo, constitucionalismo, parlamentarismo, democracia. É extraordinário constatar que a Assembléia acolheu o princípio popular de participação direta, minuciosamente regulado em seu Regimento Interno.[27]

27. São onze artigos dedicados ao tema:
"Art. 69. A todo cidadão é lícito representar por meio do Presidente da Assembléia, Secretário, ou outro qualquer Deputado, o que julgar proveitoso à Nação.
"Art. 70. Para que as representações sejam aceitas é necessário que venham assinadas e reconhecido o nome por um tabelião.
"Art. 71. Não se admitirão representações assinadas por mais de uma pessoa.
"Art. 72. O Presidente, Secretários e Deputados, na sessão imediata ao dia em que lhes for dirigida qualquer representação, anunciarão que a receberam, declarando o nome de quem a fez, e o objeto sobre que versa.
"Art. 73. Se a representação tiver por fim algum projeto de lei, será remetida à Comissão, a que por sua natureza pertencer.
"Art. 74. A Comissão examinará a representação; e se não a achar atendível, assim o participará à Assembléia, que votará sem preceder discussão, se há de ficar rejeitada ou se há de reduzir-se a proposta.
"Art. 75. Se a Comissão achar a representação atendível proporá à Assembléia que se reduza a proposta; e a Assembléia votará sobre isto sem preceder discussão.
"Art. 76. Assentado que a representação se reduza a proposta, o seu autor será convidado à Comissão, que de comum acordo com ele se ocupará neste trabalho. E quando o autor não puder, ou não quiser comparecer, ela o fará por si só, declarando se o autor apareceu.
"Art. 77. Apresentada a proposta, a Assembléia mandará inserir por meio de seu Presidente no livro do Registro das propostas, e seguir-se-ão a respeito dela os mesmos passos, que nos artigos antecedentes se apontam para as outras propostas, depois de aprovadas para a deliberação.
"Art. 78. Se a representação não tiver por fim algum projeto de lei, depois de anunciada na forma do art. 72, a Assembléia determinará, sem preceder discussão, se há de ler-se naquela sessão, ou se há de entrar na distribuição diária dos trabalhos, quando lhe tocar.
"Art. 79. Em qualquer sessão em que se leiam as representações de que trata o artigo precedente se decidirá sem discussão se são ou não objetos de deliberação".
Ainda que se tome isso como mero exercício do direito de petição, ainda assim é extraordinária a atenção dada à matéria. Nossa pesquisa ainda não constatou se houve alguma representação.

18. D. Pedro I comparece à sua instalação (3 de maio de 1823) e pronuncia a *Fala do Trono*, plena de brasilidade, com extensa prestação de contas, de propósitos constitucionais e alvíssaras por estar "junta a Assembléia para constituir a Nação. Que prazer! Que fortuna para todos nós!". Condena as constituições "teoréticas e metafísicas" e "*por isso inexeqüíveis*, como a da França e Espanha", que "não têm feito, como deviam, a felicidade geral". Por isso, como Imperador Constitucional, esperava que os Constituintes fizessem "*uma constituição sábia, justa, adequada e executável*, ditada pela razão, e não pelo capricho, que tenha em vista somente a felicidade geral, que nunca pode ser grande, sem que esta constituição tenha bases sólidas, bases que a sabedoria dos séculos tenha mostrado, que são as verdadeiras para darem uma justa liberdade aos povos, e toda a força necessária ao Poder Executivo" (grifamos). Ratificava solenemente o que dissera antes ao povo: "*que com a minha espada defenderia a Pátria, a Nação, e a Constituição, se fosse digna do Brasil e de mim*" (grifo dele), que os Constituintes fizessem uma constituição merecedora de sua imperial aceitação, fosse tão sábia, e tão justa, quanto apropriada à localidade e civilização do povo brasileiro; igualmente, que houvesse de ser louvada por todas as Nações, que até os nossos inimigos viessem a imitar a santidade e sabedoria de seus princípios, e que por fim a executassem. Queria os três poderes organizados e harmonizados, para evitar o despotismo, "quer real, quer democrático". O apelo ao povo, como se nota, não ocultava a preponderância do princípio monárquico.

19. Houve resposta do Presidente da Assembléia, D. José Caetano da Silva Coutinho, Bispo do Rio de Janeiro, que insistiu na distinção, independência e harmonia dos poderes, pois a "distinção dos poderes políticos é a primeira base de todo o edifício constitucional". No seio da Constituinte agitam-se os temas da época: uns propugnam pela Monarquia constitucional; outros pleiteiam a Monarquia federativa; há até quem defenda a República.

20. Os conflitos entre a Assembléia, representante do princípio "popular", e o Imperador, titular do princípio monárquico, se acirram, e este, por ato sumário de 12 de novembro de 1823, a dissolve pela força, e convoca outra que nunca se reuniu. Promete ao povo apresentar projeto de constituição duplicadamente mais liberal do que o projeto que a extinta Assembléia estava elaborando. Cria, no dia seguinte, o Conselho de Estado, a quem incumbe da elaboração do prometido projeto. Participa ele próprio dos trabalhos. Um mês depois estava pronto. Remeteu-o às Câmaras Municipais, pedindo sua apreciação. Era uma concessão ao princípio popular. A maioria aderiu logo; outras, como a de Itu, apresentaram restrições.

21. As Províncias do Norte se rebelaram. Começou que o povo de Recife (Pernambuco) repeliu, com veemência, o projeto de constituição de D. Pedro. Em reunião popular para deliberar sobre o juramento do projeto, foi aprovado um candente manifesto de Frei Joaquim do Amor Divino Caneca (Frei Caneca), que, imbuído das teorias rousseaunianas do contrato social, firmava alguns princípios básicos sobre a constituição, que "não é outra coisa, que a ata do pacto social, que fazem entre si os homens, quando se ajuntam e associam para viver em reunião ou sociedade. Esta ata, portanto, deve conter a matéria, sobre que se pactuou, apresentando as relações, em que ficam os que governavam, e os governados, pois que sem governo não pode existir sociedade. Estas relações, a que se dão os nomes de direitos e deveres, devem ser tais, que defendam e sustentem a vida dos cidadãos, a sua liberdade, a sua propriedade, e dirijam todos os negócios sociais à conservação, bem-estar e vida cômoda dos sócios, segundo as circunstâncias de seu caráter, seus costumes, usos e qualidades do seu território etc. Projeto de constituição é o rascunho desta ata, que ainda se há de tirar a limpo, ou apontamentos das matérias que hão de ser ventiladas no pacto; ou, usando de uma metáfora, é o esboço na pintura, isto é, a primeira delineação, nem perfilada, nem acabada. Portanto, o projeto oferecido por S. M. nada mais é do que o apontamento das matérias, sobre que S. M. vai contratar conosco. Vejamos, portanto, se a matéria aí lembrada, suas divisões e as relações destas são compatíveis com as nossas circunstâncias de independência, liberdade, integridade do nosso território, melhoramento moral e físico, e segura felicidade". Daí Frei Caneca segue numa arguta análise do projeto. Ao Poder Moderador acusa de nova invenção maquiavélica e chave-mestra da opressão da Nação brasileira e o garrote mais forte da liberdade dos povos. Conclui com uma série de indagações contra o texto, como esta: "Como agora podereis jurar uma carta constitucional, que não foi dada pela soberania da Nação, que vos degrada da sociedade de um povo livre e brioso para um valongo de escravos e curral de bestas de carga?".

22. Desencadeiam-se vários atos de natureza revolucionária, que culminam com a Proclamação da Confederação do Equador (2 de julho de 1824), posterior já à entrada em vigor da Constituição do Império. A Confederação teve sua Constituição. O movimento foi, porém, sufocado pelo Imperador, com a condenação e execução de Frei Caneca à morte por enforcamento.

23. O certo é que, sob o fundamento de que os povos do Império, juntos em Câmaras, requereram, desde logo, fosse o projeto jurado como Constituição do Império, sem esperar se reunisse nova Assembléia Constituinte, que desconvocou, D. Pedro outorgou-a no dia 25 de março de 1824, como *Constituição Política do Império do Brasil*, cujas características gerais são: Estado unitário com forte centralização; forma de governo: monárquico, hereditário, constitucional e representativo; divisão de poderes segundo a formulação de Benjamin Constant, com *Poder Legislativo* (bicameral, com Câmara dos Deputados, eletiva e temporária, e Senado vitalício), *Poder Moderador* (que cabia ao Imperador), *Poder Executivo* (exercido pelo Imperador através de seus Ministros) e *Poder Judiciário*; acolhera os direitos individuais básicos que se encontravam inscritos na Declaração francesa de Direitos do Homem e do Cidadão de 1789, mas esses direitos só serviam à elite aristocrática que dominava o regime, como bem exprime Emília Viotti da Costa: "Para estes homens, educados à européia, representantes das categorias dominantes, a propriedade, a liberdade, a segurança garantidas pela Constituição eram reais. Não lhes importava se a maioria da Nação se constituía de uma massa humana para a qual os preceitos constitucionais não tinham a menor eficácia. Afirmava-se a liberdade e a igualdade de todos perante a lei, mas a maioria da população permanecia escrava. Garantia-se o direito de propriedade, mas 19/20 da população, segundo calculava Tollenare, quando não era escrava, compunha-se de 'moradores' vivendo nas fazendas em terras alheias, podendo ser mandados embora a qualquer hora. Garantia-se a segurança individual, mas podia-se matar impunemente um homem. Afirmava-se a liberdade de pensamento e de expressão, mas não foram raros os que como Davi Pamplona ou Líbero Badaró pagaram caro por ela. Enquanto o texto da lei garantia a independência da Justiça, ela se transformava num instrumento dos grandes proprietários. Aboliam-se as torturas, mas, nas senzalas, os troncos, os anjinhos, os açoites, as gargalheiras, continuavam a ser usados, e o senhor era o supremo juiz decidindo da vida e da morte de seus homens". E concluía: "A fachada liberal construída pela elite europeizada ocultava a miséria e escravidão da maioria dos habitantes do país".[28]

5. *O conflito entre o poder popular e o poder oligárquico*

24. A Constituição do Império durou sessenta e cinco anos, com um Ato Adicional de 1834. Mas na segunda metade do século as idéias

---

[28]. "Introdução ao estudo da emancipação política do Brasil", in Carlos Guilherme Mota (org.), *Brasil em Perspectiva*, 11ª ed., São Paulo, Difel, 1980, pp. 124 e 125.

republicanas proliferaram. Formaram-se clubes republicanos. Em 1870 sai o *Manifesto Republicano*, mais federalista que republicano. Alguns fazendeiros e profissionais liberais, a eles vinculados, e alguns negociantes promoveram o primeiro congresso republicano (Convenção de Itu, na então Província de São Paulo, 18 de abril de 1873). Funda-se o Partido Republicano, que representaria os grupos ativos da classe média e o setor mais dinâmico da classe senhorial, interessados na mudança do regime, especialmente na descentralização federalista, de modo a que pudessem ocupar o poder regional em favor da tutela de seus interesses. O movimento resultou na proclamação da República (15 de novembro de 1889), menos por sua força que por força das transformações que, desde a Guerra do Paraguai, se operavam nas relações de produção do país. Com efeito, as bases materiais da República começam a despontar com a decadência da economia açucareira e a expansão da cafeeira, que gerou forte burguesia, aristocrática, rica, poderosa, dinâmica, agressiva, que não se continha nos quadros estreitos da estrutura institucional do Império. Essa aristocracia rural postulava participação intensa no poder, que o sistema centralizador do Império não propiciava. A proclamação da República e especialmente a descentralização federativa vieram atender a essas aspirações.[29] O Império tomba sob o impacto dessas condições materiais, com uma simples passeata militar numa bela manhã ensolarada do Rio de Janeiro, quando o Marechal Deodoro da Fonseca proclama a *República Federativa*. Instala-se o Governo Provisório sob a presidência do Marechal. A primeira afirmação constitucional da República foi o Decreto 1, de 15.11.1889. Por ele se adota o princípio federalista. O povo esteve inteiramente ausente desse processo. Ninguém lhe perguntou se queria ou não a República e a Federação. Se consentiu foi pela indiferença e passividade.

25. O Governo Provisório tomou logo as providências para a organização do regime republicano. A 3 de dezembro, nomeou uma Comissão de cinco ilustres republicanos para elaborar o projeto de constituição, que serviria de base para os debates na Assembléia Constituinte a ser convocada. Pronto o projeto, foi publicado pelo Decreto 510, de 22.6.1890, como *Constituição aprovada pelo Executivo*. Pelo mesmo decreto convoca-se o *Congresso Constituinte*, composto da Câma-

---

29. Cf. nosso "Partidos políticos e sistemas eleitorais", in *Vox Legis* 145/5, janeiro de 1981, citando Maria do Carmo Campello de Souza, "O processo político-partidário na Primeira República", in *Brasil em Perspectiva* cit., p. 164; cf. também Leôncio Basbaum, *História Sincera da República*, 4ª ed., v. 1, São Paulo, Alfa-Ômega, 1976, p. 231.

ra dos Deputados e do Senado, o que, certamente, denota a idéia de Congresso ordinário, e não propriamente de uma Assembléia Nacional Constituinte. Esse Congresso fora eleito em 15 de setembro de 1890, instalando seus trabalhos no dia 15 de novembro de 1890, quando a República comemorava seu primeiro ano de existência. Compunha-se de duzentos e cinco deputados e de sessenta e três senadores, predominando os representantes das profissões liberais, advogados, médicos e engenheiros e de muitos militares (quarenta, para ser mais exato). Essa representação esconde a real composição do Congresso Constituinte de 1890-1891. Os profissionais liberais da época constituíam, em verdade, membros da aristocracia rural, que dominava no país, de base oligárquica coronelística. O sistema eleitoral não era mais censitário, mas era a descoberto. Faltava um sistema partidário que organizasse a vontade popular independente. Os coronéis dominavam as eleições, elegendo quem quisessem. Não houve debate sobre a Constituinte, que, assim, foi eleita sem que o povo tivesse consciência política do ato que estava praticando. Não teve, enfim, formação livre. Em pouco mais de três meses de trabalho constituinte estava aprovada, com pequenas alterações introduzidas no projeto do Governo, a *Constituição da República dos Estados Unidos do Brasil, de 24 de fevereiro de 1891*, sob a influência da Constituição dos Estados Unidos da América, com algumas disposições da Constituição argentina, mas não teve eficácia social.

26. As oligarquias se organizaram. Campos Sales, terceiro Presidente republicano, instituiu a "política dos governadores", que domina na velha República. O poder dos governadores dos Estados, por sua vez, é sustentado no *coronelismo*, que foi o poder real e efetivo, apesar de as normas constitucionais traçarem esquemas formais de organização nacional com base na teoria da divisão de poderes e tudo o mais. O *coronelismo* é um fenômeno político-social complexo. O *coronel* (e o major e o capitão), no caso, não é um título militar, mas proveio da influência da Guarda Nacional que existiu durante certo período do Império, mas também da fragmentação do poder que se desenvolveu durante a Colônia, que o centralismo monárquico sufocou por algum tempo. "Com efeito, além dos que realmente ocupavam tal posto, o tratamento de 'coronel' começou desde logo a ser dado pelos sertanejos a todo e qualquer chefe político, a todo e qualquer patenteado."[30]

27. O coronel era o chefe político local, mas não era só isso. Bem o diz Víctor Nunes Leal: "Dentro da esfera própria de influência, o

---

30. Cf. Víctor Nunes Leal, *Coronel, Enxada e Voto*, 2ª ed., São Paulo, Alfa-Ômega, 1974, nota à p. 19, citando Basílio de Magalhães.

'coronel' como que resume em sua pessoa, sem substituí-las, importantes instituições sociais. Exerce, por exemplo, uma ampla jurisdição sobre seus dependentes, compondo rixas e desavenças e proferindo, às vezes, verdadeiros arbitramentos, que os interessados respeitam. Também se enfeixam em suas mãos, com ou sem caráter oficial, extensas funções policiais, de que freqüentemente se desincumbe com a sua pura ascendência social, mas que eventualmente pode tornar efetivas com o auxílio de empregados, agregados e capangas".[31]

28. O regime formava uma pirâmide oligárquica, cujo sistema de dominação se apoiava em mecanismos eleitorais que deformavam a vontade popular, e tal foi o procedimento constituinte que produziu a primeira Constituição republicana, pelo qual se exprimia o princípio oligárquico, e não o poder popular. O coronel, como liderança local, arregimentava os eleitores e os fazia concentrar perto dos postos de votação, vigiados por sentinelas. Esses locais de concentração dos eleitores passaram a ser conhecidos como *currais* ou *quartéis eleitorais*, de onde os eleitores saíam conduzidos por prepostos do coronel para votar no candidato por ele indicado. Como o voto era a descoberto (*a bico de pena*, como se dizia), o eleitor não tinha como escapar da vigilância, até porque as mesas eleitorais eram também formadas de elementos do coronel. Outro elemento do sistema era o *cabo eleitoral*, ainda hoje existente com menos significação. Seu papel consistia (e consiste ainda) em angariar votos para os candidatos, não por exposição de doutrina, mas à base de distribuição de empregos ou favores pessoais.[32] Como anotou Leôncio Basbaum: "Era como uma pirâmide em cujo ápice se encontrava o Presidente da República, vindo logo abaixo o Partido Republicano Paulista e os partidos Republicanos Estaduais; e na base do arcabouço, o *coronel* e sua família, amigos, parentes e dependentes, constituindo as famosas oligarquias estaduais, pequenos Estados dentro do Estado, que centralizavam em suas mãos, nos sertões, os três poderes fundamentais da República: legislavam, julgavam e executavam".[33]

6. *A Revolução de 1930 e novas frustrações do povo*

29. O aparecimento de camadas médias urbanas foi abrindo campo ao surgimento de movimentos contrários às oligarquias. Foi daí que

---

31. Ob. cit., p. 23.
32. Cf. Leôncio Basbaum, ob. cit., v. 2, p. 191.
33. Ob. cit., v. 2, pp. 189 e 190.

outro fenômeno despontou no processo político brasileiro na década de 20: *o tenentismo*. São *tenentes* das Forças Armadas, especialmente do Exército, que se imbuem da idéia de que, como militares, eram responsáveis pela sociedade e pela condição de representantes dos interesses gerais da nacionalidade, e por isso lhes cabia a missão de intervir no processo do poder para exigir mudanças nos costumes políticos. A rigor, não exigiam mudanças estruturais, mas institucionais, tais como a adoção do voto universal e secreto. Não se chegou ainda a um resultado preciso na apreciação do tenentismo. Mas sua participação mais tarde no poder revela mentalidade autoritária e conservadora. O certo é que o tenentismo foi responsável pelos movimentos revolucionários que se sucederam na década de 20 até a Revolução de 1930, que se iniciou nos Estados do Rio Grande do Sul, Minas Gerais e Paraíba, sob a liderança de Getúlio Vargas, então Governador do primeiro, que tinha sido candidato das oligarquias divergentes à Presidência da República contra o candidato das oligarquias dominantes do poder, Júlio Prestes, indicado pelo então Presidente da República, Washington Luiz. Júlio Prestes venceu as eleições, como sempre acontecia com candidatos apoiados pelo sistema de poder dominante. Raramente houve divergências que pusessem em risco esse domínio. É que ele sempre esteve respaldado nos dois grandes Estados, São Paulo e Minas Gerais, cujos partidos – Partido Republicano Paulista e Partido Republicano Mineiro – revezavam-se no poder desde 1894, formando aquilo que passou a denominar-se *política café-com-leite*, pelo fato de o Estado de São Paulo ser o grande produtor de café e o Estado de Minas o principal produtor de leite.

30. Deu-se o caso que estava no poder um paulista. Minas (isto é, o Presidente do Estado) entendia que o próximo presidente deveria ser um mineiro. Acontece que, por influência do Presidente da República, fora indicado outro paulista para o período presidencial subseqüente. Isso importou a oposição do governo do Estado de Minas a essa indicação. Daí a divergência séria. Minas, em oposição, tramou a apresentação do Presidente do Estado do Rio Grande do Sul, Getúlio Vargas, como candidato, formando-se a Aliança Liberal entre os dois Estados, mais o Estado da Paraíba. Vitoriosa a candidatura de Júlio Prestes, as forças da Aliança Liberal passaram a organizar a Revolução, que irrompeu no dia 3 de outubro de 1930 em Porto Alegre. A adesão ao movimento foi rápida. O sucesso das forças revolucionárias se desenhou logo. Uma junta militar depôs o Presidente Washington Luiz, e depois entregou o poder a Getúlio Vargas.

31. É claro que a Revolução de 1930 não decorreu de simples divergência formal entre os Partidos paulista e mineiro. Com certeza que suas causas mais profundas podem ser buscadas na necessidade de romper com a estrutura arcaica de nossa economia, o aparecimento de uma classe média urbana e a conseqüente formação de uma burguesia não-rural, assim como as crises da economia mundial da década de 20, especialmente o *crack* da Bolsa de Nova York, que teve intensa repercussão na economia cafeeira do Brasil, o que vale dizer na própria base da economia. Mas não é o caso de aprofundar essa análise aqui, o que só se suscita para a compreensão do movimento na evolução do constitucionalismo brasileiro e porque pela primeira vez o poder popular se entusiasmou. Realmente, havia entusiasmo e "alegria popular pelo *Brasil-Novo*, que, parecia, uma nova era havia sido alcançada, de liberdade e progresso. E durante alguns dias o povo chegou a julgar-se *dono do poder*. O movimento das massas nas ruas era como uma corrente impetuosa de uma represa rebentada. Os heróis do dia eram festejados como salvadores, ovacionados nas ruas em centenas de comícios improvisados em que improvisados oradores davam largas aos seus instintos oratórios".[34]

32. Tem início a Segunda República. O ato formal que a estabelece é o Decreto 19.398, de 11.11.1930, que instituiu o Governo Provisório, que começa declarando que exerceria *discricionariamente*, em toda a sua plenitude, as funções e atribuições não só do Poder Executivo, como também do Poder Legislativo, até que, eleita a Assembléia Constituinte, estabelecesse ela a reorganização constitucional do país (art. 1º). Declarou que continuariam em vigor as Constituições Federal e Estaduais, leis e decretos e atos municipais, sujeitos às modificações e restrições estabelecidas por lei ou por decreto ou atos posteriores do Governo Provisório ou de seus delegados na esfera de atribuições de cada um. Dispôs até sobre a futura Constituição, que deveria manter a forma republicana federativa (art. 12), o que já era um início de adoção de procedimento constituinte autocrático. Em verdade, esse decreto desconstitucionalizou o país, transformando as normas constitucionais vigentes em simples regras de Direito ordinário.

33. O tempo corria e o Governo Provisório não tomava providências para a prometida convocação da Assembléia Constituinte. O processo constitucional esbarrava em conflitos de grupos e interesses, sintetizados por Edgard Carone, *in verbis*: "Após a vitória militar da Re-

---

34. Cf. Leôncio Basbaum, ob. cit., v. 3, p. 13.

volução formam-se duas correntes extremadas: uma a favor de uma nova constituição, outra só aceitando a forma constitucional após a substituição dos elementos do velho sistema. No entanto, só no final de um processo longo e incerto é que se convoca a nova Assembléia Constituinte. Das duas correntes, constituiu manifestação básica das oligarquias estaduais, a primeira, e do tenentismo, a segunda. Oligarquias e tenentismo não têm políticas rígidas e únicas. Uma e outra adotam posições contraditórias, para depois se firmarem em atitudes mais ou menos radicais; nenhuma delas tinha se preparado para a nova situação, o que leva, naturalmente, a adotarem política pragmática e oportunista. Inicialmente, o grupo do Partido Democrático, de São Paulo, ou do Partido Libertador, do Rio Grande do Sul, não pensam na adoção de um estado legal, fato que consideram imprescindível quando se vêem afastados do poder. Mais persistente e contínua é a posição do tenentismo: alguns de seus segmentos falam em *estado de fato*, desde os primeiros dias do poder".[35]

34. Mas o Governo, sob pressão, expede os primeiros atos destinados à convocação da Assembléia Constituinte. Nesse meio tempo estoura a Revolução de São Paulo de 1932, chamada *Revolução Constitucionalista*, vencida pelo Governo, que, finalmente, convoca a Assembléia Constituinte, que viria a compor-se de duzentos e catorze representantes políticos e de mais quarenta *deputados classistas*, ou seja, representantes de associações profissionais, tocando vinte aos empregados, entre estes dois funcionários públicos, e vinte aos empregadores, nestes incluídos três representantes das profissões liberais (Decreto 22.653, de 20.4.1933). Mais uma vez o procedimento constituinte desajusta-se ao poder popular. Organizam-se modos de representação para atuar na Constituinte, independentes, portanto, do próprio querer do poder constituinte do povo. Vale dizer que ainda não era desta vez que a democracia haveria de florescer na composição da Constituinte, pois nela ainda predominou a representação conservadora e oligárquica, que sobreviveu à Revolução de 1930, além de se introduzir por via do poder autocrático um elemento corporativo de feição fascista.

35. Instalada a Assembléia Constituinte em 15 de novembro de 1933, logo recebeu o projeto da Comissão governamental, que serviu de base dos debates, para a formação do novo documento constitucional que veio a ser a *Constituição da República dos Estados Unidos do Brasil*, de 16 de julho de 1934, que trouxera algumas novidades, como

---

35. Cf. *A República Nova, 1930-1937*, São Paulo, Difel, 1976, p. 173.

romper com o bicameralismo clássico, atribuindo o exercício do Poder Legislativo apenas à Câmara dos Deputados, transformando o Senado Federal em órgão de colaboração dos poderes. Definiu os direitos políticos e o sistema eleitoral, com a criação da Justiça Eleitoral, como órgão do Poder Judiciário. Admitiu o voto feminino, já instituído no Código Eleitoral de 1932, que orientou a eleição para a Constituinte, em que figurou uma representante feminina. Ao lado da representação política tradicional, adotou a representação corporativa, já constante da própria Assembléia Constituinte. Ao lado da clássica declaração dos direitos e garantias individuais, inscreveu um título sobre a ordem econômica e social e outro sobre a família, a educação e a cultura, sob a influência da Constituição de Weimar.

36. Mas ela não durou quatro anos. Pois Getúlio Vargas, eleito pela Assembléia Constituinte, no dia imediato ao da promulgação da Constituição, deu o golpe no dia 10 de novembro de 1937 e instaurou o regime ditatorial, conhecido como *Estado Novo*, mas que recebeu outras denominações características, como: *Democracia Autoritária, Ordem Nova, Estado Ético, Estado Nacional*, que se institucionalizou pela Carta Constitucional, chamada *Constituição dos Estados Unidos do Brasil*, da mesma data de 10 de novembro de 1937, conhecida também por *polaca*, porque calcada na Constituição polonesa de Pilsudsky. Era o poder pessoal se impondo ao princípio da soberania popular, sempre em nome do próprio povo, como consta do preâmbulo justificativo da Carta outorgada:

"Atendendo às legítimas aspirações do Povo Brasileiro, à paz política e social, profundamente perturbada por conhecidos fatores de desordem, resultantes da crescente agravação dos dissídios partidários, que uma notória propaganda demagógica procura desnaturar em luta de classes, e da extremação de conflitos ideológicos, tendentes, pelo seu desenvolvimento natural, a resolver-se em termos de violência, colocando a Nação sob a funesta iminência da guerra civil;

"Atendendo ao estado de apreensão criado no país pela infiltração comunista, que se torna dia a dia mais extensa e mais profunda, exigindo remédios de caráter radical e permanente;

"Atendendo a que, sob as instituições anteriores, não dispunha o Estado de meios normais de preservação e de defesa da paz, da segurança e do bem-estar do povo;

"Com o apoio das Forças Armadas e cedendo às inspirações da opinião nacional, umas e outra justificadamente apreensivas diante dos perigos que ameaçam a nossa unidade e da rapidez com que se vem processando a decomposição das nossas instituições civis e políticas:

"Resolve assegurar à Nação a sua unidade, o respeito à sua honra e à sua independência, e ao Povo Brasileiro, sob o regime de paz política e social, as condições necessárias à sua segurança, ao seu bem-estar e à sua prosperidade,

"Decretando a seguinte Constituição, que se cumprirá desde hoje em todo o país (...)."

37. Quem redigiu a Carta de 1937 foi um dos grandes constitucionalistas brasileiros, de feição autoritária, Francisco Campos, que teoriza e justifica o Estado Novo como "a democracia em busca de César", concluindo que o "regime político das massas é a ditadura. A única forma natural de expressão da vontade das massas é o plebiscito, isto é, voto-aclamação, apelo, antes do que escolha. Não o voto democrático, expressão relativista e cética de preferência, de simpatia, do pode-ser-que-sim pode-ser-que-não, mas a forma unívoca que não admite alternativas, e que traduz a atitude da vontade mobilizada para a guerra".[36]

7. *O poder popular e redemocratização de 1946*

38. Falar em redemocratização pressupõe que tenha havido antes a democracia. A rigor, no entanto, até o regime da Constituição de 1946, pelo que se está vendo desta exposição, o Brasil não tivera regime democrático. Teve algumas instituições formais do regime representativo, mas a realidade é que o país viveu regimes elitistas de natureza oligárquica. Então a redemocratização corresponde à reconstitucionalização, de vez que no período ditatorial não se pode dizer que tenha havido um regime constitucional. Havia uma semântica constitucional, um instrumento formalmente idêntico a uma constituição, mas em verdade era um instrumento do arbítrio, da força, do autoritarismo.

39. Ora, o fim da II Guerra Mundial foi saudado como a vitória da democracia. O regresso das forças brasileiras dos campos de guerra, onde lutaram contra as ditaduras nazifascistas, e onde muitos ficaram, gerou uma situação contraditória insuportável. Vindos da luta contra as ditaduras, não era possível suportar o fato de que este país vivia também uma ditadura semelhante. Daí os movimentos pela reorganização constitucional do país, que levaram o ditador a tomar as providências para recompor o quadro constitucional. Expediu a Lei Constitucional 9, de 28.2.1945, que modificava vários artigos da Carta vigente, a fim

---

36. Cf. *O Estado Nacional*, in Maria Victória de Mesquita Benevides, ob. cit., p. 37, nota 13.

de propiciar aquele desiderato. Nos *considerandos*, que justificam as providências, deu a entender que o Parlamento a ser eleito teria função ordinária. Isto é, não se cogitava de convocar uma Assembléia Nacional Constituinte. O Parlamento ordinário é que, se julgasse conveniente, faria, durante a legislatura, as modificações na Constituição ditatorial. Fixou-se a data da eleição do novo presidente da República e dos futuros parlamentares para o dia 2 de dezembro de 1945. Os partidos se organizaram. Duas candidaturas militares polarizaram o processo político, enquanto deputados e senadores disputavam os votos dos eleitores para o Poder Legislativo ordinário.

40. A questão política evoluiu com alguma incerteza e desconfiança, até que o ditador fosse deposto no dia 29 de outubro de 1945, tendo sido entregue a presidência ao Presidente do Supremo Tribunal Federal, Min. José Linhares, que expediu vários atos necessários à democratização do processo político.

41. Essas marchas e contramarchas, no entanto, refletiam um movimento nacional na direção constituinte. Começou que o Tribunal Superior Eleitoral interpretou como sendo constituintes os poderes que, nos termos da Lei Constitucional 9/45, a Nação iria outorgar ao Parlamento nas eleições convocadas para 2 de dezembro de 1945. Com fundamento nessa interpretação, o governo Linhares editou a Lei Constitucional 13, de 12.11.1945, para estabelecer que *os representantes a serem eleitos a 2 de dezembro de 1945 para a Câmara dos Deputados e o Senado Federal se reuniriam no Distrito Federal, sessenta dias após as eleições, em Assembléia Constituinte, para votar, com poderes ilimitados, a Constituição do Brasil.* Ora, esse reconhecimento de que os eleitos comporiam uma Assembléia Constituinte veio apenas vinte dias antes do pleito, sem tempo para um amplo debate sobre a forma e o conteúdo da futura constituição. Era muito pouco para que os eleitores de um país vasto e, na época, de escassos meios de comunicação de massa se conscientizassem da natureza do processo político que se iria desenvolver. A constituinte não foi debatida, não houve preparo adequado para que ela tivesse representatividade popular correspondente à paisagem social do país. Nem se discutiu eventual conteúdo da futura constituição que haveria de ser elaborada por ela. Era o procedimento constituinte inadequado à expressão da vontade popular.

42. A eleição para a Presidência da República empolga. Era a primeira vez que se punham em prática efetiva o sufrágio universal e o voto secreto. Eleita a Assembléia, outra vez com caráter de Congresso Constituinte, instala-se a 2 de fevereiro de 1946, iniciando-se seus trabalhos sob enorme esperança do povo brasileiro. Teríamos, finalmente, uma democracia real e efetiva e um regime de liberdade e justiça social, ou continuaríamos ainda sob o guante das oligarquias elitistas, após quinze anos de sufoco ditatorial com tendência paternalista e populista? Nela estavam representadas várias correntes de opinião: direita conservadora, centro democrático, progressistas, socialistas e comunistas, predominando a opinião conservadora (90% dos constituintes estavam vinculados direta ou indiretamente à propriedade imobiliária). Seus trabalhos não partiram de um projeto oferecido de fora, como nas Constituintes anteriores. O certo é que sete meses depois era promulgada a *Constituição dos Estados Unidos do Brasil de 18 de setembro de 1946*, considerada, apesar de tudo, a mais democrática de nossas Constituições até a superveniência da Constituição em vigor, de 1988. Fora um texto de compromisso entre forças conservadoras e progressistas. Ela regeu o período de maior liberdade democrática que o país já teve, antes da Constituição vigente. Cumprira sua tarefa de democratização, propiciando condições para o desenvolvimento do país durante vinte anos. Sob sua égide o Brasil construiu o Estado mais moderno do Terceiro Mundo, até que o golpe de 1964 instituísse um novo regime autoritário e de atraso.

8. O conflito entre o poder popular e o poder militar

43. As crises se avultaram no segundo período governamental, sob a Constituição de 1946, quando Getúlio Vargas volta à presidência da República, por via eleitoral livre, com um programa econômico e social que inquietou as forças conservadoras. Essas crises levaram um Presidente ao suicídio, outro à renúncia e à deposição de um terceiro.

44. Os conflitos se acirram com grupos de militares golpistas, especialmente os antigos tenentes do tenentismo da década de 20, agora marechais e generais. Tais conflitos constitucionais encontraram um laboratório na Escola Superior de Guerra, onde se formulou, por influência dos Estados Unidos, a *doutrina da segurança nacional*, que fundamentou o golpe de 1964 e seu regime constitucional. Essa doutrina foi elaborada sob o fundamento de que a guerra deixara de ser um hiato trágico num mundo tranqüilo para transformar-se em guerra total, provada, segundo sua formulação, pela permanente ameaça comunista sobre o mundo livre. Foi daí que as elites civis e militares prepararam o golpe de 1964 (31 de março de 1964).

45. Deposto o Presidente, o Comando Militar da Revolução expediu um ato institucional (9 de abril de 1964), mantendo a ordem constitucional vigente e o Congresso Nacional, com as modificações que impunha. O movimento teve algum apoio popular, daí a teoria de que foi uma autêntica Revolução, conforme os fundamentos que justificaram a edição daquele ato que veio a tornar-se o Ato Institucional 1, dada a seqüência de mais dezesseis. Redigido pelo mesmo constitucionalista da Carta de 1937, Francisco Campos, foi fundamentado na mais precisa doutrina do poder constituinte, nos termos seguintes:

"A Revolução se distingue de outros movimentos armados pelo fato de que nela se traduz, não o interesse e a vontade de um grupo, mas o interesse e a vontade da Nação.

"A Revolução vitoriosa se investe no exercício do poder constituinte. Este se manifesta pela eleição popular ou pela Revolução. Esta é a forma mais expressiva e mais radical do poder constituinte. Assim, a Revolução vitoriosa, como o poder constituinte, se legitima por si mesma. Ela destitui o governo anterior e tem a capacidade de constituir o novo governo. Nela se contém a força normativa, inerente ao poder constituinte. Ela edita normas jurídicas sem que nisto seja limitada pela normatividade anterior à sua vitória. Os chefes da Revolução vitoriosa, graças à ação das Forças Armadas e ao apoio inequívoco da Nação, representam o povo e em seu nome exercem o poder constituinte, de que o povo é o único titular. (...). A Revolução vitoriosa necessita de se institucionalizar e se apressa pela sua institucionalização a limitar os plenos poderes de que efetivamente dispõe.

"(...).

"Fica, assim, bem claro que a Revolução não procura legitimar-se através do Congresso. Este é que recebe deste Ato Institucional, resultante do exercício do poder constituinte, inerente a todas as revoluções, a sua legitimação."

46. Nada mais certo do ponto de vista doutrinário. A questão discutível não é a teoria de que a Revolução se investe do exercício do poder constituinte originário, mas o saber se, no caso, houve autêntica Revolução, com a derrubada de um governo legitimamente investido, ou se foi apenas um golpe de Estado. O futuro propendeu para este último caso. Logo veio o Ato Institucional 2, de 27.10.1965, não mais redigido por Francisco Campos, que se recusou a fazê-lo por entender que agora o movimento carecia de legitimidade para tanto. A justificativa do novo instrumento ainda se ateve à teoria da Revolução. "A Revolução é um movimento que veio da inspiração do povo brasileiro para atender às suas aspirações mais legítimas: erradicar uma situação e um governo que afundavam o país na corrupção e na subversão." Invocando a doutrina que fundamentou o Ato Institucional 1, afirma: "Não se disse que a Revolução foi, mas que é e continuará. Assim, seu poder constituinte não se exauriu, tanto é ele próprio do processo revolucionário, que tem de ser dinâmico para atingir os seus objetivos". E conclui: "A autolimitação que a Revolução se impôs no Ato Institucional, de 9 de abril de 1964, não significa, portanto, que, tendo poderes para limitar-se, se tenha negado a si mesma por essa limitação, ou se tenha despojado da carga de poder que lhe é inerente como movimento". Os argumentos iam se tornando cada vez mais frágeis. O Ato Institucional 3, de 5.2.1966, sobre a doutrina constituinte só teve o primeiro *considerando*: "o poder constituinte da Revolução lhe é intrínseco, não apenas para institucionalizá-la, mas para assegurar a continuidade da obra a que se propôs, conforme expresso no Ato Institucional n. 2". Todos esses atos mantinham a Constituição de 1946, a que, no entanto, impunham profundas alterações. A par disso, sofreu ela mais vinte emendas regularmente aprovadas pelo Congresso Nacional. Seu texto estava inteiramente retalhado e deformado, razão por que o Presidente da República entendeu, ainda sob a capa de titular do poder constituinte revolucionário, que era tempo de dar ao país uma constituição que, além de uniforme e harmônica, representasse a institucionalização dos ideais e princípios da Revolução. Ora, se era uma Revolução, e, portanto, importava a ruptura da ordem constitucional anterior, o normal seria a convocação de uma Assembléia Nacional Constituinte para elaborar a nova constituição. Contudo, não se fez assim, pois dita Revolução já se tornara impopular, desde que se revelara como simples organização da força autoritária para impor ao país um regime ditatorial, embora mantivesse alguma aparência de resguardo das instituições representativas. Valia o poder militar, e não o poder popular.

47. Não se convocou Assembléia Constituinte. Expediu-se o Ato Institucional 4, de 7.12.1966, pelo qual *se convocou o próprio Congresso Nacional para reunir-se extraordinariamente de 12 de dezembro de 1966 a 24 de janeiro de 1967, a fim de discutir, votar e promulgar o projeto de constituição*, que o Presidente da República tinha mandado elaborar. Um Congresso Nacional, diga-se de passagem, coagido, porque seus membros estavam sujeitos a terem cassados seus mandatos, se o Presidente da República não gostasse de sua atitude.

48. O ato institucional não se limitara a convocar o Congresso Nacional para aquele fim. Estabelecera minuciosamente todo o procedimento "constituinte" referente à tramitação do projeto, prevendo uma Comissão Mista com onze senadores e onze deputados, para estudar e dar parecer sobre o projeto, e concluía dizendo que "no dia 24 de janeiro de 1967 as Mesas da Câmara dos Deputados e do Senado Federal promulgarão a Constituição, segundo a redação final da Comissão, seja o do projeto com as emendas aprovadas, ou seja o que tenha sido aprovado de acordo com o art. 4º, se nenhuma emenda tiver merecido aprovação, ou se a votação não tiver sido encerrada até o dia 21 de janeiro" (art. 8º). Essa confusa redação dava a entender que uma nova constituição teria que ficar pronta até o dia 21 de janeiro de 1967. Era o prazo fatal, que provocou um episódio burlesco na noite de 21 para 22 de janeiro. Aproximava-se da meia-noite e a votação do projeto ainda não tinha terminado. Faltando um minuto para terminar o prazo fatal, o Presidente do Congresso Nacional, senador Auro de Moura Andrade, determinou que fossem parados todos os relógios do recinto, para que, pelos relógios da Casa, não se esgotasse o tempo, enquanto não se encerrasse a votação da matéria, com o argumento, um tanto ridículo, de que o tempo do Congresso, agora Constituinte, se marcava pelos seus relógios... E, assim, concluída a votação já na manhã do dia seguinte, ele mandou reativar os relógios. E tudo ficou como se tivesse sito feito dentro do prazo. Mesmo coagido e premido pelo tempo, é justo reconhecer que o Congresso melhorou o projeto do Governo, que era muito ruim. Fora ele preparado por um jurista, Carlos Medeiros e Silva, que assessorou Francisco Campos na elaboração da Carta de 37 e que também já havia redigido o Ato Institucional 2. Seu projeto de constituição não garantia sequer os direitos individuais do Homem, embora os previsse, deixando, contudo, sua eficácia e aplicabilidade na dependência da lei. Pois, após arrolá-los no art. 149, consignava no art. 150 o seguinte: "A lei estabelecerá os termos em que os direitos e garantias individuais serão exercidos, visando ao interesse nacional, à realização da justiça social e à preservação e ao aperfeiçoamento do regime democrático". O Congresso Nacional teve a grandeza de refazer o projeto e recuperar as garantias dos direitos fundamentais e democráticos.

49. No dia aprazado, 24 de janeiro de 1967, foi promulgada a *Constituição do Brasil*, para entrar em vigor no dia 15 de março de 1967. Não veio ela da atuação do poder constituinte do povo. O procedimento de sua formação é a mais expressiva prova de quanto o procedimento constituinte justo é exigência indeclinável para se ter resultado também justo, segundo as aspirações do povo. Não fora ela outorgada pelos processos clássicos da outorga constitucional. O princípio "monárquico", aqui, agiu sutilmente. Fez outorga indireta. Outorgou a Constituição por intermédio do Congresso Nacional, a que faltava legitimidade constituinte para elaborá-la.

50. Durou pouco. As crises não cessaram. E veio o Ato Institucional 5, de 13.12.1968. Dia 13, uma sexta-feira, que na crendice popular é dia aziago, de muito azar. E foi um dos piores dias do Brasil, porque esse ato institucional foi o instrumento mais duro, mais cruel, que este país, na sua longa vida de antidemocracia, de arbítrio, já teve. Depois vieram onze atos da mesma espécie. Instaurou-se de vez um regime de arbítrio. Pelo de n. 12 foi outorgada a Emenda Constitucional 1 à Constituição de 1967 pela Junta Militar que assumira o governo, depois de declarar impedido o Presidente Costa e Silva, que adoecera. Teórica e tecnicamente, não se trata de emenda, mas de nova constituição. A técnica da emenda só serviu como mecanismo de outorga, uma vez que verdadeiramente se promulgou texto integralmente reformulado, a começar pela denominação que se lhe deu: *Constituição da República Federativa do Brasil*. Os fundamentos do golpe de 1964 encontraram nela sua institucionalização mais acabada: anticomunismo exacerbado, conservadorismo à direita sem contemplação para com os direitos humanos mais elementares, política econômica fundada nas teses monetaristas etc.

51. O regime dos atos institucionais foi mantido pela Constituição, como uma legalidade excepcional, *formada sem necessidade*, porque voltada apenas para coibir adversários políticos e ideológicos e sustentar os detentores do poder e os interesses das classes dominantes aliadas às oligarquias nacionais, que retornaram ao domínio político, agora reforçadas por uma nova oligarquia fundada na qualificação profissional, que é a tecnocracia, e destinada a viger enquanto esses detentores quisessem. Tudo se poderia fazer: fechar as Casas Legislativas, cassar mandatos eletivos, demitir funcionários, suspender direitos políticos, aposentar e punir magistrados, militares, e outros. Foi um estado de exceção permanente que perdurou de 1964 até 1978.

9. *O princípio popular e a Constituição de 1988*[37]

52. As fontes históricas do Direito Constitucional vigente se encontram, especialmente, nas lutas pela restauração da democracia no início dos anos 80. Nesses anos o Brasil viveu um momento histórico que a teoria constitucional denomina *situação constituinte*, ou seja, situação que se caracteriza pela necessidade de criação de *normas fundamentais*, traduzidas numa nova constituição que consagrasse nova

---

37. *Nota desta edição*: O texto referente á Constituição de 1988 foi reelaborado em boa parte, para atualizá-lo.

idéia de direito e nova *concepção de Estado*, informadas pelo princípio da justiça social. Sentia-se que aquele espírito do povo, que transmuda em *vontade social*, que dá integração à comunidade política, já havia despertado irremissivelmente, como sempre acontece nos instantes históricos de transição, em que o povo reivindica e retoma o seu direito fundamental primeiro, qual seja, o de manifestar-se sobre o modo de existência política da Nação pelo exercício do *poder constituinte originário*.

53. Apesar da opressão, o povo começou a reivindicar mudanças. O movimento chamado *Diretas-já*, pleiteando eleições diretas para a presidência da República, levou milhões de pessoas às praças públicas. As multidões, que acorreram ordeira mas entusiasticamente aos comícios, no primeiro semestre de 1984, interpretaram os sentimentos da Nação, em busca do reequilíbrio da vida nacional.

54. A eleição do pranteado Tancredo Neves para a presidência da República, a 15 de janeiro de 1985, foi saudada como o início de um novo período da história das instituições políticas brasileiras. Ele próprio o denominou de a *Nova República*, que haveria de ser democrática e social, a fim de caminhar-se com segurança rumo a um destino menos duro para o povo. Mas a Nova República só teria legitimidade e durabilidade se se fundamentasse numa constituição democrática, ou seja, numa constituição que emanasse de uma Assembléia Constituinte representativa da soberania popular, pois só o povo é capaz de interpretar seus próprios anseios e aspirações e de assim construir obra duradoura e adaptada à índole mais profunda da nacionalidade, o que não se conseguiu nas Constituintes e Constituições anteriores.

55. Os debates pela convocação do poder constituinte originário ganharam as ruas, coisa rara no constitucionalismo brasileiro. Fizeram-se congressos, círculos de estudos, seminários, por todo o país, tendo como tema central a Constituinte ou o conteúdo da futura constituição. Pleiteou-se a convocação de uma Assembléia Nacional Constituinte exclusiva. Mais uma vez o procedimento de convocação da Constituinte importava deformações da vontade popular, pois, em verdade, não se convocou Assembléia Nacional Constituinte. A rigor, o que se fez, pela Emenda Constitucional 26, de 27.11.1985, foi convocar instituições constituídas, a Câmara dos Deputados e o Senado Federal, inclusive com senadores biônicos, para elaborar a nova constituição. Não era uma autêntica Assembléia Nacional Constituinte, mas um Congresso Constituinte. Mas ele fora eleito para elaborar a nova constituição. As eleições de deputados e senadores para tal fim foram livres e democráticas, até enquanto o possam ser num sistema eleitoral que favorece em demasia o poder econômico.

56. Sua composição ideológica era mais bem distribuída do que as Constituintes anteriores, ainda assim com tendência mais para o centro e centro-direita; segundo pesquisa do jornal *Folha de S.Paulo* deu a seguinte classificação: direita 12%; centro-direita, 24%; centro, 32%; centro-esquerda, 23%; esquerda 9%. Esta pesquisa, tendo em vista o funcionamento da Constituinte, aproximava-se bastante da realidade.

57. O Presidente da República, antes mesmo da convocação da Constituinte, nomeou uma "Comissão Provisória de Estudos Constitucionais", destinada a preparar um anteprojeto que servisse de subsídio à elaboração do novo texto, que não foi enviado à Assembléia Constituinte, mas influiu muito na elaboração da nova constituição. O Regimento Interno da Assembléia regulamentou o procedimento constituinte a ser observado. Ulysses Guimarães, Presidente da Constituinte, ao promulgar esse Regimento, disse: "sem texto preexistente, a constituição será constituinte e societária. Sua feitura transitará por cinco crivos e cadinhos: vinte e três subcomissões, oito comissões temáticas, uma comissão de sistematização, discussão e votação plenária em dois turnos". Acrescentando: "Semelhantes e sucessivas instâncias de meditação e reforma são janelas abertas para a sociedade, para receber os ventos, se não a ventania, da oxigenação das mudanças e da interação".[38] Por esse procedimento, seguiram-se fases de apresentação de propostas, de emendas, discussão e votação, nas Subcomissões, nas Comissões, na Comissão de Sistematização e no Plenário.

58. A metodologia adotada incluiu duas técnicas importantes: *audiências públicas* e *participação popular* no processo de elaboração constitucional. Foram apresentadas cento e vinte e duas emendas populares num total de doze milhões de assinaturas. A proposta sobre os direitos da criança foi apoiada por um milhão e duzentos mil eleitores. Outra sobre a educação obteve o apoio de setecentos e cinqüenta mil e setenta e sete eleitores. Outra pleiteando a introdução na constituição de institutos de participação popular conseguiu o apoio de trezentas e trinta e seis mil e quarenta e sete assinaturas. Esses exemplos mostram o quanto o processo foi bem recebido pelo povo, que procurou estar

---

38. Cf. *Diário da Assembléia Nacional Constituinte*, 25.3.1987, p. 911. Para um bom resumo do procedimento constituinte, cf. Oscar Dias Corrêa, *A Constituição de 1988, Contribuição Crítica*, Rio de Janeiro, Forense Universitária, 1991, pp. 3-12.

presente e discutir seus interesses e direitos, o que certamente influiu nos Constituintes na construção de uma democracia de conteúdo social.

59. É, no entanto, justo observar que o poder popular encontrou na Constituinte um novo e forte concorrente: o *poder corporativo*. Novamente o procedimento tolheu o princípio popular, que só teve um momento para atuar diretamente, com propostas perante a Comissão de Sistematização, enquanto as organizações corporativas atuaram permanentemente em forma de *lobby* junto a deputados e senadores constituintes. Foi uma pressão ousada e terrível de associações e organizações de toda espécie, formadas às vezes especialmente para obter vantagens na Constituinte. A verdade é que, enquanto as propostas populares receberam, quando receberam, formulações de eficácia limitada, as corporações conseguiram assegurar seus interesses de maneira concreta.

60. Apesar disso, fez-se uma Constituição que rompeu com o passado, por isso é combatida pelas elites conservadoras. A esse propósito, posso repetir aqui idéias que já expendi de outra feita: "A Constituição de 1988 não é a constituição ideal de nenhum grupo nacional. Talvez suas virtudes estejam exatamente em seus defeitos, em suas imperfeições, que decorreram do processo de sua formação lenta, controvertida, não raro tortuosa, porque foi obra de muita participação popular, das contradições da sociedade brasileira e, por isso mesmo, de muitas negociações. Desse processo proveio uma constituição razoavelmente avançada, com inovações de relevante importância para o constitucionalismo brasileiro, um documento de grande importância para o constitucionalismo em geral, que não promete a transição para o socialismo, mas que se abre para o futuro, com promessas de realização de um Estado Democrático de Direito que construa uma sociedade livre, justa e solidária, garanta o desenvolvimento nacional, erradique a pobreza e a marginalização, reduza as desigualdades regionais e sociais, promova, enfim, o bem-estar de todos sem discriminação de qualquer natureza (art. 3º). Não é, pois, uma constituição isenta de contradições: com modernas disposições asseguradoras dos direitos fundamentais da pessoa humana, com a criação de novos instrumentos de defesa dos direitos do Homem, com extraordinários avanços na ordem social ao lado de uma ordem econômica atrasada. A Constituinte produzira a constituição que as circunstâncias permitiram, fez-se uma obra certamente imperfeita, mas digna e preocupada com o destino do povo sofredor, para tanto seja cumprida, aplicada e realizada, pois uma coisa são as promessas normativas, outra a realidade".

61. O princípio popular teve importante papel na sua elaboração. Nela, num certo sentido, encontramos a prova de que o procedimento constituinte será compatível com o poder popular se se efetivar com fidelidade a um princípio de justiça do resultado, porque, como vimos antes citando Canotilho, a justiça da constituição depende do procedimento seguido em sua feitura. Não é por outra razão que mal tinha a Constituição sido promulgada e já era combatida pelas elites. Ela assume a condição de instrumento de realização dos direitos fundamentais do Homem. Albergam suas normas as fontes essenciais do novo constitucionalismo que já contaminou várias construções constitucionais da América Latina. Feita com alguma influência das Constituições portuguesa de 1976 e espanhola de 1978, fecundou-se no clima da alma do povo, por isso não se tornou, como outras, uma mera constituição emprestada ou outorgada. Não tem cheiro de constituição estrangeira como tinham as de 1891 e 1934. Não nasceu de costa virada para o futuro, como a de 1946, nem fundada em ideologia plasmada no interesse de outros povos, como foi a doutrina de segurança nacional, princípio basilar das Constituições de 1967-1969. Algumas das Cartas Políticas anteriores só têm nome de constituição por simples *torção semâtica*, pois não merecem essa denominação, só de si, rica de conteúdo ético-valorativo. Não é constituição, como repositório dos valores políticos de um povo, documento que não provenha do funda da consciência popular, fecundadora de uma autêntica ordem jurídica nacional.

62. Aí está a grande diferença da Constituição de 1988 no constitucionalismo pátrio, que fora permanentemente dominado por uma elite intelectual que sempre ignorou profundamente o povo brasileiro. Como já dizia Oliveira Vianna em 1948, o "animal político" que esses intelectuais tomavam para base dos seus raciocínios e das suas construções políticas não era o brasileiro de verdade, o brasileiro tangível, sangüíneo, vivo, mas uma entidade abstrata, um "ente de razão", o *cidadão-tipo*, e sobre essa abstração, sobre essa criação irreal, é que esses idealistas formularam as suas doutrinas constitucionais e outorgaram ao Brasil Constituições modelares.[39] Idealistas quase sem nenhum contato com as realidades do nosso meio, ainda segundo Oliveira Vianna, de nenhum deles se poderia dizer o que alguém já dissera dos ideais de Lenine – que "tinham cheiro da terra da Rússia"; pois, segundo ele ainda, nenhum dos ideais de nossos idealistas recendia o doce perfume da nossa terra natal, porque traziam sempre à nossa lembrança uma

---

39. Cf. *Instituições Políticas Brasileiras*, 3ª ed., v. II, Rio de Janeiro, Record Cultural, 1974, p. 21.

evocação de estranhas terras, de outros climas, de outros sóis, de outras pátrias.[40] Essa seiva estranha não poderia fecundar constituições com cheiro de povo, abertas para a realização das aspirações populares e modificações do eixo do ordenamento jurídico nacional.

63. A Constituição de 1988 reflete, sim, ideais de justiça social. É um documento que, com todas as suas imperfeições, contém a marca do constitucionalismo contemporâneo.

64. É alentador reconhecer, e é justo proclamar, que a Constituição tem propiciado enorme desenvolvimento da cidadania. Essa consciência cidadã, conforme já escrevi em outra oportunidade, é a melhor garantia de que os direitos humanos passaram a ter consideração popular, a fazer parte do cotidiano das pessoas, o que é o melhor instrumento de sua eficácia, com repulsa conseqüente do arbítrio e do autoritarismo. Nenhuma Constituição anterior teve consideração popular como a atual. Nenhuma foi tão estudada e difundida, graças especialmente aos jovens constitucionalistas que vêm se formando sob a sua égide, fazendo-a conhecida nas Escolas de Direito das capitais e do interior. É a primeira vez que o Direito Constitucional é efetivamente o ápice e fundamento efetivo do ordenamento jurídico nacional, porque, instituindo o Estado Democrático de Direito, impõe nova concepção da lei de que aquele se nutre.[41]

10. Conclusão

65. A nossa conclusão tem de ser realista, a partir da afirmativa de que as transformações não se realizam milagrosamente de um dia para outro. Não se quer dizer que a Constituição de 1988 resolveu todos os problemas do povo, fez milagres. Longe disto. Pensar assim seria cair no mesmo idealismo que tem deformado a execução de nossas Constituições. Quer-se apenas dizer que ela traz os pressupostos de realização de um constitucionalismo moderno, que ela tem a vocação de realizar os direitos fundamentais do Homem, que é o que justifica a existência de qualquer constituição, porque ela foi feita com características de instrumento de transformação da realidade nacional. Será assim na medida em que se cumpra e se realize na vida prática. Uma constituição que

---

40. Ob. cit., v. II, p. 20.

41. *Nota desta edição*: Sobre o conceito de lei no Estado Democrático de Direito, cf. o texto seguinte, sobre "Corrupção e Estado Democrático de Direito", tópico 8, bem como nossa artigo "A lei", *RDA* 215/9 e ss.

não se efetiva não passa de uma folha de papel, tal como dissera Lassalle, porque nada terá a ver com a vida subjacente. As leis que ela postula serão as garras e as esponjas que a fazem grudar na realidade que ela visa a reger, ao mesmo tempo que se impregna dos valores enriquecedores que sobem do viver social às suas normas. Que se cumpra para durar e perdurar, enriquecendo-se da seiva humana que nutre e imortaliza, se antes disso o processo de reformas neoliberais, de interesse dos detentores do poder, não a liquidar, pela desfiguração sistemática.

*CORRUPÇÃO
E ESTADO DEMOCRÁTICO DE DIREITO
(O Caso Brasileiro)*[1]

1. Democracia e Estado de Direito. 2. Estado Liberal de Direito. 3. Estado Social de Direito. 4. Ética no Estado de Direito. 5. Legalidade e moralidade. 6. Poder e moralidade no Brasil. 7. O Estado Democrático de Direito e a ética política. 8. A lei no Estado Democrático de Direito. 9. Constitucionalidade do princípio da moralidade. 10. O processo do "impeachment". 11. Conclusão: uma tarefa fundamental do Estado Democrático de Direito.

1. Democracia e Estado de Direito[2]

1. A *democracia*, como realização de valores (igualdade, liberdade e dignidade da pessoa) de convivência humana, é conceito mais abrangente do que o de *Estado de Direito*, que surgiu como expressão jurídica da democracia liberal. Seu conceito é tão histórico como o de democracia, e se enriquece de conteúdo com o evolver dos tempos. A evolução histórica e a superação do liberalismo, a que se vinculou o conceito de Estado de Direito, colocam em debate a questão da sua sintonia com a sociedade democrática. O reconhecimento de sua insuficiência gerou o conceito de Estado Social de Direito, nem sempre de conteúdo democrático. Chega-se agora ao *Estado Democrático de Direito*, que a Constituição acolhe no art. 1º como um conceito-chave do regime adotado, tanto quanto o são o conceito de *Estado de Direito Democrático* da Constituição da República Portuguesa (art. 2º) e o de

---

1. *Nota desta edição*: Texto preparado para o *Simposio sobre Derecho del Estado*, por motivo da inauguração do Instituto de Estudos Constitucionais "Carlos Restrepo Piedrahita", em Bogotá, Colômbia, em 4 de maio de 1993. As conclusões do Simpósio incluíram uma cláusula postulando a adoção de mecanismos constitucionais de defesa da moralidade pública, da ética na política e de combate à corrupção.

2. *Nota desta edição*: Boa parte do texto inicial desta exposição foi objeto de conferência do autor em 1989 na Assembléia Legislativa de Minas Gerais sobre o Estado Democrático de Direito; posteriormente foi incorporado no meu *Curso de Direito Constitucional Positivo [agora em 17ª ed., São Paulo, Malheiros Editores, 2000]*.

Estado Social e Democrático de Direito da Constituição espanhola (art. 1º).[3]

2. Estado Liberal de Direito

2. Na origem, como é sabido, *Estado de Direito* era um conceito tipicamente liberal. Constituía uma das garantias das constituições liberais burguesas. Daí falar-se em Estado Liberal de Direito. Tinha como objetivo fundamental assegurar o princípio da legalidade, segundo o qual toda atividade estatal havia de submeter-se à lei. Suas características básicas foram: *a*) submissão ao *império da lei*, que era a nota primária de seu conceito; *b*) *divisão de poderes*, que separe de forma independente e harmônica os Poderes Legislativo, Executivo e Judiciário; *c*) *enunciado e garantia dos direitos individuais.*[4]

3. A concepção liberal do Estado de Direito servira de apoio aos direitos do Homem, convertendo os súditos em cidadãos livres, consoante nota Verdú,[5] a qual, contudo, se tornara insuficiente, pelo quê a expressão *Estado de Direito* evoluíra, enriquecendo-se com conteúdo novo.

4. Houve, porém, concepções deformadoras do conceito de Estado de Direito, pois é perceptível que seu significado depende da própria idéia que se tem do Direito. Por isso, cabe razão a Carl Schmitt quando assinala que a expressão "Estado de Direito" pode ter tantos significados distintos como a própria palavra "Direito" e designar tantas organizações quanto as a que se aplica a palavra "Estado". Assim, acrescenta ele, há um Estado de Direito feudal, outro estamental, outro burguês, outro nacional, outro social, além de outros conformes com o Direito natural, com o Direito racional e com o Direito histórico.[6] Dis-

---

3. A propósito, cf. J. J. Gomes Canotilho e Vital Moreira, *Constituição da República Portuguesa Anotada*, Coimbra, Coimbra Editora, 1984, p. 73. A doutrina portuguesa, espanhola e alemã sobre o *Estado Democrático de Direito* já fornece uma configuração desse conceito, que foi, por certo, o que influenciou a Constituinte a acolhê-lo na nova Constituição. É por isso, que, aqui, recorreremos, amiúde, a essa doutrina, a fim de defini-lo com a devida precisão, para que se compreenda que não se trata de mero conceito formal, mas de um conceito tendente à realização de uma democracia socialista.

4. Cf. Elías Díaz, *Estado de Derecho e Sociedad Democrática*, Madri, Editorial Cuadernos para el Diálogo, 1973, pp. 29 e ss.

5. Cf. Pablo Lucas Verdú, *La Lucha por el Estado de Derecho*, Publicaciones del Real Colegio de España, 1975, p. 94.

6. Cf. *Legalidad y Legitimidad*, trad. de José Díaz García, Madri, Aguilar, 1971, p. 23.

so deriva a ambigüidade da expressão *Estado de Direito*, sem mais qualificativo que lhe indique conteúdo material. Em tal caso a tendência é adotar-se a concepção formal do Estado de Direito, à maneira de Forsthoff,[7] ou de um *Estado de Justiça*, tomada a justiça como um conceito absoluto, abstrato, idealista, espiritualista, que, no fundo, encontra sua matriz no conceito hegeliano do *Estado Ético*, que fundamentou a concepção do Estado fascista: "totalitário e ditatorial, em que os direitos e liberdades humanas ficam praticamente anulados e totalmente submetidos ao arbítrio de um poder político onipotente e incontrolado, no qual toda participação popular é sistematicamente negada em benefício da minoria *[na verdade, da elite]* que controla o poder político e econômico".[8] Diga-se, desde logo, que o Estado de Justiça, na formulação indicada, nada tem a ver com Estado submetido ao Poder Judiciário, que é um elemento importante do Estado de Direito. Estado submetido ao juiz é Estado cujos atos legislativos, executivos, administrativos e também judiciais ficam sujeitos ao controle jurisdicional no que tange à legitimidade constitucional e legal.

5. Por outro lado, se se concebe o Direito apenas como um conjunto de normas estabelecidas pelo Legislativo, o Estado de Direito passa a ser Estado de Legalidade, ou Estado Legislativo,[9] o que constitui uma redução deformante do Estado de Direito. Se o princípio da legalidade é um elemento importante do conceito de Estado de Direito, nele não se realiza completamente.

6. A concepção jurídica de Kelsen também contribuiu para deformar o conceito de Estado de Direito. Para ele, Estado e Direito são conceitos idênticos. Na medida em que ele confunde Estado e ordem jurídica, todo Estado, para ele, há de ser Estado de Direito.[10] Por isso,

---

7. Cf. Ernst Forsthoff, *Stato di Diritto in Trasformazione*, Milão, Giuffrè, 1973, p. 6, onde, respondendo às críticas, reafirma que continua a sustentar que o Estado de Direito deve ser entendido no sentido formal.
8. Cf. Elías Díaz, ob. cit., pp. 57 e ss., ampla discussão sobre o Estado Ético. O texto citado acha-se à p. 77. Ressalve-se o texto "*[na verdade, da elite]*", que é nosso.
9. Cf. Carl Schmitt, ob. cit., p. 4: "Por 'Estado Legislativo' se entende aquí un determinado tipo de comunidad política, cuya peculiaridad consiste en que ve la expresión suprema y decisiva de la voluntad común en la proclamación de una especie cualificada de normas que pretenden ser Derecho".
10. Kelsen é expresso nesse sentido, como se pode ver destas palavras da versão francesa de sua obra clássica: "Dés lors que l'on reconnait que l'État est un État de Droit, et ce terme d'État de Droit représente un pléonasme". É certo que, em seguida, ele dá o sentido em que o termo é empregado: "En fait cependant, on

vota significativo desprezo a esse conceito. Como na sua concepção só é Direito o Direito Positivo, como norma pura, desvinculada de qualquer conteúdo, chega-se, sem dificuldade, a uma idéia formalista do Estado de Direito ou Estado Formal de Direito, que serve também a interesses ditatoriais, como vimos. Pois, se o Direito acaba se confundindo com mero enunciado formal da lei, destituído de qualquer conteúdo, sem compromisso com a realidade política, social, econômica, ideológica enfim, todo Estado acaba sendo Estado de Direito, ainda que seja ditatorial. Essa doutrina converte o Estado de Direito em mero Estado Legal.[11] Em verdade, destrói qualquer idéia de Estado de Direito.

3. Estado Social de Direito

7. O individualismo e o abstencionismo ou neutralismo do Estado Liberal provocaram imensas injustiças, e os movimentos sociais do século passado e deste especialmente, desvelando a insuficiência das liberdades burguesas, permitiram que se tivesse consciência da necessidade da justiça social, conforme nota Lucas Verdú, que acrescenta: "Mas o Estado de Direito, que já não poderia justificar-se como liberal, necessitou, para enfrentar a maré social, despojar-se de sua neutralidade, integrar, em seu seio, a sociedade, sem renunciar ao primado do Direito. O Estado de Direito, na atualidade, deixou de ser formal, neutro e individualista, para transformar-se em Estado Material de Direito, enquanto adota uma dogmática e pretende realizar a justiça social".[12]

répond aux postulats de la démocratie et de la sécurité juridique. En ce sens spécifique, 'l'État de Droit' est un ordre juridique relativement centralisé qui présente les traits suivants: la juridiction et l'administration y sont liées par des lois, c'est-à-dire par des normes générales qui sont décidées par un Parlement élu par le peuple, avec ou sans la collaboration d'un chef d'État qui est placé à la tête du gouvernement; les membres du gouvernement y sont responsables de leurs actes; les tribunaux y sont indépendants; et les citoyen y voient garantir certains droits de liberté, en particulier la liberté de conscience et de croyance, et la liberté d'exprimer leurs opinions" (cf. *Théorie Pure du Droit*, trad. francesa de Charles Eisenmann, Paris, Dalloz, 1962, p. 411; do mesmo autor, *Teoría Generale del Diritto e dello Stato*, 5ª ed., trad. de Sergio Cotta e Giuseppino Treves, Milão, Etas Libri, 1974, p. 186). A propóstio, cf. Antonio Enrique Pérez Luño, "Estado de Derecho y derecho fundamental", no volume de que foi editor – *Los Derechos Humanos, Significación, Estatuto Jurídico y Sistema*, Sevilha, Publicaciones de la Universidad de Sevilla, 1979, p. 165.

11. Sobre a diferença entre Estado de Direito e Estado Legal, cf. Carré de Malberg, *Contribution a la Théorie Générale de l'État*, t. I, Paris, Recueil Sirey, 1920 (reimpr. de 1962), pp. 490-494.

12. Cf. *La Lucha por el Estado de Derecho*, p. 94.

Transforma-se em *Estado Social de Direito*, onde o "qualificativo *social* refere a correção do individualismo clássico liberal pela afirmação dos chamados direitos sociais e realização de objetivos de justiça social".[13] Caracteriza-se no propósito de compatibilizar, em um mesmo sistema, anota Elías Díaz, dois elementos: o capitalismo, como forma de produção, e a consecução do bem-estar social geral, servindo de base ao neocapitalismo típico do *Welfare State*.[14]

8. Os regimes constitucionais ocidentais prometem, explícita ou implicitamente, realizar o Estado Social de Direito quando definem um capítulo de direitos econômicos e sociais. Expressas são as Constituições da República Federal Alemã e da Espanha definindo os respectivos Estados como Sociais e Democráticos de Direito.[15]

9. Mas ainda é insuficiente a concepção do Estado Social de Direito, mesmo que, como *Estado Material de Direito*, revele um tipo de Estado que tende a criar uma situação de bem-estar geral que garanta o desenvolvimento da pessoa humana. Sua ambigüidade, porém, é manifesta. Primeiro porque a palavra "social" está sujeita a várias interpretações.[16] Todas as ideologias, com sua própria visão do *social* e do *Direito*, podem acolher uma concepção do Estado Social de Direito. A Alemanha nazista, a Itália fascista, a Espanha franquista, Portugal salazarista, a Inglaterra de Churchill e Attlee, a França, com a Quarta República, especialmente, e o Brasil, desde a Revolução de 1930 – bem observa Paulo Bonavides –, foram "Estados Sociais", o que evidencia, conclui, "que o Estado Social se compadece com regimes políticos antagônicos, como sejam a democracia, o fascismo e o nacional-socialismo".[17] Em segundo lugar, o importante não é o *social*, qualificando o Estado, em lugar de qualificar o Direito. Talvez até por isso se possa dar razão a Forsthoff quando exprime a idéia de que Estado de Direito e Estado Social não podem fundir-se no plano constitucional.[18] O próprio Elías Díaz, que reconhece a importância histórica do Estado Social de Direito, não deixa de lembrar a suspeita quanto a "saber se e até que

---

13. Cf. Elías Díaz, ob. cit., p. 96; Verdú, ob. cit., pp. 95 e ss.
14. Ob. cit., p. 106.
15. "A República Federal da Alemanha é um *Estado Federal, Democrático e Social*" (art. 20, 1). "España se constituye en un *Estado Social y Democrático de Derecho* (...)" (art. 1º, 1).
16. Cf. Ernst Forsthoff, *Stato di Diritto in Trasformazione*, p. 53.
17. Cf. *Do Estado Liberal ao Estado Social*, São Paulo, Saraiva, 1961, pp. 205 e 206 *[atualmente em 6ª ed., São Paulo, Malheiros Editores, 1996]*.
18. Ob. cit., p. 70.

ponto o neocapitalismo do Estado Social de Direito não estaria em realidade encobrindo uma forma muito mais matizada e sutil de ditadura do grande capital, isto é, algo que no fundo poderia denominar-se, e se tem denominado, neofascismo".[19] Ele não descarta essa possibilidade, admitindo que "o grande capital encontrou fácil entrada nas novas estruturas demoliberais, chegando assim a constituir-se como peça chave e central do *Welfare State*".[20]

10. Por tudo isso, a expressão *Estado Social de Direito* manifesta-se carregada de suspeição, ainda que se torne mais precisa quando se lhe adjunta a palavra *democrático*, como fizeram as Constituições da República Federal da Alemanha e da República Espanhola, para chamá-lo *Estado Social e Democrático de Direito*.

11. As considerações *supra* mostram que o Estado de Direito, quer como Estado Liberal de Direito, quer como Estado Social de Direito, nem sempre caracteriza *Estado Democrático*. Este se funda no princípio da soberania popular, que "impõe a participação efetiva e operante do povo na coisa pública, participação que não se exaure, como veremos, na simples formação das instituições representativas, que constituem um estágio da evolução do Estado Democrático, mas não o seu completo desenvolvimento".[21] Visa, assim, a realizar o princípio democrático como garantia geral dos direitos fundamentais da pessoa humana. Nesse sentido, na verdade, contrapõe-se ao Estado Liberal, pois, como lembra Paulo Bonavides, "a idéia essencial do liberalismo não é a presença do elemento popular na formação da vontade estatal, nem tampouco a teoria igualitária de que todos têm direito igual a essa participação ou que a liberdade é formalmente esse direito".[22]

4. *Ética no Estado de Direito*

12. O *Estado Liberal de Direito* é informado, desde o início, por uma concepção *individualista*, necessariamente *utilitarista*, na medida em que concebe uma *economia de mercado* que deve guiar-se pelo interesse do lucro, pela idéia, enfim, do maior proveito possível do indivíduo, idéia que assim se manifesta como *valor superior*, que justifica toda ação individual e política; e assim, como nota Martin Kriele, a

---

19. Ob. cit., p. 121; também p. 123.
20. Idem, ibidem, pp. 122 e 123.
21. Cf. Emilio Crosa, *Lo Stato Democratico*, Turim, UTET, 1946, p. 25.
22. Cf. *Do Estado Liberal ao Estado Social*, p. 16.

vida econômica "se caracteriza por um clima ético-espiritual que implica a tendência de estender-se a outros âmbitos, em especial à vida política. Esta tendência se faz irresistível quando se considera que a base de toda a liberdade se acha na liberdade econômica, e não nas instituições jurídicas do Estado constitucional".[23] O utilitarismo individual elimina a distinção entre ética política e ética individual, porque os cálculos de sua racionalidade requerem uma ética política que possibilite apenas as condições reais de satisfação de interesses individuais.[24] O princípio da legalidade no Estado Liberal de Direito está a serviço dessa ética do interesse individual, conforme formulação que encontra sua matriz primeira no jacobinismo, que identificava a lei e uma moral a serviço da primeira.[25]

13. O *Estado Social de Direito* converteu essa ética do interesse individual na ética de interesse de grupos monopolistas das relações econômicas, na medida em que o grande capital encontrou nele condições favoráveis para organizar as grandes concentrações empresariais de domínio do mercado. Aqui, o *utilitarismo corporativo* substitui o *utilitarismo individualista* ou com este se amalgama indiferenciadamente, sem que se tenham resolvido os problemas fundamentais da pessoa humana. Tanto é assim que o *Welfare State* não conseguiu cumprir seu destino de realizar a justiça social, sem o quê não há o respeito à dignidade da pessoa humana, não há o respeito à dignidade do outro. A dignidade da pessoa humana e o respeito, pois, à dignidade do outro estão na base da *ética política*, *ética do político* ou *ética na política*, que, no fundo, são expressões equivalentes.

14. A *ética política* é a ética da responsabilidade pelo todo, diz que o *interesse mais fundamental* há de ser satisfeito em primeiro lugar, primeiro hão de criar-se as condições efetivas nas quais podem ser realizados os valores superiores individuais. Martin Kriele observa que a transferência da ética individual ao campo político gera as grandes tragédias da Humanidade (inquisição, guerras religiosas, aniquilação da Humanidade por meios atômicos, o fanatismo), mas a transferência da ética política do interesse fundamental ao campo individual conduz ao burguês hedonista e calculador, que não é capaz de qualquer sacrifi-

---

23. Cf. *Introducción a la Teoría del Estado*, Buenos Aires, Depalma, 1980, p. 29.

24. Idem, ibidem, p. 31.

25. A propósito, cf. Jean-Luc Chabot, *Histoire de la Pensée Politique (XIXe. et XXe. Siècle)*, Paris, Masson, 1988, p. 17.

cio, e permanece no individualismo individual (*sic*) que não pode fundamentar qualquer tipo de responsabilidade política.[26]

15. A redução, da ética política à ética individual do individualismo, no Estado de Direito, assim como à ética de grupos de interesse, no Estado Social, propiciou a expansão da corrupção político-social atual. Em ambos os casos, o valor preponderante é o utilitário, individualista num caso e corporativo em outro, que não encontra barreira moral para realizar-se na forma mais extrema e se orienta pela chamada "lei de Gerson", ou seja, o importante é tirar vantagem de tudo, que, no Brasil, tem presidido até mesmo as relações interindividuais, de tal ordem que não se vive apenas uma crise da ética política, a serviço daqueles utilitarismos, mas também, de modo profundo, uma crise de confiança, já que a ética utilitária corrói fundo a consciência moral das pessoas.

5. Legalidade e moralidade

16. O *princípio da legalidade* constitui a espinha dorsal do conceito de Estado de Direito, mas que não foi capaz, até agora, de impedir a expansão da corrupção, precisamente porque, nas suas formulações liberais e sociais, não se distinguiu a ética política da ética do interesse individualista ou corporativista.

17. Não faltou esforço no sentido de vincular o princípio da legalidade à moralidade, mas apenas no campo restrito da prática dos atos administrativos. Esse esforço se deve aos administrativistas, que foram construindo, aos poucos, o princípio da moralidade administrativa. Por mais promissores que tenham sido os resultados e os efeitos expansivos a outros setores da vida pública, ainda assim esses resultados não foram capazes de desvincular a ética política da utilitária, de modo a construir aquilo que José Luís López Aranguren chama de *ética cívica*, própria de uma sociedade civil ética, na qual o acordo moral só pode proceder do consenso racional e livre, da substituição de qualquer tipo de *heteronomia* ou imposição, por qualquer *violência*, não só a violência física, pela *linguagem* e o *diálogo*, fundado no respeito à dignidade humana, à dignidade do outro,[27] ética, pois, que tem a responsabilidade de fazer mais humana a vida de todos.[28]

---

26. Ob. cit., pp. 31, 58 e 59.

27. Cf. "La situación de los valores éticos en general", in *Los Valores Éticos en la Nueva Sociedad Democrática* (teses e comunicações do Simpósio sobre o tema, org. pelo *Instituto Fe y Secularidad* e *Fundación Friedrich Ebert*, Madri, 1985, p. 18).

28. Cf. Augusto Hortal, "Cambio en los modelos de legitimación", in *Los Valores Éticos en la Nueva Sociedad Democrática*, p. 27.

18. Apesar desses limites, não se pode deixar de ressaltar a importância do *princípio da moralidade administrativa* no combate à corrupção na Administração Pública, ainda que, por regra, com efeitos mais eficazes apenas nos escalões inferiores da burocracia. A importância não está apenas na vinculação da moralidade à legalidade, mas no avanço doutrinário que propiciou o surgimento de um princípio da moralidade vinculante por si, com a conseqüência, ademais, de limitar a discricionariedade administrativa e assim ampliar o controle jurisdicional dos atos administrativos.

19. Atribui-se a Hauriou a sistematização do conceito de *moralidade administrativa*, deduzido do próprio princípio da legalidade, ligada à idéia de *desvio de poder* ou *desvio de finalidade*, restrita, pois, à construção do ato administrativo, de que a finalidade pública é um requisito de validade. Comete imoralidade, mediante desvio de finalidade, o agente que pratica ato visando a fim diverso daquele previsto na regra de competência. Veja-se bem que a moralidade, aí, é um elemento interno da legalidade, nada tendo a ver com a ética mais ampla que fundamenta a responsabilidade da ação política. O conceito de Hauriou não poderia ir além disso quando define a moralidade administrativa como "o conjunto de regras de conduta tiradas da disciplina interior da Administração", imposto ao agente público para sua conduta interna, segundo as exigências da instituição a que serve, e assim não se confunde com a *moral comum*, imposta ao Homem para sua conduta externa.

Mas, apesar dessas limitações, Hauriou lançou semente fértil quando, desenvolvendo a sua doutrina, declara que o agente administrativo deve distinguir entre o bem e o mal e, ao atuar, terá que decidir entre o *honesto* e o *desonesto*, e não apenas entre o legal e o ilegal, o justo e o injusto, o conveniente e o inconveniente, o oportuno e o inoportuno.[29]

6. Poder e moralidade no Brasil

20. Repete-se, com freqüência, a frase famosa de Lord Acton segundo a qual *o poder corrompe e o poder absoluto corrompe absolutamente*. Pode-se discutir o acerto da frase, porque não é o poder em si

---

29. Cf. *Précis Élémentaire de Droit Administratif*, Paris, 1926, pp. 197 e ss., cit. in Hely Lopes Meirelles, *Direito Administrativo Brasileiro*, 16ª ed., São Paulo, Ed. RT, 1991, p. 79 *[hoje em sua 25ª ed., São Paulo, Malheiros Editores, 2000]*, e Maria Sylvia Zanella Di Pietro, *Da Discricionariedade Administrativa*, Tese de Concurso, São Paulo, 1990, p. 108.

que corrompe. Quem o exerce é que pode corromper ou ser suscetível de ser corrompido. Demais, a corrupção é uma via de duas mãos, é bilateral, porque não há corrupto sem corruptor. Não raro, a corrupção é provocada por alguém que não exerce o poder, mas dele quer tirar proveito.

A corrupção eleitoral, executada através do poder econômico, consiste, na mais das vezes, em promover meios escusos por um terceiro para eleger alguém que vai servir a seus interesses no poder. Mas a frase tem uma essência verdadeira, porque num Estado de poder limitado a corrupção também será mais reduzida, porque está sujeito a freios e contrapesos, e porque num Estado autoritário a corrupção constitui um meio de manutenção dos detentores no poder. A experiência dos Estados autoritários confirma que a corrupção é uma íntima companheira das ditaduras. A maior razão para a corrupção nos Estados ditatoriais está na falta de controle sobre a ação dos governantes. A vigência democrática efetiva é um pressuposto fundamental para a vigência da ética política.

21. Essas considerações nos põem de cheio diante do caso brasileiro, onde o princípio democrático pouco tem vigorado. E, nas poucas vezes em que isso aconteceu, verificou-se que a corrupção lavrara intensamente na vida política do país, porque igualmente vigoravam o individualismo ou o corporativismo utilitário, agravados por legados históricos que caracterizam nossa cultura política, tais como o *patrimonialismo*, o *cartorialismo* e o *clientelismo*, que fincam raízes nas relações oligárquicas que ainda perduram em larga escala na vida brasileira.

22. O regime militar que nos dominou de 1964 a 1984 fortaleceu o "capitalismo cartorial", situação em que o setor privado se apega ao protecionismo estatal para realizar seus lucros, em que agências públicas, criadas para o exercício de políticas públicas, são apoderadas por grupos de interesse das respectivas áreas, de sorte que passam a constituir instrumentos de mobilização de recursos e de ações na satisfação desses interesses. Esse Estado tecnoburocrático, que realizou a aliança dos militares com essa nova oligarquia – os tecnocratas –, para realizar o princípio da segurança nacional, fundada na geopolítica de sustentação da posição dos Estados Unidos na hoje superada guerra fria, assumia as características de um *Estado ético*.

23. Toda forma de *Estado ético* elabora sua própria concepção ética em vista dos valores que defende e dos fins que tem em mira atingir, o que leva ao totalitarismo, porque erige o Estado em fonte da moral, de determinados critérios éticos, onipotentes e onipresentes, que não admitem qualquer comportamento que não esteja rigorosamente de acordo com a moral oficial, como lembra Dalmo de Abreu Dallari. "O que acontece na prática, completa ele, é que a predominância dessa orientação leva a um exagerado moralismo, que fornece a base para a supremacia absoluta da vontade dos governantes, pois são estes que ditam as regras morais em nome do Estado".[30]

24. Contudo, o *Estado de Segurança Nacional*, que se implantou com o golpe de 1964, tinha necessariamente que assumir uma posição ética contraditória, na medida em que se norteava por fins éticos[31] dependentes de interesses estranhos aos requeridos pelo povo brasileiro, vendo, de um lado, corrupção nos comportamentos que não se pautassem por seus princípios, enquanto, por outro lado, tudo admitia no sentido de realizar os valores postos como fins a preservar ou a atingir, "se necessário for, mesmo contra quaisquer princípios", enfatizava Golbery do Couto e Silva, principal teórico brasileiro daquele Estado,[32] incluindo até mesmo a *corrupção* como fator psicossocial de persuasão, seja utilizando o *princípio da adaptação dos fins aos meios* ou utilizando o princípio oposto da *adaptação dos meios aos fins objetivados*, na doutrina do mesmo autor.[33]

25. O golpe que implantou o regime declarou que veio "para erradicar uma situação e um governo que afundavam o país na corrupção e na subversão". No entanto, foi apoiado e sustentado pelos políticos mais corruptos da vida pública brasileira da época e produziu no seu seio uma geração de políticos medíocres e de moralidade muito questionável, e as duas Constituições que o regime produziu, embora tivessem seu fundamento na segurança nacional, que tudo permitia aos detentores do poder federal, traziam normas não no sentido de gerar uma

30. Cf. *Elementos de Teoria Geral do Estado*, 16ª ed., São Paulo, Saraiva, 1991, p. 89.
31. *Fins éticos*, formalmente da chamada civilização cristã ocidental, como o seguinte texto de Golbery do Couto e Silva nos mostra: "No mundo de hoje, o antagonismo dominante entre os EUA e a Rússia, polarizando todo o conflito, de profundas raízes ideológicas, entre a civilização cristã ocidental e o materialismo comunista do Oriente, e no qual se joga pelo domínio ou pela libertação do mundo, arregimenta todo o Planeta sob o seu dinamismo avassalante a que não podem, não poderão sequer escapar nos momentos decisivos, os propósitos mais reiterados e honestos de um neutralismo, afinal de contas, impotente e obrigatoriamente oscilante" (cf. *Conjuntura Política Nacional, o Poder Executivo e Geopolítica do Brasil*, 3ª ed., Rio de Janeiro, Livraria José Olympio Editora, 1981, pp. 186 e 187).
32. Cf. ob. cit., p. 192.
33. Idem, ibidem, p. 256.

ética política desprendida da ética oficial do sistema, mas no sentido de coibir a corrupção externa ao poder central. Assim é que a União estava autorizada a *intervir nos Estados para pôr termo à corrupção no poder público estadual* (Constituição Federal de 1969, art. 10, III), sem sequer a necessidade de instaurar um procedimento legal para apurar a real ocorrência do fato. Igualmente se previa a possibilidade de intervenção nos Municípios em cuja administração se praticassem atos de corrupção (art. 15, § 3º, "f"). Também o "abuso de direito individual ou político, com o propósito de (...) corrupção", importava a suspensão daqueles direitos de dois a dez anos, por declaração do Supremo Tribunal Federal, mediante representação do Procurador-Geral da República. Nada disso impediu que o sistema favorecesse a expansão da corrupção nos poderes governamentais, sem repressão, desde que ocorresse nos altos escalões da República ou nos governos estaduais e municipais que apoiassem incondicionalmente o regime.

7. O Estado Democrático de Direito e a ética política

26. O resultado de tudo isso foi que a Nação entrou numa profunda crise ética, que tornou difícil até mesmo a convivência interindividual, já que o utilitarismo exacerbado se orientou pelo princípio do "tirar vantagem em tudo", agravado pelo conflito entre a sociedade civil e o Estado, de tal sorte que importava reverter esse quadro. A Constituinte de 1987-1988 foi o primeiro passo nesse sentido, com a elaboração da Constituição de 1988 e a criação de um novo tipo de Estado de Direito: o *Estado Democrático de Direito*, cuja configuração não significa apenas a reunião formal dos conceitos do Estado Democrático e do Estado de Direito. Revela, em verdade, a criação de um conceito novo que incorpora os princípios daqueles dois tipos de Estados, mas os supera na medida em que agrega um componente revolucionário de transformação do *status quo*. E aí se entremostra a extrema importância do art. 1º da Constituição de 1988, quando afirma que a República Federativa do Brasil se constitui em *Estado Democrático de Direito*, que tem como fundamento a soberania, a cidadania, a dignidade da pessoa humana, os valores sociais do trabalho e da livre iniciativa e o pluralismo político, os quais revelam uma preocupação, consciente ou não, de distinguir a ética política da ética individual, pois ali estão os primeiros fundamentos, os pressupostos, sob os quais pode haver o desenvolvimento e a satisfação de interesses superiores, que caracterizam, como vimos, com base em Kriele, uma ética política distinta da ética utilitarista, individual ou corporativa. Aí estão as bases para a construção de uma sociedade livre e solidária, fundada no respeito à dignidade da pessoa humana, à dignidade um do outro. A participação popular no processo constituinte foi fundamental para se chegar ao resultado alcançado.

27. A democracia que o Estado Democrático de Direito realiza, orientada pelo valor da dignidade da pessoa humana, há de ser, pois, um processo de convivência social numa sociedade livre, justa e solidária (Constituição de 1988, art. 3º, II), em que o poder, que emana do povo, deve ser exercido em proveito do povo, diretamente ou por seus representantes eleitos (art. 1º, parágrafo único); participativa, porque envolve a participação crescente do povo no processo decisório e na formação dos atos de governo;[34] pluralista, porque respeita a pluralidade de idéias, culturas e etnias[35] e pressupõe, assim, o diálogo (base da ética cívica) entre opiniões e pensamentos divergentes e a possibilidade de convivência de formas de organização e interesses diferentes na sociedade. Há de ser um processo de liberação da pessoa humana das formas de opressão que não depende apenas do reconhecimento formal de certos direitos individuais, políticos e sociais, mas especialmente da vigência de condições econômicas suscetíveis de favorecer o seu pleno exercício.

8. A lei no Estado Democrático de Direito

28. O princípio da legalidade é também um princípio basilar do Estado Democrático de Direito (Constituição, arts. 5º, II, e 37). É da essência do seu conceito subordinar-se à Constituição e fundar-se na legalidade democrática. Sujeita-se, como todo Estado de Direito, ao império da lei, mas da lei que realize o princípio da igualdade e da justiça não pela sua generalidade, mas pela busca da igualização das condições dos socialmente desiguais. Deve, pois, ser destacada a relevância da lei no Estado Democrático de Direito, não apenas quanto ao seu conceito formal de ato jurídico abstrato, geral, obrigatório e modificativo da ordem jurídica existente, mas também à sua função de regulamentação fundamental, produzida segundo um procedimento constitucional qualificado. A lei é efetivamente o ato oficial de maior realce na vida política.[36] Ato de decisão política por excelência, é por meio dela, enquanto emanada da atuação da vontade popular, que o poder

34. Arts. 10; 14, I a IV; 30, X e XI; 31, § 3º; 50, XV; 63, § 2º; 203, III; 209, III.

35. Arts. 1º, V; 17; 211, III.

36. *Nota desta edição*: Para a problemática da *lei*, em geral, cf. meu artigo "A lei", *RDA* 215/9 e ss.

estatal propicia ao viver social modos predeterminados de conduta, de maneira que os membros da sociedade saibam, de antemão, como guiar-se na realização de seus interesses.

29. É precisamente no Estado Democrático de Direito que se ressalta a relevância da lei, pois ele não pode ficar limitado a um conceito de lei como o que imperou no Estado de Direito clássico.[37] Pois ele tem que estar em condições de realizar, mediante lei, intervenções que impliquem diretamente uma alteração na situação da comunidade.[38] Significa dizer: a lei não deve ficar numa esfera puramente normativa, não pode ser apenas lei de arbitragem, pois precisa influir na realidade social. E se a Constituição se abre para as transformações políticas, econômicas e sociais que a sociedade brasileira requer, a lei se elevará de importância, na medida em que, sendo fundamental expressão do Direito Positivo, caracteriza-se como desdobramento necessário do conteúdo da Constituição e aí exerce função transformadora da sociedade, impondo mudanças sociais democráticas, ainda que possa continuar a desempenhar uma função conservadora, garantindo a sobrevivência de valores socialmente aceitos.

9. *Constitucionalidade do princípio da moralidade*

30. O Estado Democrático de Direito se rege por diversos princípios, além dos princípios da legalidade (art. 5º, II) e da divisão de poderes (art. 2º), presentes em qualquer forma de Estado de Direito. Têm, porém, relevos especiais o princípio democrático, já referido, e o *princípio da constitucionalidade*, que exprimem, em primeiro lugar, que o Estado se funda na legitimidade de uma constituição rígida, emanada da vontade popular, que, dotada de supremacia, vincule todos os poderes, e os atos deles provenientes, com as garantias de atuação livre da jurisdição constitucional. A importância disso, para o nosso tema, está em que a Constituição agasalha agora, também, o *princípio da moralidade*, amparado, assim, não por mero princípio da legalidade, mas pelo princípio mais elevado da constitucionalidade, que lhe dá a força vinculante superior que lhe é própria, com eficácia garantida por instrumentos constitucionais explícitos. O princípio ganha, assim, nova dimensão, por expandir-se a toda a vida pública do país, com reflexos nas relações privadas, com certeza.

---

37. A propósito, cf. Christian Starck, *El Concepto de Ley en la Constitución Alemana*, Madri, Centro de Estudios Constitucionales, 1979, p. 249.
38. Christian Starck, ob. cit., p. 300.

31. Não necessitamos perquirir, na Constituição, todos os dispositivos que tenham na base um princípio ético superior. Basta-nos referir o art. 37, *caput*, que, destacando o princípio da moralidade do princípio da legalidade, assim dispõe: "A Administração Pública direta, indireta ou fundacional, de qualquer dos Poderes da União, dos Estados, do Distrito Federal e dos Municípios obedecerá aos princípios da legalidade, impessoalidade, *moralidade*, publicidade e, também, ao seguinte: (...)" – um dos quais é a exigência de concurso público para provimento de cargos e empregos públicos, outro é o da *licitação*, que assegure a igualdade de condições a todos os concorrentes, para a contratação de obras, serviços, compras e alienações, campo propício à prática de corrupção. De extrema importância é o § 4º desse mesmo art. 37, quando estatui que *os atos de improbidade administrativa importarão a suspensão dos direitos políticos, a perda da função pública, a indisponibilidade dos bens e o ressarcimento ao erário, na forma e gradação previstas em lei, sem prejuízo da ação penal cabível.*[39] Conjugado esse mandamento constitucional com aquele outro do art. 85, que define como crime de responsabilidade do presidente da República os atos que atentem contra *a probidade administrativa*, bem se compreende que a Constituição oferece fundamentos bem caracterizados para o movimento que levou o povo às ruas para exigir a *ética na política*, que culminou com o *impeachment* do Presidente Fernando Collor de Mello. O art. 5º, LXXIII, protege o princípio da moralidade por meio da *ação popular*, dizendo: "qualquer cidadão é parte legítima para propor ação popular que vise a anular ato lesivo ao patrimônio público ou de entidade de que o Estado participe, à *moralidade administrativa*, ao meio ambiente e ao patrimônio histórico e cultural, ficando o autor, salvo comprovada má-fé, isento de custas judiciais e do ônus da sucumbência".

32. Esse conjunto de normas constitucionais retira a moralidade da área subjetiva da intenção do agente público e, assim, a desvincula da questão da mera legalidade, para erigi-la em princípio constitucional objetivo, como requisito de legitimidade da atuação dos agentes públicos, mais do que simples requisito de validade do ato administrativo.

"Não é preciso penetrar na intenção do agente, porque do próprio objeto resulta a imoralidade. Isto ocorre quando o conteúdo de determinado ato contrariar o senso comum de honestidade, retidão, equilíbrio, justiça, respeito à dignidade do ser humano, à boa-fé, ao trabalho,

---

39. Cf. nosso *Curso de Direito Constitucional Positivo*, 9ª ed., São Paulo, Malheiros Editores, 1992, pp. 571 e 572 *[hoje, 17ª ed., 2000, pp. 648 e 649]*.

à ética das instituições. A moralidade exige proporcionalidade entre os meios e os fins a atingir, entre os sacrifícios impostos à coletividade e os benefícios por ela auferidos, entre as vantagens usufruídas pelas autoridades públicas e os encargos impostos à maioria dos cidadãos.

"Por isso mesmo, a imoralidade salta aos olhos quando a Administração Pública é pródiga em despesas legais, porém inúteis, como propaganda ou mordomia, quando a população precisa de assistência médica, alimentação, moradia, segurança, educação, isso sem falar no mínimo indispensável à existência digna."[40]

10. O processo do "impeachment"

33. O processo do *impeachment* do Presidente Fernando Collor de Mello foi um fato de tal ordem inusitado, que repercutiu em todo o mundo, e pode ser um fator de reflexão para a reforma dos costumes políticos em toda a América Latina.

34. Não cabe, aqui, mais do que uma síntese apertada desse processo.

Depois de vinte e cinco anos de eleição indireta do presidente da República sob controle do regime militar, o povo recuperou, através da Constituição de 1988, o direito ao sufrágio universal e ao voto direto para a presidência, por maioria absoluta, em dois turnos, se necessário, o que ocorreu nas eleições de 15 de novembro e 17 de dezembro de 1989, das quais saíra vencedor o candidato Fernando Collor de Mello, após uma campanha milionária, tecnicamente bem orientada. Assumiu o poder a 15 de março de 1990, com o estardalhaço de um pacote econômico-financeiro que importou seqüestrar a poupança e até as contas correntes bancárias da população. Elegeu-se e governou com um discurso neoliberal, de interesse das oligarquias e do alto empresariado, prometendo a desregulamentação da economia e a privatização de empresas estatais.

35. Atrás de tudo estava, porém, um esquema de corrupção bem engendrado e melhor administrado, o chamado *Esquema PC*, porque montado e dirigido pelo tesoureiro da campanha política do candidato Collor, Paulo César Farias, com suas empresas, que introduziu, com a conivência do Presidente, como ficou provado, agentes próprios em toda a Administração, especialmente para arrecadar percentagens em

---

40. Cf. Maria Sylvia Zanello Di Pietro, *Da Discricionariedade Administrativa*, São Paulo, 1990, p. 111.

licitações e contratos públicos e outras vantagens. Tudo isso encoberto por um discurso moralista do Presidente. A rede de corrupção era tão grande, que aos poucos foi vazando a podridão que desbordava do estrito controle do Esquema. Quem estivesse no governo e discordasse era simplesmente alijado do cargo, como ocorreu com o então Presidente da Petrobrás, Luiz Octávio da Mota Veiga. Faltava, no entanto, algum elemento concreto que pudesse desvendar toda a trama. Isso aconteceu com entrevista de Pedro Collor, irmão do Presidente, à revista *Veja*, de grande circulação, denunciando o Esquema PC e o possível envolvimento do Presidente.

36. Esqueceram-se os homens do Esquema de que tínhamos uma nova Constituição, que instituíra um tipo de Estado de Direito não mais neutro em relação ao princípio da moralidade e da probidade dos governantes, Constituição que não só liberta a ética política da subordinação a interesses individuais e corporativos, como reforça a sua garantia de atuação independente, por meio de mecanismos eficazes, como, por exemplo, a autonomia do Procurador-Geral da República, a que dispositivos constitucionais conferem funções institucionais, que incluem promover a responsabilidade penal do presidente da República perante o Supremo Tribunal Federal. Fiaram-se os agentes do Esquema na tradicional impunidade da corrupção governamental. Não avaliaram a força da nova Constituição e, sobretudo, da participação popular no processo político, que ela incentiva e propicia. Não é sem razão que o Presidente, o empresariado, as forças tradicionais, enfim, repudiaram o novo texto constitucional e, desde o primeiro momento, o combateram.

37. O certo é que a denúncia de Pedro Collor desencadeou um amplo movimento popular no sentido de serem apuradas as responsabilidades dos participantes do Esquema PC, incluindo o Presidente, se ficasse provado o seu envolvimento. Instaurou-se uma Comissão Parlamentar de Inquérito (CPI) para essa apuração, enquanto, de outro lado, a Polícia Federal abria inquéritos investigatórios visando à apuração de responsabilidades penais, inclusive também do Presidente, se fosse o caso. A Comissão de Inquérito resultou mais do movimento de opinião que já se desenvolvia do que da vontade parlamentar. Por isso, instalou-se sob suspeita de que não chegaria a lugar algum. Assim pensavam e diziam membros do governo, assim desconfiava o povo. Os empresários, financiadores da campanha política do Presidente, não se pronunciavam. Ao contrário, envolvidos nos fatos como corruptores ativos, estavam também sujeitos a processos penais. Um, no entanto, teve a coragem de denunciar sua participação no Esquema, alegando que fora chantageado para fazê-lo, o que ficara provado. Outros empresários, chamados a depor na Comissão, foram reticentes, embora em geral confirmassem sua contribuição para a campanha política do Presidente e contatos com o PC, liberando recursos, sob a promessa de vantagens na Administração. Aí, um homem simples, sério, motorista da secretária do Presidente, deu uma entrevista-bomba à revista *IstoÉ*. Francisco Eriberto Freire de França recolhia dinheiro, cheques, algumas vezes dólares, numa empresa de PC Faria, levando-os para Ana Maria Acioly, a secretária do Presidente. Convidado a depor perante a CPI, diante dos holofotes da TV, fez um depoimento sério, claro, preciso, sobre os fatos que envolviam o Presidente na rede de corrupção do Esquema PC, que mantinha os altos custos da casa particular do Presidente e de pessoas de sua família. Enquanto isso, novos fatos comprometedores iam sendo apurados nos vários inquéritos policiais que se foram instaurando em face de fatos novos que surgiam. As provas foram aparecendo, inclusive mediante verificação de contas bancárias dos envolvidos, cujo sigilo foi legalmente suspenso para tanto.

38. Enfim, o relatório da CPI concluiu pela veracidade dos fatos incriminadores do Sr. Paulo César Cavalcante Farias, o PC, e seu Esquema de corrupção, e concluiu, mais, que:

"(...) não teve como abstrair, em relação a determinados fatos, a presença do Sr. Presidente da República. Vários deles, descobertos pela CPI, guardam estreita e intrínseca relação com o Chefe do Poder Executivo (...). Tais fatos podem confirmar ilícitos penais comuns em relação aos quais a iniciativa processual é prerrogativa da cidadania perante a Câmara dos Deputados, já que as omissões do dever presidencial de zelar pela moralidade e os bons costumes são especialmente tratadas pela Constituição.

"Ao Presidente da República cumpre, conforme dispõe o art. 84, § 2º, da Constituição Federal, exercer a direção superior da Administração Federal, e esta, segundo dispõe o art. 37 da Carta Magna, deverá obedecer, entre outros, aos princípios da legalidade e moralidade, cuja importância vem ressaltada no § 4º do mesmo artigo, que sanciona os atos de improbidade administrativa com as graves penas de suspensão dos direitos políticos, perda da função, indisponibilidade dos bens e ressarcimento ao erário. Obviamente, os fatos descritos anteriormente contrariam os princípios gravados na Constituição, sendo incompatíveis com a dignidade, a honra e o decoro do cargo de Chefe de Estado."

39. A essa altura a Nação toda já estava requerendo o *impeachment* do Presidente. O povo na rua, ordeiro, alegre, "caras pintadas de verde e amarelo", exigia a aplicação da Constituição, o respeito a seus princípios e a punição dos culpados, que provadamente desrespeitaram o princípio da probidade administrativa que ela agasalha.

40. Então, os Presidentes do Conselho Federal da OAB e da ABI, respectivamente Dr. Marcelo Lavenère e Barbosa Lima Sobrinho, apresentaram à Câmara dos Deputados uma petição em que denunciavam o Presidente "por crimes de responsabilidade, previstos no art. 85, IV e V (*atentado à segurança interna do país e à probidade administrativa*), e nos arts. 7º, 8º e 9º da Lei n. 1.079, de 10 de abril de 1950, (...) para o fim de ser decretada a perda do cargo e sua inabilitação temporal para o exercício de função pública". Depois disso, o Procurador-Geral da República denunciou o Presidente perante o Supremo Tribunal Federal, que remeteu a denúncia à Câmara, pedindo autorização para o processo, nos termos do art. 51, I, da Constituição, pedido prejudicado com o afastamento do cargo, em definitivo, pelo denunciado, o que dispensava autorização da Câmara para o processo.

41. Os *processos dos crimes de responsabilidade ("impeachment")* e *dos crimes comuns do Presidente da República* dividem-se em duas partes: *juízo de admissibilidade* e *processo com o julgamento*. A acusação pode ser articulada por qualquer brasileiro perante a Câmara dos Deputados, que a examinará; se entendê-la improcedente, será arquivada; se a tiver por procedente, *autorizará a instauração do processo* (Constituição Federal, arts. 51, I, e 86), passando, então, a matéria: *a*) à competência do Senado Federal, *se se tratar de crime de responsabilidade* (*impeachment*, arts. 52, I, e 86); *b*) ao Supremo Tribunal Federal, *se o crime for comum* (art. 86), que age por denúncia do Procurador-Geral da República ou por queixa crime de qualquer brasileiro.

42. Recebida a autorização da Câmara para *instaurar o processo*, o Senado Federal se transformará em tribunal de juízo político, sob a presidência do presidente do Supremo Tribunal Federal. Não cabe ao Senado decidir se instaura ou não o processo. Quando o texto do art. 86 diz que, admitida a acusação por dois terços da Câmara, será o presidente submetido a julgamento perante o Senado Federal nos crimes de responsabilidade, não deixa a este a possibilidade de emitir juízo de conveniência sobre instaurar ou não o processo, pois que esse juízo de admissibilidade refoge à sua competência e já fora feito por quem de direito. Instaurado o processo, a primeira conseqüência é a suspensão do presidente de suas funções (art. 86, § 1º, II). O processo seguirá os trâmites legais, com oportunidade de ampla defesa ao imputado, concluindo pelo *julgamento*, que poderá ser absolutório, com o arquivamento do processo, ou condenatório por dois terços dos votos do Senado, *limitando-se a decisão à perda do cargo, com inabilitação, por oito anos, para o exercício de função pública, sem prejuízo das demais sanções judiciais cabíveis* (art. 52, parágrafo único).

43. Tratando-se de crimes comuns, autorizado o processo pela Câmara dos Deputados, este será instaurado pelo Supremo Tribunal Federal com o recebimento da denúncia ou queixa crime, com a conseqüência também imediata da suspensão do presidente de suas funções (art. 86, § 1º, I), prosseguindo o processo nos termos do Regimento Interno do Tribunal e da legislação processual penal pertinente. Nesse caso, a condenação do presidente importa conseqüência penal e somente por efeitos reflexos indiretos implica a perda do cargo, à vista do disposto no art. 15, III, constitucional, se já houver ocorrido, por outro motivo.[41]

44. Assim se fez no caso Collor de Mello. A Câmara autorizou o processo, que se instaurou no Senado, numa primeira fase com instrução probatória, mas o Presidente não dispunha de meios para elidir as provas colhidas contra ele, de tal sorte que chegou o dia do julgamento, 29 de dezembro de 1992, quando o Presidente, que já estava afastado do cargo, achou por bem renunciar às suas funções, na tentativa de evitar a sanção de inabilitação para o exercício de funções pública pelo prazo de oito anos; mas o Senado entendeu de prosseguir no julgamento para a aplicação da sanção secundária. Com isso, o Vice-Presidente da República, que vinha exercendo a presidência interinamente, prestou compromisso e foi investido no cargo como Presidente da República, sucessor na vaga deixada pelo impedido, nos termos do art. 79 da Constituição Federal de 1988.

45. O importante é que todo o processo se desenvolveu em estrito cumprimento da Constituição, por exigência da cidadania, por ela mesma fortalecida, quando diz que o Estado Democrático de Direito, nela instituído, tem como fundamentos, entre outros, a *cidadania* e a *dignidade da pessoa humana*. Cumpriu-se a Constituição num processo traumático, numa situação inusitada, em face de um conflito de poderes que tem sido base para golpes de Estado no Brasil e na América Latina. O efeito didático do evento deve ser aproveitado como lição de democracia, que só acontece quando o povo apóia as instituições constitucionais.

41. Cf. nossa ob. cit., pp. 478 e 479.

11. Conclusão: uma tarefa fundamental do Estado Democrático de Direito

46. Já escrevemos, antes, que a tarefa fundamental do Estado Democrático de Direito consiste em superar as desigualdades sociais e regionais e instaurar um regime democrático que realize a justiça social.[42] Agora, ele venceu o primeiro embate dramático que se lhe antepôs. A 6 de outubro se instaurou o frustrado processo de revisão constitucional e depois a chamada Reforma Constitucional, por meio de várias propostas de emendas de iniciativa do Poder Executivo, e certamente outras virão, mas se espera que todos esses procedimentos confirmem a essência da orientação constitucional plasmada pela Constituinte, corrigindo-lhe os defeitos, aprimorando-lhe as qualidades, preservando, enfim, os direitos fundamentais do Homem, individuais, sociais, políticos e coletivos, que definem a cidadania e a dignidade humana como fundamentos do Estado Democrático de Direito, e contemplem mecanismos mais eficazes de controle e de combate à corrupção.

---

42. Cf. nosso "O Estado Democrático de Direito", *Revista da Procuradoria-Geral do Estado de São Paulo* 30/72.

SEGUNDA PARTE

CIDADANIA – DIGNIDADE – DIREITOS HUMANOS

*Considerando que o reconhecimento da dignidade
inerente a todos os membros da família humana,
e de seus direitos iguais e inalienáveis, é o fundamento
da liberdade, da justiça e da paz do mundo (...).*
(*Declaração Universal dos Direitos do Homem*,
primeiro considerando)

La Justice contient toutes les autres vertus.
(Aristóteles, *Éthique à Nicomaque*)

*Eu sei que ao longe na praça,
Ferve a onda popular,
Que às vezes é pelourinho,
Mas poucas vezes – altar.*
(Castro Alves, *Adeus, Meu Canto*)

*Não importa! A liberdade
É como a hidra, o Anteu.
Se no chão rola sem forças,
Mais forte do chão se ergueu.*
(Castro Alves, *Pedro Ivo*)

FACULDADES DE DIREITO
E CONSTRUÇÃO DA CIDADANIA

1. Introdução. 2. Cidadania e democracia. 3. Os direitos do Homem e do Cidadão. 4. Uma nova dimensão da cidadania. 5. O papel das Faculdades de Direito.

1. Introdução

1. O tema proposto para este debate[1] é: *Faculdades de Direito e construção da cidadania.* As dificuldades do tema não estão apenas

---

1. *Nota desta edição*: Texto apresentado ao Simpósio Luso-Brasileiro realizado na Faculdade de Direito da UFMG, setembro de 1993. Depois disso, muitos estudos apareceram sobre *cidadania*, afora referências em outros títulos. De meu conhecimento: Luiz Carlos Bresser Pereira, "Cidadania e *res publica*", *RDA* 208/147; Cármen Lúcia Antunes Rocha, "Cidadania e Constituição (as cores da revolução constitucional do cidadão)", *RTDP* 19/19; Belisário dos Santos e outros, *Cidadania, Verso e Reverso*, São Paulo, Secretaria da Justiça e Defesa da Cidadania, 1997-1998; José Ribas Vieira, "A cidadania, sua complexidade teórica e Direito", revista *Direito, Estado e Sociedade* 11/73 (PUC/RJ, Departamento de Direito); Liszt Vieira, "Cidadania e sociedade civil no espaço público democrático", idem, 11/81; Gilberto Velho e Marcos Alvito (orgs.), *Cidadania e Violência*, Rio de Janeiro, UFRJ/FGV, 1996; Beatriz Di Giorgi, Celso Fernandes Campilongo e Flávia Piovesan, *Direito, Cidadania e Justiça*, São Paulo, Ed. RT, 1995; Wanderley Guilherme dos Santos, *Décadas de Espanto e Uma Apologia Democrática*, Rio de Janeiro, Rocco, 1998, com um longo capítulo sobre "A práxis liberal e a cidadania regulada". O livro da professora Maria Victória de Mesquita Benevides, *Cidadania Ativa*, São Paulo, Ática, 1991, como se nota, é anterior, mas não faz a teoria da cidadania; estuda instrumentos de atuação direta da cidadania – referendo, plebiscito e iniciativa popular. É trabalho de valor, mas o título da obra não é bom, porque acaba remetendo o leitor à lembrança do constitucionalismo do Império, que distinguia entre *cidadania ativa* e *cidadania inativa*. Segundo a Constituição do Império, art. 90, só a massa dos *cidadãos ativos* tinha o gozo de direitos políticos; e, conseqüentemente, os *cidadãos inativos* no sentido do Direito Público não gozavam dessa faculdade (cf. Pimento Bueno, *Direito Público e Análise da Constituição do Império*, Rio de Janeiro, MJ, 1958, p. 340). E, nos termos da Constituição vigente, não se pode mais aceitar essa doutrina, que não é da autora, mas o título da obra sugere a possibilidade de cidadania inativa ou passiva. Seja como for, em face

em sua amplitude, mas, especialmente, na correlação de suas várias partes. Basta observar que só o conceito de *cidadania* já constitui matéria para uma ampla exposição. É que, como lembra o professor José Luís Cascajo Castro, parece ser um signo de nosso tempo que a cidadania se tenha convertido em conceito de moda em todos os setores da política; mas nem isso nem a sua importância constituem critérios confiáveis na hora de fixar um ponto de partida minimamente sério num contexto intelectual como o atual, tão carente de permanentes e seguras referências.[2]

2. Isso nos põe diante da necessidade de reelaboração do conceito de cidadania, que lhe dê sentido preciso e operativo em favor da população mais carente da sociedade e de modo a retirá-lo da pura ótica da retórica política, que, por ser formal, tende a esvaziar o conteúdo ético valorativo dos conceitos, pelo desgaste de sua repetição descomprometida.

2. Cidadania e democracia

3. Uma idéia essencial do conceito de cidadania consiste na sua vinculação com o princípio democrático. Por isso, pode-se afirmar que, sendo a democracia um conceito histórico que evolui e se enriquece com o evolver dos tempos, assim também a cidadania ganha novos contornos com a evolução democrática. É por essa razão que se pode dizer que a cidadania é o foco para onde converge a soberania popular.

3. Os direitos do Homem e do Cidadão

4. O primeiro aspecto que nos chama a atenção é o da cisão que o discurso jurídico burguês fez entre o "Homem" e o "Cidadão", que refletiu na famosa Declaração de Direitos de 1789, que se chamou *Déclaration des Droits de l'Homme et du Citoyen*, na qual a expressão *Direitos do Homem* denota o conjunto dos *direitos individuais*, pois ela é profundamente individualista, assinalando à sociedade um fim que é o de servir aos indivíduos, enquanto a expressão *Direitos do Cidadão* sig-

---

de todas essas contribuições, talvez tivesse sido o caso de reelaborar o texto ora publicado. Contudo, pareceu-me conveniente deixá-lo tal qual fora produzido a seu tempo, para que se veja o pensamento do autor naquela época, buscando um conceito de cidadania que se afinasse com as novas exigências da democracia e dos direitos fundamentais da pessoa humana.

2. Tese apresentada ao *Simpósio sobre o Direito do Estado*, realizado em Bogotá, de 4 a 7 de maio de 1993, p. 1.

nifica o conjunto dos direitos políticos de votar e ser votado, como institutos essenciais à democracia representativa.

5. A idéia de representação, que está na base no conceito de democracia representativa, é que produz a primeira manifestação da *cidadania* que qualifica os participantes da vida do Estado – o *cidadão*, indivíduo dotado do direito de votar e ser votado –, oposta à idéia de vassalagem tanto quanto a de soberania aparece em oposição à de suserania. Mas, ainda assim, nos primeiros tempos do Estado Liberal, o discurso jurídico reduzia a cidadania ao conjunto daqueles que adquiriam os direitos políticos. Então, o cidadão era somente aquela pessoa que integrasse o corpo eleitoral. Era uma cidadania "censitária", porque era atributo apenas de quem possuísse certos bens ou rendas.

6. O *cidadão* surge, assim, como o nacional a que se atribuem os direitos políticos. A idéia de *cidadania restrita* aos titulares desses direitos revelava uma forma de tornar mais abstrata a relação povo/governo. Mesmo nos casos em que a palavra "cidadão" era empregada em dois sentidos – um amplo, compreendendo todos os nacionais, e outro estrito, correspondendo aos titulares dos direitos políticos –, ainda assim a idéia de abstração estava presente. Isso é perceptível no sistema da Constituição Política de 1824. Seus arts. 6º e 7º falam dos *cidadãos brasileiros*, no sentido amplo, em que cidadão é o nacional. Já nos arts. 90 e 91 o cidadão aparece como o titular dos direitos de eleger e ser eleito. A distinção se faz chamando os últimos de *cidadãos ativos* e os primeiros de *cidadãos inativos*. Bem o diz Pimenta Bueno que, "nos termos bem expressos do art. 90 da Constituição, só a massa dos *cidadãos ativos* é que goza de direitos políticos, e conseqüentemente que os cidadãos inativos no sentido do Direito Público não gozam de tais faculdades".[3] *Cidadãos inativos* nomeava a massa do povo, uma cidadania amorfa, indivíduos abstratos, alheios a toda a realidade sociológica, sem referência política.

7. Aos poucos o discurso jurídico foi dando maior precisão ao conceito de cidadão, concebido apenas como o nacional no gozo dos direitos políticos, diversamente da idéia de *povo* como matéria-prima do regime democrático, titular primário da soberania. Corremos o risco de voltar a uma confusão terminológica e a uma nova abstração com o emprego generalizado da palavra *cidadania* nos discursos políticos do nosso tempo.

---

3. *Direito Público Brasileiro e Análise da Constituição do Império*, Rio, MJ, 1958, p. 460.

8. É que o "discurso político da modernidade confunde o Homem com o Cidadão", consoante lembra Oscar Correas, da Universidade Nacional Autônoma do México, caso em que "os signos *Droits de l'Homme* e *Droits du Citoyen* têm sentidos que se confundem. Na idéia de *Citoyen* se inclui, desde logo, a de 'Homem', posto que só seres humanos podem ser cidadãos, e se supõe que, salvo exceções, todos os seres humanos que habitam o âmbito da soberania de um Estado são cidadãos do mesmo. É dizer, não há homem ou mulheres que não sejam 'cidadãos', ao menos hoje". Contudo, observa que "o signo *Homem* quer dizer outras coisas; em realidade é o discurso jurídico que lhe atribui o ser *Cidadão*; mas o Homem não é Cidadão em si mesmo; somente o é em relação com o Estado, e só com o Estado moderno". Para concluir que ser Cidadão consiste em ser titular de direitos.[4]

9. Não é, certamente, um discurso claro esse que confunde a idéia de cidadania com as de homem ou de povo, ainda que seja um discurso que vem da esquerda, que corre o risco, como lembramos, de incidir numa abstração que poderá reconduzir ao conceito formal de democracia que predominou no sistema liberal, em que a idéia de povo não tinha a dimensão concreta do homem situado, sociologicamente considerado, com seus defeitos e qualidades.

4. Uma nova dimensão da cidadania

10. Isso não significa que o conceito de cidadania não tenha evoluído e enriquecido. Fala-se até numa cidadania de "geometria variável", que permite o sufrágio ativo e passivo em determinadas eleições a quem não é cidadão do Estado, como é "a novidade de um sistema no qual penetra a vivificante idéia de uma nova cidadania comum justaposta à do Estado de origem", concernente à relação entre o indivíduo e uma nova entidade política, distinta do Estado a que ele pertence, como conjunto das distintas modalidades de pertinência a uma comunidade, substancialmente mediatizada por toda uma rede de direitos, como seja a formação de uma *cidadania européia*, constituída e garantida pelo Direito Comunitário da organização comunitária européia.[5]

11. Mas nem é essa dimensão que interessa aqui considerar, mas aquela que decorre da idéia de *Constituição dirigente*, que não é ape-

---

4. Tese apresentada à *XIV Conferência da Ordem dos Advogados do Brasil*, Vitória, 1992.
5. Cf. José Luís Cascajo Castro, trabalho cit., p. 9.

nas um repositório de programas vagos a serem cumpridos, mas constitui um sistema de previsão de direitos sociais, mais ou menos eficazes, em torno dos quais é que se vem construindo a nova idéia de cidadania. É verdade que nesse contexto aparece uma nova forma de *cidadania censitária*, a que José Luís Cascajo Castro faz referência, com base em Rodotà. *In verbis*: "Se a cidadania se vem construindo, disse Rodotà, em torno a um enriquecimento de seu próprio conteúdo graças à progressiva incorporação dos direitos sociais, seu desfrute seletivo, ligado à capacidade econômica, reintroduz uma 'cidadania censitária'".[6] "Parece, pelo contrário, prossegue Cascajo, que a cidadania não pode entender-se como um 'mercado de direitos' onde existe a possibilidade de utilizar ou intercambiar títulos de acesso ao desfrute de bens e serviços. Mas antes se baseia num núcleo irredutível de direitos e deveres, ao abrigo das contingências do mercado, e que deve impor-se obrigatoriamente à ação dos poderes públicos".[7]

12. A nova idéia de cidadania se constrói, pois, sob o influxo do progressivo enriquecimento dos direitos fundamentais do Homem. A Constituição de 1988, que assume as feições de uma *Constituição dirigente*, incorpora essa nova dimensão da cidadania quando, no seu art. 1º, II, a indica como um dos fundamentos do Estado Democrático de Direito em que é constituída a República Federativa do Brasil.[8] A propósito, escrevemos: "*Cidadania* está aqui num sentido mais amplo do que o de titular de direitos políticos. Qualifica os participantes da vida do Estado, o reconhecimento dos indivíduos como pessoas integradas na sociedade estatal (art. 5º, LXXVII). Significa aí, também, que o

---

6. Cita-se, aí, S. Rodotà, *Repertorio di fine di Secolo*, Roma, Laterza, 1992, p. 111.
7. Cf. trabalho cit., p. 11.
8. Não se pode ignorar o fato de que a Constituição de 1988 também menciona a *cidadania* no sentido estrito tradicional relativo ao titular de direitos políticos. Assim é quando diz que compete à União legislar sobre nacionalidade, *cidadania* e naturalização (art. 22, XIII). Nesse contexto, quer-se dizer que compete à União legislar sobre os direitos políticos. A idéia, contudo, já fica mais confusa com o emprego do termo no inciso II do § 1º do art. 68, quando exclui do âmbito da delegação legislativa a legislação sobre "nacionalidade, cidadania, direitos individuais, políticos e eleitorais", já que aí se excluem, separadamente, cidadania e direitos políticos, dando a entender que aquela é diversa destes. A impropriedade se agrava quando também fala em "direitos políticos e eleitorais", como se estes não fossem partes daqueles. Também a palavra *cidadão*, indicativa da legitimidade para propor a ação popular (art. 5º, LXXIII), sempre foi tomada no sentido estrito de nacional no gozo dos direitos políticos.

funcionamento do Estado estará submetido à vontade popular. E aí o termo conexiona-se com o conceito de *soberania popular* (parágrafo único do art. 1º), com os direitos políticos (art. 14) e com o conceito de *dignidade da pessoa humana* (art. 1º, III), com os objetivos da educação (art. 205), como base e meta essenciais do regime democrático".[9]

13. A cidadania, assim considerada, consiste na consciência de pertinência à sociedade estatal como titular dos direitos fundamentais, da dignidade como pessoa humana, da integração participativa no processo do poder, com a igual consciência de que essa situação subjetiva envolve também deveres de respeito à dignidade do outro e de contribuir para o aperfeiçoamento de todos.

14. Essa cidadania é que requer providências estatais no sentido da satisfação de todos os direitos fundamentais em igualdade de condições. Se é certo que a promoção dos direitos sociais encontra, no plano das disponibilidades financeiras, notáveis limites, menos verdade não há de ser que, inclusive em épocas de recessão econômica, o princípio da igualdade continua sendo um imperativo constitucional, que obriga a repartir também os efeitos negativos de todo período de crise.[10] E é ainda o citado Cascajo que lembra manifestação do professor R. Dahrendorf, nos seguintes termos: "Os anos 80 foram uma década extraordinária para os países do Ocidente, dominada pela ideologia neoliberal e por altas taxas de crescimento. Agora para os anos 90 o repto consiste em volver a pensar sobre os direitos sociais dos cidadãos. É preciso entender que o que o povo quer agora é uma economia florescente, mas também um Estado que seja mais consciente de sua função social. Ou, dito em outras palavras: um Estado que, não sendo aparatosamente descomunal nem burocrático, se ocupe das infra-estruturas e ajude aos mais débeis e marginalizados".[11]

5. *O papel das Faculdades de Direito*

15. O tema proposto correlaciona as *Faculdades de Direito* e a *construção da cidadania*. Cumpre, pois, para terminar, fazer algumas observações sobre essa questão, que encontra fundamentos nas normas do art. 205 da Constituição, segundo o qual a educação, direito de to-

---

9. Cf. nosso *Curso de Direito Constitucional Positivo*, 9ª ed., 3ª tir., São Paulo, Malheiros Editores, 1993, p. 96 *[hoje, em 17ª ed., 2000]*.
10. Cf. ainda José Luís Cascajo Castro, trabalho cit., p. 26.
11. Idem, p. 20.

dos e dever do Estado e da família, será promovida e incentivada com a colaboração da sociedade, visando ao pleno desenvolvimento da pessoa, seu preparo para o exercício da cidadania e sua qualificação para o trabalho – de onde se vê que um dos objetivos da educação é o do *preparo para o exercício da cidadania*. Não basta, claro está, que haja um sistema de ensino, para que um tal objetivo se considere cumprido. Esse é um objetivo não-formal, que requer a formação da personalidade pela incorporação de condutas éticas, que constituem a base do exercício da cidadania.

16. Por certo que as Faculdades de Direito podem exercer um papel fundamental no preparo para o exercício da cidadania, desde que elas próprias se conscientizem de que têm que adotar sistema de ensino que revele o conteúdo valorativo do Direito, saindo da prática formalística, que pode cumprir um vasto programa de ensino, mas não forma cidadãos no sentido amplo aqui considerado. O domínio privatista das Faculdades de Direito constitui outro empecilho à formação da cidadania, que, sendo basicamente relação de direito público, requer uma visão mais publicística no ensino do Direito. A cidadania, considerada como objetivo da educação, é o reflexo dos direitos fundamentais da pessoa humana, que têm merecido pouca atenção no ensino jurídico, para não dizer que não têm merecido qualquer atenção. E sem a plena consciência da titularidade desses direitos ninguém será efetivo partícipe da cidadania. Mas as Faculdades de Direito podem e devem exercer um papel importante no preparo da cidadania, não apenas pela oferta do ensino regular. Podem fazê-lo também pela prestação de serviços à comunidade.

A DIGNIDADE DA PESSOA HUMANA COMO VALOR SUPREMO DA DEMOCRACIA[1]

1. Fundamento constitucional. 2. Pessoa humana. 3. Dignidade. 4. Proteção constitucional da dignidade humana. 5. Natureza da dignidade tutelada. 6. Conclusão.

1. Fundamento constitucional

1. Foi a Lei Fundamental da República Federal da Alemanha que por primeiro erigiu a *dignidade da pessoa humana* em direito fundamental expressamente estabelecido no seu art. 1º, n. 1, declarando: "A dignidade humana é inviolável. Respeitá-la e protegê-la é obrigação de todos os poderes estatais".[2] Fundamentou a positivação constitucional desse princípio, de base filosófica, o fato de o Estado nazista ter vulnerado gravemente a dignidade da pessoa humana mediante a prática de horrorosos crimes políticos sob a invocação de razões de Estado e outras razões.[3] Os mesmos motivos históricos justificaram a declaração do art. 1º da Constituição portuguesa, segundo o qual "Portugal é uma República soberana, baseada na dignidade da pessoa humana e na vontade popular e empenhada na construção de uma sociedade livre, justa e solidária"; e também a Constituição espanhola, cujo art. 10, n. 1, estatui que "a dignidade da pessoa, os direitos invioláveis que lhe são inerentes, o livre desenvolvimento da personalidade, o respeito à lei e aos direitos dos demais são fundamentos da ordem política e da paz social". E assim também a tortura e toda sorte de desrespeito à pessoa humana praticados sob o regime militar levaram o Constituinte brasilei-

---

1. *Nota desta edição*: A primeira versão deste texto foi apresentado na XV Conferência Nacional da Ordem dos Advogados do Brasil, realizada em Foz do Iguaçu, em setembro de 1994. Publicado nos *Anais da Conferência*, pp. 546 e ss., e, mais tarde, na *RDA* 212/89 e ss.

2. "Die Würde des Menschen ist unantastbar. Sie zu achten und zu schützen ist Verpflichtung aller staatlichen Gewalt."

3. Cf. Hans D. Jarass e Bodo Pieroth, *Grundgesetz für die Bundesrepublik Deutschland – Kommentar*, Munique, C. H. Beck'sche Velangsbuchhandlung, 1992, p. 27.

ro a incluir a *dignidade da pessoa humana* como um dos fundamentos do Estado Democrático de Direito em que se constitui a República Federativa do Brasil, conforme o disposto no inciso III do art. 1º da Constituição de 1988.

A norma compreende dois conceito fundamentais, porque, em si e isoladamente, revelam valores jurídicos: a *pessoa humana* e a *dignidade*.

2. Pessoa humana

2. A filosofia kantiana mostra que o *homem*, como ser racional, *existe* como fim em si, e *não simplesmente como meio*, enquanto os seres desprovidos de razão têm um valor relativo e condicionado, o de *meios*, eis por que se lhes chama *coisas*.[4] "Ao contrário, os seres racionais são chamados de *pessoas*, porque sua natureza já os designa como fim em si, ou seja, como algo que não pode ser empregado simplesmente como meio e que, por conseguinte, limita na mesma proporção o nosso arbítrio, por ser um objeto de respeito."[5] E, assim, se revela como um *valor absoluto*, porque a *natureza racional existe como fim em si mesma*. Daí, o homem representar necessariamente sua própria existência. Mas qualquer outro ser racional representa, igualmente, sua existência, em conseqüência do mesmo princípio racional que vale também para mim; é, pois, ao mesmo tempo, um princípio *objetivo* que vale para outra pessoa. Daí o imperativo prático, posto por Kant: "Age de tal sorte que consideres a Humanidade, tanto na tua pessoa como na pessoa de qualquer outro, sempre e simultaneamente como fim e nunca simplesmente como meio".[6] Disso decorre que os "seres racionais estão submetidos à *lei* segundo a qual cada um deles *jamais* se trate a si mesmo ou aos outros *simplesmente como meio*, mas sempre e *simultaneamente como fins em si*".[7] Isso porque "o homem não é uma coisa, não é, por conseqüência, um objeto que possa ser tratado simplesmente como meio, mas deve em todas as suas ações ser sempre considerado como um fim em si".[8]

3. Isso, em suma, quer dizer que só o ser humano, o ser racional, é *pessoa*. Todo ser humano, sem distinção, é pessoa, ou seja, um ser espi-

---

4. Cf. Emmanuel Kant, *Fondements de la Métaphysique des Moeurs*, trad. de Victor Delbos, Paris, Librairie Philosophique J. Vrin, 1992, p. 104.
5. Idem, ibidem.
6. Idem, ibidem, p. 105.
7. Idem, ibidem, p. 111.
8. Idem, ibidem, p. 106.

ritual, que é, ao mesmo tempo, fonte e imputação de todos os valores. Consciência e vivência de si próprio, todo ser humano se reproduz no outro como seu correspondente e reflexo de sua espiritualidade, razão por que desconsiderar uma pessoa significa, em última análise, desconsiderar a si próprio. Por isso é que a pessoa é um centro de imputação jurídica, porque o Direito existe em função dela e para propiciar seu desenvolvimento. Nisso já se manifesta a idéia de dignidade de um ser racional que não obedece a outra lei senão àquela que ele mesmo, ao mesmo tempo, institui, no dizer de Kant.[9]

3. Dignidade

4. Voltemos, assim, à filosofia de Kant, segundo a qual no reino dos fins tudo tem um *preço* ou uma *dignidade*. Aquilo que tem um *preço* pode muito bem ser substituído por qualquer outra coisa *equivalente*. Daí a idéia de valor relativo, de valor condicionado, porque existe simplesmente como meio, o que se relaciona com as inclinações e necessidades gerais do homem e tem um *preço de mercado*; enquanto aquilo que não é um valor relativo, e é superior a qualquer preço, é um valor interno e não admite substituto equivalente, é uma *dignidade*, é o que tem uma *dignidade*.[10]

5. Correlacionados assim os conceitos, vê-se que a *dignidade* é atributo intrínseco, da essência, da pessoa humana, único ser que compreende um valor interno, superior a qualquer preço, que não admite substituição equivalente. Assim a dignidade entranha-se e se confunde com a própria natureza do ser humano.

4. Proteção constitucional da dignidade humana

6. Portanto, a *dignidade da pessoa humana* não é uma criação constitucional, pois ela é um desses conceitos *a priori*, um dado preexistente a toda experiência especulativa, tal como a própria pessoa humana. A Constituição, reconhecendo a sua existência e a sua eminência, transforma-a num valor supremo da ordem jurídica, quando a declara como um dos *fundamentos* da República Federativa do Brasil constituída em Estado Democrático de Direito.

7. Não é o caso, aqui, de empreender uma discussão em torno da distinção entre valores supremos, fundamentos, princípios constitucio-

---

9. Idem, ibidem, p. 112.
10. Idem, ibidem, pp. 112 e 113.

nais, princípios fundamentais, princípios inspiradores da ordem jurídica e princípios gerais do Direito, a fim de buscar um enquadramento da dignidade da pessoa humana num deles.[11] Apenas convém esclarecer que não se trata de um princípio constitucional fundamental. E fazemos esse esclarecimento porque a partir da promulgação da Constituição de 1988 a doutrina passou a tentar enquadrar tudo nesse conceito, sem atinar que ele é um conceito que se refere apenas à estruturação do ordenamento constitucional, portanto mais limitado do que os princípios constitucionais gerais, que envolvem toda a ordenação jurídica.

8. Poderíamos até dizer que a eminência da dignidade da pessoa humana é tal que é dotada ao mesmo tempo da natureza de valor supremo, princípio constitucional fundamental e geral que inspira a ordem jurídica. Mas a verdade é que a Constituição lhe dá mais do que isso, quando a põe como *fundamento* da República Federativa do Brasil constituída em Estado Democrático de Direito. Se é *fundamento* é porque se constitui num valor supremo, num valor fundante da República, da Federação, do país, da democracia e do Direito. Portanto, não é apenas um princípio da ordem jurídica, mas o é também da ordem política, social, econômica e cultural. Daí sua natureza de valor supremo, porque está na base de toda a vida nacional.

9. Repetiremos aqui o que já escrevemos de outra feita, ou seja, que a *dignidade da pessoa humana* é um valor supremo que atrai o conteúdo de todos os direitos fundamentais do Homem, desde o direito à vida. "Concebido como referência constitucional unificadora de todos os direitos fundamentais, observam Gomes Canotilho e Vital Moreira, o conceito de dignidade da pessoa humana obriga a uma densificação valorativa que tenha em conta o seu amplo sentido normativo-constitucional e não uma qualquer idéia apriorística do Homem, não podendo reduzir-se o sentido da dignidade humana à defesa dos direitos pessoais tradicionais, esquecendo-a nos casos de direitos sociais, ou invocá-la para construir 'teoria do núcleo da personalidade' individual, ignorando-a quando se trate de direitos econômicos, sociais e culturais".[12] Daí decorre que a ordem econômica há de ter por fim assegurar a todos existência digna (art. 170), a ordem social visará à realização da justiça social (art. 193), a educação, o desenvolvimento da pessoa e seu preparo para o exercício da cidadania (art. 205), etc., não

---

11. Sobre essa discussão, cf. Jesús González Pérez, *La Dignidad de la Persona*, Madri, Civitas, 1986, pp. 82 e ss.
12. Cf. *Constituição da República Portuguesa Anotada*, Coimbra, Coimbra Editora, 1984, p. 70.

como meros enunciados formais, mas como indicadores do conteúdo normativo eficaz da dignidade da pessoa humana.[13]

5. Natureza da dignidade tutelada

10. Para bem definir o objeto da tutela constitucional, há que se considerar que a palavra "dignidade" é empregada em diversos contextos com sentidos qualificados. Fala-se em *dignidade espiritual, dignidade intelectual, dignidade social* e *dignidade moral*.[14] Quando Carlos Nino diz que o princípio da dignidade da pessoa é o "que prescreve que *os homens devem ser tratados segundo suas decisões, intenções ou manifestações de consentimento*", refere-se certamente àquelas várias acepções de dignidade, que se ligam a formas de comportamento. Mas a dignidade da pessoa humana, concebida pela Constituição como fundamento do Estado Democrático de Direito e, pois, como valor supremo da democracia, é de outra natureza.

11. De fato, a palavra "dignidade" é empregada seja como *uma forma de comportar-se*, seja como *atributo intrínseco da pessoa humana*; neste último caso, como um valor de todo ser racional, independentemente da forma como se comporte.[15] É com esta segunda significação que a Constituição tutela a dignidade da pessoa humana como fundamento do Estado Democrático de Direito, de modo que nem mesmo um comportamento indigno priva a pessoa dos direitos fundamentais que lhe são inerentes, ressalvada a incidência de penalidades constitucionalmente autorizadas.[16] Por isso, consoante lembra Jesús González Pérez, "é inconcebível afirmar – como fazia Santo Tomás de Aquino para justificar a pena de morte – que o homem, ao delinqüir, se aparta da ordem da razão, e, portanto, *decai da dignidade humana* e se rebaixa em certo modo à condição de besta (S. Th. II-II, q. 64, a 2, ad. 3)".[17]

12. Porque a dignidade acompanha o homem até sua morte, por ser da essência da natureza humana, é que ela não admite discriminação alguma e não estará assegurada se o indivíduo é humilhado, dis-

---

13. Cf. nosso *Curso de Direito Constitucional Positivo*, 9ª ed., São Paulo, Malheiros Editores, 1984, p. 96 *[hoje, em 17ª ed., 2000]*.
14. Cf. René le Senne, *Traité de Morale Générale*, 5ª ed., Paris, Presses Universitaires de France, 1967, pp. 587 e 588.
15. A propósito, cf. Fernando Garrido Falla, *Comentarios a la Constitución*, Madri, Civitas, 1985, comentário ao art. 10, 1, p. 187.
16. Cf. Fernando Garrido Falla, ob. cit., p. 187.
17. Ob. cit., p. 25.

criminado, perseguido ou depreciado,[18] pois, como declarou o Tribunal Constitucional da República Federal da Alemanha, "à norma da dignidade da pessoa humana subjaz a concepção da pessoa como um ser ético-espiritual que aspira a determinar-se e a desenvolver-se a si mesma em liberdade".[19] Aliás, Kant já afirmava que a *autonomia* (liberdade) é o princípio da dignidade da natureza humana e de toda natureza racional, considerada por ele um valor incondicionado, incomparável, que traduz a palavra *respeito*, única que fornece a expressão conveniente da estima que um ser racional deve fazer dela.[20]

13. Não basta, porém, a liberdade formalmente reconhecida, pois a dignidade da pessoa humana, como fundamento do Estado Democrático de Direito, reclama condições mínimas de existência, *existência digna conforme os ditames da justiça social como fim da ordem econômica*. É de lembrar que constitui um desrespeito à dignidade da pessoa humana um sistema de profundas desigualdades, uma ordem econômica em que inumeráveis homens e mulheres são torturados pela fome, inúmeras crianças vivem na inanição, a ponto de milhares delas morrerem em tenra idade.[21] "Não é concebível uma vida com dignidade entre a fome, a miséria e a incultura", pois a "liberdade humana com freqüência se debilita quando o homem cai na extrema necessidade", a "igualdade e dignidade da pessoa exigem que se chegue a uma situação social mais humana e mais justa. Resulta escandaloso o fato das excessivas desigualdades econômicas e sociais que se dão entre os membros ou os povos de uma mesma família humana. São contrárias à justiça social, à eqüidade, à dignidade da pessoa humana e à paz social e internacional".[22]

6. Conclusão

14. Em conclusão, a dignidade pessoa humana constitui um valor que atrai a realização dos direitos fundamentais do Homem, em todas as suas dimensões; e, como a democracia é o único regime político capaz de propiciar a efetividade desses direitos, o que significa dignificar o Homem, é ela que se revela como o seu valor supremo, o valor que o dimensiona e humaniza.

18. Cf. Robert Alexy, *Teoría de los Derechos Fundamentales*, trad. do alemão por Ernesto Garzón Valdés, Madri, Centro de Estudios Constitucionales, 1993, p. 345; cf. também Jesús González Pérez, ob. cit., p. 25.
19. In Robert Alexy, ob. cit., p. 345.
20. Cf. ob. cit., p. 114.
21. Cf. Jesús González Pérez, ob. cit., pp. 62 e 63, citando a encíclica *Populorum Progressio*, n. 45.
22. Cf. *Gaudium et spes*, cit. por Jesús González Pérez, ob. cit., p. 63.

ACESSO À JUSTIÇA E CIDADANIA

1. Introdução. 2. Cidadania e seus direitos. 3. Acesso à Justiça. 4. Justiça igual para todos. 5. Acesso à Justiça e organização judiciária. 6. Pontos da reforma judiciária. 7. Conclusão.

1. Introdução

1. Acesso à Justiça é uma expressão que significa o direito de buscar proteção judiciária, o que vale dizer: direito de recorrer ao Poder Judiciário em busca da solução de um conflito de interesses. Nessa acepção, a expressão *acesso à Justiça* tem um sentido institucional. Essa é a significação que se acha no inciso XXXV do art. 5º da Constituição, quando diz que "a lei não poderá excluir da apreciação do Poder Judiciário lesão ou ameaça a direito".

Mas, se o acesso à Justiça se resumisse apenas nessa acepção institucional, seu significado seria de enorme pobreza valorativa. Veremos adiante que mesmo a norma constitucional contida no citado inciso XXXV não se resume nessa fórmula de pouca expressividade normativa. É que, na verdade, quem recorre ao Poder Judiciário confia em que ele é uma instituição que tem por objeto ministrar justiça como valor, instituição que, numa concepção moderna, não deve nem pode satisfazer-se com a pura solução das lides, de um ponto de vista puramente processual. Os fundamentos constitucionais da atividade jurisdicional querem mais, porque exigem que se vá a fundo na apreciação da lesão ou ameaça do direito para efetivar um julgamento justo do conflito. Só assim se realizará a justiça concreta que se coloca precisamente quando surgem conflitos de interesses, como lembra Kelsen: "E somente onde existem tais conflitos de interesses a justiça se torna um problema. Onde não há conflitos de interesses, não há necessidade de justiça".[1]

2. Se o Poder Judiciário é um dos poderes do Estado, como enuncia o art. 2º da Constituição, e se o Estado, República Federativa do

---

1. Cf. *O que É justiça?*, trad. de Luís Carlos Borges, p. 4.

Brasil, tem como um de seus primeiros fundamentos construir uma sociedade justa, então não pode mais ele se contentar com a mera solução processual dos conflitos. Cada sentença há que constituir um tijolo nessa construção da sociedade justa. E a justiça, aqui, há de ser aquele valor supremo de uma sociedade fraterna, pluralista e sem preconceito que nos promete o "Preâmbulo" da Constituição. Montesquieu já dizia que não haveria liberdade se o poder de julgar não fosse separado dos outros poderes.[2] Hoje, quer-se muito mais do Poder Judiciário, requer-se que ele seja efetivo guardião dos direitos fundamentais da pessoa humana, sem o que a justiça não se realizará.

3. E aqui é que entra o outro tema desta exposição: a *cidadania*. É o que examinaremos sinteticamente em seguida, para depois aprofundarmos a questão do acesso à Justiça.

2. Cidadania e seus direitos

4. Uma idéia essencial do conceito de cidadania consiste na sua vinculação com o princípio democrático.[3] Por isso, pode-se afirmar que, sendo a democracia um conceito histórico que evolui e se enriquece com o evolver dos tempos, assim também a cidadania ganha novos contornos com a evolução democrática. É por essa razão que se pode dizer que a cidadania é o foco para onde converge a soberania popular. E essa nova idéia de cidadania se constrói sob o influxo progressivo dos direitos fundamentais do Homem.

5. Ora, dentre esses direitos fundamentais da pessoa humana sobreleva o direito que todos têm à jurisdição. Bem o diz o art. 10 da Declaração Universal dos Direitos Humanos: "Toda pessoa tem direito, em plena igualdade, a uma audiência justa e pública por parte de um tribunal independente e imparcial, para decidir de seus direitos e deveres ou do fundamento de qualquer acusação criminal contra ela". Essa norma integra nosso ordenamento constitucional por força do § 2º do art. 5º da Constituição, quando estabelece que os direitos e garantias expressos nela não excluem outros decorrentes do regime e dos princípios por ela adotados, ou *dos tratados internacionais em que a República Federativa do Brasil seja parte*. Com isso, ganha nova dimensão o art. 5º, XXXV, da nossa Constituição quando reconhece esse direito,

---

2. Cf. *De l'Esprit des Lois*, t. I, p. 164.

3. *Nota desta edição*: Para maior desenvolvimento sobre a concepção moderna de *cidadania*, cf. *supra*, neste volume, "Faculdades de Direito e a construção da cidadania".

ao declarar que a lei não excluirá da apreciação do Poder Judiciário lesão ou ameaça a direito.

3. Acesso à Justiça

6. O *acesso à Justiça*, como dissemos no início desta exposição, é uma garantia constitucional consubstanciada no inciso XXXV do art. 5º de nossa Carta Magna. Mas como também dissemos que o acesso à Justiça não se resume na mera faculdade de recorrer ao Poder Judiciário, desse mesmo dispositivo emana o *princípio da proteção judiciária*, mais rico de conteúdo valorativo, porque constitui a principal garantia dos direitos subjetivos. Mas ele, por seu turno, fundamenta-se no princípio da separação de poderes, reconhecido pela doutrina como garantia das garantias constitucionais, enquanto poder que detém o monopólio da jurisdição. Aí se junta uma constelação de garantias: as da independência e imparcialidade do juiz, a do juiz natural ou constitucional, a do direito de ação e de defesa, manifestação do direito fundamental à jurisdição, lembrado acima. Tudo ínsito nas regras do art. 5º, XXXV, LIV e LV.[4]

7. Analisemos o citado art. 5º, XXXV. Declara ele o seguinte: "a lei não excluirá da apreciação do Poder Judiciário lesão ou ameaça a direito". Cármen Lúcia Antunes Rocha censura a fórmula indireta da regra que confere o direito à jurisdição pela via indireta da proibição de competência ao legislador infraconstitucional de dispor em sentido contrário,[5] em lugar de assegurar o direito na formulação positiva e direta, como fazem as Constituições da Itália, da Alemanha, de Portugal e da Espanha e também a Declaração Universal dos Direitos Humanos.[6] O princípio foi convertido em regra de Direito Positivo através

---

4. Garante-se no texto o *processo*, que envolve o direito à ação, o direito de defesa, o contraditório, a isonomia processual e a bilateralidade dos atos procedimentais. Cf. Frederico Marques, in "O art. 141, § 4º, da Constituição Federal", *Revista da Faculdade de Direito da Universidade do Ceará* 16/65 e ss., dezembro de 1962, que se refere à Constituição de 1946, mas com ensinamento válido ainda; idem, *A Reforma do Poder Judiciário*, pp. 69 e ss.; Ada Pellegrini Grinover, ob. cit., tít. III; Kazuo Watanabe, ob. cit.; Luigi Paolo Comoglio, *La Garanzia Costituzionale dell'Azione ed il Processo Civile*, Pádua, CEDAM, 1970; Vicenzo Vigoritti, *Garanzie Costituzionale del Processo Civile*, Milão, Giuffrè, 1973; Nicolò Trocker, *Processo Civile e Costituzionale*, trad. de Gian Antonio Micheli, Milão, Giuffrè, 1974.

5. Cf. "O direito constitucional à jurisdição", in Sálvio de Figueiredo Teixeira (coord.), *As Garantias do Cidadão na Justiça*, p. 49.

6. Itália, art. 24: "Tutti possono agire in giudizio per la tutela dei propri diritti e interessi legitimi"; Alemanha, art. 103, 1: "Todos têm o direito de serem ouvidos

do art. 141, § 4º, da Constituição de 1946. Não figurou nas Constituições anteriores; não que o direito à jurisdição não fosse um princípio constitucional desde a Constituição do Império, dedutível das normas de estruturação do Poder Judiciário, como lembrou Hermes Lima nos debates da Constituinte de 1946, em face da proposta segundo a qual "nenhum assunto relativo a direito poderá ser excluído do conhecimento do Poder Judiciário", ao que Mário Masagão objetou, conforme narra José Duarte, que Hermes Lima "se tornou avesso à realidade de algum tempo a esta parte, pois atravessou quinze anos a ver o Governo expedir decretos-leis, para impedir que o Judiciário tomasse conhecimento de vários assuntos, e agora quer suprimir o dispositivo pelo qual aquelas garantias, que nos faltavam, entrem para o texto constitucional".[7] O texto veio em forma negativa em reação ao modo usado (a lei, decreto-lei) para excluir da apreciação do Poder Judiciário lesão de direito. As reações ao arbítrio raramente vêm em forma positiva. Não se pode olvidar, ademais, o fato de que as normas constitucionais negativas têm eficácia plena e aplicabilidade imediata, indiscutível, mas é certo que nem sempre revelam eficácia constitutiva. Por isso, as palavras da autora citada são justas, quando declara: "Assim, historicamente se justifica o tratamento normativo constitucional oferecido ao tema, mas não o faz melhor dentre as possibilidades experimentadas no constitucionalismo contemporâneo. Quanto mais direta a norma, especialmente a constitucional, mais possibilidades tem ela de ter eficácia jurídica e social. Principalmente num país como o Brasil, em que a jurisdição não é nem mesmo agora vista tranqüilamente como o exercício regular e normal de um direito, preferindo-se, ainda, vislumbrá-la como uma afronta contra aquele que é convocado ao litígio judicial, a expressão

---

legalmente perante os tribunais"; Portugal, art. 20, 1: "A todos é assegurado o acesso ao direito e aos tribunais para defesa dos seus direitos e interesses legítimos, não podendo a justiça ser denegada por insuficiência de meios econômicos"; Espanha, art. 24, 1: "Todas las personas tienen derecho a obtener la tutela efectiva de los jueces y tribunales en el ejercicio de sus derechos e intereses legítimos, sin que, en ningún caso, pueda producirse indefensión"; Declaração Universal dos Direitos Humanos, art. 10: "Toda pessoa tem direito, em plena igualdade, a uma audiência justa e pública por parte de um tribunal independente e imparcial, para decidir de seus direitos e deveres ou do fundamento de qualquer acusação criminal contra ela". Assim também o art. 14 do Pacto Internacional de Direitos Civis e Políticos, e mais o art. 18 da Declaração Americana dos Direitos e Deveres do Homem: "Toda pessoa pode recorrer aos tribunais para fazer respeitar os seus direitos"; igualmente o art. 8º da Convenção Americana sobre Direitos Humanos (*Pacto de San José de Costa Rica*).

7. Cf. *A Constituição Brasileira de 1946, Exegese dos Textos à Luz dos Trabalhos da Assembléia Constituinte*, v. 3, pp. 16 e 17.

constitucional que a positiva tem valor especial. Quanto mais invocado no texto da norma o titular do direito assegurado, tanto mais facilitado será o seu exercício e maior efetividade terá a norma, com as conseqüentes – e mesmo que implícitas – limitações de competências que lhe neguem a amplitude, diluam ou embaracem a sua aplicação".[8]

8. Acrescenta-se ao texto, agora, também a *ameaça a direito*, o que não é sem conseqüência, pois possibilita o ingresso em juízo para assegurar direitos simplesmente ameaçados. Isso já se admitia nas leis processuais, em alguns casos. A Constituição amplia o direito de acesso ao Judiciário, antes da concretização da lesão.

9. A primeira garantia que o texto revela é a de que cabe ao Poder Judiciário o monopólio da jurisdição, pois sequer se admite mais o contencioso administrativo que estava previsto na Constituição revogada. A segunda garantia consiste no direito de invocar a atividade jurisdicional sempre que se tenha como lesado ou simplesmente ameaçado um direito, individual ou não, pois a Constituição já não mais o qualifica de individual – no que andou bem, porquanto a interpretação sempre fora a de que o texto anterior já amparava direitos, por exemplo, de pessoas jurídicas ou de outras instituições ou entidades não-individuais, e agora hão de levar-se em conta os direitos coletivos também.

10. O art. 5º, XXXV, consagra, como dissemos, o direito de invocar a atividade jurisdicional como direito público subjetivo. Não se assegura aí apenas o direito de agir, o direito de ação. Invocar a jurisdição para a tutela de direito é também direito daquele contra quem se age, contra quem se propõe a ação. Garante-se a plenitude da defesa, agora mais incisivamente assegurada no inciso LV do mesmo artigo: "aos litigantes, em processo judicial ou administrativo, e aos acusados em geral são assegurados o contraditório e ampla defesa, com os meios e recursos a ela inerentes". Agora a seguinte passagem do magistério de Liebman tem ainda maior adequação ao Direito Constitucional brasileiro: "O poder de agir em juízo e o de defender-se de qualquer pretensão de outrem representam a garantia fundamental da pessoa para a defesa de seus direitos e competem a todos indistintamente, pessoa física e jurídica, italianos *[brasileiros]* e estrangeiros, como atributo imediato da personalidade, e pertencem por isso à categoria dos denominados *direitos cívicos*".[9]

8. Cf. in ob. cit., p. 49.
9. Cf. *Mannuale di Diritto Processuale Civile*, v. I, pp. 10 e 11.

11. A *apreciação* da lesão ou ameaça de direito revela o conteúdo jurídico da norma do art. 5º, XXXV. Que significa isso? O Poder Judiciário *aprecia* emitindo juízo de valor. "Apreciar" (de *apreço*, valor, dar valor) significa definir o valor de alguma coisa. Quando isso é feito pelo Judiciário, o que se tem é um julgamento, pelo qual se decide o sentido do objeto sob apreciação. Logo, a apreciação da lesão ou ameaça de direito, pelo Poder Judiciário, se traduz numa decisão que define se houve ou não a lesão do direito, se há ou não a ameaça a direito alegada pela pessoa ou coletividade que recorreu ao Poder Judiciário. É no signo "apreciação" que se centra a garantia individual consubstanciada na norma constitucional. Bem o lembra, mais uma vez, Cármen Lúcia Antunes Rocha: "A *apreciação* não é mera referência constitucional, é direito fundamental individual e coletivo". Por isso, segundo ela, a "apreciação da lesão ou ameaça a direito alegada pela pessoa e encaminhada ao Poder Judiciário não se aperfeiçoa pela única repetição de uma decisão, independentemente do exame e julgamento de razões e fundamentos alegados pela parte". Isso ela o disse para mostrar que a súmula vinculante tolheria a apreciação do magistrado no sentido largo previsto constitucionalmente.[10]

É preciso repisar aqui a idéia, já lançada antes, de que o *direito de acesso à Justiça*, consubstanciado no dispositivo em comentário, não pode e nem deve significar apenas o direito formal de invocar a jurisdição, mas o *direito a uma decisão justa*. Não fora assim, aquela *apreciação* seria vazia de conteúdo valorativo.

4. Justiça igual para todos

12. O direito fundamental de acesso à Justiça, como se vê pelas considerações *supra*, está resolvido do ponto de vista jurídico-constitucional. É, porém, profundamente triste constatar que, a despeito de assim resolvido, o nosso Direito ainda não foi capaz de revogar a frase que Ovídio, poeta latino dos *Tristes* e das *Metamorfeses*, lançou há mais de dois mil anos, qual seja: *Curia pauperibus clausa est* (o tribunal, ou seja, a Justiça, está fechado para os pobres).[11] É que o acesso à Justiça não é só uma questão jurídico-formal, mas é também e especialmente um problema econômico-social, de sorte que sua aplicação real depende da remoção de vários obstáculos de caráter material, para que

---

10. Cf. "Sobre a súmula vinculante", *RDA* 210/142.
11. Cf. *Amores*, L. III, VIII, 55, in Mauro Cappelletti, *Proceso, Ideologías, Sociedad*, p. 155.

os pobres possam gozar do princípio de uma Justiça igual para todos.[12] Ter acesso ao Judiciário sem a garantia de um tratamento igualitário não é participar de um processo justo. A igualdade é elemento comum a toda concepção de justiça, mormente na sua manifestação mais característica e mais relevante, que é a igualdade perante o juiz. Pois é nesse momento que a igualdade ou a desigualdade se efetiva concretamente, como coisa julgada. O princípio da igualdade da justiça só será respeitado, no sentido atual, se o juiz perquirir a idéia de igualdade real, que busca realizar a igualização das condições dos desiguais em consonância com o postulado da justiça concreta, não simplesmente da justiça formal.[13]

13. A cidadania não se realizará com a simples igualdade perante a lei, pois, como lembra Cappelletti, "hoje, é bem claro que tratar como iguais a sujeitos que econômica e socialmente estão em desvantagem não é outra coisa senão uma ulterior forma de desigualdade e de injustiça".[14] Calamandrei ressalta numa passagem candente, citada por Cappelletti, a insuficiência dos velhos princípios sobre os quais se apóia a justiça no processo judicial, tais como *ne procedat iudex ex officio, ne iudex iudicet in re sua, audiatur altera pars*, que respondem a um processo *liberal*, mas não a um processo *justo*, para cuja efetivação não basta que ante um juiz imparcial haja duas partes em contraditório, de modo que o juiz possa ouvir as razões de ambas; é necessário, além disso, que essas duas partes se encontrem entre si em condição de paridade não meramente jurídica e teórica, senão que exista entre elas uma efetiva paridade *prática*, o que quer dizer paridade técnica e também econômica. É que também diante da administração da justiça existe o perigo de que gravite sobre o pobre aquela maldição que pesa sobre ele cada vez que os ordenamentos democráticos se limitem a assegurar-lhe, a ele como a todos os outros cidadãos, as liberdades políticas e civis, as quais, em demasiadas ocasiões, quando lhes faltam os meios econômicos indispensáveis para valer-se praticamente daquelas liberdades, se resolvem para o pobre em coisa irrisória.[15] Nessa concepção de um processo *justo*, o clássico direito de ação se transforma num di-

---

12. Temática muito discutida por Cappelletti, ob. cit., pp. 68 e ss.
13. Cf. nosso "O advogado perante o princípio da igualdade", tese apresentada e aprovada na VI Conferência da OAB, realizada em Salvador, Bahia, de 17 a 22 de outubro de 1976, in *Revista da Procuradoria-Geral do Estado de São Paulo* 9/141 e 142.
14. Cf. ob. cit., p. 67.
15. Cf. in Mauro Cappelletti, ob. cit., p. 116.

reito de projeção social, não apenas como meio de recorrer ao Poder Judiciário para a defesa dos direitos individuais, mas para o estabelecimento de um verdadeiro direito material da justiça, que requer a remoção dos obstáculo econômicos e sociais que impedem o efetivo acesso à jurisdição.[16]

14. Em resumo, a questão dramática do acesso ao princípio da Justiça igual para todos consiste precisamente na desigualdade de condições materiais entre litigantes, que condicionam profunda injustiça àqueles que, defrontando-se com litigantes afortunados e poderosos, ficam na impossibilidade de exercer seu direito de ação e de defesa. Isso se torna ainda mais dramático com as conseqüências processuais da revelia consubstanciada nas leis processuais, em virtude das dificuldades que o pobre tem de acesso até mesmo às fontes de informação que o alertem para os efeitos de sua inércia. É que um dos obstáculos sociais que impedem o acesso à Justiça está também na desinformação da massa da população a respeito de seus direitos. Isso é uma questão de educação, que promova o pleno desenvolvimento da pessoa e a prepare para o exercício da cidadania e sua qualificação para o trabalho, como determina formalmente a Constituição (art. 205), mas que a prática não consegue efetivar. A situação de miséria, despreparo e carência de milhões de brasileiros torna injusta e antidemocrática a norma do art. 3º de nossa Lei de Introdução ao Código Civil, segundo o qual *ninguém se escusa de cumprir a lei, alegando que não a conhece*. Essa regra é a legalização de um velho aforismo: *ignorantia iuris non excusat* – que Mauro Cappelletti increpa de ser fórmula clássica de um sistema não democrático, porque, diz ele, a realidade é que o rico pode eliminar a ignorância assegurando-se de serviços de consultores jurídicos, enquanto ela paralisa o pobre no exercício de seus direitos, quando não o coloca francamente à mercê de baixas especulações profissionais. Dá ele exemplo para a Itália que calha bem ao nosso meio, onde em certas regiões é manifesto que o fenômeno de uma multissecular ignorância está na base de formas tradicionais e difundidas de bandidagem e de justiça pelas próprias mãos feita fora e contra a Justiça estatal (regime de escravidão, de exploração de menores etc.), e ainda acrescenta que, tal como acontece aqui, é freqüente que os mais pobres nem sequer saibam da existência de certos direitos seus e da possibilidade de fazê-los valer em juízo servindo-se do patrocínio gratuito,[17] de defensores públicos.

---

16. Cf. Héctor Fix-Zamudio, "La administración de justicia", *Separata de Anuario Jurídico*, VII – 1980, p. 87.
17. Cf. ob. cit., p. 177.

15. A assistência jurídica integral e gratuita aos que comprovarem insuficiência de recursos configura um dos direitos individuais inscritos na Constituição (art. 5º, LXXIV); como outras prestações positivas do Estado, procura realizar o princípio da igualização das condições dos desiguais perante a Justiça, mas temos de convir que ainda é um ideal longe de ser atingido, e sua insuficiência deixa o beneficiado em razoável desamparo, embora o sistema de defensorias públicas tenda ao aperfeiçoamento com a profissionalização específica e missioneira para o exercício desse mister. A velha e hoje ultrapassada fórmula de nomeação de advogados dativos transfere o tratamento desigual para eles, confrontando procuradores em situação de desigualdade. Com efeito, o patrocínio gratuito como *dever honorífico* de defender o pobre é uma mistificação, como nota Cappelletti, "que não prospera numa economia de mercado na qual uma prestação não retribuída está destinada a ser, na maior parte dos casos, de deficiente qualidade quando não possa ser, como de fato o é freqüentemente, simplesmente recusada".[18] Embora, na concepção da Constituição (art. 133), o advogado já não possa mais considerar-se um profissional tipicamente liberal, mas um colaborador ativo e indispensável ao julgador na solução justa, e não somente formal, das controvérsias,[19] não será justo impor-lhe um ônus, o *patrocínio honorífico*, que deve caber ao sistema de prestações positivas do Estado.

16. Não basta, porém, o poder público oferecer serviços de assistência jurídica aos necessitados para que se efetive na prática o direito de acesso à Justiça. Enquanto não se criarem as condições econômicas e sociais indispensáveis ao gozo dos direitos fundamentais, sempre haverá dificuldades para a implementação do princípio da Justiça igual para todos, porque a relação de injustiça está na própria configuração da ordem social. Uma ordem social injusta não pode produzir um processo justo, nem, por certo, um sistema judicial de solução justa dos conflitos de interesses.

5. *Acesso à Justiça e organização judiciária*

17. A organização judiciária é meio institucional preordenado para o exercício da prestação jurisdicional, que o Estado tem que pôr a serviço da cidadania. As instituições judiciárias, como qualquer instituição, constituem organizações fundadas numa idéia de obra a realizar-se. Não

---

18. Ob. cit., p. 111.
19. Cf. Héctor Fix-Zamudio, ob. cit., p. 92.

são entes estáticos. São, ao contrário, dinâmicos, porque são entidades históricas que, como a História, hão de transformar-se para bem servir à comunidade. As instituições, adverte Maurice Hauriou,[20] duram enquanto respondam às necessidades do meio social e segundo as idéias em que repousam estejam mais ou menos cerca da verdade e da justiça, pois, as instituições respondem a necessidades, prestam serviços; quando cessam de prestá-los, ou não os prestam devidamente, ou se voltam de preferência para seu interior, apegadas a interesses corporativos, correm o risco de deformar-se, tornando-se parasitárias, diz ele. Neste caso, diz ainda Hauriou, a confiança do público se aparta delas lentamente. Se sobrevivem algum tempo, é em virtude da velocidade adquirida, mas se encontram em transe de reforma ou de supressão.

18. Estamos todos conscientes de que o Poder Judiciário, como instituição pública governamental, não vem respondendo às necessidades da hora presente. Forjado no contexto do Estado Liberal, não conseguiu transformar-se para acompanhar as novas exigências históricas. Encastelado no espírito individualista, continua um poder passivo, à espera de que os sedentos de justiça lhe mendiguem a solução do seu caso. Aqui, o *Sermão da Montanha* não tem acertado. Este diz: "Bemaventurados os que têm fome e sede de justiça, porque eles serão fartos" (Mat., Cap. 5, vers. 6). Não tem havido bem-aventurança, não por culpa da Magistratura em si, mas das estruturas caducas e empedernidas. Não há qualquer injustiça se lermos versículo bíblico às avessas: "Mal-aventurados os que têm fome e sede de justiça no Brasil, porque eles não serão fartos" – pois que a solução é tão demorada que mais vale o dito de Ruy Barbosa de que "justiça atrasada não é justiça, mas injustiça qualificada e manifesta".

19. Todos estamos conscientes de que o Judiciário carece de profunda reforma, não só disso. Talvez precise mais ainda de ser repensado, para que passe a exercer novo papel histórico, desencastelando-se, para ir fartar a fome de justiça àqueles que não têm condições de ir às suas salas e palácios. Nesse sentido, são alvissareiras algumas experiências que estão sendo feitas de *Juizados Itinerantes*, no Estado do Amapá, sob três modalidades: *Juizado Itinerante Fluvial* (um barco com juiz, promotor, defensor e funcionários percorre o rio Amazonas, atendendo à população ribeirinha); *Juizado Itinerante Terrestre* (um ônibus é transformado em sala de audiência e percorre bairros periféricos da Capital); *Juizado Volante* (que atende, rapidamente, a acidentes de

---

20. Cf. *Direito Público e Constitucional*, p. 90.

trânsito sem lesão grave). Experiência semelhante também se faz em São Paulo, em que *Juizado Itinerante Permanente*, em *trailers*, percorre os bairros periféricos da Capital para prestar serviços jurisdicionais a essas comunidades, já em fase de extensão a comarcas do interior do Estado. Há também experiência semelhante no Espírito Santo e em Minas Gerais. É também auspiciosa a generalização dos Juizados Especiais Cível e Criminal com base na Lei 9.099/95. Essas experiências constituem um avanço importante, não só pela prestação jurisdicional rápida, mas, sobretudo, porque geram uma ponderável reflexão sobre a função social do juiz e a mudança de mentalidade dos tribunais.

20. São avanços promissores, mas limitados, porque esses Juizados Especiais, mormente na sua forma itinerante, são uma pequena fração do trabalho da administração da Justiça e não podem ser encarados senão como medidas complementares. Sou, por outro lado, cético quanto ao futuro desses Juizados Especiais, se não se criarem carreiras de uma Magistratura especializada para eles, porque o juiz tradicional não se afeiçoa a esse tipo de trabalho. Demais, enquanto esses Juizados Especiais, mormente os criminais, não passarem a funcionar, de alguma forma, vinte quatro horas por dia, para resolverem os crimes de pequeno potencial ofensivo instantaneamente, por certo que os resultados serão muito aquém do desejável, especialmente porque os termos circunstanciados e os procedimentos deles resultantes já começam a ficar burocratizados, e já a morosidade chega a esses Juizados.

21. Enfim, se o Poder Judiciário deve ser mesmo a sede da cidadania e jurisdição, uma via de agitação permanente da cidadania, como vaticina ilustre constitucionalista mineira,[21] tem ele que sair do marasmo, e, para tanto, não bastam melhorias pontuais. É necessário, contudo, compreender a reforma no sentido muito mais amplo. Ela deve abranger todas as instituições envolvidas na administração da Justiça, o que envolve instituições policiais, Ministério Público, inclusive posturas de advogados, sistema carcerário, e especialmente a legislação processual, substituindo tecnicismo e ficções legais por formalidades simples e normas processuais ágeis e destinadas a eliminar sutilezas e chicanas. Um pouco de formalidades é absolutamente necessário para a proteção de direitos e a realização de um julgamento justo, mas o excesso de formalidades acaba resultando na violação do direito a uma sentença em tempo hábil e em um julgamento injusto.

21. Cf. Cármen Lúcia Antunes Rocha, "A reforma do Poder Judiciário", *RDA* 211/104.

6. Pontos da reforma judiciária

22. Tem-se discutido muito a reforma do Judiciário. Há vários projetos em tramitação no Congresso Nacional. Temas polêmicos como *súmulas vinculantes*, *controle externo do Judiciário*, agitam os espíritos. Não há tempo, neste final de exposição, para discutir esses e outros temas.

As *súmulas vinculantes* tolhem uma correta apreciação das alegações de lesão ou ameaça a direito que estão na base do direito ao acesso à Justiça. Os prejuízos à cidadania são maiores do que os benefícios para a ordem judiciária. Providência que uma reforma do Judiciário deveria adotar, porque racional, seria declarar, numa disposição simples: as leis e atos normativos perdem eficácia a partir do dia seguinte ao da publicação da decisão definitiva que os tenha declarado inconstitucionais. Isso tanto para a declaração de inconstitucionalidade em ação direta como na via incidental, dando, dessa forma, efeito vinculante *erga omnes* a essa declaração só por si, suprimindo-se, em conseqüência, o disposto no inciso X do art. 52 da Constituição.

O chamado *controle externo* peca pela má significação dessa expressão, que traz a idéia de que um poder externo vai controlar o Poder Judiciário, o que seria um desastre. Isso não exclui a necessidade de um órgão não-judiciário para o exercício de certas funções de controle administrativo, disciplinar e de desvios de condutas da Magistratura. Órgão dessa natureza existe previsto em Constituições de vários países: Conselho Superior da Magistratura na Itália (art. 105), França (art. 65), Portugal (art. 223), Espanha (art. 122), Turquia (arts. 143 e 144), Colômbia (arts. 254-257), Venezuela (art. 217). Darei quatro exemplos:

a) Constituição italiana, art. 104: a Magistratura constitui uma ordem autônoma e independente de cada um dos outros poderes. O Conselho Superior da Magistratura é presidido pelo Presidente da República. Dele fazem parte de direito o Primeiro Presidente e o Procurador-Geral da Corte de Cassação. Os outros componentes são eleitos por dois terços de todos os magistrados ordinários entre os pertencentes às várias categorias e por um terço do Parlamento em sessão ordinária entre professores ordinários de Universidades em matéria jurídica e advogados depois de cinco anos de exercício. O Conselho elege um vice-presidente entre os componentes designados pelo Parlamento. Os membros eletivos do Conselho têm mandato de quatro anos e não são imediatamente reelegíveis.

b) Constituição francesa, art. 65: o Conselho da Magistratura será presidido pelo Presidente da República. O Ministro da Justiça será, de pleno direito, seu vice-presidente. Poderá substituir o Presidente da República. O Conselho Superior se comporá, além disso, de novos membros designados pelo Presidente da República nas condições fixadas por uma lei orgânica. O Conselho Superior da Magistratura formulará propostas para as nomeações de magistrados do Tribunal de Cassação e para as de Primeiro Presidente do Tribunal de Apelação. Dará sua opinião, nas condições estabelecidas pela lei orgânica, sobre as propostas do Ministro da Justiça relativas às nomeações de outros magistrados. Será consultado sobre os indultos nas condições fixadas por uma lei orgânica. O Conselho Superior da Magistratura estatuirá como conselho de disciplina dos magistrados oficialmente designados. Neste caso, será presidido pelo Primeiro Presidente do Tribunal de Cassação.

c) *Constituição portuguesa*, art. 223: 1) o Conselho Superior da Magistratura é presidido pelo Presidente do Supremo Tribunal de Justiça e composto pelos seguintes vogais: a) dois designados pelo Presidente da República, sendo um deles magistrado judicial; b) sete eleitos pela Assembléia da República; c) sete juízes eleitos pelos seus pares, de harmonia com o princípio da representação proporcional; 2) as regras sobre garantias e incompatibilidades dos juízes são aplicáveis a todos os vogais do Conselho Superior da Magistratura; 3) a lei poderá prever que do Conselho Superior da Magistratura façam parte funcionários de justiça, eleitos pelos seus pares, com intervenção restrita à discussão e votação das matérias relativas à apreciação do mérito profissional e ao exercício da função disciplinar sobre os funcionários de justiça.

d) *Constituição espanhola*, art. 122: 1) (...); 2) o Conselho-Geral do Poder Judicial é o órgão de governo do mesmo. A lei orgânica estabelecerá seu estatuto e o regime de incompatibilidades de seus membros e suas funções, em particular em matéria de nomeação, acesso, inspeção e regime disciplinar; 3) o Conselho-Geral do Poder Judicial será integrado pelo Presidente do Tribunal Supremo, que o presidirá, e por vinte membros nomeados pelo Rei por um período de cinco anos. Destes, doze entre juízes e magistrados de todas as categorias judiciais, nos termos que estabeleça a lei orgânica; quatro por proposta do Congresso de Deputados, e quatro por proposta do Senado, eleitos em ambos os casos por maioria de três quintos de seus membros, entre advogados e outros juristas, todos eles de reconhecida competência e com mais de quinze anos de exercício em sua profissão.

Esse tipo de órgão externo é benéfico à eficácia das funções judiciais, não só por sua colaboração na formulação de uma verdadeira política judicial, como também porque impede que os integrantes do Poder Judiciário se convertam num corpo fechado e estratificado.[22] Sob outro aspecto, não é desprezível a idéia de que esse tipo de órgão contribua para dar legitimidade democrática aos integrantes do Poder Judiciário, cuja investidura não nasce da fonte primária da democracia que é o povo.

23. Gostaria apenas de mencionar mais dois pontos que me parecem fundamentais numa reestruturação do Judiciário: a *descentralização* e a criação de uma *Corte Constitucional*.

A *descentralização* há de ser geográfica e por especialização.

A *descentralização geográfica* significa a distribuição de juízes e tribunais no território do Estado. Ela é especialmente necessária na organização judiciária estadual, que é a que basicamente dirime conflitos de interesse com base no Direito Civil e Penal. Mas a Justiça Federal de primeira grau comporta descentralização. Proposta minha perante a Comissão Afonso Arinos contemplava essa idéia. Mantinha o Supremo Tribunal Federal como Tribunal superior da ordem judiciária brasileira, como uma espécie de Tribunal da Federação; não teria, porém, competência em matéria constitucional, que caberia a um previsto Tribunal de Garantias Constitucionais, fora da estrutura do Poder Judiciário. Na organização da Justiça Federal Comum, a proposta previa um Superior Tribunal de Recursos e cinco Tribunais Federais de Recursos, um para cada região geoeconômica, o que, de certo modo, veio a ser contemplado na Constituição de 1988 (Superior Tribunal de Justiça e cinco Tribunais Regionais Federais); para os juízos federais de primeiro grau previam-se Varas localizadas em circuitos judiciários no interior.

A descentralização mais eficaz, a meu ver, estava prevista para o sistema judiciário dos Estados: I – o *Tribunal de Justiça*, como tribunal superior do sistema; II – *Tribunais de Apelação*, como tribunais de segunda instância, sendo um para cada região judiciária em que se dividisse o território estadual, tanto quanto possível coincidente com suas regiões administrativas; III – *juízes e tribunais de primeira instância*, distribuídos nas comarcas e termos ou distritos em que se dividisse cada região do Estado. O Tribunal de Justiça, nesse esquema, que não precisaria ter número elevado de desembargadores, seria tribunal da cúpula do Poder Judiciário do Estado, mas teria mais função política e de coordenação do que de um tribunal de julgamento de recursos, a não ser

---

22. Assim se exprime Héctor Fix-Zamudio, "Función del Poder Judicial en los sistemas constitucionales latinoamericanos", no volume com o mesmo título, Instituto de Investigaciones Jurídicas, p. 45.

quando decisão de Tribunal de Apelação contrariasse dispositivo de contrato, convênio ou lei estadual, ou julgasse lei municipal válida em face de lei estadual, ou desse à lei estadual interpretação divergente da que lhe fosse dada por outro Tribunal de Apelação ou o próprio Tribunal de Justiça. A carreira da Magistratura estadual seria vinculada aos Tribunais de Apelação, portanto seria regionalizada, sem prejuízo de transferência, a pedido, para outra região. A descentralização judiciária de primeiro grau seria feita por Distritos, não só nas Capitais como também nas comarcas do interior, para contemplar povoações carentes de organização judiciária nas pequenas comunidades. A descentralização da segunda instância contribuiria para acelerar as decisões judiciais. Evitaria transportes de feitos a longas distâncias até o Tribunal competente sediado na Capital. Há aí uma economia importante de tempo, correspondente ao trânsito de longa distância. A descentralização geográfica, assim, contribui para levar a atividade jurisdicional para junto dos jurisdicionados, com grande benefício para a cidadania.

A *descentralização por especialização* significa criar juízos especializados, de primeira e de segunda instâncias. Já existe alguma coisa nesse sentido: juízo cível, juízo criminal, de falência etc. Poder-se-iam criar, especialmente na Capital e nas grandes cidades, não apenas juízos de primeiro grau especializados – civil, família, comercial, criminal, acidentes –, mas também de segundo grau. Por exemplo, a criação de uma Justiça Administrativa, como órgão do Poder Judiciário, em todos os níveis, para solucionar litígios decorrentes de relações de trabalhos de servidores públicos com a entidade pública empregadora, incluindo um Superior Tribunal Administrativo, inserindo na sua competência a apreciação definitiva de inconstitucionalidade relacionada com a matéria de sua competência. Esse tipo de contencioso não prosperou entre nós porque era previsto fora da organização judiciária; mas se forem órgãos do Poder Judiciário não há por que não vingar, com resultados positivos para o bom andamento da administração da Justiça.

24. Finalmente, naquela minha proposta perante a Comissão Afonso Arinos, num subtítulo sob a rubrica da *defesa da Constituição*, vinha o Capítulo I, sobre a *jurisdição constitucional*, onde se definia a problemática das inconstitucionalidades com a institucionalização do *Tribunal de Garantias Constitucionais*, com competência para a ação de inconstitucionalidade por ação ou omissão; julgamento de recursos de inconstitucionalidades das decisões dos tribunais semelhantes às que hoje são objeto do recurso extraordinário e julgamento de qualquer conflito de natureza constitucional. Sua competência corresponderia mais ou menos à do Supremo Tribunal Federal, hoje, mas seria composto de quinze membros, com mandato de doze anos, eleitos: cinco pelo Poder Legislativo, dois pelo Supremo Tribunal Federal e cinco pelo Conselho de Ministros, Conselho, esse, que estava também previsto na proposta.

25. Estou ainda convencido de que a criação de uma Corte Constitucional é conveniente numa reforma do Poder Judiciário. Contudo, não a proporia com a mesma competência prevista naquela sugestão. Hoje, parece-me que a Corte Constitucional deveria ficar apenas com a competência para apreciação e julgamento de *ações diretas de inconstitucionalidade por ação ou omissão*. É preciso reconhecer que o volume de ações diretas de inconstitucionalidade, o recurso extraordinário e demais matérias de sua competência estão afogando o Supremo Tribunal Federal, que praticamente está decidindo a ação direta por medida liminar, o que, por certo, a médio prazo, acabará em seu descrédito. Ficaria o Supremo, pois, com a apreciação de inconstitucionalidade *incidenter tantum*, em grau de recurso extraordinário, enquanto a Corte se incumbiria do controle centralizado de constitucionalidade.

7. Conclusão

26. Uma reforma judiciária não pode ter apenas a preocupação de aliviar o Poder Judiciário da carga de trabalho que o assoberba no momento, pela forma de afastar de sua apreciação interesses que procuram o amparo jurisdicional. As discussões em torno do tema têm-se prendido muito a esse aspecto. Se há situações que comportam restrições, como o número excessivo de recursos e a insistência do poder público de recorrer ao Judiciário em causas sucessivamente perdidas, o certo é que a tomada de consciência pela cidadania de seus direitos tende a buscar no Judiciário a sua satisfação, e essa é uma busca legítima, que não pode ser tolhida em favor da simples melhoria da condição de trabalho do aparelho da Justiça.

27. Qualquer reforma do Judiciário, para ser legítima, há que estar fundamentada na ampliação do acesso da cidadania à Justiça, da melhoria dos serviços judiciários, da realização do processo justo. Do contrário será um novo engodo para o povo.

PROTEÇÃO CONSTITUCIONAL DOS DIREITOS HUMANOS NO BRASIL
(Evolução Histórica e Direito Atual)[1]

1. Direitos humanos no constitucionalismo brasileiro. 2. Constituição de 1988. 3. Garantias constitucionais. 4. Justiça constitucional. 5. Jurisdição constitucional da liberdade. 6. Proteção especial. 7. Apreciação. 8. Conclusão.

1. Direitos humanos no constitucionalismo brasileiro

1. A questão técnica que se apresentou na evolução das declarações de direitos foi a de assegurar sua efetividade através de um conjunto de meios e recursos jurídicos, que genericamente passaram a chamar-se *garantias* constitucionais dos direitos humanos. Tal exigência técnica determinou que o reconhecimento desses direitos se fizesse segundo formulação jurídica positiva, mediante sua inscrição no texto das Constituições.

2. Assim, como nota Biscaretti di Ruffia, se deram a *subjetivação* e a *positivação* dos direitos dos indivíduos com sua enunciação constitucional, imprimindo às suas fórmulas, até então abstratas, o caráter concreto de *normas jurídicas* positivas, válidas para os indivíduos dos respectivos Estados, com previsão também de outras normas destinadas a atuar uma precisa regulamentação jurídica, de modo a não requerer ulteriormente, a tal propósito, a intervenção do legislador ordinário.[2] Daí por diante, as Constituições democráticas passaram a trazer

---

1. *Nota desta edição*: A primeira versão simplificada deste texto foi apresentada como aula no Curso de Verão sobre Direitos Humanos, realizado pela Universidade Complutense, no Escorial, Espanha, em 24 de julho de 1992. Depois, essa versão, modificada e ampliada, foi apresentada no VI Congresso Ibero-Americano de Direito Constitucional (Bogotá, 15-17 de abril de 1998). Explica-se, por isso, o caráter um pouco descritivo de algumas passagens, que para o leitor brasileiro seria dispensável.

2. Cf. *Diritto Costituzionale*, 7ª ed., Nápoles, Casa Editrice Dott. Eugenio Jovene, 1965, pp. 695 e 696.

um capítulo em que são *subjetivados* e *positivados* os direitos fundamentais do Homem.

3. À Constituição Política do Império do Brasil, outorgada por D. Pedro I em 25 de março de 1824, cabe um lugar de destaque nesse processo de positivação dos direitos do Homem, que ela enunciou, com as garantias pertinentes, no art. 179 e seus trinta e cinco incisos, onde se declarava garantida a inviolabilidade dos direitos de liberdade, igualdade, segurança individual e propriedade mas – como disse Pimenta Bueno, nosso melhor constitucionalista do Império – não só cada um daqueles direitos se dividia em diversos ramos, como também eles se combinavam entre si, e formavam outros direitos igualmente essenciais.[3] Ali encontramos, em enunciado claro e preciso, os direitos humanos da primeira geração até então conhecidos no constitucionalismo americano e europeu. É notória, porém, a influência das declarações que acompanhavam as Constituições francesas do final do século XVIII. É de ressaltar o conjunto de garantias constitucionais da liberdade, da dignidade e da privacidade que ela estatuía como *direito de segurança* dos indivíduos. Em face desse conjunto de garantias, Pimenta Bueno adiantou-se no tempo e nos brindou com a seguinte concepção do direito de segurança: "no Estado Social é o direito que o Homem tem de ser protegido pela lei e sociedade em sua vida, liberdade, propriedade, sua saúde, reputação e mais bens seus. É finalmente o direito de não ser sujeito senão à ação da lei, de nada sofrer de arbitrário, de ilegítimo".[4]

Mas a Constituição ia além da previsão dos direitos tipicamente individuais, pois garantia também o socorro público, que mereceu do citado Pimenta Bueno a concepção de que, desde que a sociedade é fundada, a idéia da proteção é como que sinônima da de governo em favor dos associados, pois o poder público tem o dever de proteger a vida da pessoa, sua segurança social e a de seus bens e direitos.[5] A Constituição não parava aí, avançava adiante, para garantir a todos o direito à instrução primária gratuita, assim como o ensino médio e as Universidades, onde seriam ensinadas as Ciências e as Artes.

4. Seguramente, a Constituição do Império do Brasil de 1824, que vigorou até 15 de novembro de 1889, continha uma das mais avançadas

---

3. Cf. *Direito Público Brasileiro e Análise da Constituição do Império*, Brasília, MJ/Seviço de Documentação, 1958, p. 381 (a 1ª ed. é do meado do século passado).
4. Ob. cit., p. 403.
5. Ob. cit., p. 429.

declarações dos direitos humanos do século passado. Não se pode, porém, ocultar o fato de que os direitos reconhecidos e garantidos só serviam à elite aristocrática. De fato, prometia a Constituição um regime liberal, mas o liberalismo, que expressava na Europa da época "as aspirações da burguesia interessada em organizar a sociedade em bases novas, empenhada em rever valores tradicionais, em atacar os privilégios da Nobreza e do Clero, o poder absoluto dos reis e organizar o Estado em forma a ter o seu controle direto", no Brasil de então significava apenas "a liquidação dos laços coloniais. Não se pretendia reformar a estrutura colonial de produção, não se tratava de mudar a estrutura da sociedade: tanto é assim que em todos os movimentos revolucionários se procurou garantir a propriedade escrava".[6]

É certo, como se afirmou acima, que a Constituição do Império acolheu os direitos individuais básicos que se encontravam inscritos na Declaração dos Direitos do Homem e do Cidadão de 1789, mas esses direitos só serviam à elite aristocrática que dominava o regime. Como bem exprime Emília Viotti da Costa: "Para estes homens, educados à européia, representantes das categorias dominantes, a propriedade, a liberdade, a segurança garantidas pela Constituição eram reais. Não lhes importava se a maioria da Nação se constituía de uma massa humana para a qual os preceitos constitucionais não tinham a menor eficácia. Afirmava-se a liberdade e a igualdade de todos perante a lei, mas a maioria da população permanecia escrava. Garantia-se o direito de propriedade, mas 19/20 da população, segundo calculava Tollenare, quando não era escrava, compunha-se de 'moradores' vivendo nas fazendas em terras alheias, podendo ser mandados embora a qualquer hora. Garantia-se a segurança individual, mas podia-se matar impunemente um homem. Afirmava-se a liberdade de pensamento e de expressão, mas não foram raros os que como Davi Pamplona ou Líbero Badaró pagaram caro por ela. Enquanto o texto da lei garantia a independência da Justiça, ela se transformava num instrumento dos grandes proprietários. Aboliam-se as torturas, mas, nas senzalas, os troncos, os anjinhos, os açoites, as gargalheiras, continuavam a ser usados, e o senhor era o supremo juiz, decidindo da vida e da morte de seus homens". E concluía: "A fachada liberal construída pela elite europeizada ocultava a miséria e escravidão da maioria dos habitantes do país".[7]

---

6. Cf. Emília Viotti da Costa, "Introdução ao estudo da emancipação política do Brasil", in Carlos Guilherme Mota (org.), *Brasil em Perspectiva*, 11ª ed., Rio de Janeiro, Difel, 1980.

7. Cf. in ob. cit., pp. 124 e 125.

5. De fato, o regime monárquico não era democrático. Embora se tratasse de Monarquia constitucional e representativa, a verdade é que os mecanismos centralizadores e definidores do poder pessoal do monarca não possibilitavam a vigência do princípio democrático. Sistema eleitoral censitário, deputados e senadores eleitos indiretamente. Senado vitalício. Organização dos poderes segundo a formulação de Benjamin Constant, ou seja: Poder Legislativo, Poder Moderador, Poder Executivo e Poder Judiciário, onde o Poder Moderador era definido como a chave de toda a organização política; cabia ao imperador, que também exercia o Poder Executivo por intermédio de seus ministros. O drama dos direitos humanos no Brasil sempre residiu na falta de vigência da democracia, como regime de garantia geral da efetiva realização dos direitos fundamentais da pessoa humana. Tivemos muito poucos momentos democráticos ao longo de nossa História.

6. A proclamação da República, em 15 de novembro de 1889, não melhorou muito essa situação. A respectiva Constituição, promulgada a 24 de fevereiro de 1891, estabeleceu que a Nação brasileira adotava como *forma de governo* a *República Federativa*, constituída pela união perpétua e indissolúvel das suas antigas Províncias, em *Estados Unidos do Brasil*. Cada província virou Estado da Federação instituída já pelo Decreto 1, de 15.11.1889. Perfilhou-se o regime democrático representativo. Optou-se pelo presidencialismo à moda norte-americana. Rompeu com a divisão quadripartite dos poderes da Constituição do Império, agasalhando a doutrina tripatite de poderes (Legislativo, Executivo e Judiciário). Firmou a autonomia dos Estados. Previu a autonomia dos Municípios. Enfim, a Constituição era um belo arcabouço formal, tecnicamente bem feita e sintética (noventa e um artigos, enquanto a do Império tinha cento e setenta e nove). Era, no dizer de Amaro Cavalcanti, o "texto da Constituição norte-americana completado com algumas disposições das Constituições suíça e argentina". Faltou-lhe, porém, vinculação com a realidade do país. Por isso, não teve eficácia social. Não regeu o meio social para o qual fora feita. Isso vale também para sua formosa *Declaração de Direitos*, constante da Seção II do Título IV, onde assegurava a brasileiros e estrangeiros residentes no país a inviolabilidade dos direitos concernentes à *liberdade*, à *segurança* e à *propriedade* na forma discriminada nos trinta e um parágrafos do art. 72, acrescidos de algumas garantias funcionais e militares nos arts. 73 a 77, indicando no art. 78 que a enumeração não era exaustiva, regra que passou para as Constituições subseqüentes. Não apresentou ela grande diferença em relação à Constituição do Império. Acrescentou o direito de associação e de reunião e incluiu o *habeas corpus* como

garantia constitucional, mas já não previu o direito ao socorro público, nem à resistência, nem à instrução pública gratuita. Só reconheceu os direitos e garantias individuais, que, no entanto, também não tiveram efetividade. O país era dominado por uma política de governadores de Estado, que se sustentavam no *coronelismo*, que foi o poder real e efetivo, apesar de as normas constitucionais traçarem esquemas formais de organização nacional com base na teoria da divisão de poderes. O *coronelismo* era um fenômeno político-social complexo. "Coronel", no caso, não é um título militar. Mas proveio da influência da Guarda Nacional que existiu durante certo período do Império. "Com efeito, além dos que realmente ocupavam nela tal posto, o tratamento de 'coronel' começou desde logo a ser dado pelos sertanejos a todo e qualquer chefe político, a todo e qualquer patenteado."[8]

O coronel era o chefe político local, mas não era só isso. Bem o diz Víctor Nunes Leal: "Dentro da esfera própria de influência, o 'coronel' como que resume em sua pessoa, sem substituí-las, importantes instituições sociais. Exerce, por exemplo, uma ampla jurisdição sobre seus dependentes, compondo rixas e desavenças e proferindo, às vezes, verdadeiros arbitramentos, que os interessados respeitam. Também se enfeixam em suas mãos, com ou sem caráter oficial, extensas funções policiais, de que freqüentemente se desincumbe com a sua pura ascendência social, mas que eventualmente pode tornar efetivas com o auxílio de empregados, agregados ou capangas".[9] É nesse mesmo sentido a lição de Edgard Carone: "O fenômeno do coronelismo tem suas leis próprias e funciona na base da coerção da força e da lei oral, bem como de favores e obrigações. Esta interdependência é fundamental: o coronel é aquele que protege, socorre, homizia e sustenta materialmente os seus agregados; por sua vez, exige deles a vida, a obediência e a fidelidade. É por isso que coronelismo significava força política e força militar".[10]

O regime formava uma pirâmide oligárquica, cujo sistema de dominação se apoiava em mecanismos eleitorais que deformavam a vontade popular. O coronel, como liderança local, arregimentava os eleitores e os fazia concentrar perto dos postos de votação, vigiados por sentinelas. Esses locais de concentração dos eleitores passaram a ser co-

---

8. Cf. Basílio de Magalhães, cit. por Víctor Nunes Leal, *Coronel, Enxada e Voto*, nota à p. 19.

9. In ob. cit., p. 23.

10. Cf. Edgard Carone, *A Primeira República*, p. 67; Víctor Nunes Leal, *Coronel, Enxada e Voto*, p. 19.

nhecidos como *currais* ou *quartéis eleitorais*, de onde os eleitores saíam conduzidos por prepostos do coronel para votar no candidato por ele indicado. Como o voto era a descoberto (*a bico de pena*, como se dizia), o eleitor não tinha como escapar da vigilância, até porque as mesas eleitorais eram também formadas de elementos do coronel. Outro elemento do sistema era o *cabo eleitoral*, ainda hoje existente com menor significação. Seu papel consistia (e consiste) em angariar votos para os candidatos, não por exposição de doutrina, mas à base de distribuição de empregos ou favores pessoais.[11] O sistema partidário era unipartidista, ou seja, havia em cada Estado um partido político apenas, que se denominava *Partido Republicano*. Como cada Estado tinha o seu, tomava ele o patronímico do respetivo Estado: *Partido Republicano Paulista* (o do Estado de São Paulo), *Partido Republicano Mineiro* (o do Estado de Minas Gerais) etc. A *Comissão Executiva do Partido*, geralmente composta de cinco membros, dominada pela oligarquia ou por prepostos dela, é que decidia quem seria candidato a deputado ou senador. Se eventualmente alguém não apoiado nas oligarquias dominantes conseguia candidatar-se e eleger-se, escapando das *atas eleitorais falsas* e outras barreiras, por certo seria *degolado* pelo sistema de *reconhecimento de poderes*, "feito em conjunto pela Câmara dos Deputados e Senado, para apurar a legalidade da eleição, examinar as *atas eleitorais* e somar tudo de novo, pois não havia naquela época Tribunais Eleitorais".[12] Pois, como disse Certório de Castro: "Eram eleitos, diplomados e reconhecidos os candidatos que as Comissões Executivas dos Partidos houvessem indicado em seus boletins. Seções eleitorais ao abandono, livros manipulados nas casas dos coronéis que dirigiam a política municipal, no dia seguinte cada jornal inseria um resultado".[13]

Enfim, para concluir esse aspecto da organização sócio-política da Primeira República, vale a pena transcrever mais esta passagem da lavra de Leôncio Basbaum, que retrata, em síntese, o regime, que estava muito longe de ser uma democracia, a despeito da existência de uma Constituição que formalmente garantia os direitos individuais e firmava uma estrutura de poder liberal e limitado, mas que, no fundo e em seu funcionamento, formava uma pirâmide oligárquica: "Era uma pirâmide em cujo ápice se encontrava o Presidente da República, vindo logo abaixo o Partido Republicano Paulista e os Partidos estaduais; e,

---

11. Cf. Leôncio Basbaum, *História Sincera da República*, v. 2, p. 191.
12. Idem, ibidem, p. 192.
13. *Apud* Basbaum, ob. cit., p. 192.

na base do arcabouço, o *coronel* e sua família, amigos, parentes e dependentes, constituindo as famosas oligarquias estaduais, pequenos Estados dentro do Estado, que centralizavam em suas mãos os poderes fundamentais da República: legislavam, julgavam e governavam".[14]

Aí, a democracia representativa era puramente formal e a possibilidade de representação política de outros setores sociais, que não as oligarquias, bastante reduzida. E nenhuma a possibilidade de vigência efetiva dos direitos fundamentais inscritos na Carta Magna.

7. A Revolução de 1930 foi uma esperança do povo que logo se frustrou, com a supressão do regime constitucional, só reconquistado mediante a convocação de Assembléia Constituinte que elaborou a Constituição de 1934, que vigorou por pouco mais de três anos, sobrevindo o golpe de Estado de 1937 com sua Carta ditatorial, que durou até a promulgação da *Constituição dos Estados Unidos do Brasil*, de 18 de setembro de 1946, a qual trouxe um título sobre a *declaração de direitos*, com capítulos sobre os *direitos de nacionalidade*, os *direitos políticos* e os *direitos e garantias individuais*. Incorporou ela, como a de 1934, os chamados direitos humanos de segunda geração, consubstanciados num título sobre os direitos econômicos, sociais e culturais. Ela regeu o período de grande liberdade democrática. É verdade que o país já estava em franca urbanização, com razoável desenvolvimento industrial, que reunia um operariado sindicalizado que foi tomando consciência de sua própria expressão política. Sob sua égide, contudo, sucederam-se inúmeros conflitos constitucionais que encontraram um laboratório na Escola Superior de Guerra, onde se formulou, por influência dos Estados Unidos, a *doutrina da segurança nacional*, que fundamentou o golpe militar de 1964, que produziu duas Constituições, nas quais também se previa uma declaração de direitos, mas o princípio da segurança nacional sobrepairava sobre a eficácia das demais normas constitucionais, pela criação de uma normatividade excepcional sem contemplação para com os direitos humanos mais elementares, sufocados durante vinte anos. Tudo poderiam fazer os detentores do poder: fechar as Casas Legislativas, cassar mandatos eletivos, demitir funcionários, aposentar magistrados, suspender direitos políticos, invadir domicílios, encarcerar e até sumir com as pessoas.

8. A dialética dos fatos, contudo, é mais forte do que as formas dos regimes, pois foi justamente sob esse regime fechado que o povo

---

14. CF. Leôncio Basbaum, ob. cit, p. 189; Maria Cecília Spina Forjaz, *Tenentismo e Política*, p. 19.

foi aprendendo, como nota José Reinaldo de Lima Lopes, que *direitos humanos* não devem constituir-se numa concepção imprecisa e abstrata, cumprindo mera função de retórica política, mas hão que ser tidos como sinônimos de interesses populares, significando moradia, terra, sindicalização, resistência à violência policial cotidiana, e que as vítimas das violações de direitos humanos são procedentes das classes populares. Refletira sobre o tema da utopia e da justiça de maneira nova, não como simples ideal, mas como prática, pois a "utopia das classes populares não é o que elas pensam, é o que elas fazem, é o seu movimento real e concreto de luta. Sem luta a utopia não existe, como não existe a justiça. A luta travada em vários níveis pelos movimentos de direitos humanos criou novas arenas políticas e novos atores: envolveu o Judiciário, que parecia pairar acima de tudo, confrontou o Executivo ao reivindicar verbas públicas para os chamados bens de consumo coletivo (escolas, creches, postos de saúde etc.)".[15] Não se reivindicava nem mesmo a positivação de situações novas. Tratava-se de compreender, em primeiro lugar, que as declarações de direitos individuais e sociais não constituem apenas bons conselhos, e em segundo lugar o reconhecimento de que as garantias dos direitos humanos não estão apenas na sua positivação, mas no modo como se aplicam as normas constitucionais e as leis. Esses movimentos sociais postularam por uma nova ordem constitucional em que os direitos humanos fossem reconhecidos numa Constituição democrática, mas sobretudo que esses direitos declarados tivessem tradução concreta no cotidiano de milhões de pobres e minorias discriminadas, conscientes que ficaram de que os direitos humanos até então positivados em nossas Constituições não tinham sido ainda capazes de responder às demandas formuladas pelas classes populares e de que esta dificuldade não era acidental, mas parte de um conjunto de relações econômicas e políticas, que constituem no Brasil – e na América Latina em geral – um sistema social feito para funcionar apenas para uma parcela da população.[16] Buscava-se não tanto a construção de um Direito novo, mas uma forma de uso alternativo

---

15. Cf. José Reinaldo de Lima Lopes, "Direito, Justiça e Utopia", in José Eduardo Faria (org.), *A Crise do Direito numa Sociedade em Mudança*, Brasília, UnB, 1988, pp. 67 e 68.
16. Cf. José Reinaldo de Lima Lopes, in ob. cit., pp. 74 e 76; cf. também Paulo Sérgio Pinheiro, "Dialética dos direitos humanos"; Carlos Eduardo Vasconcelos, "Classes e grupos sociais"; e, ainda, o Núcleo de Estudos para a Paz e Direitos Humanos-NEP/UnB, "Caminhos para a construção de uma sociedade de plena realização dos direitos humanos na América Latina" – todos em *O Direito Achado na Rua*, Brasília, UnB, 1988, pp. 83-94.

das formulações jurídicas existentes, convertendo seu vetor elitista no rumo da satisfação dos interesses gerais do povo.

2. Constituição de 1988

9. A Constituição de 1988 resultou dessa luta pela construção de um Estado Democrático onde se assegurasse o exercício dos direitos humanos fundamentais. Formalmente, ela cumpre integralmente esse objetivo. Seu Título II contém a declaração dos *direitos fundamentais do Homem*, expressão que ela emprega em sentido abrangente *daquelas prerrogativas e instituições que se concretizam em garantias de uma convivência digna, livre e igual de todas as pessoas*. Nela se sintetizam todas as manifestações modernas dos direitos fundamentais da pessoa humana.

10. Não desceremos a pormenores,[17] que o tempo não nos permite; basta uma síntese, para lembrar que a Constituição consagra: *a*) os direitos fundamentais do *Homem-indivíduo*, que são aqueles que reconhecem autonomia aos particulares, garantindo iniciativa e independência aos indivíduos diante dos demais membros da sociedade e do próprio Estado; por isso são reconhecidos como *direitos individuais*, ou seja: direitos à vida, à privacidade, à igualdade, à liberdade e à propriedade, especificados no art. 5º, mas, de acordo com o § 2º desse mesmo artigo, os direitos e garantias nele previstos não excluem outros decorrentes dos princípios e do regime adotado pela Constituição e dos tratados internacionais em que a República Federativa do Brasil seja parte; *b*) os direitos fundamentais do *Homem-nacional*, que são os que têm por objeto a definição da *nacionalidade* e suas prerrogativas (art. 12); *c*) os direitos fundamentais do *Homem-cidadão*, que são os *direitos políticos* (arts. 14-17), os direitos de participação política; *d*) os direitos fundamentais do *Homem social*, que constituem os direitos assegurados ao Homem em suas relações sócio-econômicas e culturais, de acordo com os arts. 6º a 11, que podem ser agrupados em três classes: 1) *direitos sociais relativos ao trabalhador* (art. 7º e seus incisos), com regras sobre direito ao trabalho e garantia do emprego, direitos sobre as condições de trabalho (negociações coletivas), direitos relativos ao salário (salário mínimo, salário noturno superior ao diurno, irredutibilidade do salário), direitos relativos ao repouso e à inatividade do trabalhador, direitos relativos aos dependentes do trabalhador, partici-

---

17. *Nota desta edição*: Para tanto, cf. nosso *Curso de Direito Constitucional Positivo*, 17ª ed., São Paulo, Malheiros Editores, 2000, pp. 186 e ss.

pação nos lucros e co-gestão; direito de associação sindical e direito de greve (arts. 8º e 9º); 2) *direitos sociais relativos à seguridade* (art. 6º), compreendendo os direitos à saúde, à previdência e à assistência social (arts. 6º e 194-204); 3) *direitos sociais relativos à educação e à cultura* (arts. 6º); *e*) direitos fundamentais do *Homem-membro da coletividade*, de que participam alguns tradicionais direitos de expressão coletiva como os de associação e de reunião, mas os *direitos coletivos* como espécies dos direitos fundamentais do Homem começam a forjar-se e a merecer consideração constitucional, assim são os direitos coletivos à informação (art. 5º, XIV e XXXIII, o qual não se confunde com a liberdade de informação, direito individual) e à representação associativa; direitos do consumidor (arts. 5º, XXXII, e 170, VI) e ao meio ambiente ecologicamente equilibrado, bem de uso comum do povo e essencial à sadia qualidade de vida (art. 225).

11. Vê-se, por essa síntese apertada, que a Constituição incorporou também os chamados direitos humanos de terceira geração, integrados com os de segunda e os de primeira. Ela suplanta a tendência para entender os direitos individuais como contrapostos aos direitos sociais e coletivos, que as Constituições anteriores, de certo modo, justificavam. Tratava-se de deformação de perspectiva, pois só o fato de estabelecer-se um rol de direitos econômicos, sociais e culturais já importava conferir conteúdo novo àquele conjunto de direitos chamados liberais. Ela agora fundamenta o entendimento de que as categorias de direitos humanos, nela previstos, integram-se num todo harmônico, mediante influências recíprocas, com o quê se transita de uma democracia de conteúdo basicamente político-formal para uma democracia de conteúdo social, pois a antítese inicial entre direitos individuais e direitos sociais tende a resolver-se numa síntese de autêntica garantia da vigência do princípio democrático, na medida em que os últimos forem enriquecendo-se de conteúdo e eficácia.

3. Garantias constitucionais

12. A afirmação dos direitos humanos no Direito Constitucional Positivo reveste-se de transcendental importância, mas não basta que um direito seja reconhecido e declarado; é necessário garanti-lo, porque virão ocasiões em que será discutido e violado. Ruy Barbosa já dizia que uma coisa são os *direitos*, outra as *garantias*, pois devemos separar, "nos textos da Lei Fundamental, as disposições *meramente declaratórias*, que são as que imprimem existência legal aos direitos reconhecidos, e as disposições *assecuratórias*, que são as que, em defesa dos direitos, limitam o poder. Aquelas instituem os *direitos*; estas, as *garantias*; ocorrendo não raro juntar-se, na mesma disposição constitucional, ou legal, a fixação da garantia, com a declaração do direito".[18]

13. Não cabe aqui uma discussão teórica sobre o tema. Basta observar que o sistema brasileiro define como garantias todas as prescrições constitucionais que conferem, aos titulares dos direitos fundamentais, meios, técnicas, instrumentos ou procedimentos para impor o respeito e a exigibilidade desses direitos, compreendendo garantias individuais, coletivas, sociais e políticas, tendo em vista a natureza do direito garantido. Seria fastidioso arrolar aqui todos os princípios de proteção dos direitos humanos que a Constituição prescreve, cujo conjunto constitui os *direitos constitucionais de segurança*, como os princípios da legalidade, da proteção judiciária e do contraditório, o direito de ampla defesa nos processos judiciais e administrativos, o direito ao devido processo legal, a estabilidade dos direitos subjetivos (art. 5º), e as diversas garantias penais etc.[19] Até porque não raro a eficácia de algumas dessas garantias depende do uso de outros remédios constitucionais, parecendo, assim, mais proveitoso passar ao exame daquelas que nossa Constituição acolheu. Algumas são de natureza política e revelam importante faceta da democracia participativa, como a iniciativa legislativa popular, o referendo e o plebiscito. Mais relevantes, porém, são as garantias constitucionais de natureza processual, como a justiça constitucional e os meios da chamada jurisdição constitucional da liberdade, que nos merecerão um pouco de atenção em seguida.

14. Antes porém, cumpre dizer que expressiva é a garantia constante do art. 5º, § 1º, segundo o qual *as normas definidoras dos direitos e garantias fundamentais têm aplicação imediata*, o que consagra a vinculação positiva das autoridades públicas às normas e investe o Judiciário no dever de aplicar diretamente as normas constitucionais em matéria de direitos fundamentais ainda quando se refiram a uma normatividade posterior.[20]

18. Cf. *República: Teoria e Prática (Textos Doutrinários sobre Direitos Humanos e Políticos Consagrados na Primeira Constituição da República. Seleção e Coordenação de Hílton Rocha)*, Petrópolis/Brasília, Vozes/Câmara dos Deputados, 1978, pp. 121 e 124.

19. Cf. art. 5º, XXXV-LXI.

20. A propósito, cf. Pedro de Vega García, "La Constitución y su defensa en España", in Héctor Fix-Zamudio e outros, *La Constitución y su Defensa*, México, UNAM/Instituto de Investigaciones Jurídicas, 1984, pp. 215 e 216.

4. Justiça constitucional

15. A *justiça constitucional* consiste na entrega a órgão do Poder Judiciário da missão de solucionar conflitos constitucionais. Compreende toda atuação dos tribunais judiciários destinada a assegurar a observância das normas constitucionais; ou, como preleciona o mestre Fix-Zamudio, "compreende los diversos instrumentos calificados como 'garantías constitucionales', y que en su conjunto son objeto de estudio de la disciplina que se denomina 'Derecho Procesal Constitucional'".[21]

16. Só nos ateremos a dois aspectos do tema, que assumiram destacada importância na defesa dos direitos humanos no Brasil: o *controle da constitucionalidade dos atos do poder público* e aquele setor que Cappelletti denominou de *jurisdição constitucional da liberdade*.

17. O *controle de constitucionalidade*, no Brasil, hoje, é o resultado da experiência histórica que propiciou o surgimento de um sistema peculiar que combina os *critérios de controle difuso* e de *controle concentrado*. Este último se apresenta mais adequado à defesa dos direitos humanos, por via de ação direta de inconstitucionalidade perante o Supremo Tribunal Federal, que, embora não seja um Tribunal Constitucional segundo o modelo europeu, passou a ter competência apenas de jurisdição constitucional, competindo-lhe, precipuamente, a guarda da Constituição. Só isso, porém, não seria suficiente para a organização de um sistema eficaz de proteção aos direitos humanos, pois tal competência já lhe cabia no regime das Constituições anteriores, e não raro, lamentavelmente, suas decisões sustentaram o arbítrio do regime militar. Por outro lado, anteriormente a legitimação para a ação direta de inconstitucionalidade pertencia apenas ao procurador-geral da República, que era de livre nomeação e, pior, de livre exoneração pelo presidente da República, de sorte que só promovia as ações de conveniência do regime. Isso mudou. Hoje, a legitimação para propor a ação direta de inconstitucionalidade compete a várias autoridades e instituições: *a*) o presidente da República; *b*) a Mesa (Comissão Diretora) do Senado Federal; *c*) a Mesa (Comissão Diretora) da Câmara dos Deputados; *d*) a Mesa (Comissão Diretora) de Assembléia Legislativa, que é o nome do órgão do Poder Legislativo dos Estados-membros; *e*) o go-

---

21. Cf. "La justicia constitucional, reflexiones comparativas", in *La Revista de Derecho*, ano IV, Santiago de Chile, Faculdade de Derecho, Universidad Central, julho-dezembro de 1990.

vernador do Estado; *f)* o procurador-geral da República; *g)* o Conselho Federal da OAB; *h)* partido político com representação no Congresso Nacional; *i)* confederação sindical ou entidade de classe de âmbito nacional. Essas instituições, especialmente a OAB, têm utilizado tal instrumento na defesa da legalidade em geral e da Constituição em particular. Mas o mais importante é que a Procuradoria-Geral da República adquiriu autonomia, de modo que já por várias vezes propôs ação direta de inconstitucionalidade de medidas da presidência da República com relativo êxito.

18. Inovação da Constituição na matéria foi a previsão da *inconstitucionalidade por omissão*, por influência da Constituição portuguesa, que é tema relacionado com a problemática da eficácia e aplicabilidade das normas constitucionais. Tem mesmo por objetivo tornar efetiva a aplicação da Constituição contra a inércia dos poderes constituídos. Como a omissão constitucional só se caracteriza pela falta ou insuficiência de medidas legislativas e de adoção de medidas políticas ou de governo, normalmente exigidas em normas constitucionais definidoras da ação positiva do Estado em favor das classes desfavorecidas, bem se pode aquilatar da importância do seu controle para a efetivação de ponderável categoria dos direitos humanos. Nossa experiência ainda é pequena nesse campo.

5. Jurisdição constitucional da liberdade

19. Mais rica é nossa experiência no uso dos instrumentos da chamada *jurisdição constitucional da liberdade*. Além dos meios tradicionais como o *"habeas corpus"*, o *mandado de segurança*, a *ação popular*, a Constituição brinda-nos com novidades, como o *mandado de segurança coletivo*, o *mandado de injunção*, o *"habeas data"* e a *ação civil pública*. São meios processuais constitucionais que objetivam o amparo dos direitos humanos.

20. Segundo o art. 5º, LXVIII, da Constituição, "conceder-se-á *habeas corpus* sempre que alguém sofrer ou se achar ameaçado de sofrer violência ou coação em sua liberdade de locomoção, por ilegalidade ou abuso de poder". Constitui meio de invocar a atividade jurisdicional, portanto é uma ação judicial, que visa a salvaguardar o direito fundamental de *ir, vir e ficar*, em que se consubstancia a liberdade de locomoção.

Admite-se, na doutrina como na jurisprudência, que o *habeas corpus* é meio processual idôneo para invocar a jurisdição constitucional objetivando a declaração de inconstitucionalidade de lei ou ato que servir de base à atuação restritiva da liberdade de locomoção.

21. O *mandado de segurança* surgiu como evolução da doutrina brasileira do *habeas corpus*, realizada pela jurisprudência, sob a égide do Supremo Tribunal Federal, na Primeira República, para não deixar sem remédio certas situações jurídicas que não encontravam no quadro das nossas ações a proteção adequada.[22] Evolução interrompida pela reforma constitucional de 1926. Então, já se desenvolvia a idéia de um remédio apto a amparar direitos lesados pelo poder público, similar ao recurso de amparo mexicano. Foi assim que o *mandado de segurança* foi instituído pelo art. 113, n. 23, da Constituição de 1934, perdurando nas posteriores, como um remédio processual-constitucional destinado a proteger direito individual, líquido e certo, lesado ou ameaçado de lesão por ato de autoridade.

A Constituição de 1988 deu-lhe nova formulação, concebendo dois tipos: o *mandado de segurança individual* e o *mandado de segurança coletivo*. O primeiro consta do art. 5º, LXIX: "conceder-se-á *mandado de segurança* para proteger direito líquido e certo, não amparado por *habeas corpus* ou *habeas data*, quando o responsável pela ilegalidade ou abuso de poder for autoridade pública ou agente de pessoa jurídica no exercício de atribuições públicas". O segundo está previsto no inciso LXX do mesmo art. 5º: "o *mandado de segurança coletivo* pode ser impetrado por: a) partido político com representação no Congresso Nacional; b) organização sindical, entidade de classe ou associação legalmente constituída e em funcionamento há pelo menos um ano, em defesa dos interesses de seus membros ou associados". O conceito de mandado de segurança coletivo assenta-se em dois elementos: *a*) um *institucional*, caracterizado pela atribuição da legitimação processual a instituições associativas para a defesa de interesses de seus membros ou associados; *b*) outro *objetivo*, consubstanciado no uso do remédio para a defesa de interesses coletivos.

Em qualquer caso, o mandado de segurança é ação pela qual o lesado defende seu direito líquido e certo ou direito coletivo ou individual dos associados, e nessa defesa pode argüir a inconstitucionalidade da lei ou ato ofensivo ao direito em causa. Então, sim, o mandado pode ser concedido, declarando-se a inconstitucionalidade da lei ou decreto em que a autoridade fundamentou o ato ou o provimento impugnado.

22. Cf. Castro Nunes, *Do Mandado de Segurança*, 8ª ed., Rio de Janeiro, Forense, 1980, p. 1.

22. O *mandado de injunção* é instituto novo no sistema brasileiro, consubstanciado no art. 5º, LXXI, com o seguinte enunciado: "conceder-se-á *mandado de injunção* sempre que a falta de normas regulamentadoras torne inviável o exercício de direitos e liberdades constitucionais e das prerrogativas inerentes à nacionalidade, à soberania e à cidadania". Constitui, pois, uma ação constitucional posta à disposição de quem se considere titular de qualquer daqueles direitos, liberdades ou prerrogativas inviabilizados por falta de norma regulamentadora exigida ou suposta pela Constituição. Sempre sustentamos que o direito reclamado teria que ser concreto e pessoal. Também sempre sustentamos que com o reconhecimento da falta de normas regulamentadoras do direito, liberdade ou prerrogativa reclamados esta teria de ser diretamente suprida pelo Judiciário. No entanto, julgados do Supremo Tribunal Federal reduziram o mandado de injunção a uma espécie de ação de inconstitucionalidade por omissão, de sorte que a decisão simplesmente recomenda a elaboração das normas reguladoras previstas na Constituição, o que é, no nosso sentir, tornar praticamente inútil o instituto.[23]

23. O objeto do *habeas data* consiste em assegurar: *a*) o direito de acesso e conhecimento de informações relativas à pessoa do impetrante, constantes de registros ou bancos de dados de entidades governamentais e de entidades de caráter público; *b*) o direito à retificação desses dados, importando isso atualização, correção e até supressão, quando incorretos. Consta do art. 5º, LXXII, da Constituição.

24. A *ação popular* brasileira consta do art. 5º, LXXIII, da Constituição, nos termos seguintes: "qualquer cidadão é parte legítima para propor ação popular que vise a anular ato lesivo ao patrimônio público ou de entidade de que o Estado participe, à moralidade administrativa, ao meio ambiente e ao patrimônio histórico e cultural, ficando o autor, salvo comprovada má-fé, isento de custas judiciais e do ônus da sucumbência". É, como se nota, um instrumento de defesa de direitos coletivos.

25. Outro meio processual importante é a *ação civil pública*, que fora disciplinada em uma lei de 1985, mas agasalhada pela Constituição, quando, no art. 129, III, prevê como um das funções institucionais do Ministério Público promover a ação civil pública, para a proteção

---

23. Cf. nosso *Mandado de Injunção e "Habeas Data"*, São Paulo, Ed. RT, 1989, bem como nosso *Curso de Direito Constitucional Positivo*, 17ª ed., São Paulo, Malheiros Editores, 2000, pp. 448-453.

do patrimônio público e social, do meio ambiente e de outros interesses difusos e coletivos, sem prejuízo da legitimação de terceiros. A Lei 7.347/85 prevê a legitimação das pessoas jurídicas estatais, autárquicas e paraestatais, assim como das associações destinadas à proteção do meio ambiente ou à defesa do consumidor, além do Ministério Público, para propor a ação civil pública, que, segundo a mesma lei, é o instrumento processual adequado para reprimir ou impedir danos ao meio ambiente, ao consumidor, a bens e direitos de valor artístico, estético, histórico e paisagístico.[24] Percebe-se que esta ação assim como a ação popular são meios processuais constitucionais de defesa dos chamados direitos humanos de terceira geração, o que os retira do limbo das normas constitucionais puramente programáticas.

6. Proteção especial

26. Não esqueceu a Constituição de consignar proteção especial: *a*) à *família* fundada no casamento, mas também à *união estável* entre homem e mulher como entidade familiar (art. 226); *b*) à *mulher*, com afirmar sua insofismável igualdade aos homens (arts. 5º, I, e 226, § 3º); *c*) aos *portadores de deficiência* (arts. 203, V, e 227, II); *d*) aos *idosos* (arts. 203, V, e 230); *e*) aos *índios*, reconhecendo sua organização social, costumes, línguas, crenças e tradições, e os direitos originários sobre as terras que tradicionalmente ocupam, competindo à União demarcá-las, proteger e fazer respeitar todos os seus bens; *f*) à *criança* e ao *adolescente*, em termos expressivos que veremos adiante.

7. Apreciação

27. Esta síntese mostra que a Constituição formula e garante os direitos humanos de maneira ampla e moderna. Mas, como já acenamos antes, a questão dos direitos humanos não está apenas em sua formulação constitucional. Já não bastam sua positivação e subjetivação para que sejam efetivados no cotidiano da maioria do povo, pois a experiência brasileira tem demonstrado que sua reiterada afirmação nos textos constitucionais não tem sido garantia necessária e suficiente de sua efetividade.[25] O povo tem enorme confiança, por exemplo, no man-

24. Cf. Hely Lopes Meirelles, *Mandado de Segurança, Ação Popular, Ação Civil Pública, Mandado de Injunção e "Habeas-Data"*, 12ª ed., São Paulo, Ed. RT, 1989, pp. 119 e ss. *[atualmente em 21ª ed., 2ª tir., São Paulo, Malheiros Editores, 2000]*.

25. Cf. José Eduardo Faria, "Mitos e conflitos: os direitos humanos no Brasil", in *A Crise do Direito numa Sociedade em Mudança*, de que foi organizador, p. 52.

dado de segurança. Mas muitos raramente têm a oportunidade de usá-lo, pois milhões de pessoas estão tão à margem da ordem jurídica e nunca dispõem de direito líquido e certo a ser defendido por aquele instrumento. A estrutura social do país não favorece a existência real dos direitos humanos. Estamos vivendo, sim, um momento histórico de amplas liberdades políticas, o que é extraordinariamente saudável e condição necessária para a luta pela a efetivação da promessa de nossa Constituição quando, no "Preâmbulo", se propõe a instituir um Estado Democrático, destinado a assegurar o exercício dos direitos sociais e individuais, a liberdade, a segurança, o bem-estar, o desenvolvimento, a igualdade e a justiça como valores supremos de uma sociedade fraterna, pluralista e sem preconceitos, e quando afirma, no art. 1º, que a República Federativa do Brasil se constitui em Estado Democrático de Direito que tem como fundamento, entre outros, a dignidade da pessoa humana.

28. Essa dignidade não será, porém, autêntica e real enquanto não se construírem as condições econômicas, sociais, culturais e políticas que assegurem a efetividade dos direitos humanos, em um regime de justiça social. O país vive, sim, num regime de amplas liberdades, mas não vive ainda num regime democrático, se entendermos por democracia um processo de realização de valores essenciais de convivência humana, que se traduzem basicamente nos direitos humanos; regime que não pode existir verdadeiramente num país de grandes misérias, mormente quando este país é o quarto produtor de alimentos do mundo; regime que não pode tolerar a extrema desigualdade, as enormes distâncias sociais, onde os 10% mais ricos se apropriam da metade da renda nacional, os 50% mais pobres ficam com apenas 13,6% dessa riqueza – somente o 1% mais rico tem participação praticamente igual (13,13%); onde 65% vivem na pobreza ou miséria, dos quais 54% são crianças – 24 milhões de crianças vivem na miséria, 23 milhões na pobreza, 33% das famílias ganham menos que um salário mínimo, e este fica em torno da quantia de 100 dólares mensais.[26] O empobrecimento da população cresce assustadoramente na medida em que uma forte política recessiva é aplicada, inicialmente para atender à exigência de instituições financeiras internacionais e credores de uma dívida externa contraída irresponsavelmente durante a ditadura militar e por estímulo dos próprios prestadores de dinheiro, e mais recentemente para manter a estabilidade da moeda, com taxas de juros elevadas, que dificultam

---

26. Cf. Hélio Jaguaribe, *Brasil, Reforma ou Caos*, São Paulo, Paz e Terra, 1989, pp. 17 e 18; e John Drexel e Leila Rentroia Iannone, *Criança e Miséria*, 6ª ed., São Paulo, Moderna, 1991, pp. 14 e 15.

os investimentos e criação de empregos. A mortalidade infantil aumenta na razão direta da queda dos salários, do desemprego em massa: na década de 80 eram 100 por 1.000, hoje a taxa atinge cerca de 170 mortes para cada 1.000 nascidos vivos,[27] ainda que com o programa do Real haja uma tendência de melhora.

29. Um triste capítulo do desrespeito aos direitos humanos no país sempre foi a violência policial. Durante a ditadura militar essa violência foi instrumentada, especialmente pela ação das polícias militares dos Estados, já que as Secretarias de Segurança estaduais eram dirigidas por representantes das Forças Armadas, do Exército principalmente, com a incumbência de manter a ordem nos Estados em função do regime. A violência contra civis era estimulada, criaram-se mecanismos ou unidades policiais com o propósito de eliminar delinqüentes civis. Em São Paulo os secretários de Segurança que dirigiram o aparelho policial nos anos de 1970 e início de 1980 estimularam a violência da polícia militar mediante atribuição de prêmios de bravura quando o policial eliminava civis, geralmente pobres e negros. Há ex-policiais daquele tempo que ainda se gabam de ter matado mais de 50 civis, tidos como bandidos, não raro por mera execução, e se orgulham das promoções por bravura que receberam. Os anos de 1987 a 1994 foram de grande violência da polícia militar em São Paulo. Só para dar alguns números estarrecedores: no ano de 1991 a polícia militar de São Paulo eliminou mais de 900 civis, cerca de 75 por mês; no ano de 1992 essa média subiu para cerca de 100 por mês, sem contar os 111 mortos, de uma só vez, na Casa de Detenção de São Paulo. Quando assumimos a Secretaria de Segurança do Estado de São Paulo, a 1º de janeiro de 1995, a média estava em torno de 50. Empreendemos ali, desde o início, uma luta árdua para reverter esse quadro. Propusemos ao Governador, no primeiro dia de gestão, a criação da Ouvidoria da Polícia Paulista, uma espécie de *ombudsman*, destinada a receber denúncias, reclamações e queixas contra abuso de autoridade e corrupção das polícias civil e militar do Estado, o que foi feito por decreto publicado no primeiro dia de governo (1º de janeiro de 1995). O Ouvidor assumiu em novembro do mesmo ano. Embora combatido pelos maus policiais e por todos aqueles que defendem a violência policial, já se reconhece que vem prestando enormes serviços ao aperfeiçoamento da ação policial. Criamos, em setembro de 1995, o Programa de Acompanhamento

---

27. Cf. Cecília Pires, *A Violência no Brasil*, 8ª ed., São Paulo, Moderna, 1992, p. 29.

do Policial Militar Envolvido em Ocorrências de Alto Risco-PROAR, que consiste em retirar do policiamento de rua o policial que tenha eliminado um civil, submetendo-o a acompanhamento psicológico e a reciclagem profissional, para que se refaça do trauma em que esteve envolvido. Com isso, a morte de civis, que era por volta de 34 mensais (na Capital), passou a ser em torno de 8,5. Do mesmo modo, caiu substancialmente o número de policiais mortos em ação. Outra providência de grande alcance de nossa gestão foi a criação de um seguro, pago inteiramente pelos cofres públicos, para amparar a família de policiais mortos ou invalidados em serviço. O prêmio do seguro está em torno de 50 mil dólares.

30. Outra questão constrangedora para quem sustenta os valores da dignidade da pessoa humana está no sistema carcerário. Em São Paulo, sob a responsabilidade de uma Secretaria especializada (a Secretaria de Administração Penitenciária), temos 43 penitenciárias que comportam cerca de 24 mil condenados, incluindo os sistemas fechado e semi-aberto, mas abrigam hoje cerca de 34 mil presos. Pior do que isso, porém, são as carceragens dos distritos policiais e cadeias públicas, sob a administração da Secretaria de Segurança Pública, que dispõem de cerca de 14 mil vagas para presos processuais, presos provisórios, mas têm hoje quase 34 mil presos, dos quais cerca de 17 mil são condenados, e, portanto, deveriam estar no sistema penitenciário. Há distritos policiais e cadeias com até cinco vezes mais a sua lotação. Tudo isso são problemas que se acumularam nesses últimos trinta anos, sem que se construíssem estabelecimentos adequados para o cumprimento de penas impostas pelo Judiciário. Para corrigir isso, o Governador Mário Covas, do Estado de São Paulo, por nossa proposta conjuntamente com o Secretário da Administração Penitenciária, está empreendendo um vasto programa de construção de penitenciárias. Talvez um dos programas mais arrojados no mundo nessa matéria, pois só se tem notícia de coisa semelhante na França, onde um programa desses construiu estabelecimentos prisionais para cerca de 13 mil vagas. Pois o Governo de São Paulo está construindo 21 penitenciárias com mais de 17 mil vagas, e o Governo Federal promete construir mais 13, com cerca de 5 mil vagas. Com isso, estaremos propiciando melhores condições de vida carcerária ao presos, que têm direito a que sua pena não seja agravada com as péssimas condições de encarceramento.

31. É justo ressaltar o esforço que o Governo Federal e alguns Governos Estaduais (como o de São Paulo) vêm desenvolvendo no sentido de criar mecanismos de proteção aos direitos humanos. O Governo

Federal lançou um importante Programa Nacional dos Direitos Humanos e criou no Ministério da Justiça uma Secretaria Nacional de Direitos Humanos, que vem trabalhando com afinco na efetivação daquele Programa. O Governo de São Paulo também, por sua Secretaria da Justiça e Defesa da Cidadania, lançou o Programa Estadual dos Direitos Humanos, que vem implementando inclusive com medidas reparatórias de danos pessoais decorrentes de violação de direitos humanos.

32. Vale ainda o texto que escrevemos há algum tempo, ou seja: "A Constituição estrutura um regime democrático consubstanciando esses objetivos de igualização por via dos direitos sociais e da universalização de prestações sociais (seguridade, saúde, previdência e assistência sociais, educação e cultura).[28] A democratização dessas prestações, ou seja, a estrutura de modos democráticos (universalização e participação popular), constitui fundamento do Estado Democrático de Direito, instituído no art. 1º. Resta, evidentemente, esperar que essa normatividade constitucional se realize na prática".[29]

33. A Constituição tem um dos mais expressivos textos sobre os direitos da criança (art. 227), segundo o qual: "É dever da família, da sociedade e do Estado assegurar à criança e ao adolescente, com absoluta prioridade, o direito à vida, à saúde, à alimentação, à educação, ao lazer, à profissionalização, à cultura, à dignidade, ao respeito, à liberdade e à convivência familiar e comunitária, além de colocá-la a salvo de toda forma de negligência, discriminação, exploração, violência, crueldade e opressão". Belo texto, que se lê com tristeza diante do quadro que acabamos de mostrar. Assegura o direito à alimentação, e milhões vivem na extrema desnutrição; garante o direito à vida e à saúde, mas a cada minuto no Brasil morre uma criança que não completou um ano de vida, por deficiência de saneamento básico e por desnutrição.[30] Coloca a criança e o adolescente a salvo da violência, da crueldade e da opressão, mas, para sentir o contraste, nem é necessário referir-se à violência policial e de grupos de extermínio, basta essa *violência silenciosa* da miséria que destrói milhões.

34. Mas, Senhores, a criança brasileira não precisa de lágrimas, como lembram Drexel e Iannone: ela precisa de *comida, remédio, es-*

---

28. Cf. arts. 6º e 7º, e 194, 196, 201, 203, 205, 215, 228 e 230, todos acompanhados de normas e mecanismos tendentes a fazer valer os direitos neles previstos.
29. Cf. nosso *Curso de Direito Constitucional Positivo*, 17ª ed., São Paulo, Malheiros Editores, 2000, p. 132.
30. Cf. Cecília Pires, ob. cit., p. 29.

cola, casa, salário justo para os pais e *respeito*, como ser humano que é. A criança brasileira não precisa de piedade! Ela necessita – isto, sim – que lhe sejam devolvidos seus *direitos*; e, como não pode reclamá-los sozinha, precisa de todos nós, na posse de nossos deveres e obrigações de cidadãos, para que reivindiquemos por ela.[31] Precisa, sobretudo, que a comunidade financeira internacional nos deixe trabalhar e produzir para dar vigência ao dispositivo constitucional que declara que ordem econômica tem por fim assegurar a todos existência digna, conforme os ditames da justiça social, observada, entre outros princípios, a redução das desigualdades regionais e sociais.

8. Conclusão

35. Gostaria muito, Senhores, de trazer aqui um quadro dos direitos humanos que refletisse, com precisão, a formosa e rica formulação que deles faz a Constituição de 1988. Seria lindo se me ativesse apenas às suas formas que nos confortam na previsão de uma sociedade fraterna. Seria mesmo extasiante se eu já pudesse dizer que está inteiramente cumprido o objetivo fundamental da República Federativa do Brasil, previsto no art. 3º, I, da Constituição, o de *construir uma sociedade livre, justa e solidária*. Seria, porém, falso dizê-lo agora, mas a utopia é um exercício da mente humana que impulsiona movimentos capazes de atingir metas aparentemente inatingíveis. E os dez anos de vigência da Constituição Federal de 5 de outubro de 1988 têm propiciado enorme desenvolvimento da cidadania. Essa consciência cidadã é a melhor garantia de que os direitos humanos passaram a ter consideração popular, a fazer parte do cotidiano das pessoas, o que é o melhor instrumento de sua eficácia, mais cedo ou mais tarde, com repulsa conseqüente do arbítrio e do autoritarismo. Se é certo que ainda há bolsões de desrespeito dos direitos fundamentais do Homem e que muitas manifestações desses direitos ainda não se efetivam na prática, a consciência popular deles constitui, indubitavelmente, a melhor garantia de sua vigência.

36. Muitos perguntam: "O que significa cidadania num país onde a vida humana perdeu a dignidade?". "Que valor pode ter para um homem o direito de voto, a liberdade de expressão e locomoção, se seus filhos estão raquíticos e sem perspectivas de vida?"[32]

---

31. Cf. ob. cit., pp. 7 e 8.
32. Cf. John Drexel e Leila Rentroia Iannone, ob. cit., p. 16.

A essas indagações é preciso responder, sem vacilação, que a previsão constitucional dos direitos humanos, ainda que não efetivados satisfatoriamente, vale como conjunto de normas jurídicas fundamentais com base nas quais se pode invocar a atividade jurisdicional em busca de amparo efetivo; vale como pauta de valores de convivência humana que orienta e fundamenta movimentos sociais reivindicatórios da construção da prometida sociedade livre, justa e solidária; vale para que o Ministério Público e outras instituições tenham instrumentos jurídicos em que fundamentem suas ações em favor de categorias desfavorecidas ou discriminadas. Vale para que esse mesmo Ministério Público, a Câmara dos Deputados, as Assembléias Legislativas dos Estados, a OAB e outras entidades, como as Universidades de São Paulo e de Brasília, possam criar comissões e núcleos de defesa dos direitos humanos e contra a violência, não apenas para estudos teóricos, mas para ação prática, como vem acontecendo, às vezes até com sacrifícios de vida. Sem luta, como vimos antes, a utopia não existe, como não existe a justiça, não a justiça-princípio absoluto, mas a justiça concreta, o fazer justiça, a justiça como relação justa. Nada mais.

IMPACTO DA DECLARAÇÃO UNIVERSAL DOS DIREITOS HUMANOS NA CONSTITUIÇÃO BRASILEIRA DE 1988[1]

I – Dos direitos humanos em geral: 1. Constituição e direitos humanos. 2. Universalização das declarações dos direitos humanos. 3. Universalidade, indivisibilidade e interdependência dos direitos humanos. II – O problema da eficácia dos direitos sociais: 4. Introdução. 5. Direitos sociais. 6. Positivação dos direitos sociais como pressuposto de sua eficácia. 7. Instrumentos da eficácia. 8. Garantias econômicas. 9. Conclusão.

I – Dos direitos humanos em geral

1. Constituição e direitos humanos

1. A *Constituição* tem sido definida como um conjunto de normas e princípios consubstanciados num documento solenemente estabelecido pelo poder constituinte e somente modificável por processos especiais previstos em seu texto, tendo por objeto estabelecer a estrutura do Estado, a organização de seus órgãos, o modo de aquisição e a forma de seu exercício, limites de sua atuação, a função precípua de assegurar os direitos e garantias fundamentais do Homem, tomada esta expressão, no constitucionalismo contemporâneo, no sentido amplo, compreendendo os direitos civis e políticos e os direitos econômicos, sociais e culturais, segundo a categorização das declarações e pactos internacionais das Nações Unidas.

O que se quer ressaltar, nesta oportunidade, é a função de uma Constituição escrita e rígida. Como disse, sua função essencial consiste em assegurar os direitos fundamentais do Homem não mais no mero sentido das Constituições-garantias do liberalismo, pela simples consagração de uma declaração de direitos e o estabelecimento de meca-

---

1. *Nota desta edição*: Conferência proferida no Instituto de Direito em Simpósio em minha homenagem, e em comemoração dos cinqüenta anos da Declaração Universal dos Direitos Humanos e dos dez anos da Constituição de 1988, no Rio de Janeiro, no dia 20 de outubro de 1998, publicada in James Tubenchlak (coord.), *Doutrina n. 7*, Rio de Janeiro, ID-Instituto de Direito, 1999.

nismos de limitação de poder, tal como postulava o art. 16 da Declaração dos Direitos do Homem e do Cidadão, de 1789, segundo o qual a sociedade na qual a garantia dos direitos não fosse assegurada, nem a separação de poderes determinada, não tinha Constituição. Pois não se trata mais de simplesmente conter o poder num abstencionismo estático, deixando aos indivíduos livre determinação para que, sob sua responsabilidade e alvedrio, aufiram os direitos declarados. Trata-se de institucionalizar o poder para que realize ações afirmativas que promovam o efetivo gozo dos direitos humanos, atuando de forma positiva onde sua ação seja necessária para criar condições reais à efetividade dos direitos, especialmente dos direitos econômicos, sociais e culturais.

2. Como já escrevi de outra feita, a questão técnica que se apresentou na evolução das declarações de direitos humanos foi a de assegurar sua efetividade através de um conjunto de meios e recursos jurídicos, que genericamente passaram a chamar-se garantias constitucionais dos direitos humanos. Tal exigência técnica determinou que o reconhecimento desses direitos se fizesse segundo formulação jurídica positiva, mediante sua inscrição no texto das Constituições. Assim é que, num primeiro momento, se deram a *subjetivação* e a *positivação* dos direitos individuais com sua enunciação constitucional, imprimindo às suas fórmulas, até então abstratas, o caráter concreto de *normas jurídicas* positivas, válidas para os indivíduos dos respectivos Estados, com a previsão também de outras normas destinadas a atuar uma precisa regulamentação jurídica, de modo a não requerer ulteriormente, a tal propósito, a intervenção do legislador ordinário.[2] Daí por diante, as Constituições democráticas passaram a trazer um capítulo em que são *subjetivados* e *positivados* os direitos fundamentais do Homem.

Quando a Constituição Política do Império do Brasil proclamou, no art. 179, que "a inviolabilidade dos direitos civis e políticos dos cidadãos brasileiros, que tem por base a liberdade, a segurança individual e a propriedade, é garantida pela Constituição (...)", estava precisamente *subjetivando*, nos brasileiros, os direitos, e *positivando*-os, ao declarar serem garantidos pela Constituição, conforme enunciado nos trinta e cinco incisos daquele artigo. Tal se fez nas Constituições brasileiras subseqüentes, de forma mais apurada, como consta do art. 5º da Constituição de 1988, que garante "aos brasileiros e estrangeiros residentes no país a inviolabilidade do direito à vida, à liberdade, à igualdade, à segurança e à propriedade", nos termos dos setenta e sete incisos daquele artigo.

---

2. Cf. Biscaretti di Ruffia, *Dirito Costituzionale*, 7ª ed., Nápoles, Casa Editrice Dott. Eugenio Jovene, 1965, pp. 695 e 696.

2. Universalização das declarações dos direitos humanos

3. O que diferenciou a Declaração de 1789 das proclamadas na América do Norte foi sua vocação universalizante. Sua visão universal dos direitos do Homem constituiu uma de suas características marcantes, que já assinalamos com o significado de seu *mundialismo*.[3] Em verdade, as declarações de direitos do século XX procuram consubstanciar duas tendências fundamentais: *universalismo*, implícito já na Declaração francesa de 1789, e *socialismo* (tomada essa expressão em sentido amplo, ligado a social, e não técnico-científico), com a extensão do número dos direitos reconhecidos, o surgimento dos *direitos sociais*, uma inclinação ao condicionamento dos direitos de propriedade e dos demais direitos individuais,[4] propensão que refletiu no Direito Constitucional contemporâneo.

4. O sentido universalizante das declarações de direitos, de caráter estatal, passou a ser objeto de reconhecimento supraestatal em documentos declaratórios de feição multinacional ou mesmo universal. As primeiras manifestações nesse sentido foram propostas de organismos científicos internacionais visando a estender a defesa dos direitos humanos a todos os países e a todos os indivíduos de todas as nacionalidades, como noticia José Castán Tobeñas,[5] de que é exemplo o projeto de "Declaração dos Direitos Internacionais do Homem", redigido pelo Instituto de Direito Internacional, em 1928-1929.[6]

Um passo concreto foi dado quando os vinte e um países da América se reuniram em Chapultepec (México) no início do ano de 1945, firmando a tese de que um dos primeiros objetivos das Nações Unidas deveria ser a redação de uma carta dos direitos do Homem.[7] Daí que a Carta das Nações Unidas (26 de junho de 1945) ficara impregnada da

---

3. Cf. nosso *Curso de Direito Constitucional Positivo*, 15ª ed., São Paulo, Malheiros Editores, 1998 *[atualmente, 17ª ed., 2000]*, p. 165, onde citamos: Robert, *Libertés Publiques*, p. 46; Castán Tobeñas, *Los Derechos del Hombre*, p. 99; Philippe de la Chapelle, *La Déclaration Universelle des Droits de l'Homme et le Catholique*, p. 12. Cabe também observar que o texto que se segue é, em essência, reprodução do que apresentamos naquele *Curso*, a partir da p. 165.

4. Cf. Castán Tobeñas, ob. cit., p. 101, citando Carlos Ollero, *El Derecho Constitucional de la Posguerra*, cap. V.

5. Ob. cit., p. 109.

6. Idem, ibidem, p. 109.

7. Cf. Chapelle, ob. cit., p. 22, que menciona também a proposta do Episcopado americano no mesmo sentido, quando da abertura da Conferência de São Francisco, em abril de 1945.

idéia do respeito aos *direitos fundamentais do Homem*, desde o seu segundo *considerando*, onde afirma "a fé nos direitos fundamentais do Homem, na dignidade e valor da pessoa humana, na igualdade dos direitos de homens e mulheres e das nações grandes e pequenas", até as referências contidas nos arts. 1º, item 2; 13, item 1, "b"; 55, "c"; 62, item 2; e 76, "c".

5. Delineada na Carta das Nações Unidas, assim, a preocupação com os direitos fundamentais do Homem, cumpria dar-lhe conseqüência sistemática, mediante a redação de uma *Declaração Universal dos Direitos do Homem*. Com esse propósito, criou-se, na ONU, uma Comissão dos Direitos do Homem, cuja presidência coube à Sra. Eleonora Roosevelt, viúva do Presidente Franklin D. Roosevelt. Durante a elaboração do texto, com base especialmente em projeto de autoria do professor René Cassin, várias questões teóricas se configuraram, como, por exemplo, se deveria ser uma Declaração ou uma Convenção, o que tinha importância para a sua maior ou menor efetividade, pois a primeira forma não dotava o instrumento, segundo alguns, de força obrigatória. Foi, no entanto, a que prevaleceu. Questão mais importante, contudo, foi a de saber como chegar, numa mesma declaração, a defender os direitos individuais tradicionais e, ao mesmo tempo, destacar a importância dos novos direitos sociais.[8] Sobre isso, Philippe de la Chapelle ressalta a colaboração de Bogomolov, representante soviético, que deu eficaz ajuda na redação dos artigos concernentes aos direitos econômicos, sociais e culturais da Declaração, que fora aprovada na noite de 10 de dezembro de 1948, na terceira sessão ordinária da Assembléia-Geral da ONU, realizada em Paris.

6. A *Declaração Universal dos Direitos do Homem* contém *trinta artigos*, precedidos de um "Preâmbulo" com *sete "considerandos"*, em que reconhece solenemente: a *dignidade da pessoa humana*, como base da liberdade, da justiça e da paz; o *ideal democrático* com fulcro no progresso econômico, social e cultural; o *direito de resistência à opressão*; finalmente, a *concepção comum desses direitos*. Constitui o "Preâmbulo" a proclamação, pela Assembléia-Geral da ONU, da referida Declaração, do "ideal comum a ser atingido por todos os povos e todas as nações, a fim de que todos os indivíduos e todos os órgãos da sociedade, tendo esta Declaração constantemente no espírito, se esforcem, pelo ensinamento e pela educação, a desenvolver o respeito desses direitos e liberdades e assegurar-lhes, por medidas progressivas de or-

---

8. Cf. Chapelle, ob. cit., p. 41.

dem nacional e internacional, o reconhecimento e a aplicação universais e efetivos (...)".

7. Os trinta artigos reconhecem os direitos fundamentais do Homem. Do art. 1º ao art. 21 encontramos a proclamação dos tradicionalmente chamados *direitos e garantias individuais*, certamente impregnados de conotações mais modernas, tais como: igualdade, dignidade, não-discriminação; direito à vida, à liberdade (de locomoção, de pensamento, de consciência, de religião, de opinião, de expressão, de reunião e de associação), à segurança pessoal, à nacionalidade, de asilo, de propriedade; condenação da escravidão, da servidão, da tortura, de penas ou tratamentos cruéis, inumanos ou degradantes; reconhecimento da personalidade jurídica; respeito à intimidade (pessoal, familiar, epistolar e do domicílio); direito de constituição de família; direito de circular e de escolher a residência; proteção igual perante os tribunais, garantia contra medidas arbitrárias; de plena defesa, de não-retroatividade da lei penal e presunção de inocência até julgamento final; direitos políticos de participação no governo, de votar e ser votado, de acesso às funções públicas; garantia de eleições autênticas, periódicas, mediante sufrágio universal e igual e voto secreto ou procedimento equivalente. Do art. 22 até o art. 28, o documento consubstancia os *direitos sociais do Homem*, assim: direito à segurança social e à satisfação dos direitos econômicos, sociais e culturais indispensáveis à dignidade da pessoa humana e ao livre desenvolvimento de sua personalidade; direito ao trabalho, à escolha do trabalho, a condições satisfatórias de trabalho e proteção contra o desemprego, a salário condigno, à liberdade sindical; direito à limitação razoável da duração do trabalho, a férias, a descanso remunerado e ao lazer; direito à previdência e seguro social no caso de desemprego, enfermidade, invalidez, viuvez, velhice etc.; direito à educação, à instrução técnica e profissional e à cultura; direito a uma ordem social e internacional em que os direitos fundamentais sejam plenamente efetivos. O art. 29 proclama os deveres da pessoa para com a comunidade, e o art. 30 estabelece o princípio de interpretação da Declaração sempre em benefício dos direitos e liberdades nela proclamados.[9]

8. O enunciado desse conjunto de direitos confirma a lição de Dalmo de Abreu Dallari segundo a qual a Declaração consagrou três obje-

9. Cf., sobre a Declaração, Chapelle, ob. cit.; Alcalá-Zamora y Castillo e outros, *Veinte Años de Evolución de los Derechos Humanos*, México, UNAM/Instituto de Investigaciones Jurídicas, 1974; Antonio Truyol y Serra, *Los Derechos Humanos*, Madri, Tecnos, 1971.

tivos fundamentais: "a *certeza* dos direitos, exigindo que haja uma fixação *prévia* e *clara* dos direitos e deveres, para que os indivíduos possam gozar dos direitos ou sofrer imposições; a *segurança* dos direitos, impondo uma série de normas tendentes a garantir que, *em qualquer circunstância*, os direitos fundamentais sejam respeitados; a *possibilidade* dos direitos, exigindo que se procure assegurar a todos os indivíduos os meios necessários à fruição dos direitos, não se permanecendo no formalismo cínico e mentiroso da afirmação de igualdade de direitos onde grande parte do povo vive em condições subumanas".[10] Mas, como ainda anota o referido autor, o grande problema é o da *eficácia* das normas da Declaração de Direitos.[11]

O problema é ainda mais agudo tratando-se de uma Declaração Universal, que não dispõe de um aparato próprio que a faça valer, tanto que o desrespeito acintoso e cruel de suas normas, nesses cinqüenta anos, constituíra uma regra trágica, especialmente no nosso Continente e também no nosso país. Não é, pois, sem razão que se afirma que o regime democrático se caracteriza não pela inscrição dos direitos fundamentais, mas por sua efetividade, por sua realização eficaz.[12]

À vista disso é que se tem procurado firmar vários pactos e convenções internacionais, sob patrocínio da ONU, visando a assegurar a proteção dos direitos fundamentais do Homem, pelos quais as altas partes pactuantes – reconhecendo: *a*) que tais direitos derivam da dignidade inerente à pessoa humana; *b*) que, com relação à Declaração Universal de Direitos Humanos, não pode realizar-se o ideal do ser humano livre, no desfrute das liberdades civis e políticas, e liberado do temor e miséria, se não se criarem condições que permitam a cada pessoa gozar de seus direitos civis, tanto como de seus direitos econômicos, sociais e culturais; *c*) que a Carta das Nações Unidas impõe aos Estados a obrigação de promover o respeito universal e efetivo dos direitos fundamentais do Homem – comprometem-se a respeitar e garantir a todos os indivíduos, no seu território e sob sua jurisdição, esses direitos reconhecidos naqueles instrumentos internacionais, dentre os

10. Cf. *Elementos de Teoria Geral do Estado*, p. 179.
11. Ob. cit., p. 185. A propósito, cf. também Alcalá-Zamora, "La protección procesal internacional de los derechos humanos", e René Cassin, "El problema de la realización efectiva de los derechos humanos en la sociedad universal", ambos in *Veinte Años de Evolución de los Derechos Humanos*, pp. 275-384 e 387-398, respectivamente.
12. Cf. Germán José Bidart Campos, *Doctrina del Estado Democrático*, p. 298; Héctor Fix-Zamudio, "Introducción interna de los derechos humanos", in *Veinte Años de Evolución de los Derechos Humanos*, p. 169.

quais, além dos já referidos, são expressivos o *Pacto Internacional de Direitos Civis e Políticos* e o *Pacto Internacional de Direitos Econômicos, Sociais e Culturais*, aprovados pela Assembléia-Geral, em Nova York, em 16 de dezembro de 1966, submetidos à firma e ratificação dos Estados interessados. Surgiram eles, como observa Gregorio Peces-Barba Martínez, com o fim de conferir dimensão jurídica à Declaração de 1948 e, assim, eficácia jurídica que supere a obrigatoriedade apenas moral que a caracteriza.[13] O Brasil só deu sua adesão a esses pactos em 24 de janeiro de 1992, entrando em vigência aqui apenas em 24 de abril de 1992. O retardamento dessa adesão se deveu ao regime autoritário que nos regia antes.

9. Antes de todos esses documentos internacionais e multinacionais citados, o primeiro, em nível multinacional, declarando os direitos do Homem foi a *Declaração Americana dos Direitos e Deveres do Homem*, cujo texto agasalha a maioria dos direitos individuais e sociais inscritos na Declaração Universal de 1948. Ela foi aprovada pela IX Conferência Internacional Americana, reunida em Bogotá, de 30 de março a 2 de maio de 1948, antecedendo, assim, à da ONU cerca de oito meses. Na mesma Conferência foi aprovada também a *Carta Internacional Americana de Garantias Sociais*, consubstanciando os direitos sociais do homem americano. Mais importante, no entanto, é a *Convenção Americana sobre Direitos Humanos*, chamada *Pacto de San José de Costa Rica*, adotada nessa cidade em 22 de novembro de 1969, que também institucionaliza, como meios de proteção daqueles direitos, a *Comissão Interamericana de Direitos Humanos*, prevista na Resolução VIII da V Reunião de Consulta dos Ministros das Relações Exteriores (Santiago do Chile, agosto de 1959), e a *Corte Interamericana de Direitos Humanos*, que vigora desde 18 de junho de 1978, mas no Brasil só entrou em vigor em 1992 por via de adesão, já que nem tinha sido assinada ainda por nós.[14] Não obstante isso, a ineficácia desses documentos interamericanos está retratada na tragédia dos países latino-americanos, sempre submetidos ao mais impiedoso autoritarismo e ao mais feroz desrespeito aos mais elementares direitos da pessoa humana, embora se observe uma forte reação democrática no Continente, como a nossa com a Constituição de 1988.

13. Cf. *Textos Básicos sobre Derechos Humanos*, nota 1, p. 250; Truyol y Serra, ob. cit., pp. 31 e 32.

14. Sobre a batalha para a adesão do Brasil são expressivos os pareceres de Antônio Augusto Cançado Trindade que se pode ler no seu livro *A Proteção Internacional dos Direitos Humanos*, São Paulo, Saraiva, 1991.

10. Essas declarações e pactos internacionais tiveram grande impacto sobre o processo de elaboração da Constituição brasileira de 1988, com reprodução fiel de muitos de seus dispositivos, conforme bem mostrou Flávia Piovesan, o que, por carência de tempo, me dispensa de minúcia nesta oportunidade.[15] Mas é importante destacar dois princípios basilares mediante os quais a Constituição recepcionou as normas internacionais dos direitos humanos. O primeiro se acha inscrito no art. 4º, II, pelo qual a República Federativa do Brasil se rege nas suas relações internacionais, entre outros, pelo princípio da *prevalência dos direitos humanos*. O outro, ainda mais geral e abrangente, sobressai do art. 5º, § 2º, de acordo com o qual "os direitos e garantias expressos nesta Constituição não excluem outros decorrentes do regime e dos princípios por ela adotados, ou dos tratados internacionais em que a República Federativa do Brasil seja parte".

Essa incorporação automática dos tratados internacionais de direitos humanos no sistema da Constituição tem amplas conseqüências. A primeira é a de alargar o campo constitucional desses direitos. A Constituição, assim, se alarga apanhando todos os direitos humanos declarados e os que vierem a ser declarados, incluindo o direito ao desenvolvimento, à paz e à solidariedade. A segunda consiste na adoção da concepção monista no que tange ao Direito Internacional dos Direitos Humanos, pela qual se define a unidade, neste campo, entre o Direito Internacional e o Direito Interno Constitucional. A terceira significa que o desrespeito a uma norma de Direito Humano Internacional corresponde a uma violação do Direito Constitucional, e pode ser objeto direto de conhecimento judicial.[16]

11. Resta dizer que o termo "tratado" deve ser tomado no contexto da art. 5º, § 2º, em sentido genérico, para abranger todos os acordos internacionais sobre os direitos humanos, ou seja, declarações, convenções, pactos, protocolos e outros atos internacionais. Resta também verificar o significado da cláusula "em que a República Federativa do Brasil seja parte". Na sistemática constitucional, os tratados, acordos e atos internacionais só se convertem em regra jurídica interna se após a assinatura por preposto do Poder Executivo forem referendados pelo Congresso Nacional e ratificados por decreto do presidente da República. A ratificação é o ato que confirma a participação do Brasil nesses acordos e atos internacionais. A diferença é que, no caso dos trata-

---

15. Cf. *Direitos Humanos e Direito Constitucional Internacional*, São Paulo, Max Limonad, 1996, pp. 114 e ss.

16. Para essa problemática e outras, cf. Flávia Piovesan, ob. cit., pp. 103 e ss.

dos de direitos humanos, têm estes vigência interna imediata, sem intermediação legislativa; ingressam na ordem jurídica nacional no nível das normas constitucionais e, diretamente, criam situações jurídicas subjetivas em favor dos brasileiros e estrangeiros residentes no país. Aliás, o § 1º do art. 5º, quando afirma que as normas definidoras de direitos e garantias fundamentais têm aplicação imediata, abrange igualmente as normas internacionais definidoras desses direitos e garantias, como uma das conseqüências de sua integração automática no sistema de direitos da Constituição.

3. Universalidade, indivisibilidade e interdependência dos direitos humanos

12. Os instrumentos internacionais dos direitos humanos se apresentam repartidos entre declarações *gerais* e *regionais*, entre sistema jurídico de proteção generalizada e sistemas dirigidos a determinadas categorias de pessoas (*trabalhadores, refugiados, mulheres, crianças, idosos, portadores de deficiência*), ou ainda dirigidos a certas ofensas particularmente graves aos direitos humanos (*genocídio, discriminação racial, "apartheid", tortura*), ou entre categorias de direitos fundamentais, distinguindo-os em dois grupos: direitos civis e políticos e direitos econômicos, sociais e culturais. Em face dessa diversificação, cabe, desde logo, uma observação geral, qual seja: a de que tanto os tratados regionais como os destinados a proteger especialmente determinadas categorias de pessoas ou situações especiais são *complementares* aos tratados *gerais* de proteção dos direitos humanos.[17] Não existem normas regionais de direitos humanos, mas apenas acordos regionais para verificar a aplicação de normas internacionais – observa Cristina M. Cerna.[18]

13. A dicotomia entre direitos civis (mais conhecidos como direitos individuais) e políticos e direitos econômicos, sociais e culturais vai sendo suplantada pelo reconhecimento doutrinário da *universalidade, indivisibilidade* e *interdependência* dos direitos humanos. Essa dicotomia se baseou na idéia de que os direitos civis e políticos eram

---

17. A propósito, cf. Antônio Augusto Cançado Trindade, *A Proteção Internacional dos Direitos Humanos*, São Paulo, Saraiva, 1991, p. 39; Pedro Nikken, "El concepto de derechos humanos", in *Estudios Básicos de Derechos Humanos*, v. I, San José, IIDH, 1994, p. 21.

18. Cf. "La universalidad de los derechos y la diversidad cultural: la realización de los derechos humanos en diferentes contextos socio-culturales", in *Estudios Básicos de Derechos Humanos*, v. II, p. 394.

de *imediata* aplicação, requerendo apenas a abstenção do Estado para sua efetivação, enquanto os direitos econômicos, sociais e culturais eram de aplicação *progressiva*, requerendo atuação positiva do Estado.

14. A Conferência de Direitos Humanos de Teerã, de 1968, já havia proclamado a indivisibilidade dos direitos humanos, "afirmando que a plena realização dos direitos civis e políticos era impossível sem o gozo dos direitos econômicos, sociais e culturais".[19] Mais recentemente, a Conferência Mundial de Direitos Humanos, realizada em Viena, em 15 de junho de 1993, aprovou a Declaração e o Programa de Ação de Viena, proclamando no seu art. 5º que "todos os direitos humanos são universais, indivisíveis e interdependentes e estão relacionados entre si. A comunidade internacional deve tratar os direitos humanos de forma global e de maneira justa e eqüitativa, em pé de igualdade e dando-lhes a todos o mesmo peso. Deve ter-se em conta a importância das particularidades nacionais e regionais, assim como os diversos patrimônios históricos, mas os Estados têm o dever, sejam quais forem seus sistemas políticos, econômicos e culturais, de promover e proteger todos os direitos humanos e as liberdades fundamentais".

Apesar disso, parece-me ainda cabível discutir um pouco mais a problemática da eficácia dos direitos econômicos, sociais e culturais, razão por que dedicarei a eles o resto desta exposição, unificando-os na expressão *direitos sociais*.

II – O problema da eficácia dos direitos sociais

4. Introdução

15. O tema é vasto e não há como tratar dele de modo completo no pouco espaço desta exposição. Também não acho que seja necessário descer a questões muito concretas sobre a eficácia dos direitos sociais. Por isso, vou me preocupar mais com a tentativa de demolir teorias que fornecem bases doutrinárias à ineficácia desses direitos, tais como: *a*) a desqualificação deles como direitos fundamentais; *b*) a concepção correlata de que direitos fundamentais constituem direitos públicos subjetivos; *c*) a de direitos sociais contrapostos aos direitos individuais etc.

---

19. Cf. Antônio Augusto Cançado Trindade, "Protectión internacional de los derechos económicos, sociales e culturales", in *Estudios Básicos de Derechos Humanos*, v. I, pp. 39 e ss. Cf. também nosso *Curso de Direito Constitucional Positivo*, 15ª ed., São Paulo, Malheiros Editores, 1998, pp. 187 e 188 *[atualmente, 17ª ed., 2000].*

5. Direitos sociais

16. Por isso, a consideração sobre o tema da *eficácia dos direitos sociais* deve começar por uma tomada de posição sobre dois pontos importantes. Um desses pontos diz respeito à *natureza dos direitos sociais*; o outro quer saber o que se entende por *direitos sociais* e *quais são*.

17. A questão da natureza dos direitos sociais continua posta porque há ainda setores do constitucionalismo, especialmente os ligados à doutrina constitucional norte-americana, que recusam não só a idéia de que tais direitos sejam uma categoria dos direitos fundamentais da pessoa humana, mas até mesmo que sejam matéria constitucional, ou, quando admitem ser matéria constitucional, qualificam-nos de meramente programáticos, meras intenções, e coisas semelhantes.

De minha parte, sempre tomei a expressão *direitos fundamentais da pessoa humana* num sentido abrangente dos direitos sociais, e, portanto, não apenas os entendi como matéria constitucional, mas como matéria constitucional qualificada pelo valor transcendente da dignidade da pessoa humana. Assim pensava antes da Constituição de 1988, guiado até pelo conteúdo de documentos internacionais de proteção dos direitos humanos. A Constituição assumiu essa posição, de sorte que, na sua concepção, os direitos sociais constituem direitos fundamentais da pessoa humana, considerados como valores supremos de uma sociedade fraterna, pluralista e sem preconceitos.

18. Isso é importante, também, porque supera uma tendência doutrinária, não raro persistente, que via ou ainda vê os direitos sociais como contrapostos aos direitos civis ou individuais. Como já escrevemos de outra feita, a Constituição assumiu, na sua essência, a doutrina segundo a qual há de verificar-se a integração harmônica entre todas as categorias dos direitos fundamentais do Homem sob o influxo precisamente dos direitos sociais, que não mais poderiam ser tidos como uma categoria contingente. Nem é preciso fundamentá-los em bases jusnaturalistas, como se esforça em fazê-lo,[20] para compreender que eles constituem, em definitivo, os novos direitos fundamentais do Homem, e, com toda razão, "se estima que, mais que uma categoria de direitos fundamentais, constituem um meio positivo para dar um conteúdo real e uma possibilidade de exercício eficaz a todos os direitos e liberdades",[21] e sua proclamação supõe autêntica garantia para a democracia, ou seja: "para o efetivo desfrute das liberdades civis e políticas".[22]

---

20. Perez Luño, *Derechos Humanos*, p. 216.
21. Idem, ibidem, p. 217.
22. Idem, ibidem, p. 217.

19. Mas o que são os *direitos sociais*? Como dimensão dos direitos fundamentais do Homem, já os entendemos como prestações positivas estatais, enunciadas em normas constitucionais, que possibilitam melhores condições de vida aos mais fracos, direitos que tendem a realizar a igualização de situações sociais desiguais. São, portanto, direitos que se vinculam com o direito de igualdade. Valem como pressupostos de gozo dos direitos individuais na medida em que criam condições materiais mais propícias ao auferimento da igualdade real, o que, por sua vez, proporciona condição mais compatível com o exercício efetivo da liberdade.[23]

Sem preocupação com uma classificação rígida, e com base nos arts. 6º a 11 da Constituição, podemos agrupá-los nas cinco classes seguintes: *a*) *direitos sociais relativos ao trabalhador*; *b*) *direitos sociais relativos à seguridade*, compreendendo os direitos à saúde, à previdência e à assistência social; *c*) *direitos sociais relativos à educação e à cultura*; *d*) *direitos sociais relativos à família, criança, adolescente e idoso*; *e*) *direitos sociais relativos ao meio ambiente*.

6. Positivação dos direitos sociais como pressuposto de sua eficácia

20. Tal como aconteceu com os direitos individuais e políticos, também em relação aos direitos sociais a questão técnica que se apresentou foi que seu reconhecimento se fizesse segundo formulações jurídicas, mediante sua inscrição nas Constituições, e que se assegurasse sua efetividade através de um conjunto de meios e recursos jurídicos de garantias econômicas, políticas e jurídicas. Dessa forma eles vêm passando pelo mesmo processo de afirmação, mediante sua *positivação*, que é uma realidade nas Constituições modernas.

Assim é, por exemplo, quando a Constituição diz: são direitos dos trabalhadores urbanos e rurais os expressamente indicados no art. 7º; quando diz: a saúde ou a educação é direito de todos e indica mecanismos, políticas, para a satisfação desses direitos, como a indicação de fontes de recursos para a seguridade social (arts. 194 e 195) ou reserva recursos orçamentários para a educação (art. 215).

21. Essa afirmação constitucional dos direitos sociais se reveste de transcendental importância, pois é por aí que eles adquirem sua primeira condição de eficácia jurídica; mas não basta que um direito seja reconhecido e declarado, é necessário garanti-lo, porque, como disse

---

23. Nosso *Curso de Direito Constitucional Positivo*, 15ª ed., pp. 289 e 290 [hoje, 17ª ed., 2000, Malheiros Editores].

Ruy Barbosa, virão ocasiões em que será discutido e violado, e quanto!

22. A primeira coisa que é preciso rechaçar, como nota Perez Luño, é "a afirmação de que enquanto os direitos de liberdade se beneficiam da tutela constitucional diretamente, os direitos sociais não podem ser objeto imediato de tal tutela, pois, se a Constituição pode formular positivamente os direitos sociais, pode também tutelá-los em igual medida que os demais direitos nela proclamados".[24] Daí que é preciso repensar também a doutrina das normas programáticas, em termos que aqui não poderemos mais que sugerir, buscando responder à pergunta feita por Canotilho: "como pode (se é que pode) uma Constituição servir de fundamento normativo para o alargamento das *tarefas estatais* e para a incorporação de *fins econômico-sociais*, positivamente vinculantes das instâncias de regulação jurídica?"[25]

23. Certo é que muitas das normas constitucionais que outorgam os direitos sociais requerem uma atividade legislativa posterior para a sua concretização, mas daí não se pode concluir pela sua não-preceptividade. "A sua disciplina – diz Canotilho – é obrigatória e as directivas por elas definidas, longe de serem meros *convites* para legislar, assumem o caráter de verdadeiras *imposições constitucionais de actividade legiferante*". Significa isso repelir a tese dos direitos econômicos, sociais e culturais *como simples direitos legais*, tese que assenta fundamentalmente na concepção de que tais diretivas "não alicerçam qualquer pretensão subjectiva, judicialmente accionável", pois só "quando o legislador concretiza essas directivas, fundamentando poderes jurídicos subjectivos, é que se pode falar de direitos subjectivos"; logo, "os direitos subjectivos só existem no âmbito da lei ordinária",[26] não no âmbito da própria norma constitucional programática.

A lição do citado autor é rica de conseqüências no aspecto considerado, quando, refutando a tese, sustenta que "a força dirigente dos direitos fundamentais justifica que se ultrapasse a degradação dos direitos sociais, econômicos e culturais (na parte em que se implicam direitos a prestações estaduais) em 'simples direitos legais', pois que *são direitos originários a prestações* fundados na Constituição e não direitos a prestações derivados da lei"; "os direitos subjectivos a prestações

---

24. Ob. cit., p. 218.
25. Cf. *Constituição Dirigente*, p. 166. Já citado por também em *Aplicabilidade das Normas Constitucionais*, p. 141.
26. Idem, ibidem, pp. 370 e 371. Nossa ob. cit. *supra*, p. 145.

– prossegue –, mesmo quando não concretizados, existem para além da lei por virtude da Constituição, podendo ser invocados *(embora não judicialmente, diz ele)* contra as omissões inconstitucionais do legislador. *A força imediatamente vinculante que hoje se atribui a uma parte dos direitos fundamentais (os direitos, liberdades e garantias e os direitos de natureza análoga) pode e deve ser interpretada, no que respeita aos direitos a prestações, no sentido de fundamentar originariamente esses direitos, mesmo que não haja imposição constitucional dirigida expressamente ao legislador*".[27]

Por isso, o autor pôde dizer com tranqüilidade que "a *força dirigente e determinante* dos direitos a prestações (econômicos, sociais e culturais) inverte, desde logo, o objecto clássico da pretensão jurídica fundada num direito subjectivo: de uma *pretensão de omissão* dos poderes públicos (direito a exigir que o Estado se abstenha de interferir nos direitos, liberdades e garantias) transita-se para uma *proibição de omissão* (direito a exigir que o Estado intervenha activamente no sentido de assegurar prestações aos cidadãos)".[28]

24. Quando se concebe os direitos sociais como prestações positivas do Estado, logo vem a questão de que não há como se realizarem na prática senão quando o Estado, por si, executa o programa que possibilite sua satisfação concreta. Aí entra certamente a questão das garantias políticas da eficácia desses direitos. Primeiro, a construção de um regime democrático que tenha como conteúdo a realização da justiça social. Segundo, o apoio a partidos e candidatos comprometidos com essa realização. Terceiro, a participação popular no processo político que leve os governantes a atender a suas reivindicações, tal como a vontade política que conduziu os Constituintes a inscrever esses direitos de forma ampla e abrangente.

25. A idéia de que as prestações positivas não se realizam na prática está fundada na questão do direito subjetivo e que ninguém tem direito subjetivo em face do Estado para obter a realização dessas prestações que consubstanciam os direitos sociais correspondentes. A esse propósito gostaria de lembrar dois textos de Canotilho, que busca solução ao problema.

O primeiro diz o seguinte: "Quando se afirma que o direito à habitação incumbe ao Estado programar e executar uma política de habitação inserida em plano de reordenamento geral do território e apoiada

27. Idem, ibidem, pp. 370 e 371. Nossa ob. cit. *supra*, p. 145.
28. Idem, ibidem, p. 365. Nossa ob. cit. *supra*, p. 145.

em planos de urbanização (...) estamos a salientar a dimensão institucional de um direito".[29] A partir daí, o autor chega mesmo a afirmar que esses direitos são regras jurídicas diretamente aplicáveis, vinculativas de todos os órgãos do Estado.[30]

O segundo é mais expressivo: "O reconhecimento, por exemplo, do direito à saúde é diferente da imposição constitucional que exige a criação do Serviço Nacional de Saúde, destinado a fornecer prestações existenciais imanentes àquele direito. Como as prestações têm, igualmente, uma dimensão subjectiva e uma dimensão objectiva, considera-se que, em geral, esta prestação é o objecto da pretensão dos particulares e do dever concretamente imposto ao legislador através das imposições constitucionais. Todavia, como a pretensão não pode ser judicialmente exigida, não se enquadrando, pois, no modelo clássico de direito subjectivo, a doutrina tende a salientar apenas o dever objectivo da prestação pelos entes públicos e a minimizar o seu conteúdo subjectivo. Ainda aqui a caracterização material de um direito fundamental não tolera esta inversão de planos: os direitos à educação, saúde e assistência não deixam de ser direitos subjectivos pelo facto de não serem criadas as condições materiais e institucionais necessárias à fruição desses direitos".[31]

26. Há um problema que se põe nessa questão, qual seja: o da eficácia diante de *terceiros*. É que alguns direitos sociais, tais os relativos aos trabalhadores, não constituem meras prestações estatais. Ou seja, "o Estado não realiza diretamente as obrigações que derivam desses direitos, mas as impõe a outros sujeitos, de modo especial aos empresários". Vale dizer que se trata da aplicação dos direitos fundamentais não só nas relações entre o Estado e os cidadãos, mas também nas relações entre pessoas privadas. Objeta-se que os direitos fundamentais são direitos públicos subjetivos destinados a regular relações de subordinação entre o Estado e os cidadãos, mas não podem projetar-se logicamente na esfera das relações privadas. É a idéia de que direitos fundamentais são apenas os preceitos normativos surgidos para tutelar os cidadãos contra a onipotência do Estado, e não têm razão de ser nas relações entre particulares. Perez Luño, cuja lição estamos seguindo neste passo, replica a essa doutrina do seguinte modo: "É fácil advertir o caráter ideológico deste raciocínio ligado a uma concepção puramente

---

29. *Direito Constitucional*, p. 183. Nossa ob. cit. *supra*, pp. 151 e 152.
30. Idem, ibidem, p. 184. Nossa ob. cit. *supra*, p. 152.
31. *Constituição Dirigente*, p. 368. Nossa ob. cit. *supra*, p. 152.

formal da igualdade entre os diversos membros integrantes da sociedade. Mas é um fato notório que na sociedade moderna neocapitalista essa igualdade formal não supõe uma igualdade material, e que nela o pleno desfrute dos direitos fundamentais se vê, em muitas ocasiões, ameaçado pela existência no plano privado de centros de poder, não menos importantes do que os que correspondem aos órgãos públicos. Daí que se tenha tido que recorrer a uma série de medidas destinadas a superar os obstáculos que de fato se opõem ao exercício dos direitos fundamentais por parte da totalidade dos cidadãos no plano da igualdade".[32]

27. Essa questão, hoje, tem um tratamento mais desenvolvido, especialmente na Alemanha, Espanha e mesmo Portugal. A doutrina constitucional alemã batizou-a com o nome *Drittwirkung der Grundrechete* ("eficácia externa dos direitos fundamentais").[33] Busca-se, com essa doutrina, superar a tese de que os direitos fundamentais "só podem exercer-se unidirecionalmente, posto que são os poderes públicos os únicos que estão obrigados a respeitá-los".[34] Propõe-se o multidirecionalismo, com o reconhecimento – tardio, aliás – de que "os poderes privados constituem hoje uma ameaça para o gozo efetivo dos direitos fundamentais não menos inquietante que a representada pelo poder público".[35] Além disso, como observa Nunes Arantes, o "princípio da dignidade do homem, encarado na sua atual dimensão, vem pois fundamentar a extensão da eficácia dos direitos fundamentais às relações privadas".[36]

7. Instrumentos da eficácia

28. *Art. 5º, § 1º, da Constituição*: o art. 5º, § 1º, da Constituição, por seu lado, estatui que "as normas definidoras dos direitos e garantias fundamentais têm aplicação imediata". Isso abrange, pelo visto, as normas que revelam os direitos sociais, nos termos dos arts. 6º a 11. Isso,

32. Ob. cit., pp. 218 e 219.
33. Cf. José João Nunes Abrantes, *A Vinculação das Entidades Privadas aos Direitos Fundamentais*, Lisboa, Associação Acadêmica da Faculdade de Direito de Lisboa, 1990, p. 7.
34. Cf. Juan María Bilbao Ubillos, *La Eficacia de los Derechos Fundamentales Frente a Particulares*, Madri, Boletín Oficial del Estado/Centro de Estudios Políticos y Constitucionales, 1997, p. 235.
35. Cf. Juan María Bilbao Ubillos, ob. cit., p. 243.
36. Cf. ob. cit., p. 27.

contudo, não resolve todas as questões, porque a Constituição mesma faz depender de legislação ulterior a aplicabilidade de algumas normas definidoras de direitos sociais e coletivos. Por regra, as normas que consubstanciam os direitos fundamentais democráticos e individuais são de aplicabilidade imediata, enquanto as que definem os direitos sociais tendem a sê-lo também na Constituição vigente, mas algumas, especialmente as que mencionam uma lei integradora, são de eficácia limitada e aplicabilidade indireta.

Então, em face dessas normas, que valor tem o disposto no § 1º do art. 5º, que declara todas de aplicação imediata? Em primeira lugar, significa que elas são aplicáveis até onde possam, até onde as instituições ofereçam condições para seu atendimento. Em segundo lugar, significa que o Poder Judiciário, sendo invocado a propósito de uma situação concreta nelas garantida, não pode deixar de aplicá-las, conferindo ao interessado o direito reclamado, segundo as instituições existentes.

29. *Mandado de injunção*: este é o instrumento que, correlacionado com o citado § 1º do art. 5º da Constituição, torna todas as normas constitucionais potencialmente aplicáveis diretamente. Assim é o enunciado de sua previsão constitucional: "conceder-se-á mandado de injunção sempre que a falta de norma regulamentadora torne inviável o exercício dos direitos e liberdades constitucionais e das prerrogativas inerentes à nacionalidade, à soberania e à cidadania" (inciso LXXI do art. 5º).[37]

Sua função seria fazer valer, no interesse do impetrante, um direito ou prerrogativa previstos em norma constitucional cujo exercício em geral é inviabilizado pela falta de regulamentação. Mas a interpretação do Supremo Tribunal Federal tolheu essa função que lhe dava razão de existir, para considerá-lo mero meio de obtenção de declaração da inconstitucionalidade por omissão.

30. *Inconstitucionalidade por omissão*: a *inconstitucionalidade por omissão* verifica-se nos casos em que não sejam praticados atos legislativos ou executivos requeridos para tornar plenamente aplicáveis

---

37. Sua origem é inglesa (século XIV), como essencial remédio da *equity*. Nasceu, pois, do *juízo de eqüidade*, ou seja, remédio conferido mediante um juízo discricionário, quando falta norma legal (*statutes*) regulando a espécie. Mas seu grande destaque ocorreu no *caso Brown v. Board of Education of Topeka* (1954), EUA, *leading case*, quando se julgou procedente mandado de injunção estabelecendo o direito dos estudantes negros à educação em escolas até então segregadas, com base nos direitos garantidos na 14ª Emenda à Constituição norte-americana.

normas constitucionais que postulam lei ou providência administrativa ulterior para que os direitos ou situações nelas previstos se efetivem na prática. A Constituição de 1988 foi abeberar o instituto no art. 283 da Constituição portuguesa. Prevê autoridades, pessoas e entidades que podem propor a ação direta visando à declaração da omissão. Foi tímida, no entanto, nas conseqüências do seu reconhecimento. Apenas dispôs, no § 2º do art. 103, que, "declarada a inconstitucionalidade por omissão de medida para tornar efetiva norma constitucional, será dada ciência ao poder competente para a adoção das providências necessárias e, em se tratando de órgão administrativo, para fazê-lo em trinta dias". A mera ciência ao Poder Legislativo pode ser ineficaz, já que ele não pode ser obrigado a legislar, embora um dever moral de legislar possa impulsionar o Legislativo a atender ao julgado.

31. Iniciativa popular: o exercício da *iniciativa popular* também pode contribuir para a elaboração de leis ordinárias ou complementares integradoras da eficácia de normas constitucionais. Ela é prevista no art. 61, § 2º, nos termos seguintes: "A iniciativa popular pode ser exercida pela apresentação à Câmara dos Deputados de projeto de lei subscrito por, no mínimo, um por cento do eleitorado nacional, distribuído pelo menos por cinco Estados, com não menos de três décimos por cento dos eleitores de cada um deles". A omissão do Poder Legislativo não pode ser totalmente suprida pela participação popular, mas a falta de iniciativa das leis o pode, e por certo que a iniciativa, subscrita por milhares de eleitores, traz um peso específico, que estimulará a atividade dos legisladores.

32. Sindicalização e direito de greve: na possibilidade de instituir sindicatos autônomos e livres e no reconhecimento do direito de greve (arts. 8º e 9º) é que encontramos os dois instrumentos mais eficazes para a efetividade dos direitos sociais dos trabalhadores.

8. Garantias econômicas

33. A Constituição declara que a ordem econômica, fundada na valorização do trabalho humano e na livre iniciativa, tem por fim assegurar a todos existência digna, conforme os ditames da justiça social e os princípios que indica, entre os quais a função social da propriedade, a defesa do consumidor, a redução das desigualdades sociais, a busca do pleno emprego. Tudo, como se vê, voltado à realização dos direitos sociais do Homem. Mas a verdade é que a existência digna aí prometida não será autêntica e real enquanto não se construírem as condições econômicas que assegurem a efetividade desses direitos. É difícil admitir a dignidade da pessoa humana num país, como o Brasil, de grandes misérias e profundas desigualdades sociais, mormente quando este país é um dos principais produtores de alimentos do mundo.

9. Conclusão

34. Conclusão importante é a de que a Constituição Federal de 1988 consubstancia todos os direitos fundamentais da pessoa humana reconhecidos nos documentos internacionais que os assegurem.

35. Além dessa inscrição expressa, está aberta ao enriquecimento de novos direitos humanos que a evolução histórica venha a criar com a declaração do § 2º do seu art. 5º de que os direitos e garantias nela expressos não excluem outros decorrentes do regime e dos princípios por ela adotados, ou dos tratados internacionais em que a República Federativa do Brasil seja parte. Nesse particular, como se nota, a Constituição de 1998 se abre para o futuro como um receptáculo dos direitos da pessoa humana.

DIREITOS HUMANOS DA CRIANÇA[1]

1. Questão de ordem. 2. A Convenção e a Constituição. 3. Direitos fundamentais da criança. 4. Direito à liberdade. 5. Conclusão: reconhecimento de direitos e realidade.

1. *Questão de ordem*

1. Este texto tem por objetivo a discussão de uma dimensão dos direitos humanos – *os direitos humanos da criança, em especial o direito de liberdade da criança* – nem sempre lembrada nas exposições e textos sobre os direitos fundamentais da pessoa humana. A discussão terá como pano de fundo a Convenção da ONU sobre os Direitos da Criança e sua repercussão no Direito Constitucional brasileiro e no Estatuto da Criança e do Adolescente, instituído pela Lei 8.069, de 13.7.1990.

2. Criança, segundo essa Convenção, é todo ser humano menor de dezoito anos de idade, salvo se, em conformidade com a lei aplicável à criança, a maioridade seja alcançada antes (art. 1º). Como, no Brasil, aos dezesseis anos a pessoa adquire relativa capacidade jurídica, o Estatuto considera criança a pessoa até doze anos incompletos, e adolescente aquela entre doze e dezoito anos de idade. Isso quer dizer que o conceito de criança, nos termos da Convenção, abrange, no sistema brasileiro, a criança e o adolescente. Vamos, no entanto, nos referir aqui fazendo essa distinção.

2. *A Convenção e a Constituição*

3. A Convenção sobre os Direitos da Criança, adotada pela Assembléia-Geral das Nações Unidas em 20 de dezembro de 1989, foi ratificada pelo Brasil em 24 de setembro de 1990. Essa conversão lhe

---

1. *Nota desta edição*: A primeira versão deste texto foi apresentada no VI Congresso Ibero-americano de Direito Constitucional realizado na cidade de Querétaro, México, em outubro de 1994.

dá força de norma jurídica interna. Precedente de mais de ano à adoção daquela Convenção, já estava em vigor a Constituição de 1988, que dedica à criança e ao adolescente um dos mais expressivos textos consagradores de direitos fundamentais da pessoa humana, cujo conteúdo foi explicitado pelo Estatuto da Criança e do Adolescente, instituído pela já referida Lei 8.069/90.

4. O art. 227 da Constituição de 1988 é, por si só, uma carta de direitos fundamentais da criança e do adolescente. Por isso é importante transcrevê-lo aqui: "Art. 227. É dever da família, da sociedade e do Estado assegurar à criança e ao adolescente, com absoluta prioridade, o direito à vida, à saúde, à alimentação, à educação, ao lazer, à profissionalização, à cultura, à dignidade, ao respeito, à liberdade e à convivência familiar e comunitária, além de colocá-los a salvo de toda forma de negligência, discriminação, exploração, violência, crueldade e opressão".

Seguem-se nos parágrafos desse artigo providências visando a conferir eficácia aos direitos ali prometidos, como direito de proteção especial nas relações de trabalho e previdenciário, respeito à condição de pessoa em desenvolvimento quando da aplicação de qualquer medida privativa da liberdade, incentivos ao recolhimento, sob a forma de guarda, de criança ou adolescente órfãos ou abandonados, programas de prevenção e atendimento especializado à criança e ao adolescente dependentes de entorpecentes e drogas afins, severa punição ao abuso, violência e exploração sexual da criança e do adolescente e a solene declaração de que os filhos, havidos ou não da relação do casamento, ou por adoção, terão os mesmos direitos e qualificações, proibidas quaisquer designações discriminatórias relativas à filiação.

3. Direitos fundamentais da criança

5. Esses direitos fundamentais da criança especificados no art. 227 da Constituição não significam que as demais previsões constitucionais desses direitos não se lhes apliquem. Ao contrário, os direitos da pessoa humana referidos na Constituição lhes são também inerentes. Mais do que isso até, já que os direitos e garantias expressos na Constituição não excluem outros decorrentes do regime e dos princípios por ela adotados, ou dos tratados internacionais em que a República Federativa do Brasil seja parte.

6. Isso está traduzido no art. 3º do Estatuto da Criança e do Adolescente (Lei 8.069/90), segundo o qual a criança e o adolescente gozam de todos os direitos fundamentais inerentes à pessoa humana, sem prejuízo da proteção integral de que trata essa lei, assegurando-se-lhes, por lei ou por outros meios, todas as oportunidades e facilidades a fim de lhes facultar o desenvolvimento físico, mental, moral, espiritual e social, em condições de liberdade. Paolo Vercelone, Presidente da Associação Internacional de Juízes de Menores e de Família, comentando esse artigo, observa que o elenco de direitos nele assegurados aparece como uma solene declaração de princípios, análoga a outras, contidas em Cartas Constitucionais e convenções internacionais.

"Trata-se – conclui – de técnica legislativa usual quando se faz uma revolução, quando se reconhece que uma parte substancial da população tem sido até o momento excluída da sociedade e coloca-se agora em primeiro plano na ordem de prioridade dos fins a que o Estado se propõe. Desta vez não se trata de uma classe social ou de uma etnia, mas de uma categoria de cidadãos identificada a partir da idade. Mas trata-se, contudo, de uma revolução, e o que mais impressiona é o fato de que se trata de uma revolução feita por pessoas estranhas àquela categoria, isto é, os adultos em favor dos imaturos".[2]

7. Esses direitos fundamentais são especificados no Título II do Estatuto, em capítulos sobre (1) o direito à vida e à saúde, (2) o direito à liberdade, ao respeito e à dignidade, (3) o direito à convivência familiar e comunitária, (4) o direito à educação, à cultura e ao esporte e ao lazer e (5) o direito à profissionalização e à proteção no trabalho.

8. Não cabe, no espaço desta exposição, descer aos pormenores desses direitos. Cumpre, no entanto, observar, com Deodato Rivera, que, na hierarquia dos direitos que regulamenta, o Estatuto situa o direito à liberdade, ao respeito e à dignidade imediatamente após o direito à vida e saúde e antes dos direitos à convivência familiar e comunitária, à educação, cultura, esporte e lazer, à profissionalização e à proteção no trabalho, e que essa ordem nada tem de acidental, pois visa a colocar os dois primeiros direitos fundamentais como *direitos-fins*, para os quais os mais são *direitos-meios*.

"De fato – conclui o autor citado –, a trilogia liberdade-respeito-dignidade é o cerne da doutrina da proteção integral, espírito e meta do Estatuto, e nesses três elementos cabe à *dignidade* a primazia, por ser o coroamento da construção ética estatutária".[3]

---

2. Cf. Munir Cury (coord.), *Estatuto da Criança e do Adolescente Comentado*, São Paulo, Malheiros Editores, 1992, p. 17 *[atualmente, 3ª ed., 2000]*.

3. Cf. Munir Cury (coord.), ob. cit., p. 81.

9. Com efeito, o art. 7º estatui que a criança e o adolescente têm direito à proteção à vida e à saúde, mediante a efetivação de políticas sociais que permitam o nascimento e o desenvolvimento sadio e harmonioso, em condições dignas de existência, e os arts. 8º a 14 delineiam as bases sociais destinadas a tornar eficazes os direitos ali reconhecidos. O art. 15 enuncia a trilogia básica dos direitos fundamentais da criança e do adolescente ao declarar que estes têm direito à liberdade, ao respeito e à dignidade como pessoas humanas em processo de desenvolvimento e como sujeitos de direitos civis, humanos e sociais garantidos na Constituição e nas leis. O *direito ao respeito* consiste na inviolabilidade da integridade física, psíquica e moral da criança ou do adolescente; declara o art. 18 que é dever de todos velar por eles, pondo-os a salvo de qualquer tratamento desumano, violento, aterrorizante, vexatório ou constrangedor.

4. Direito à liberdade[4]

10. *Fundamentos normativos*: o direito da criança à liberdade é especialmente reconhecido na Convenção sobre os Direitos da Criança, em suas várias manifestações: liberdade de opinião, de expressão, de informação, de pensamento, de consciência e de crença, de professar uma religião, de associação e de reunião. Esses direitos também são reconhecidos à criança na Constituição brasileira, em termos genéricos em seu art. 227, onde se estabelece que é dever da família, da sociedade e do Estado assegurar à criança e ao adolescente, entre outros, o direito à liberdade, o que remete a todos os dispositivos constitucionais que especificam os diversos aspectos da liberdade.

Esses aspectos são enunciados no art. 16 do Estatuto da Criança e do Adolescente, nos termos seguintes: "Art. 16. O direito à liberdade compreende os seguintes aspectos: I – ir, vir e estar nos logradouros públicos e espaços comunitários, ressalvadas as restrições legais; II – opinião e de expressão; III – crença e culto religioso; IV – brincar, praticar esportes e divertir-se; V – participar da vida familiar e comunitária, sem discriminações; VI – participar da vida política, na forma da lei; VII – buscar refúgio, auxílio e orientação".

Pode-se perguntar se essa enumeração do conteúdo da liberdade reconhecida à criança e ao adolescente não é limitativa, e até mesmo

---

4. *Nota desta edição*: Uma versão do texto sobre o direito à liberdade da criança consta como comentário ao art. 16 do Estatuo na obra coordenada pelo Procurador da Justiça Munir Cury, edição da Malheiros Editores, 1992 *[atualmente em 3ª ed., 2000]*.

se pode indagar se é adequado a uma lei disciplinar essa matéria, que é essencialmente de natureza constitucional, e na Constituição ela já é amplamente assegurada. De fato, a rigor, não seria necessário que a lei ordinária cuidasse desse assunto. Ao fazê-lo, porém, não se pode ter a sua disciplina como limitadora, de sorte que o enunciado do artigo é puramente exemplificativo, conforme se perceberá nos comentários que seguem.

11. Fundamentos constitucionais: a Constituição garante aos brasileiros e aos estrangeiros residentes no país a inviolabilidade do *direito à liberdade* em todas as suas manifestações (art. 5º). Entre os brasileiros e estrangeiros residentes no país acham-se as crianças e os adolescentes de ambos os sexos. A contrapartida do direito à liberdade a estes reconhecido no art. 5º se encontra no art. 227, que impõe à família, à sociedade e ao Estado o dever de assegurá-lo.

12. Sistematização: o *direito à liberdade* é uma das formas expressivas dos direitos fundamentais da pessoa humana, que o Estatuto menciona em vários dispositivos em favor da criança e do adolescente, como no arts. 3º, 4º, 5º, 15, 106 e 230. Mas é o art. 15 que contém a norma atributiva do direito à liberdade à criança e ao adolescente, de acordo com os arts. 5º e 227, *caput*, da Constituição de 1988, deixando, no entanto, a explicitação do seu conteúdo para o art. 16.

13. Conteúdo: a liberdade no seu sentido externo, chamada *liberdade objetiva* (liberdade de fazer, liberdade de atuar), tem um conteúdo que se manifesta sob vários aspectos em função da multiplicidade de objetos da atividade humana. À vista desses modos particulares de expressão da liberdade é que os autores falam em: *a*) *liberdade da pessoa física* (liberdade de locomoção, de circulação, ou liberdade de ir, vir e de estar); *b*) *liberdade de pensamento*, que inclui as "liberdades" de opinião, de religião, crença, informação, artística, comunicação do conhecimento); *c*) *liberdade de expressão coletiva* em suas várias formas (de reunião, de associação); *d*) *liberdade de ação profissional* (livre escolha e exercício de trabalho, ofício e profissão); *e*) *liberdade de conteúdo econômico e social* (liberdade econômica, livre iniciativa, liberdade de comércio, liberdade ou autonomia contratual, liberdade de ensino e liberdade de trabalho).[5]

---

5. Cf. José Afonso da Silva, *Curso de Direito Constitucional Positivo*, 7ª ed., São Paulo, Ed. RT, 1991, p. 208 *[hoje, 17ª ed., São Paulo, Malheiros Editores, 2000, pp. 237 e ss.]*.

Algumas delas não se aplicam à criança, como as liberdades de iniciativa econômica, de comércio e de contrato, nem a de escolha de trabalho, ofício e profissão, porque seu exercício requer condições de capacidade que ela não possui, dado que lhe falta o discernimento adequado para determinar-se convenientemente em face do objeto da escolha. O adolescente, depois dos dezesseis anos de idade, adquire relativa capacidade para o exercício dessas liberdades (Código Civil, art. 6º, I), assistido pelos pais ou tutores (Código Civil, arts. 384, V, e 406). É certo, ainda, que se reconhece ao adolescente maior de catorze anos a possibilidade de acesso ao trabalho, do que decorre também a liberdade de escolha de trabalho, ofício e profissão, sob orientação familiar, atendidas as condições do art. 5º, XIII, da Constituição Federal.

Essas considerações mostram que os aspectos do direito à liberdade discriminados no artigo em comentário não abrangem todo o seu conteúdo. Ali se explicitaram apenas os aspectos que o legislador teve como de mais direta pertinência à criança e ao adolescente. Quer isso dizer que a enumeração não é exaustiva, mas simplesmente exemplificativa. Nem poderia ser exaustiva, pois nem as explicitações da Constituição sobre o assunto o são, consoante o disposto no art. 5º, § 2º, segundo o qual os direitos e garantias nela expressos não excluem outros decorrentes do regime e dos princípios por ela adotados, ou dos tratados internacionais em que a República Federativa do Brasil seja parte. É claro, por tudo isso, que os comentários que se seguem às *formas de liberdade* arroladas nos incisos do artigo sob nosso exame também não o serão.

14. Liberdade de ação: não está explicitada no art. 16, em comentário, mas merece referência de início, por ser a liberdade-base. Seu fundamento se acha no art. 5º, II, da Constituição, quando diz que "ninguém será obrigado a fazer ou deixar de fazer alguma coisa senão em virtude de lei", que revela duas dimensões: uma explícita, que é o princípio da legalidade, e outra subentendida, que é a *liberdade de ação*, ou seja, liberdade de fazer, liberdade de atuar, liberdade de agir. Vale dizer que *todos* (incluindo, evidentemente, crianças e adolescentes) *têm a liberdade de fazer e de não fazer o que bem entenderem*, salvo quando a lei determine em contrário. A Constituição mesma impõe restrições à liberdade de ação da criança e do adolescente, quando, por exemplo, proíbe o trabalho aos menores de dezesseis anos, salvo na condição de aprendizes a partir de catorze anos, e o trabalho noturno, perigoso ou insalubre aos menores de dezoito anos (arts. 7º, XXXIII, e 227, § 3º, I); mas o Estatuto é que é a lei disciplinadora da situação jurídica deles, onde, pois, se inscrevem as bases de seu atuar, com as proibições e limitações decorrentes de sua idade e de sua submissão ao pátrio poder.

15. *Liberdade de ir, vir e estar: ir, vir* e *estar* são expressões da *liberdade de locomoção*, que a Constituição prevê no art. 5º, XV, em sentido mais amplo do que o disposto no art. 16, I, do Estatuto. De fato, o dispositivo constitucional declara "livre a locomoção no território nacional em tempo de paz, podendo qualquer pessoa, nos termos da lei, nele entrar, permanecer ou dele sair com seus bens". É a liberdade de ir e vir (viajar e migrar) e de ficar e de permanecer, porque nela se contém o direito de não ir, de não vir, de quietar-se. Significa que "podem todos locomover-se livremente nas ruas, nas praças, nos lugares públicos, sem temor de serem privados de sua liberdade de locomoção".[6] Inclui-se a *liberdade de entrar no território nacional, nele permanecer e dele sair*, nos termos da lei.

Claro que a criança e o adolescente não gozam da liberdade de locomoção em termos assim tão amplos, porque sua condição jurídica impõe limitações à sua liberdade de locomoção. Por isso é que o dispositivo sob comentário menciona "ir, vir e estar nos logradouros públicos e espaços comunitários, ressalvadas as restrições legais".

15.1 *Logradouros públicos* – é denominação genérica de qualquer via, rua, avenida, alameda, praça, largo, travessa, beco, jardim, ladeira, parque, viaduto, ponte, galeria, rodovia, estrada ou caminho de uso comum ou especial do povo. *Espaços comunitários* são, na linguagem das leis urbanísticas, os de usos institucionais: educação, cultura, culto, lazer, promoção social – ou seja: escola, igreja, clubes etc. É preciso entender o sentido e a razão de ser dessa limitação estatutária. O enunciado do texto do art. 16, I, pode levar a pensar que a liberdade de ir, vir e estar da criança e do adolescente só é reconhecida nesses lugares, como se ela não vigorasse também em espaços que não fossem logradouros públicos ou comunitários. O Estatuto não menciona espaços privados, porque nestes a liberdade de ir, vir e especialmente de estar depende do titular do bem. Era, porém, desnecessário acrescentar a circunstância de lugar, como o fez, deixando amplo o enunciado, que encontraria sua compreensão no confronto com os direitos de outrem.

É necessário ter em conta, ainda, que a liberdade aí reconhecida não significa que a criança e o adolescente podem locomover-se nos logradouros públicos a seu simples alvedrio, pois estão sujeitos a auto-

---

6. Cf. Sampaio Dória, *Direito Constitucional – Comentários à Constituição de 1946*, v. 4º, São Paulo, Max Limonad, 1960, p. 651.

rização dos pais ou responsáveis, segundo seus critérios de conveniência e de educação. É liberdade que se volta especialmente contra constrangimentos de autoridades públicas e de terceiros, mas também contra os pais e responsáveis que, porventura, imponham à criança ou ao adolescente um constrangimento abusivo que possa ser caracterizado como situação cruel, opressiva ou de violência ou, mesmo, de cárcere privado, o que pode até dar margem ao exercício do direito de buscar refúgio e auxílio, previsto no inciso VII (*infra*). A criança não pode ser privada de sua liberdade em hipótese alguma e o adolescente só o pode na forma prevista no Estatuto (art. 106).

15.2 Restrições – a liberdade de ir, vir e estar é, ademais, reconhecida com *ressalva das restrições legais*, tais como a de que a criança e o adolescente só terão acesso às diversões públicas e espetáculos classificados como adequados à sua faixa etária, e a criança só poderá ingressar e permanecer nos locais de apresentação e exibição quando acompanhada dos pais ou responsáveis (art. 75); não poderão entrar nem permanecer em locais que explorem jogos e apostas (art. 80); a criança não poderá viajar para fora da comarca onde reside, desacompanhada dos pais ou responsável, sem autorização judicial (art. 83); a criança e o adolescente não poderão viajar para o exterior desacompanhados dos pais ou responsável, sem autorização especial (arts. 84 e 85). O adolescente poderá ainda ser privado de sua liberdade quando em flagrante de ato infracional ou por ordem escrita e fundamentada da autoridade judiciária (art. 106). A leitura desses dispositivos restritivos da liberdade da criança e do adolescente dará a medida correta e as condições das restrições.

A propósito ainda da entrada de criança e adolescente no território nacional, sua saída dele e permanência nele, há que se considerar, além dos textos dos arts. 84 e 85 do Estatuto, o que prescreve o art. 10 da Convenção da ONU sobre os Direitos da Criança, referendada pelo Decreto Legislativo 28, de 14.9.90, *in verbis*: "Art. 10 – 1. De acordo com a obrigação dos Estados-Partes estipulada no § 1º do art. 9º, toda solicitação apresentada por uma criança, ou seus pais, para ingressar ou sair de um Estado-Parte com vistas à reunião da família, deverá ser atendida pelos Estados-Partes de forma positiva, humanitária e rápida. Os Estados-Partes assegurarão, ainda, que a apresentação de tal solicitação não acarretará conseqüências adversas para os solicitantes ou para seus familiares. 2. A criança cujos pais residam em Estados diferentes terá o direito de manter, periodicamente, relações pessoais e contato direto com ambos, exceto em circunstâncias especiais. Para tanto, e de acordo com a obrigação assumida pelos Estados-Partes em virtude do § 2º do art. 9º, os Estados-Partes respeitarão o direito da criança e de seus pais de sair de qualquer país, inclusive do próprio, e de ingressar no seu próprio país. O direito de sair de qualquer país estará sujeito, apenas, às restrições determinadas pela lei que sejam necessárias para proteger a segurança nacional, a ordem pública, a saúde ou a moral públicas ou os direitos e as liberdades de outras pessoas e que estejam acordes com os demais direitos reconhecidos pela presente Convenção".

15.3 *Proteção* – a liberdade de ir, vir e estar é protegida pelo *habeas corpus*, concedido sempre que alguém (adulto, criança e adolescente de ambos os sexos) sofrer ou se achar ameaçado de sofrer violência ou coação em sua liberdade de locomoção, por ilegalidade ou abuso de poder (Constituição Federal, art. 5º, LXVIII).

16. *Liberdade de opinião e de expressão*: a *liberdade de opinião* resume a liberdade de pensamento e de manifestação do pensamento, prevista no art. 5º, IV, da Constituição Federal, não explicitamente referido no art. 16, ora em exame. Trata-se da liberdade de o indivíduo adotar a atitude intelectual, artística e a crença de sua escolha, quer seja um pensamento íntimo, quer seja a tomada de posição pública. Liberdade de pensar e liberdade de dizer o que se creia verdadeiro. A *liberdade de expressão* é o aspecto externo da liberdade de opinião.

A criança e o adolescente devem sempre ser ouvidos quando queiram ou devam emitir sua opinião, mormente nos assuntos que lhes dizem respeito (arts. 28, § 1º; 45, § 2º; 111, V; 124, I-III e VIII; 161, § 2º; e 168).

A *liberdade de expressão* está consagrada no art. 5º, IX, da Constituição, onde se declara que "é livre a expressão da atividade intelectual, artística, científica e de comunicação, independentemente de censura ou licença". A criança e o jovem deveriam ser sempre estimulados ao exercício dessas atividades, sem limites. A liberdade de expressão constitui um fator de formação da personalidade da mais alta relevância.

Segundo o art. 13 da Convenção sobre os Direitos da Criança, o direito à liberdade de expressão compreende também a liberdade de buscar, receber e transmitir informações e idéias de todos os tipos, independentemente de fronteiras, de forma oral ou escrita ou impressa, por meio das artes ou por qualquer outro meio da escolha da criança; mas esse mesmo dispositivo convencional prevê que o exercício desse direito poderá sujeitar-se a certas restrições, que serão somente as previstas em lei e consideradas necessárias ao respeito dos direitos e da reputação de outrem e à proteção da segurança nacional ou da ordem pública, ou da saúde e moral públicas.

As convicções filosófica e política também constituem formas de liberdade de opinião e de expressão. Argumenta-se que a criança pode até ter convicção religiosa, por sua formação em determinada crença, mas não terá, por certo, ainda, convicção filosófica e política. Não importa, mas tem a liberdade de tê-la, e a propósito dela não cabe sanção alguma por eximir-se de obrigação legal a todos imposta. Dir-se-á que também isso não ocorrerá. Certa vez, no entanto, alguns alunos de uma escola de primeiro grau, por formação religiosa, recusaram-se a prestar preito à bandeira nacional. A professora indagou se elas não estariam sujeitas à perda dos direitos políticos nos termos do art. 149, § 1º, "b", da Constituição de 1969, por decreto do presidente da República. A resposta foi negativa, primeiro porque não gozavam ainda dos direitos políticos no sentido daquele dispositivo; segundo porque, na sua idade, não poderiam sofrer penalidade alguma por seu gesto, se é que o gesto estava ofendendo alguma lei. Mas o adolescente já pode estar sujeito à sanção prevista no art. 15, IV, da Constituição de 1988, perda de direitos políticos (se já os tiver, nos termos do art. 14, II, "c"), no caso de escusa de consciência.

17. Liberdade de crença e culto religioso: são ambas formas de expressão da *liberdade religiosa*, cuja exteriorização é um modo de manifestação do pensamento.

A *liberdade de crença* compreende o direito de escolha livre da religião, o de aderir a qualquer seita religiosa, o de mudar de religião, mas também o direito de não aderir a religião alguma, assim como a liberdade de descrença, a liberdade de ser ateu e de exprimir o agnosticismo. Mas não compreende a liberdade de embaraçar o livre exercício de qualquer religião, de qualquer crença, de qualquer culto. Pois aqui também a liberdade de alguém vai até onde não prejudique a liberdade dos outros.[7]

A *crença* tem dimensão íntima, interna. Pode ficar no simples sentimento do sagrado puro, na simples contemplação muda do ente sagrado, na simples adoração de Deus, sem exteriorizações. Mas não é isso que ocorre com freqüência. Ao contrário, o religioso sente a necessidade de exprimir sua crença, de fazer pregações, que é o lado externo da liberdade de crer – o *culto*. A liberdade de crença, como a de consciência, é inviolável (Constituição Federal, art. 5º, VI).

A *liberdade de culto* consiste na exteriorização da crença religiosa na prática dos ritos, com suas cerimônias, manifestações, reuniões,

---

7. Cf. José Afonso da Silva, ob. cit., p. 221 *[hoje, 17ª ed., p. 252]*.

fidelidade aos hábitos, às tradições, na forma indicada pelas normas da religião escolhida. "Compreendem-se na liberdade de culto a de orar e a de praticar os atos próprios das manifestações exteriores *em casa* ou *em público*."[8]

A Constituição assegura o livre exercício dos cultos religiosos e garante, na forma da lei, a proteção aos locais de culto e às suas liturgias. Não precisamos entrar em pormenores sobre esta última parte, porque diz respeito à liberdade de organização religiosa, que não concerne à criança nem ao adolescente.

Uma observação que comporta fazer é a de que a liberdade de crença e de culto da criança e do adolescente é estreitamente conexa com a de sua família. Terceiros, autoridades, entidades e instituições não podem impor crenças e cultos às crianças e adolescentes, mas não se pode recusar aos pais o direito de orientar seus filhos religiosamente, quer para uma crença, quer para o agnosticismo. É um direito que lhes cabe, como uma faculdade do pátrio poder, mas especialmente em razão do dever que se lhes impõe de educar os filhos menores. No dever que incumbe à sociedade e ao Estado de assegurar, com a família, à criança e ao adolescente o direito à educação, nos termos do art. 227 da Constituição, não entra a educação religiosa, a menos que o próprio interessado o requeira, como pode fazê-lo exigindo aulas de sua religião nos horários normais das escolas públicas de ensino fundamental (Constituição Federal, art. 210, § 1º), assim como também têm o direito à assistência religiosa na entidade civil de internação coletiva onde porventura estejam internados (arts. 94, XII, e 124, XIV; Constituição Federal, art. 5º, VII). É evidente também que o direito dos pais ou de outros familiares na matéria não inclui o constrangimento ao filho que optou por outra crença que não a deles.

18. *Liberdade de brincar, praticar esportes e divertir-se*: aqui estamos no reino da criança. Crianças vivem uma existência de fantasia, e levam essa fantasia para a ação. São quadrilheiros, pássaros voadores, justiceiros...[9] "Infância é época de brinquedos. E qualquer sistema de comunidade que ignore essa verdade, está educando erradamente."[10]

Os adultos esquecem essa evidência e tolhem a liberdade das crianças e adolescentes ao brinquedo. Marcam-lhes horário para tudo, mas

---

8. Cf. Pontes de Miranda, *Comentários à Constituição de 1967 com a Emenda n. 1 de 1969*, 2ª ed., t. V, São Paulo, Ed. RT, 1970, p. 119.
9. Cf. A. S. Neill, *Liberdade sem Medo*, 29ª ed., São Paulo, Ibrasa, 1991, p. 57.
10. Idem, ibidem, p. 60.

nem sempre reservam período para a diversão. O "temor pelo futuro da criança leva os adultos a privarem os filhos do direito de brincar",[11] sem atinar que a atividade lúdica da criança e do adolescente é imprescindível à sadia formação da personalidade do homem de amanhã.

A criança a que não se dá a oportunidade de brincar, de praticar esportes, de divertir-se, se torna triste e pode transformar-se num adulto amargo e tendente a extravasar de modo inadequado seu interesse lúdico sufocado, pois, como ainda lembra Neill, "é muito difícil avaliar o prejuízo causado a uma criança que não teve permissão para brincar tanto quanto quis".[12]

Diversões, como teatro, dança, música, esportes, segundo as opções de cada um, estimulam o espírito criador e as fantasias criativas da criança e do adolescente, e dão vazão à sua inquietude dinâmica, com o quê empregam sua atenção em algo sadio, antes que em situações prejudiciais ao seu desenvolvimento.

Não basta, claro está, reconhecer a liberdade de brincar, de praticar esportes e de divertir-se. É necessário oferecer meios que propiciem a toda criança e aos adolescentes em geral o pleno exercício dessa liberdade, a fim de que se torne efetivo o direito à cultura, lazer, esportes, diversões, espetáculos, previsto no art. 71.

19. Liberdade de participar da vida familiar e comunitária, sem discriminações: essa liberdade se harmoniza com o direito da criança e do adolescente de serem criados e educados no seio da família natural, e excepcionalmente em família substituta, assegurada a convivência familiar e comunitária em ambiente livre da presença de pessoas dependentes de substâncias entorpecentes (art. 19). Participar da vida familiar e comunitária é, assim, mais do que uma possibilidade que se reconhece à determinação livre da criança e do adolescente, porque é um direito subjetivo que requer prestações positivas e condições favoráveis e efetivas para o seu auferimento, sem distinção de qualquer natureza, sem preconceitos de origem, raça, sexo, cor, idade e quaisquer outras formas de discriminações (Constituição Federal, arts. 3º, IV, 5º, *caput*, e 227).

20. Liberdade de participar da vida política, na forma da lei: em sentido típico, essa liberdade se realiza pelo exercício de atividades políticas, pela prática dos atos do processo político, como filiação eleito-

---

11. Idem, ibidem, p. 59.
12. Ob. cit., p. 60.

ral e partidária, direito de votar e ser votado. São atos e atividades que estão condicionados a requisitos de capacidade de que a criança não dispõe. O adolescente mesmo só adquire condições de capacidade para o exercício dessa liberdade aos dezesseis anos de idade, quando se lhe reconhece a faculdade de alistamento eleitoral e de voto, e também de filiação partidária (Constituição Federal, art. 14, § 1º, II, "c"; Lei Orgânica dos Partidos Políticos – Lei 5.682/71, art. 64, § 3º).

Contudo, a criança e o adolescente têm o direito de exercer outras atividades participativas que, num sentido mais amplo, podem configurar-se como políticas. Assim é o direito de organização e participação em entidades estudantis.

21. *Liberdade de buscar refúgio, auxílio e orientação*: esta liberdade caracteriza-se no direito que se reconhece à criança e ao adolescente de escapar a situações agressivas, opressivas, abusivas ou cruéis, buscando amparo fora do próprio meio familiar onde tais situações intoleráveis e danosas se manifestem, consoante estatuem os arts. 87, III, 130 e 142. Ao poder público incumbe criar as condições necessárias para que a criança e o adolescente convivam em um meio familiar democrático e livre de violências e opressões. Assim prevê o art. 226, § 8º, da Constituição Federal: "O Estado assegurará a assistência à família na pessoa de cada um dos que a integram, criando mecanismos para coibir a violência no âmbito de suas relações".

22. *Considerações finais*: a questão da liberdade da criança e do adolescente envolve uma problemática muito complexa, dadas a sua posição jurídica no seio da família e da escola e a sua condição peculiar de pessoas em desenvolvimento. Lembra Neill que "a liberdade é necessária para a criança porque apenas sob liberdade ela pode crescer de sua maneira natural – a boa maneira".[13] Lembra também que liberdade não é licença, e que esta começa nos limites em que a conduta interfere com a liberdade dos demais.[14] Mas aí surge um campo de grande dificuldade, porque as manifestações infantis e juvenis são, por natureza, ruidosas, suas atividades são barulhentas, alegres, dinâmicas, e não raro incômodas aos espíritos mais sisudos e envelhecidos, sem que isso implique licença, como possivelmente configuraria se tais manifestações viessem de adultos. Nem sempre se pode medir a liberdade

---

13. Ob. cit., p. 104.
14. Cf. *Liberdade, Escola, Amor e Juventude*, 3ª ed., São Paulo, Ibrasa, 1978, pp. 160 e 165.

da criança e do adolescente pelos mesmos gabaritos com que se mede a dos adultos. A tolerância se amplia em favor dos primeiros.

5. Conclusão: reconhecimento de direitos e realidade

23. Tudo isso mostra que os direitos humanos da criança e do adolescente estão formalmente muito bem assegurados. Têm eles nessas normas uma Carta de Direitos Fundamentais incomparável, onde se lhes garante tudo. Mas a realidade não é tão pródiga para com eles como é a retórica jurídica, pois se olharmos em torno de nós veremos, sem qualquer dificuldade, um quadro negro e triste, onde por volta de vinte e quatro milhões de crianças vivem na miséria, vinte e três milhões na pobreza, 33% das famílias ganham menos do que um salário mínimo, e este fica no nível irrisório de cerca de 120 dólares mensais. Garante-se-lhes a vida e a saúde, mas a mortalidade infantil aumenta na razão direta do desemprego em massa e da queda dos salários, e a cada minuto morre uma criança de inanição. Os textos normativos colocam a criação e o adolescente a salvo da violência, da crueldade e da opressão, mas, para sentir o contraste, nem é necessário referir-se à violência de grupos de extermínio, basta essa *violência silenciosa* da miséria que destrói milhões.

REFORMA CONSTITUCIONAL E DIREITO ADQUIRIDO[1]

1. Introdução à lei no tempo. I – Estabilidade dos direitos subjetivos: 2. Segurança das relações jurídicas e lei no tempo. 3. Direito adquirido. 4. Ato jurídico perfeito e direito adquirido. 5. Coisa julgada. II – Norma constitucional e direito adquirido: 6. Questão de ordem. 7. Poder constituinte originário e direito adquirido. 8. Poder de reforma e direito adquirido. 9. Norma de garantia e direito garantido. 10. Conclusão.

1. Introdução à lei no tempo

1. A lei, uma vez promulgada e publicada, entra em vigor na data por ela indicada, e se insere no ordenamento jurídico, entre outras leis. Por regra, a lei disciplina interesses relativamente a determinada matéria que já constituiu objeto de regulamentação por lei anterior.

Aí, como veremos, é que se insere o tema da *lei no tempo*, dando origem ao que se costuma chamar *Direito Intertemporal*, que não é outra coisa senão um conjunto de regras doutrinárias, de Teoria Geral do Direito, destinadas a resolver as diversas questões que surgem do confronto entre a lei nova e a lei velha por ela revogada.

Algumas dessas questões encontram solução nas garantias constitucionais sobre a segurança jurídica, visando à estabilidade dos direitos subjetivos. Outras decorrem da própria lei, mediante disposições transitórias, determinação do momento em que a lei entrará em vigor etc.

2. Trataremos primeiro das questões constitucionais dos direitos adquiridos, para depois verificar sobre sua aplicação ou não ao tema da sucessão de normas constitucionais no tempo.

---

1. *Nota desta edição*: Conferência proferida na Faculdade de Direito da Universidade Estácio de Sá, Rio de Janeiro, em 23 de setembro de 1998, e publicada na *RDA* 213/121 e ss.

I – Estabilidade dos direitos subjetivos[2]

2. Segurança das relações jurídicas e lei no tempo

3. A temática deste número liga-se à sucessão de leis no tempo e à necessidade de assegurar o valor da *segurança jurídica*, especialmente no que tange à estabilidade dos direitos subjetivos. A *segurança jurídica* consiste no "conjunto de condições que tornam possível às pessoas o conhecimento antecipado e reflexivo das conseqüências diretas de seus atos e de seus fatos à luz da liberdade reconhecida".[3] Uma importante condição da segurança jurídica está na relativa certeza que os indivíduos têm de que as relações realizadas sob o império de uma norma devem perdurar ainda quando tal norma seja substituída.

4. Realmente, uma lei é feita para vigorar e produzir seus efeitos para o futuro. Seu *limite temporal* pode ser nela mesma demarcado ou não. Seu texto, às vezes, delimita o tempo durante o qual ela regerá a situação fática prevista. Outras vezes ela é feita para regular situação transitória, decorrida a qual perde vigência e, conseqüentemente, a eficácia.

5. O mais comum, contudo, é que uma lei, uma norma, só perca o vigor quando outra a *revogue expressa* ou *tacitamente*. Se a lei revogada produziu efeitos em favor de um sujeito, diz-se que ela criou *situação jurídica subjetiva*, que poderá ser um simples interesse, um interesse legítimo, a expectativa de direito, um direito condicionado, um *direito subjetivo*. Este último é garantido jurisdicionalmente, ou seja, é um direito exigível na via jurisdicional. Recebe, assim, proteção direta, pelo quê seu titular fica dotado do poder de exigir uma prestação positiva ou negativa.

6. A realização efetiva desse interesse juridicamente protegido, chamado *direito subjetivo*, não raro fica na dependência da vontade do seu titular. Diz-se, então, que o direito lhe pertence, já integra o seu patrimônio, mas ainda não fora exercido. Se vem lei nova, revogando aquela sob cujo império se formara o direito subjetivo, cogitar-se-á de saber que efeitos surtirá sobre ele. Prevalece a situação subjetiva constituída sob o império da lei velha, ou, ao contrário, fica ela subordinada aos ditames da lei nova? É nessa colidência de normas no tempo

---

2. *Nota desta edição*: Esta parte da exposição constitui-se de matéria já desenvolvida no meu *Curso de Direito Constitucional Positivo*, hoje em 17ª ed., São Paulo, Malheiros Editores, 2000, pp. 433 e ss.

3. Cf. Jorge Reinaldo Vanossi, *El Estado de Derecho en el Constitucionalismo Social*, p. 30.

que entra o tema da proteção dos direitos subjetivos que a Constituição consagra no art. 5º, XXXVI, sob o enunciado de que "a lei não prejudicará o direito adquirido, o ato jurídico perfeito e a coisa julgada".

3. Direito adquirido

7. A doutrina ainda não fixou com precisão o conceito de direito adquirido. É ainda a opinião de Gabba que orienta sua noção, destacando como seus elementos caracterizadores: *a*) ter sido produzido por um fato idôneo para a sua produção; *b*) ter-se incorporado definitivamente ao patrimônio do titular. A Lei de Introdução ao Código Civil declara que "consideram-se adquiridos assim os direitos que o seu titular, ou alguém por ele, possa exercer, como aqueles cujo começo do exercício tenha termo prefixo, ou condição preestabelecida inalterável, a arbítrio de outrem" (art. 6º, § 2º).[4]

8. Para compreendermos um pouco melhor o que seja o direito adquirido, cumpre relembrar o que se disse acima sobre o *direito subjetivo*: é um direito que existe em favor de alguém e que pode ser exercido por esse alguém. É, pois, um direito exercitável segundo a vontade do titular e exigível na via jurisdicional quando seu exercício é obstado pelo sujeito obrigado à prestação correspondente. Se tal direito é exercido, foi devidamente prestado, tornou-se situação jurídica consumada (direito consumado, direito satisfeito, extinguiu-se a relação jurídica que o fundamentava). Por exemplo, quem tinha o direito de casar-se de acordo com as regras de uma lei, e se casou, seu direito foi exercido, consumou-se. A lei nova não tem o poder de desfazer a situação jurídica consumada. A lei nova não pode descasar o casado, por ter estabelecido regras diferentes para o casamento.

9. Se o direito subjetivo não foi exercício, vindo a lei nova, transforma-se em *direito adquirido*, porque era direito exercitável e exigível à vontade de seu titular. Incorporou-se no seu patrimônio, para ser exercido quando lhe conviesse. A lei nova não pode prejudicá-lo só pelo fato de o titular não o ter exercido antes. *Direito subjetivo* "é a possibilidade de ser exercido, de maneira garantida, aquilo que as normas de Direito atribuem a alguém como próprio", nota Miguel Reale.[5]

---

4. Para pormenores, cf. Vicente Ráo, *O Direito e a Vida dos Direitos*, 2ª ed., v. I, t. III, São Paulo, Resenha Universitária, 1977, pp. 361 e ss.; R. Limongi França, *Direito Intertemporal Brasileiro*, pp. 426 e ss.

5. Cf. Miguel Reale, *Lições Preliminares do Direito*, p. 292.

Ora, essa possibilidade de exercício continua no domínio da vontade do titular em face da lei nova. Essa possibilidade de exercício do direito subjetivo foi adquirida no regime da lei velha e persiste garantida em face da lei superveniente. Vale dizer – repetindo: o direito subjetivo vira direito adquirido quando lei nova vem alterar as bases normativas sob as quais foi constituído. Se não era direito subjetivo antes da lei nova, mas interesse jurídico simples, mera expectativa de direito ou mesmo interesse legítimo, não se transforma em direito adquirido sob o regime da lei nova, que, por isso mesmo, corta tais situações jurídicas subjetivas no seu *iter*, porque sobre elas a lei nova tem aplicabilidade imediata, incide.

10. Não se trata, aqui, da questão da *retroatividade da lei*, mas tão-só de limite de sua aplicação. A lei nova não se aplica a situação subjetiva constituída sob o império da lei anterior.

Vale dizer, portanto, que a Constituição não veda a retroatividade da lei, a não ser da lei penal que não beneficie o réu. Afora isto, o *princípio da irretroatividade da lei* não é de Direito Constitucional, mas princípio geral de Direito. Decorre do princípio de que as leis são feitas para vigorar e incidir para o futuro. Isto é: são feitas para reger situações que se apresentem a partir do momento em que entram em vigor. Só podem surtir efeitos retroativos quando elas próprias o estabeleçam (vedado em matéria penal, salvo a retroatividade benéfica ao réu), resguardados os direitos adquiridos, a coisa julgada e o ato jurídico perfeito, evidentemente.

11. Observação que precisa ser feita é a seguinte: só se fala em *direito adquirido* quando o *direito subjetivo exercitável* ainda não foi exercido. De fato, o *direito subjetivo* consiste no poder de o seu titular fazê-lo valer segundo seu interesse, ressalvados os problemas de caducidade, perempção, decadência ou prescrição, bem como condições previstas. É nesse contexto que poderá surgir o *direito adquirido*, que é precisamente, como dissemos, o direito subjetivo integrado no patrimônio do titular, mas *não exercido*, a respeito do qual é que milita a garantia constante do art. 5º, XXXVI, da Constituição Federal, que assegura o seu exercício nos termos da lei sob a qual ele se constituiu, ainda que revogada por lei superveniente. Dá-se, aí, uma espécie de *ultratividade da lei*, que consiste na projeção dos efeitos da lei para além de sua vigência, para resguardar o direito adquirido sob sua vigência. Com ele não se confunde o *direito subjetivo já exercido*, ou seja, se o direito subjetivo já tiver sido exercido quando a lei nova entrou em vigor, não cabe mais falar em direito adquirido, porque já não é meramente adquirido, porque passou a ser *situação jurídica subjetiva consumada*, *direito consumado*, que se assemelha ao ato jurídico perfeito, transmudando-se em novo tipo de relação jurídica, que, para desfazer-se, demanda a composição de novos requisitos legais com efeitos específicos. Assim, por exemplo, como vimos, se se tem o direito subjetivo de casar, e se casa, consumou-se a situação jurídica subjetiva; não se colocará mais essa situação à vista da superveniência de nova lei sobre o casamento, como certamente se colocaria no caso de o casamento já estar marcado, com proclamas lavrados, afixados e devidamente publicados etc., mas ainda não efetivado.

12. Direito adquirido e direito público: cumpre fazer uma observação final a respeito da relação entre direito adquirido e direito público. Não é rara a afirmativa de que não há direito adquirido em face da lei de ordem pública ou de direito público. A generalização não é correta nesses termos. O que se diz com boa razão é que não ocorre direito adquirido contra o interesse coletivo, porque aquele é manifestação de interesse particular que não pode prevalecer sobre o interesse geral. A Constituição não faz distinção.

4. Ato jurídico perfeito e direito adquirido

13. A Lei de Introdução ao Código Civil, art. 6º, § 1º, reputa "ato jurídico perfeito o já consumado segundo a lei vigente ao tempo em que se efetuou". Essa definição dá a idéia de que ato jurídico perfeito é aquela situação consumada ou direito consumado, referido acima, como direito definitivamente exercido. Não é disso, porém, que se trata. Esse direito consumado é também inatingível pela lei nova, não por ser ato perfeito, mas por ser direito mais do que adquirido, direito esgotado. Se o simples direito adquirido (isto é, direito que já integrou o patrimônio, mas não foi ainda exercido) é protegido contra interferência da lei nova, mais ainda o é o direito adquirido já consumado.

14. A diferença entre direito adquirido e ato jurídico perfeito está em que aquele emana diretamente da lei em favor de um titular, enquanto o segundo é negócio fundado na lei. "O ato jurídico perfeito – anota Pontes de Miranda –, a que se refere o art. 153, § 3º *[agora, art. 5º, XXXVI]*, é o negócio jurídico, ou o ato jurídico *stricto sensu*; portanto, assim as declarações unilaterais de vontade como os negócios jurídicos bilaterais, assim os negócios jurídicos, como as reclamações, interpelações, a fixação de prazo para aceitação de doação, as comunicações, a constituição de domicílio, as notificações, o reconhecimento para interromper a prescrição ou com sua eficácia (ato jurídico *stric-*

to sensu)".[6] Ato jurídico perfeito, nos termos do art. 153, § 3º *[art. 5º, XXXVI]*, é *aquele que sob o regime da lei antiga se tornou apto para produzir os seus efeitos pela verificação de todos os requisitos a isso indispensáveis.*[7] É perfeito ainda que possa estar sujeito a termo ou condição.

5. Coisa julgada

15. Tema correlato ao do direito adquirido e do ato jurídico perfeito é a coisa julgada, protegida também pela garantia constitucional constante do art. 5º, XXXVI. A garantia, aqui, refere-se à *coisa julgada material*, não à coisa julgada formal. Ficou, pois, superada a definição do art. 6º, § 3º, da Lei de Introdução ao Código Civil. Prevalece, hoje, o conceito do Código de Processo Civil: "Denomina-se coisa julgada material a eficácia, que torna imutável e indiscutível a sentença, não mais sujeita a recurso ordinário ou extraordinário" (art. 467).

16. Dizemos que o texto constitucional só se refere à coisa julgada material, em oposição à opinião de Pontes de Miranda,[8] porque o que se protege é a prestação jurisdicional definitivamente outorgada. A coisa julgada formal só se beneficia da proteção indiretamente, na medida em que se contém na coisa julgada material, visto que é pressuposto desta, mas não assim a simples coisa julgada formal. Tutela-se a estabilidade dos casos julgados, para o que o titular do direito aí reconhecido tenha a certeza jurídica de que ele ingressou definitivamente no seu patrimônio. A coisa julgada é, em certo sentido, um ato jurídico perfeito; assim, já estaria contemplada na proteção deste, mas o Constituinte a destacou como um instituto de enorme relevância na teoria da segurança jurídica.

17. A proteção constitucional da coisa julgada não impede, contudo, que a lei preordene regras para a sua rescisão mediante atividade jurisdicional. Dizendo que a *lei* não prejudicará a coisa julgada, quer-se tutelar esta contra atuação direta do legislador, contra ataque direto da lei. A lei não pode desfazer (rescindir ou anular, ou tornar ineficaz) a coisa julgada. Mas pode prever licitamente, como o fez o art. 485 do Código de Processo Civil, sua rescindibilidade por meio de ação rescisória.

---

6. Cf. Pontes de Miranda, *Comentários à Constituição de 1967 com a Emenda n. 1 de 1969*, t. V, p. 102.
7. Cf. R. Limongi França, ob. cit., p. 427.
8. Ob. cit., t. V, p. 102.

II – Norma constitucional e direito adquirido

6. Questão de ordem

18. A doutrina acima exposta vale também para a sucessão de normas constitucionais no tempo?

A solução dessa questão demanda uma distinção básica entre *normas constitucionais originárias*, as que provêm da atuação do poder constituinte originário, e *normas constitucionais derivadas*, as que se formam pela atuação do chamada poder constituinte derivado. Mas, independentemente dessa distinção, afirmativas de princípio podem ser feitas a propósito de qualquer tipo de norma constitucional.

Primeira afirmativa: consideram-se *normas constitucionais* todas e tão-somente as que integram uma Constituição rígida e dotada de supremacia em relação às demais normas do ordenamento jurídico.

Segunda afirmativa: como todas as leis, também as normas constitucionais são de aplicação imediata e geral, o que vale dizer que, por princípio, incidem a partir de sua entrada em vigor sobre as situações que se verifiquem em sua vigência, ou seja, aplicam-se aos *facta futura*, não aos *facta praeterita*.[9] Isso quer dizer: o princípio é o da não-retroatividade, por isso só retroagem quando elas próprias determinam efeitos pretéritos.[10]

Terceira afirmativa: em princípio, "não pode haver nenhum direito oponível à Constituição, que é a fonte primária de todos os direitos e garantias do indivíduo, tanto na esfera publicística como na privatística" – anota Caio Mário da Silva Pereira, em escólio aceito pelo Min. Carlos Mário da Silva Veloso.

7. Poder constituinte originário e direito adquirido

19. Comecemos o nosso exame pela relação entre poder constituinte originário e direito adquirido. Esse poder constituinte é o que produz normas constitucionais originárias, que compõem uma Constituição, quer seja a primeira que constitui o Estado, quer seja a que sucede outra existente e a substitui. No primeiro caso não surge relação de Direito Constitucional Intertemporal, porque não havia normas constitucionais anteriores para confrontar-se com as da primeira Constituição.

---

9. V., a propósito, Manoel Gonçalves Ferreira Filho, "Poder constituinte e direito adquirido", *RDA* 210/4.

10. Cf. Pontes de Miranda, *Comentários à Constituição de 1967 com a Emenda n. 1 de 1969*, t. VI, p. 385.

Mas se uma Constituição substitui outra pode ocorrer situação em que a Constituição anterior tenha criado direito em favor de alguém e a Constituição sucessiva o tenha cortado, pois, como diz Pontes de Miranda, "a Constituição é rasoura que desbasta o direito anterior, para que só subsista o que é compatível com a nova estrutura e as novas regras jurídicas constitucionais".

20. Então, a questão se põe aí: está o poder constituinte originário adstrito a respeitar esses direitos adquiridos nos termos da ordem jurídica fundamentada na Constituição anterior? Uma Constituição é obra do poder constituinte, não do poder constituído, já o dissera Sieyès.[11] E o poder que faz a Constituição é tido como inicial, incondicional e ilimitado juridicamente. Vale dizer: ao fazer a Constituição o poder constituinte não fica sujeito a qualquer regra jurídica do ordenamento existente, nem da Constituição que vigorava antes, porque sua atuação rompe com o sistema jurídico anterior. Daí por que, na justa lição de Meirelles Teixeira, "as normas originárias, fundamentais por definição, não poderiam fundar sua legitimidade num sistema prévio, simplesmente porque esse sistema não existe. É o que sucede quando se funda um novo Estado, ou quando uma revolução, um golpe de Estado, destroem a Constituição. A *produção originária* de normas jurídicas implica, portanto, a existência do *poder constituinte*".[12]

É também por isso que se afirma, como vimos, que, em princípio, "não pode haver nenhum direito oponível à Constituição, que é a fonte primária de todos os direitos e garantias do indivíduo, tanto na esfera publicística quanto na privatística".[13]

21. A solução pode soar estranha aos leigos, pois se uma Constituição é produzida pelo poder constituinte, significa que ele é autor tanto da Constituição nova como da Constituição anterior. São obras dele a Constituição que substitui e a Constituição substituída. As normas de ambas são normas originárias, fundamentais por definição. Como se explica, então, que os direitos legítimos que nasceram da primeira não sejam respeitados pela segunda? Como se explica que o mesmo poder constituinte originário que plasmou regras jurídicas, produtoras de direitos subjetivos adquiridos, não os reconheça e respeite ao produzir as regras jurídicas da Constituição subseqüente?

---

11. Cf. Emmanuel Sieyès, *Qu'est-ce que le Tiers État?*, Paris, Quadrige/Presses Universitaires de France, 1982, p. 67.

12. Cf. *Curso de Direito Constitucional*, pp. 199 e 200.

13. Cf. Caio Mário da Silva Pereira, *Introdução ao Direito Civil*, v. I, p. 125, *apud* Carlos Mário da Silva Veloso, "Funcionário público – Aposentadoria – Direito adquirido", *RDP* 21/179.

22. O poder constituinte originário, que é a manifestação primeira e mais elevada da soberania popular, realiza sua obra, a Constituição, nela traduzindo o princípio da supremacia, e, com isso, ele se ausenta, se oculta, desaparece, porque o seu poder soberano passou a ser encarnado naquela supremacia. A soberania da Constituição perdurará até que o poder constituinte originário seja novamente chamado para a elaboração de nova Carta Política.[14] Então, retoma ele seu poder originário e a soberania constitucional cede em face de sua presença. Essa retomada é feita sem limite, pois, ao elaborar uma nova Constituição em substituição à obra anterior, assume ele todas as suas características de inicialidade, incondicionalidade e ilimitabilidade. Ao fazer a nova Constituição, portanto, não fica vinculado à sua obra precedente. Pois, como nota Pedro de Vega, "derivada da própria noção de poder constituinte, se compartilharia igualmente a crença de que 'o poder constituinte de um dia não poderia condicionar o poder constituinte de amanhã'. O que, traduzido em outros termos, significa que a Constituição não poderia nem deveria tampouco entender-se como uma lei eterna". Jefferson, em seus escritos, denuncia em várias ocasiões como tremendo absurdo que os mortos possam, através da Constituição, impor sua vontade aos vivos. Em sentido similar, escreve Paine estas impressionantes palavras (aí citadas por Pedro de Veja): "Só os vivos têm direitos neste mundo. Aquilo que em determinada época pode considerar-se acertado e parecer conveniente, pode, em outra, ser inconveniente e errôneo. Em tais casos, quem há de decidir? Os vivos ou os mortos?". A resposta a tão incisiva interrogação a oferece a Constituição francesa de 1793, que, no seu art. 28, estabelecia: "Um povo tem sempre o direito de rever, reformar e mudar sua Constituição. Uma geração não pode submeter a suas leis as gerações futuras".[15] O que isso quer dizer na teoria da Consituição é que a soberania popular tem o direito, em cada momento histórico, de manter ou de substituir sua Constituição, sem limitações jurídicas, sem que a Constituição anterior dite regras a serem obedecidas na feitura na Constituição nova.

23. Não é que o poder constituinte não respeite os direitos adquiridos anteriores. A tese é diferente. Ele não está jungido aos direitos anteriores, adquiridos ou não. Ele tem a faculdade de desfazê-los explícita ou implicitamente. Pois as normas constitucionais originárias

---

14. Sobre a soberania da Constituição, cf. A. D. Lindsay, *O Estado Democrático Moderno*, Rio de Janeiro, Zahar, 1964, pp. 188 e ss.; Pedro de Vega, *La Reforma Constitucional y la Problemática del Poder Constituyente*, 2ª ed., 2ª reimpr., Madri, Tecnos, 1991, pp. 188 e ss.

15. Cf. Pedro de Vega, ob. cit., pp. 58 e 59.

também estão submetidas ao mesmo princípio geral que rege todas as leis jurídicas – qual seja, o princípio da incidência imediata e geral, passando a reger as situações e condutas presentes e futuras, desde sua entrada em vigor. A irretroatividade das normas, inclusive das normas constitucionais, é um princípio geral de Direito; a diferença é que a norma constitucional originária, por não se submeter a limitações jurídicas, pode colher fatos a ela anteriores, como nota Manoel Gonçalves Ferreira Filho. "Em conseqüência – adita o ilustre Mestre – , pode dar-lhes caráter (lícito ou ilícito) diferente do que tinham na ordem jurídica anterior. Igualmente pode pôr termo a direitos adquiridos".[16]

A lição de Pontes de Miranda é exemplar nesse sentido: "É princípio básico o *princípio da imediata incidência das regras jurídicas constitucionais*, salvo se a própria Constituição protrai a incidência de alguma ou de algumas das suas regras jurídicas, ou se a retrotrai. Quando se diz que as novas Constituições incidem imediatamente e há, aí, princípio inegável, de modo nenhum se enuncia que as novas Constituições têm retroatividade e o princípio do respeito aos direitos adquiridos, à coisa julgada e aos atos jurídicos perfeitos não exista para as Constituições. O que acontece é que à própria Constituição ficou a possibilidade de afastar, explícita ou implicitamente, o princípio do respeito ao que surgira em virtude de incidência de lei anterior, inclusive de Constituição. Aí, a Constituição, que poderia protrair a sua incidência, como ocorre com a Constituição de 1967, explicitamente a retrotrai. Quando uma Constituição – e aqui está apenas um exemplo – deixa de considerar nacional nato, ou nacional naturalizado, quem o era sob a Constituição anterior, corta o que ela encontraria, porque a sua incidência é *imediata*. Poderia ressalvar. Se não ressalvou, cortou".[17]

24. As Constituições, quando querem manter um direito adquirido no sistema revogado, costumam ressalvar. Assim, o art. 22 da Constituição de 1946 ressalvou as patentes anteriores em face do seu art. 182, § 1º, que as suprimira. O art. 177 da Constituição de 1967 manteve a vitaliciedade dos professores catedráticos e dos titulares de ofício de justiça adquirida antes de sua vigência, assim como a estabilidade de funcionários já amparados pela legislação anterior. E seu § 1º ressalvou o direito de aposentadoria com as vantagens previstas na legislação anterior para os servidores que já tivessem satisfeito ou viessem a satisfazer as condições, para tanto, da legislação anterior. Em sentido contrário, o art. 17 da Constituição de 1988 determinou que os venci-

---

16. Cf. artigo cit., *RDA* 210/4.
17. Cf. ob. cit., t. VI, p. 385.

mentos, a remuneração, as vantagens e os adicionais, bem como os proventos de aposentadoria, que estivessem sendo percebidos em desacordo à Constituição seriam imediatamente reduzidos aos limites dela decorrentes, não se admitindo, neste caso, invocação de direito adquirido ou percepção de excesso a qualquer título.[18]

8. Poder de reforma e direito adquirido

25. O poder de reforma constitucional – ou que nome tenha: poder de emenda, poder constituinte derivado –, por ser uma forma de poder constituído ou instituído, é poder regrado, condicionado e limitado. Nada mais é do que uma competência instituída, na Constituição, para a produção de *normas constitucionais derivadas*, de acordo e dentro dos limites estabelecidos pela própria Constituição.[19] Disso decorre que se trata de um poder limitado por via de normas da própria Constituição que lhe impõem procedimento e modo de agir, dos quais não pode arredar-se, sob pena de sua obra sair viciada, ficando mesmo sujeita ao sistema de controle de constitucionalidade, como outras normas jurídicas. Esse tipo de regramento da atuação do poder de reforma constitucional configura *limitações formais*, que podem ser assim sinteticamente enunciadas: *o órgão do poder de reforma (o Congresso Nacional) há de proceder nos estritos termos expressamente estatuídos na Constituição.*

Além dessas limitações, que são da essência do sistema, assinalam-se outras específicas que a doutrina costuma distribuir em três grupos: *temporais, circunstanciais* e *materiais* (explícitas e implícitas). Neste passo só interessam as limitações materiais explícitas, porque aqui é que se situam os fundamentos das conclusões a que chegaremos nesta exposição. Pois entre as cláusulas imodificáveis, por reforma constitucional, no art. 60, § 4º, da Constituição vigente, está a *vedação de proposta de emenda tendente a abolir os direitos e garantias individuais* (inciso IV).

26. Antes dessa norma não era raro encontrarem-se afirmativas no sentido de não haver direito adquirido contra norma constitucional sem qualquer distinção. O próprio Supremo Tribunal Federal já decidiu, em acórdão relatado pelo Min. Moreira Alves, que não há direito adquirido contra texto constitucional, resulte ele do poder constituinte origi-

---

18. Cf. decisão do Supremo Tribunal Federal, rel. Min. Celso de Mello, *RDA* 203/159.

19. Cf. Meirelles Teixeira, ob. cit., p. 199.

nário ou do poder constituinte derivado; ou seja, a Constituição, ao aplicar-se de imediato, não desfaz os efeitos passados de fatos, salvo se expressamente estabelecer o contrário, mas alcança os efeitos futuros de fatos a ela anteriores, exceto se os ressalvar de modo inequívoco.[20] É uma doutrina pertinente ao poder constituinte originário, conforme vimos, mas se antes se poderia ter dúvidas no sentido de que o direito adquirido limitava o poder constituinte derivado, essas dúvidas não podem mais prevalecer em face da vedação, hoje expressa, de apresentação de propostas de emendas tendentes a abolir direitos e garantias individuais.

27. Ninguém duvida de que se configura como uma típica garantia individual a regra constante do inciso XXXVI do art. 5º da Constituição de 1988, segundo o qual *a lei não pode prejudicar o direito adquirido*. O argumento é irretorquível, como um entimema: *a reforma constitucional não pode abolir direito adquirido, porque se trata de uma garantia individual*. Ou, se se quiser em forma de um silogismo: a reforma constitucional não pode abolir direitos e garantias individuais; o direito adquirido é uma garantia individual expressa no art. 5º, XXXVI; logo, a reforma constitucional não pode abolir o direito adquirido. Ou ainda, por outra forma: os direitos e garantias individuais são imodificáveis por emenda constitucional; o direito adquirido é uma garantia constitucional; logo, o direito adquirido é imodificável por emenda constitucional.[21]

9. Norma de garantia e direito garantido

28. Às vezes se lança um argumento contrário à conclusão a que acabamos de chegar. Diz-se, então: é certo que a reforma constitucional não pode abolir os direitos e garantias individuais, mas isso apenas significa que não pode eliminar do texto da Constituição as normas que prevêem esses direitos e garantias, mas não significa que o direito auferido com base nessas normas de garantia seja intocável por emenda constitucional. Hugo Nigro Mazzilli expôs bem o argumento e o refu-

20. *RTJ* 114/237, *apud* Monoel Gonçalves Ferreira Filho, artigo cit., *RDA* 210/5. Cf. também referência no mesmo sentido em Hugo Nigro Mazzilli, "A reforma constitucional e as garantias da Magistratura, do Ministério Público e dos Tribunais de Contas", *Revista AP/MP* 17/9, abril de 1998.

21. Essa é a doutrina corrente hoje; cf., além dos artigos já citados, do professor Manoel Gonçalves Ferreira Filho, *RDA* 210/1 e ss., e de Hugo Nigro Mazzilli, *Revista AP/MP* 17/5 e ss., 1998, também Carlos Ayres Britto e Valmir Pontes Filho, "Direito adquirido contra as emendas constitucionais", *RDA* 202/75 e ss.

tou nos termos seguintes: "Ora, partindo da distinção, aliás incontestável, entre *a norma constitucional de garantia de direitos individuais e os próprios direitos adquiridos*, entendem alguns que o poder de emenda só não poderia eliminar a norma de garantia, não o direito garantido. Essa distinção entre a norma de proteção ao direito adquirido (a norma de garantia) e o próprio direito adquirido (o direito objetivado pela norma de garantia) não permite concluir que a Constituição apenas vede que o poder constituinte derivado suprima a *norma de garantia*, mas não *o próprio direito*. Chegaríamos assim a um paradoxo: sob esse equivocado raciocínio, a norma de garantia do direito não poderia ser suprimida, mas o próprio direito garantido poderia ser impunemente violado...".[22]

29. Um tal argumento e uma tal doutrina valem como uma fraude à Constituição, porque eliminariam a garantia do direito mediante a supressão do direito garantido. Se isso fosse possível, de nada adiantaria a proteção normativa de um direito, pois, precisamente quando esse direito se efetiva e se concretiza num titular, pode ser eliminado. É o mesmo que suprimir, a cada passo, a norma de garantia, por esvaziá-la de seu conteúdo jurídico: seu efeito prático. Demais, quando a cláusula dita pétrea diz que é vedada proposta "*tendente* a abolir (...)", isso significa que a vedação atinge a pretensão de modificar qualquer dos elementos conceituais da situação objetiva ou subjetiva protegida, isto é, que se encaminhe, "tenda" (emenda "tendente", diz o texto) para a sua abolição, ou emenda que "tenda" a enfraquecer qualquer dos direitos e garantias individuais constantes do art. 5º, como ocorreria se se admitisse a abolição dos efeitos concretos, em favor de alguém, desses direitos e garantias.

10. Conclusão

30. A conclusão é simples e peremptória: a reforma ou emenda constitucional não pode ofender direito adquirido, pois está sujeita a limitações, especialmente limitações materiais expressas, entre as quais está precisamente a de que não pode pretender abolir os direitos e garantias individuais, e dentre estes está o direito adquirido.

---

22. Cf. ob. cit., p. 10.

TERCEIRA PARTE

ESTABILIDADE E MUDANÇA CONSTITUCIONAL

> *Igualmente perigosa para a força normativa da Constituição afigura-se a tendência para a freqüente revisão constitucional sob a alegação de suposta e inarredável necessidade política.*
> (Konrad Hesse, *A Força Normativa da Constituição*, 1991, p. 22)

DEFESA DA CONSTITUIÇÃO E MUDANÇA CONSTITUCIONAL[1]

1. Pressupostos e conceito. 2. Defesa política da Constituição. 3. Defesa jurídica da Constituição. 4. Princípio da constitucionalidade: 4.1 Conceito e conteúdo – 4.2 Limitações ao poder de reforma constitucional – 4.3 As funções da reforma constitucional – 4.4 Jurisdição constitucional: 4.4.1 Introdução – 4.4.2 Sistemas de controle – 4.4.3 Sistema brasileiro – 4.4.4 A Constituição de 1988 – 4.4.5 Inconstitucionalidade por omissão. 5. Princípio da proteção dos direitos fundamentais. 6. O princípio democrático. 7. Conclusão.

1. Pressupostos e conceito

1. As Constituições são feitas para perdurar, regendo as estruturas, situações, comportamentos e condutas que a interpretação do Constituinte teve como aferidas aos valores de convivência social dentro da comunidade a que se referem. A permanência de determinada ordem constitucional depende de fatores extrínsecos e de fatores intrínsecos. Os primeiros são de ordem política, sociológica e psicológica; os segundos são técnicas jurídicas criadas pelas próprias normas constitucionais, destinadas a assegurar sua estabilidade.

2. Uma Constituição como a de 1988 institui uma nova idéia de Direito e uma nova concepção de Estado (o *Estado Democrático de Direito*, art. 1º), que se inspiram em princípios e valores que incorporam um componente revolucionário de transformação da situação existente, tais como:

a) o *princípio da constitucionalidade*, que exprime, em primeiro lugar, que o Estado se funda na legitimidade de uma Constituição rígida, emanada da vontade popular, que, dotada de supremacia, vincule os podres e os atos deles provenientes, com as garantias de atuação livre, e regras da jurisdição constitucional;

---

1. *Nota desta edição*: Conferência proferida na Faculdade de Direito da USP, agosto de 1998, na Faculdade de Direito Cândido Mendes, Rio de Janeiro, 19 de outubro de 1998, e na Faculdade de Direito de Curitiba, 13 de novembro de 1998, em versões um pouco diferentes, mas sempre em comemoração aos dez anos da Constituição de 1988.

b) o *princípio democrático*, que, nos termos da Constituição, há de constituir uma democracia representativa e participativa, pluralista, e que seja a garantia geral da vigência e eficácia dos direitos fundamentais (art. 1º);

c) o *princípio da proteção dos direitos fundamentais*, compreendendo os direitos individuais, coletivos, políticos e sociais, buscando realizar a justiça social.

3. Esse conteúdo ideológico de transformações sociais provoca ataques que podem ser de dois tipos – *políticos* ou *jurídicos* –, que, por seu lado, requerem defesa compatível com sua natureza. Reproduz-se, aí, em certo sentido, a situação que ocorrera no século XVIII, quando apareceram os primeiros textos constitucionais, em que os ataques e críticas contra eles assumiram uma dimensão política total, pois a crítica à Constituição, assim, aparece como o resultado da negação prévia de toda a concepção que lhe serve de fundamento, pelo quê a defesa constitucional há, também, que tomar uma perspectiva política e total.[2]

4. A *defesa da Constituição*, numa tal situação, consiste em todos os meios políticos, sociológicos, psicológicos, jurídicos e processuais que assegurem a vigência, eficácia e aplicabilidade da Constituição.

2. Defesa política da Constituição

5. Volto a insistir na idéia de que a Constituição de 1988 não é a Constituição ideal de qualquer grupo nacional. Talvez suas virtudes estejam exatamente em seus defeitos, em suas imperfeições, que decorreram do processo de sua formação lenta, controvertida, não raro tortuosa, porque foi obra de muita participação popular, das contradições da sociedade brasileira, e, por isso mesmo, de muitas negociações. Desse processo proveio uma Constituição razoavelmente avançada, com inovações de relevante importância para o constitucionalismo brasileiro, um documento de grande importância para o constitucionalismo em geral, que não promete a transição para o socialismo, mas que se abre para o futuro, com promessas de realização de um Estado Democrático de Direito que construa uma sociedade livre, justa e solidária, garanta o desenvolvimento nacional, erradique a pobreza e a marginalização, reduza as desigualdades regionais e sociais, promova, enfim, o bem-estar de todos,

---

2. Cf. Pedro de Vega García, *Estudios Políticos Constitucionales*, México, UNAM/Istituto de Investigaciones Jurídicas, 1980, pp. 289 e 290. Cf. também Carl Schmitt, *Il Custo della Costituzione*, Milão, Giuffrè, 1981, p. 9.

sem discriminação de qualquer natureza (art. 3º). Não é, pois, uma Constituição isenta de contradições: com modernas disposições asseguradoras dos direitos fundamentais da pessoa humana, com a criação de novos instrumentos de defesa dos direitos do Homem, com extraordinários avanços na ordem social, ao lado de uma ordem econômica atrasada. A Constituinte produziu a Constituição que as circunstâncias permitiram. Fez-se uma obra certamente imperfeita, mas digna e preocupada com o destino do povo sofredor, para que seja cumprida, aplicada e realizada, pois uma coisa são as promessas normativas; outra, a realidade.

6. Os ataques político-ideológicos à Constituição partem das correntes mais retrógradas. Acusam-na de estatizante, quando, na verdade, ela é menos estatizante do que a Constituição revogada. A ordem econômica nela consubstanciada não é senão uma forma econômica capitalista, porque se apóia inteiramente na apropriação privada dos meios de produção e na iniciativa privada (art. 170). Isso caracteriza o modo de produção capitalista, que não deixa de ser tal por eventual ingerência do Estado na economia nem por circunstancial exploração direta da atividade econômica pelo Estado e possível monopolização de alguma área econômica, porque essa atuação estatal ainda se insere no princípio básico do capitalismo, que é a apropriação exclusiva dos meios de produção por uma classe social; e, como é essa mesma classe que domina o aparelho estatal, a participação deste na economia atende a seus próprios interesses.[3]

Acusam-na também de criar excessivo ônus fiscal, que chegaria ao nível de 50% do Produto Interno Bruto. Isso não é correto, porque, em verdade, o sistema tributário nela instituído é muito semelhante ao da Constituição anterior. Salvo mudança nos impostos sobre combustíveis e a previsão de competência para a criação do imposto sobre as grandes fortunas e de um adicional do imposto de renda *[já suprimido]*, o mais que houve foi melhor distribuição das rendas tributárias entre as unidades da Federação, fortalecendo as finanças dos Estados e dos Municípios, o que era uma velha postulação de todos. Mas isso também serve de base dos ataques sob o argumento de que o país se tornara ingovernável com a diminuição das rendas da União, como se o sistema governamental do país se concentrasse na União e não se distribuísse por três órbitas, com competências e encargos que devem realizar-se em favor da coletividade. A centralização autoritária serviu muito a essa classe dominante que agora ataca a nova Constituição.

3. Cf. nosso *Curso de Direito Constitucional Positivo*, São Paulo, Ed. RT, 1989, p. 656 *[atualmente, 17ª ed., São Paulo, Malheiros Editores, 2000]*.

7. O mais grave tipo de ataque, contudo, é o boicote à Constituição. A resistência em aplicar suas normas, seus institutos, por aquelas autoridades, inclusive judiciárias, que têm o dever de cumpri-la e observá-la. Entra também no conceito de defesa da Constituição promover um trabalho de esclarecimento e de persuasão no sentido de que se trata de um instrumento adequado ao atual momento da vida brasileira, protetor dos direitos fundamentais e de valores políticos e sociais, que, encontrando base na nossa evolução histórica, aponta para o futuro, que só não serve a esses poucos retrógrados que o estão combatendo.

3. Defesa jurídica da Constituição

8. Vimos que a defesa jurídica da Constituição consiste em técnicas criadas por suas próprias normas, destinadas a assegurar sua estabilidade. A essas normas que provêem sobre a defesa da Constituição chamamos de *normas de estabilização constitucional*, porque fornecem os *elementos, mecanismos* e *técnicas* asseguratórios da durabilidade da Constituição e da proteção dos princípios fundamentais que a inspiram.

9. Sob esse ponto de vista, enfocaremos a defesa jurídica da Constituição de 1988 em função de cada um daqueles princípios e valores que enunciamos antes: o *princípio da constitucionalidade*, o *princípio democrático* e o *princípio da proteção dos direitos fundamentais*.

4. Princípio da constitucionalidade

4.1 Conceito e conteúdo

10. O *princípio da constitucionalidade* significa que, no Estado Democrático de Direito, é a Constituição que dirige a marcha da sociedade e vincula, positiva e negativamente, os atos do poder público. Assenta-se na técnica da *rigidez constitucional*, que decorre da maior dificuldade para a mudança formal da Constituição do que para a alteração da legislação ordinária ou complementar. Da rigidez decorre, como primordial conseqüência, o princípio da *supremacia constitucional*, que, no dizer de Pinto Ferreira, "é um princípio basilar do Direito Constitucional moderno".[4] Significa que a Constituição se coloca no vértice do sistema jurídico do país, ao qual confere validade, e que todos os poderes estatais só são legítimos na medida em que ela os reconheça e

---

4. Cf. *Princípios Gerais do Direito Constitucional Moderno*, 5ª ed., São Paulo, Ed. RT, 1982, pp. 29 e ss.

na proporção em que por ela distribuídos. Nisso se consubstancia o *princípio da conformidade* dos atos do poder público às normas e princípios constitucionais.[5]

11. Herman Finer chega mesmo a dizer que a essência de uma Constituição é sua rigidez em comparação com as leis ordinárias. "Podemos definir uma Constituição – ressalta – como o processo de sua emenda, porque emendar é desconstituir ou reconstituir".[6] Ele considera a cláusula de emendas tão fundamental, "que quase diria que é a própria Constituição".[7] Exagero, sem dúvida, que, no entanto, contém muito de verdade e avulta a importância do assunto, especialmente porque faz sobressair a eficácia superior das normas constitucionais. Sobretudo, mostra que a *previsão de um modo especial de mudança constitucional constitui o pressuposto fundamental da estabilidade e, também, de todos os mecanismos de garantia e defesa jurídica da Constituição.* É o que consta de seu art. 60 da Constituição de 1988, onde se prevê que ela só pode ser emendada por proposta de iniciativa: *a*) de no mínimo um terço dos membros da Câmara dos Deputados ou do Senado Federal; *b*) do presidente da República; *c*) de mais da metade das Assembléias Legislativas das unidades da Federação, manifestando-se cada qual pela maioria relativa de seus membros.[8] A emenda será tida como aprovada se obtiver *três quintos* dos votos de ambas as Casas do Congresso Nacional em dois turnos de discussão e votação.

12. O sistema de mudança constitucional que se acaba de mencionar é o formal e deliberado. Existem também processos não-formais de mudança constitucional. São *mutações constitucionais* que se operam no correr da história de uma Constituição, como se verifica com a Constituição dos Estados Unidos da América do Norte, cujo sentido hoje é profundamente diferente do seu significado original. São mutações semânticas que transformam o sentido, o significado e o alcance da Constitui-

---

5. Cf. J. J. Gomes Canotilho, *Direito Constitucional*, Coimbra, Almedina, 1986, p. 21.
6. Cf. *Teoría y Prática del Gobierno Moderno*, trad. de Enrique Tierno Galván, Madri, Tecnos, 1964, p. 164.
7. Ob. cit., p. 199. Cf. também Georges Burdeau, *Droit Constitutionnel et Institutions Politiques*, 12ª ed., Paris, LGDJ, 1966.
8. *Nota desta edição*: Cabe iniciativa popular? Tenho entendido possível, à vista do disposto no parágrafo único do art. 1º e do art. 14, I. Essa possibilidade constitucional, contudo, dependeria da previsão na lei referida neste último dispositivo, o que não aconteceu, pois a lei que regulou a matéria – Lei 9.709, de 18.11.1998 – não abriu aquela possibilidade.

ção, sem lhe alterar o enunciado formal, sem mudar a letra do texto. Isso se dá por força da modificação das tradições, da adequação político-social, dos costumes, de alteração empírica e sociológica, pela interpretação judicial e pelo ordenamento de estatutos que afetam a estrutura orgânica do Estado.[9] Não aprofundaremos o tema,[10] aqui, porque ele não se correlaciona com o princípio da rigidez e da supremacia constitucional, por não ser um ataque à Constituição que requeira meios de sua defesa. A mudança formal da Constituição é que se vincula com a supremacia da Constituição, e pode gerar situações que a afetem.

13. O processo de mudança formal da Constituição ocorre de forma deliberada por via de atuação de certos órgãos, mediante determinadas formalidades, estabelecidas na própria Constituição para o exercício do poder reformador. A doutrina brasileira não é precisa no emprego dos termos *reforma, emenda* e *revisão* constitucional. Ainda que haja alguma tendência em considerar o termo *reforma* como gênero, para englobar todos os métodos de mudança formal das Constituições, que se revelam especialmente mediante o *procedimento de emendas* e o *procedimento de revisão*, a maioria dos autores, contudo, em face das Constituições brasileiras, tem empregado indistintamente os três termos.

Pontes de Miranda faz distinção, mas emprega como sinônimas as palavras *reforma* e *revisão*. Seu texto esclarece a terminologia por ele aceita: "A *reforma* ou *revisão* pode ser total, se ao poder reformador (Constituinte de segundo grau) é dado, no momento, mudar todas as regras jurídicas constitucionais, ou parcial, se só se lhe conferiu mudar alguma regra jurídica ou algumas regras jurídicas. Tem-se chamado à reforma parcial *emenda*, que é o termo que se usa na Constituição de 1967".[11]

Como Pinto Ferreira[12] e Meirelles Teixeira,[13] entendemos que a expressão "reforma" deve ser empregada em sentido genérico, para

---

9. Sobre o tema, cf. "Problemas de la reforma constitucional en el sistema mexicano", in Adueza Acuña e outros, *Los Cambios Constitucionales*, México, UNAM/Instituto de Investigaciones Jurídicas, 1977, pp. 191-192; e Anna Cândida da Cunha Ferraz, *Processos Informais de Mudança da Constituição*, São Paulo, Max Limonad, 1986.

10. Cf., adiante, "Mutações Constitucionais", onde dediquei maior atenção à matéria.

11. Cf. *Comentários à Constituição de 1967 com a Emenda n. 1 de 1969*, 2ª ed., t. III, São Paulo, Ed. RT, 1970, p. 133.

12. Cf. ob. cit., p. 102.

13. Cf. *Curso de Direito Constitucional*, Rio de Janeiro, Forense Universitária, 1991, p. 132.

abranger a *emenda* e a *revisão*, com significação distinta. A *emenda constitucional* consistiria apenas em acréscimo de dispositivos, supressão ou alteração de outros, mudanças pontuais; enquanto a *revisão constitucional* suporia, já, modificações mais amplas, mais profundas, do texto constitucional.

A Constituição de 1988 acolheu essa distinção. Tratou das emendas constitucionais no art. 60 e previu uma revisão constitucional no art. 3º do "Ato das Disposições Constitucionais Transitórias". Aí se estabeleceu que *a revisão constitucional seria realizada após cinco anos, contados da promulgação da Constituição, pelo voto da maioria absoluta dos membros do Congresso Nacional, em sessão unicameral*. Esse processo de revisão se instaurou em outubro de 1993. Foi um fracasso, inclusive na metodologia usada, pois acabou transformando o processo de revisão em procedimentos de emendas constitucionais. Dele provieram seis modificações da Constituição, chamadas "emendas constitucionais de revisão", porque, na verdade, foram meras emendas, enquanto pelo procedimento previsto no art. 60 já foram aprovadas dezenove emendas à Constituição.[14] Algumas delas bem amplas, como a Emenda Constitucional 19, de 4.6.1998, chamada "Reforma Administrativa".

Por esse processo vai-se retalhando a Constituição de 1998. Vai-se, mesmo, deformando sua fisionomia original. De Constituição originalmente aberta ao futuro com promessa de um Estado Democrático de Direito, como vimos, vocacionado a construir uma sociedade solidária e justa por seu conteúdo social, vai-se, pelo processo de emendas, dando-lhe uma feição neoliberal, bastante inclinada à defesa dos interesses das elites. Arranjou-se um meio jurídico de ataque político-ideológico à Constituição, que a história do constitucionalismo desconhecia, contra o qual não se aparelharam ainda mecanismos de defesa.

Piores ainda são as tentativas de reinstituir forma de revisão constitucional por um processo de mudança facilitada, conforme Propostas de Emenda à Constituição 50, de 1996, do senador Pedro Simon e outros, e 554-A, de 1997, do deputado Miro Teixeira e outros. Ora, o processo de revisão constitucional se esgotou com a aplicação do art. 3º do ADCT. Qualquer outra forma de mudança formal da Constituição, fora do art. 60, é inconstitucional. Portanto, tais propostas de facilitação de mudança constitucional infringem o princípio da supremacia da Constituição.

14 . *Nota desta edição*: São já, em verdade, 23 emendas comuns e 6 de revisão, num total de 29 (novembro de 1999).

4.2 Limitações ao poder de reforma constitucional

14. A mudança formal da Constituição, por ser nesta regulada, é, pois, um processo regrado e sujeito a limitações. Vale dizer, o poder de reforma da Constituição se caracteriza como uma competência constitucional, atribuída, no sistema brasileiro, ao Congresso Nacional. É uma faculdade constituinte, porque elabora norma constitucional. E por isso é chamada de poder constituinte instituído ou constituído pela vontade do poder constituinte originário. Disso decorre que se trata de um poder (faculdade) limitado por via de normas da própria Constituição que lhe impõem procedimento e modo de agir, dos quais não pode arredar-se, sob pena de sua obra sair viciada, ficando, mesmo, sujeita ao sistema de controle de constitucionalidade, como outras normas jurídicas. Esse tipo de regramento da atuação do poder de reforma constitucional configura *limitações formais*, que podem ser assim sinteticamente enunciadas: o *órgão do poder de reforma (o Congresso Nacional) há de proceder nos estritos termos expressamente estatuídos na Constituição*.

15. Além dessas limitações, que são da essência do sistema, assinalam-se outras específicas que a doutrina costuma distribuir em três grupos: t*emporais, circunstanciais* e *materiais* (explícitas e implícitas).

As *limitações temporais* não são comumente encontráveis na história do Direito Constitucional brasileiro. Só a Constituição Política do Império estabeleceu limitações desse tipo, visto que previa que tão-só após *quatro anos* de sua vigência poderia ser reformada (art. 174).

Limitações circunstanciais, como o nome indica, são as que decorrem de certas circunstâncias que impedem, durante sua existência, o processo de emendas à Constituição. Elas constam do constitucionalismo brasileiro desde a Constituição de 1934, que vedou a possibilidade de reforma constitucional na vigência do estado de sítio. Essas limitações são mais amplas na Constituição vigente, pois, segundo seu art. 60, § 1º, *ela não pode ser emendada na vigência de intervenção federal, de estado de defesa ou de estado de sítio*.

A questão das *limitações materiais* se coloca quanto a saber se o poder de reforma constitucional pode atingir qualquer dispositivo da Constituição, ou se há certos dispositivos que sejam irreformáveis. Para a solução dessa questão importa distinguir, primeiramente, entre *limitações materiais explícitas* e *limitações materiais implícitas*.

16. Quanto à primeiras, compreende-se facilmente que o Constituinte originário poderá, expressamente, excluir determinadas matérias ou conteúdos da incidência do poder de reforma. As Constituições brasileiras, federais e republicanas, sempre contiveram um *núcleo irreformável*, constituindo aquilo que a doutrina vem mal chamando de *cláusulas pétreas*, preservando a Federação e a República[15] do ataque do poder reformador.

A Constituição alarga o núcleo imodificável por via de emenda, definindo no art. 60, § 4º, que não será objeto de deliberação a proposta de emenda tendente a abolir: a forma federativa de Estado; o voto direto, secreto, universal e periódico; a separação dos poderes e os direitos e garantias individuais. São limitações explícitas ao poder de reforma constitucional que resultam na proteção do princípio federativo, do princípio democrático e dos direitos individuais. É claro que o texto não proíbe apenas emendas que expressamente declarem: "Fica abolida a Federação", ou "Suprima-se o inciso II do art. 5º". A vedação atinge a pretensão de modificar qualquer dos elementos conceituais da Federação no sentido de seu enfraquecimento, isto é, que se encaminhe, "tenda" (emenda "tendente", diz o texto) para a sua abolição, ou emenda que "tenda" a enfraquecer qualquer dos direitos e garantias individuais constante do art. 5º.

17. Quanto às limitações materiais implícitas ou inerentes, a doutrina brasileira as admite com tranqüilidade, em termos que foram bem resumidos por Nélson de Sousa Sampaio. Há, no entanto, uma tendência a ampliar as hipóteses de limitações materiais expressas que, por certo, tem a conseqüência de reduzir as possibilidades de limitações implícitas. Todavia, das quatro categorias de normas constitucionais que, segundo Nélson de Sousa Sampaio, estariam implicitamente fora do alcance do poder de reforma, uma se tornou explícita: a referente aos direitos individuais. As outras três ainda nos parece que estão, por razões lógicas, imunes à incidência do poder reformador, pois se pudessem ser mudadas pelo poder de reforma de nada adiantaria estabelecer vedações circunstanciais ou materiais a esse poder. São elas:

a) "as concernentes ao titular do poder constituinte", pois uma reforma constitucional não pode mudar o titular do poder que cria o próprio poder reformador;

b) "as referentes ao titular do poder reformador", pois seria despautério que o legislador ordinário estabelecesse novo titular de um poder derivado só da vontade do Constituinte originário;

c) "as relativas ao processo da própria emenda", distinguindo-se quanto à natureza da reforma, para admiti-la quando se tratar de tornar

---

15. Note-se, contudo, que a Constituição vigente não incluiu a 'República" entre as matérias do núcleo intangível por emenda (cf. nota seguinte).

mais difícil seu processo, não a aceitando quando vise a atenuá-lo. A chamada dupla revisão é ilógica e destrutiva. A reforma constitucional nunca pode ser forma de destruir a Constituição.[16]

4.3 As funções da reforma constitucional

18. Nota Pedro de Vega[17] que três são os aspectos em que opera a reforma na moderna organização constitucional democrática: *a*) em primeiro lugar, *como instrumento de adequação entre a realidade jurídica e a realidade política*, e essa é a principal exigência que responde à reforma constitucional, visto que a realidade política é uma realidade em permanente devir e que na normatividade constitucional se cristalizam imperativos atemporais, fixos e permanentes, de sorte que esse ajuste se torna um imperativo de sobrevivência da própria Constituição e da sua função de garantia de uma ordem constitucional democrática; *b*) em segundo lugar, *como mecanismo de articulação da continuidade jurídica do Estado*, exatamente para que aquela adequação das normas constitucionais à realidade, operada através da reforma, se faça sem quebra da continuidade jurídica, porque o poder de reforma é um poder constituído que obtém sua legitimidade no próprio ordenamento jurídico, a operação de reforma é uma operação essencialmente jurídica, e, por isso, necessariamente submetida a limites, como vimos, pois reformar a Constituição não significa destruí-la, mas, simplesmente, acoplá-la à realidade histórica, sem que perca sua identidade como estrutura conformadora do Estado; *c*) em terceiro lugar, *como instituição básica de garantia*, pois é através do procedimento de reforma que a Constituição se transforma em *lex superior*, operando a separação entre lei constitucional e lei ordinária, invertendo o critério de interpretação das normas, já que os aforismos *lex posterior derogat legi priori* e *lex specialis derogat legi generali* são substituídos por este outro: *lex superior derogat legi inferiori* – do que decorre o surgimento de um po-

---

16. Cf. Nélson de Sousa Sampaio, *O Poder de Reforma Constitucional*, 3ª ed., atualizada por Uadi Lamêgo Bulos, Belo Horizonte, Nova Alvorada, 1995, pp. 95 e ss., e "Apêndice", pp. 129 e 130. Cf. também meu *Curso de Direito Constitucional Positivo*, 15ª ed., São Paulo, Malheiros Editores, 1998, p. 70 *[17ª ed., 2000]*. Cármen Lúcia Antunes Rocha (*República e Federação no Brasil*, Belo Horizonte, Del Rey, 1997, pp. 88 e 89) sustenta, com ponderável razão, que "a República permanece como limite material implícito, obstativo da atuação do reformador constituinte derivado, após a definição do eleitorado em 21 de abril de 1995 *[rectius: 21 de abril de 1993]*, ao contrário do que se poderia pensar à primeira e rápida leitura do texto constitucional".

17. *La Reforma Constitucional y la Problemáatica del Poder Constituyente*, Madri, Tecnos, 1991, pp. 67 e ss.

der de aferição da compatibilidade das normas inferiores com as normas superiores, pela instituição da jurisdição constitucional, como veremos.

4.4 Jurisdição constitucional

4.4.1 Introdução

19. A *jurisdição constitucional* emerge historicamente como um dos mais expressivos instrumentos de defesa da Constituição, considerada não como "um puro nome, mas como expressão jurídica de um sistema de valores aos quais se pretende dar um conteúdo histórico e político".[18] Como tal, ela constitui o resultado de longa evolução, que teve reflexos no sistema brasileiro, que ainda busca aperfeiçoamentos.

Não é o caso de fazer, aqui, minucioso inventário dessa evolução. Mas uma síntese certamente ajudará a compreender afirmações e formulações que haveremos de fazer no correr desta exposição.

Nela é que se realiza, com mais eficácia, o princípio da constitucionalidade. Embora tenha seu fulcro essencial no processo de *verificação da conformidade de um ato público à Constituição*, nele não se esgota seu objeto, porquanto compreende toda a ação dos tribunais judiciários destinada a assegurar a observância das normas constitucionais, envolvendo os seguintes pontos: *a*) controle de constitucionalidade dos atos do poder público; *b*) conflitos entre o Estado e indivíduos ou grupos, desde que reclamem ter havido violação de direitos fundamentais; *c*) conflitos entre órgãos do governo; *d*) conflitos entre entidades intraestatais autônomas. É verdade que tudo isso poderia entrar no conceito de controle de constitucionalidade em sentido amplo.

20. *A jurisdição constitucional, assim, consiste na entrega aos órgãos do Poder Judiciário da missão de solucionar os conflitos entre os atos, procedimentos e órgãos públicos e a Constituição.* Ou, em sentido mais abrangente: *entrega ao Poder Judiciário da missão de solucionar conflitos constitucionais.*

4.4.2 Sistemas de controle

21. Cumpre, de início, observar que as formas e instrumentos de defesa vão emergindo historicamente em resposta à natureza dos ataques à Constituição. Isso explica o aparecimento, concomitante, de dois sistemas: o *europeu* e o *americano*.

---

18. Pedro de Vega, "Jurisdicción constitucional y crisis de la Constitución", in *Estudios Políticos Constitucionales*, México, IIJ/UNAM, p. 285.

22. O *sistema europeu* evolui, conforme nota Pedro de Vega, por *três etapas*, em consonância com "três situações político-ideológicas perfeitamente diferenciadas, nas quais a temática da defesa da Constituição se orienta por caminhos diversos",[19] que resumiremos em seguida:

1º. No momento mesmo em que surgem os primeiros textos constitucionais, os ataques contra eles tomam uma *dimensão política total*. A crítica à Constituição aparece, então, como resultado da negação prévia de toda a concepção que lhe serve de fundamento, tais como a soberania popular, a igualdade, a liberdade, a democracia, enfim, prometidas em suas normas. A *defesa da Constituição* tem, portanto, que tomar uma perspectiva *política* e *total*. Compreende-se, assim, por que na Europa, nesses primeiros tempos, o controle de constitucionalidade das leis assumisse caráter político.

2º. Superado esse primeiro momento no início do século passado, em que perde sentido o ataque à Constituição por forças políticas conservadoras e monárquicas, surge um segundo, em que o pensamento liberal resolve a polêmica sobre o titular da soberania (monarca ou povo), convertendo o monarca em titular do *poder neutro* – o *poder moderador* – e, como tal, em *guardião da Constituição*. A defesa desta repousa, então, no *poder moderador*, encarregado de resolver os conflitos constitucionais entre os Poderes Executivo, Legislativo e Judiciário, de acordo com a formulação de Benjamin Constant, pois "quando esses poderes crescem desordenadamente, chocam-se entre si e se estorvam – diz ele –, é necessário uma força que os reduza a seu próprio lugar. Esta força não pode estar em nenhum deles, porque serviria para destruir os demais. É preciso que esteja fora, que seja neutra, em certo modo, para que sua ação se aplique sempre onde seja necessária sua aplicação e para que seja preservadora, recuperadora, sem ser hostil".[20] O poder moderador não é um defensor político da Constituição diante de hipotéticos ataques que lhe venham de fora, pela simples razão de que seu assento constitucional baseia-se precisamente na suposição de uma sociedade pacificada em que tal tipo de ataque não se produz; nem é defensor jurídico diante de ataque dessa espécie.[21] Essa foi a orientação seguida pela Constituição Política do Império do Brasil, de 1824, que incorporou o *poder moderador* como "a chave de toda a organização política", delegado privativamente ao Imperador, como chefe supremo da Nação, e seu primeiro representante, para que incessantemente velasse sobre a manutenção da independência, equilíbrio e harmonia dos demais poderes políticos (art. 98).

19. Idem, ibidem.
20. *Curso de Política Constitucional*, Madri, 1968, p. 14.
21. Pedro de Vega, ob. e loc. ult. cits.

3º. O terceiro momento aparece com as contradições do sistema liberal, que a I Guerra Mundial desnudou e suplantou, impondo profundas mudanças no constitucionalismo, com a necessidade de encontrar mecanismos efetivos e não meramente simbólicos de guarda da Constituição. A *tendência à racionalização do poder* do constitucionalismo do pós-guerra de 1918 haveria de buscar mecanismos jurídicos de defesa constitucional, dentre os quais a jurisdição constitucional se revela fundamental. Daí é que se origina, por obra de Kelsen, o *sistema austríaco de justiça constitucional*, com a criação, pela Constituição austríaca de 1920, da primeira Corte Constitucional, com a qual se iniciou na Europa o princípio de que as questões constitucionais relativas à tutela dos direitos fundamentais e ao controle de constitucionalidade dos atos de autoridade deveriam ser submetidas a um *tribunal especializado em matéria constitucional*,[22] situação que perdura e se expande nos nossos dias, com várias Cortes Constitucionais na Europa e algumas na América Latina.

23. O *sistema americano* surgiu, como o europeu, com o constitucionalismo do século XVIII, mas a diversidade de ambiente sócio-ideológico em que cada qual prosperou gerou a diferença de orientação de cada um. A propósito, nota Pedro de Vega: "À diferença do que ocorreu na Europa, onde o constitucionalismo abriu caminho em sociedades divididas em interesses e ideologias díspares, a Constituição norte-americana criou-se em um ambiente social e ideológico homogêneo. Nada tem de particular, por isso, que, livre de ataques políticos e das críticas ideológicas radicais, o sistema americano de justiça constitucional tenha assumido uma orientação exclusivamente técnica. Seus problemas não foram outros, ao menos no começo, que os de impedir a ruptura da coerência interna do ordenamento constitucional".[23] Por essa razão há quem afirme que o sistema norte-americano não integra uma verdadeira jurisdição constitucional, não tanto porque atribui a solução dos conflitos constitucionais a órgãos judiciários ordinários, quanto porque a jurisdição ordinária não se caracteriza como guardiã dos valores políticos ínsitos na Constituição, como sucede na Europa.[24]

24. Essa formulação histórica do sistema de controle de constitucionalidade gerou os dois critérios existentes: o *controle concentrado*, de tipo europeu, segundo o qual as atividades de jurisdição constitucional

---

22. Pedro de Vega, ob. cit., pp. 292 e 293; Héctor Fix-Zamudio, *Los Tribunales Constitucionales y los Derechos Humanos*, p. 45.
23. Ob. cit., p. 285.
24. Idem, ibidem.

são deferidas a uma corte ou tribunal especializado, e o *controle difuso*, de origem norte-americana, quando se reconhece jurisdição constitucional a todos os componentes do Poder Judiciário, seguido pelos países da América, inclusive o Brasil, com peculiaridades que veremos.

25. Antes disso, cumpre relembrar algumas idéias a respeito dos fundamentos do sistema que derivou da concepção de Constituição da jurisprudência e da doutrina norte-americanas, ou seja: a concepção da Constituição como *lex superior*, que, segundo García de Enterría, incorpora, por uma parte, a tradição do Direito Natural em sua versão puritana e laica de Locke, como *lex legum* (lei das leis) e como *lex inmutabile*; e, por outro lado, para fazer efetiva essa superioridade, acolhe duas técnicas da *common law*: *a*) a formalização dessa lei fundamental num documento solene – a Constituição –, que vem da experiência pactista das colônias americanas por via das *charters* ou *convenants*; *b*) a técnica do *judicial review*, que provém da *common law* inglesa, que predomina sobre os *statutes* (as leis do Parlamento), de onde o princípio *the control of the common law over statutes*, que o Juiz Coke intentou plasmar em algumas sentenças.[25] Trata-se de sistema de controle fundado em um critério interpretativo, porque, na verdade, o controle de constitucionalidade pelo método difuso nada mais é do que a aplicação de certo princípio interpretativo, isto é, do princípio interpretativo das normas constitucionais e das normas infraconstitucionais, por via judicial (daí a revisão judicial), para verificar se há ou não conformidade destas àquelas.

26. Foi a partir dessas idéias que os Constitutuintes de Filadélfia formularam o princípio de que a Constituição é o direito supremo da terra e que vincula o juiz, de onde o princípio da supremacia constitucional que serviu de base à construção do sistema de controle de constitucionalidade das leis, consubstanciada na famosa sentença de Marshall de 1803, que constitui peça central da organização norte-americana, tal é a importância da Corte Suprema dos Estados Unidos, tais o respeito e prestígio de que gozam suas decisões. É verdade que esses respeito e prestígio repousam no princípio *stare decisis*, nos precedentes, que vêm do sistema inglês, mas não é só isso que explica a aceitação geral de uma instituição cuja posição central – lembra García de Enterría – está inteiramente numa competência, a do juízo de revisão, que não foi expressamente prevista na Constituição.[26] A explicação, nota esse autor, decorre

---

25. García de Enterría, *La Constitución como Norma y el Tribunal Constitucional*, Madri, 1981, pp. 123 e 124.

26. Idem, p. 127.

do fato de a Corte representar a ideologia americana. Como ele mesmo salienta: "O Tribunal Supremo é reverenciado e acatado como a representação mais alta da ideologia americana, da própria identidade nacional. Há inclusive toda uma mitologia religiosa: a Constituição como texto inspirado por Deus; os fundadores como os santos; os juízes da Corte Suprema como os sumos sacerdotes que cuidam do culto ao texto sagrado no *Marbel Palace*, no Palácio de Mármore, onde tem sua sede, e que extraem desse texto pouco menos que a infalibilidade".[27]

27. É pertinente lembrar isso, porque tais elementos não existiram nos sistemas latino-americanos que adotaram o controle difuso da grande Nação do Norte.

Se examinarmos bem a fundo, concluiremos que a Corte Suprema norte-americana exerce função muito aproximada das Cortes Constitucionais do sistema europeu, porque ela é efetivamente uma Corte de garantia constitucional, o que, rigorosamente, não era o caso do nosso Supremo Tribunal Federal, até agora, porque a realidade do nosso sistema, a estrutura da nossa ordenação jurídica, impediam aproximá-lo do modelo norte-americano, porque ele tinha uma gama de atribuições muito amplas que não permitiam sequer que ele pudesse ser um Tribunal basicamente constitucional, como é a Corte Suprema dos Estados Unidos da América, que tem praticamente suas funções reduzidas ao controle de constitucionalidade e à proteção dos direitos humanos fundamentais, com eficácia *erga omnes*. Por essa razão é que a doutrina americana, dada essa eficácia geral das decisões da Corte, firmou a tese de que elas importam anular a lei *erga omnes*.

28. Aí outra questão fundamental. Se a Corte tem o poder de revisão da lei a ponto de declará-la nula *erga omnes*, então sua atuação não é de simples interpretação. Para Kelsen isso caracterizaria uma espécie de legislação negativa. Realmente, em 1920, ao influir na criação da Corte Constitucional da Áustria, sustentou precisamente a tese de que a Corte não era jurisdicional, mas legislativa. Exerceria uma função legislativa negativa, enquanto o Parlamento tinha uma função legislativa positiva.

4.4.3 Sistema brasileiro

29. Retomemos outra idéia básica. O *controle de constitucionalidade* só tem pertinência num sistema de Constituição rígida, de que decorre o princípio da supremacia constitucional. Pois, como vimos, ela consti-

27. Idem, ibidem.

tui precisamente o instrumento de defesa desse princípio, o que, em certo sentido, vale como dizer que seu objeto consiste na defesa da Constituição formal, na qual todas as normas recebem qualificação constitucional, pouco importando a natureza da matéria que lhe dá o conteúdo. Por essas razões é que as Constituições flexíveis (espécie em extinção), ou seja, as que podem ser alteradas pelos processos comuns de formação das leis, não comportam um sistema de controle de constitucionalidade, pois elas não são garantidas pelo princípio da supremacia.

30. Essas considerações vêm a propósito da peculiar situação da Constituição Política do Império do Brasil, de 1824, que, além de albergar o poder moderador, instituía expressamente a diversidade de natureza de suas normas, porque nem todas eram tidas, por ela própria, como constitucionais. *Era só constitucional* – a teor de seu art. 178 – *o que dissesse respeito aos limites e atribuições respectivas dos poderes políticos, e aos direitos políticos e individuais dos cidadãos. Tudo o que não fosse constitucional poderia ser alterado, sem as formalidades referidas nos arts. 74 e 77, pelas legislaturas ordinárias.*

31. Essa Constituição tinha, portanto, uma parte flexível e outra rígida, e, logo, dotada de supremacia. No entanto, ela não reconheceu ao Poder Judiciário, nem a qualquer órgão político, expressamente, a faculdade de declarar inconstitucionais atos do poder público. O sistema constitucional, então, não era propício ao surgimento de jurisdição constitucional, porque instituíra o poder moderador, que, funcionando como a "suprema inspeção dos demais poderes", só a ele poderia caber o controle de constitucionalidade, o que, em certo sentido, fazia em caráter preventivo ao negar sanção a projetos de leis ou suspender as resoluções dos conselhos provinciais, antes que estes se transformassem em assembléias provinciais pelo Ato Adicional de 1834.

32. A proclamação da República e a instituição da Federação, sob influência do sistema norte-americano, deram lugar à incorporação de regras básicas do controle de constitucionalidade, consoante disposição do art. 59, n. 2, e § 1º, da Constituição de 1891. Aí, de fato, acolheu-se a *jurisdição constitucional*, a ser exercida *por via de defesa*, perante qualquer juiz ou tribunal da jurisdição ordinária, de acordo com o *critério de controle difuso*. Esse método perdurou nas Constituições subseqüentes, que, no entanto, foram introduzindo novos elementos, de sorte que o sistema de controle de constitucionalidade vai-se afastando do puro critério difuso com a adoção de aspectos do *critério de controle concentrado*, sem, contudo, aproximar-se do sistema europeu. O estudo dessa evolução é de extrema importância, primeiro porque demonstra que o sistema brasileiro configura hoje a combinação dos critérios de jurisdição constitucional difusa e de jurisdição concentrada com os modos de *exercício indireto* (ou em defesa) e *direto* do controle de constitucionalidade; segundo porque mostra as tendências dessa evolução para o método concentrado, que se amplia a cada nova Constituição; terceiro porque a mistura de critérios impôs a necessidade de criação de outros institutos que vieram a integrar o sistema, que, com isso, adquiriu peculiaridades.

33. Não cabem aqui os pormenores dessa evolução. Basta observar que já a Constituição de 1934 introduz três importantes inovações: *a*) a *ação direta de inconstitucionalidade* como um dos pressupostos da intervenção federal nos Estados (art. 12, § 2º); *b*) estabeleceu que só a maioria absoluta de votos da totalidade dos juízes dos tribunais poderia declarar a inconstitucionalidade de leis ou atos do poder público; *c*) deu competência ao Senado Federal para "suspender a execução, no todo ou em parte, de qualquer lei, ou ato, deliberação ou regulamento, quando hajam sido declarados inconstitucionais pelo Poder Judiciário". Essa inovações foram, com pequenas mudanças, incorporadas definitivamente ao Direito Constitucional brasileiro.

34. A Carta de 1937 não foi tão clara. Ao contrário, estabeleceu que, no caso de ser declarada a inconstitucionalidade de uma lei que, a juízo do presidente da República, fosse necessária ao bem-estar do povo etc., poderia submetê-la novamente ao exame do Parlamento (art. 96), e se este a confirmasse, por dois terços de votos, ficaria sem efeito a decisão do tribunal. Como o Parlamento nunca foi convocado, a medida era tomada discricionariamente pelo presidente por decreto-lei. É que a jurisdição constitucional e os governos de fato são situações que se repelem. Como diz Jorge Tapia: "En la misma medida que la jurisdicción constitucional tiene por finalidad y fundamento impedir el quebrantamiento de la Carta Fundamental por los gobernantes, pierde el sentido hablar de ella como enfrentada a un gobierno que, aparte carecer de legitimidad política, carece de título constitucional para ejercer el poder y realiza su gestión mediante el quebrantamiento permanente y sistemático de las normas supremas sobre separación de funciones y regularidade de los procedimientos político-constitucionales".[28]

35. Sob a Constituição de 1946 duas novidades foram introduzidas na sistemática do controle de constitucionalidade, por meio da

---

28. *Jurisdicción Constitucional y Gobierno de Facto, el Caso de la Corte Suprema de Chile*, tese apresentada ao Colóquio de Direito Constitucional de Sochagota, Colômbia, novembro de 1977.

Emenda 16/65: a *ação direta de inconstitucionalidade genérica* e a possibilidade de o tribunal de justiça declarar a inconstitucionalidade de lei ou ato de Município em conflito com a Constituição estadual, que não foi adotada pelas Constituições de 1967 e de 1969. Fora disso, a evolução consolidou-se nessas Constituições com a inovação, ainda, de criar uma *ação direta interventiva* para a defesa de princípios da Constituição estadual (art. 15, § 3º, "d").

36. Em suma, o Brasil partiu do sistema norte-americano, evoluindo para um sistema misto e peculiar, que combina o critério de controle difuso por via de defesa com o critério de controle concentrado por via de ação direta de inconstitucionalidade.

4.4.4 A Constituição de 1988

37. Que tratamento a Constituição de 1988 deu à matéria? Em primeiro lugar, manteve todas as conquistas precedentes com melhores formulações, e incorporou cinco novidades:

I – reduziu a competência do Supremo Tribunal Federal à matéria constitucional (art. 102);

II – ampliou a legitimação para propor a ação direta de inconstitucionalidade ao presidente da República, às Mesas do Senado Federal, da Câmara dos Deputados e da Assembléia Legislativa, a governador de Estado, ao Conselho da OAB, a partido político com representação no Congresso Nacional e a confederação sindical ou entidade de classe de âmbito nacional, além de manter a competência do procurador-geral da República (art. 103);

III – previu, embora timidamente, a inconstitucionalidade por omissão (art. 103, § 2º);

IV – determinou a citação do advogado-geral da União para defender o ato ou texto impugnado quando o Supremo Tribunal Federal apreciar a inconstitucionalidade, em tese, de norma legal ou ato normativo (art. 103, § 3º);

V – estabeleceu que aos Estados cabe a instituição de representação de inconstitucionalidade de leis ou atos normativos estaduais ou municipais em face da Constituição estadual, vedada a atribuição da legitimação para agir a um único órgão.

38. Entendemos que a redução da competência do Supremo Tribunal Federal à matéria constitucional (arts. 102, I, "a", e III, e 103) não o converte em Corte Constitucional. Primeiro porque não é o único órgão jurisdicional competente para o exercício da jurisdição constitucional, já que o sistema perdura fundado no critério difuso, que autoriza qualquer tribunal e juiz a conhecer da prejudicial de inconstitucionalidade, por via de exceção. Segundo porque o modo de recrutamento de seus membros denuncia que continuará a ser um Tribunal que examinará a questão constitucional com critério puramente técnico-jurídico, mormente porque, como Tribunal do recurso extraordinário, modo de levar a seu conhecimento e julgamento as questões constitucionais nos casos concretos, sua preocupação, como é regra no sistema difuso, será dar primazia à solução do caso e, se possível, sem declarar inconstitucionalidades.

39. É certo que o art. 102 diz que a ele compete, *precipuamente, a guarda da Constituição.* Mas não será fácil conciliar uma função típica de guarda dos valores constitucionais (pois guardar a forma ou apenas tecnicamente é falsear a realidade constitucional) com sua função de julgar, mediante recurso extraordinário, as causas decididas em única ou última instância (base do critério de controle difuso) quando ocorrer uma das questões constitucionais enumeradas nas alíneas do inciso III do art. 102, que o mantém como Tribunal de julgamento do caso concreto que sempre conduz à preferência pela decisão da lide, e não pelos valores da Constituição, como nossa história comprova. Não será, note-se bem, por culpa do colendo Tribunal se não vier a realizar-se plenamente como guardião da Constituição, mas do sistema que esta própria manteve, praticamente sem alteração, salvo a inconstitucionalidade por omissão e a ampliação da legitimidade para a ação direta de inconstitucionalidade. Reduzir a competência do Supremo Tribunal Federal à matéria constitucional não constitui mudança substancial no sistema de controle de constitucionalidade no Brasil, só por si. Não quer dizer isso que não tenha sido positiva essa alteração. Fora e muito, a ponto de ela vir a possibilitar, no futuro, profundas transformações na visão do colendo Tribunal como efetivo guardião dos valores constitucionais. A evolução o dirá, embora esteja demorando.

4.4.5 Inconstitucionalidade por omissão

40. A mais expressiva inovação é a *inconstitucionalidade por omissão,* de que aqui só temos tempo de suscitar algumas questões fundamentais.

41. É tema relacionado com a problemática da eficácia e aplicabilidade das normas constitucionais. Tem mesmo por objetivo tornar efetiva a aplicação da Constituição contra a inércia dos poderes constituídos em relação ao comando constitucional.[29] As normas constitucionais são de eficácia plena e aplicabilidade imediata, situação que não gera omissão inconstitucional; ou de eficácia contida e também aplicabilidade imediata, que também não dá margem a omissão; ou de eficácia limitada de princípio institutivo ou de princípio programático e de aplicabilidade dependente de leis ou outra providência do poder público. Aqui é que se situa o campo possível das omissões inconstitucionais.

42. A omissão se verifica quando não são cumpridas as *imposições constitucionais*, na terminologia de Canotilho, ou o *mandato ao legislador*, na de Rubio LLorene.[30] Essa figura, lembram esses autores, faz referência àqueles preceitos constitucionais que constituem verdadeiras "ordens" de atuação positiva sobretudo ao legislador, no sentido de emitir uma ou várias leis que disciplinem algum aspecto do texto constitucional que ali se encontra apenas delineado em suas diretrizes gerais. Mas é certo que a norma constitucional pode não conter um "mandato ao legislador" ou qualquer imposição constitucional clara e expressa e assim mesmo depender de uma providência legislativa ou administrativa ulterior que integre sua eficácia e aplicabilidade, de sorte que, faltando, poderá vir a caracterizar-se uma omissão inconstitucional.

43. Daí o problema de saber quando se pode dizer que existe *omissão constitucional*. Márcia Rodrigues Machado, com base em Jorge Miranda, diz que "as categorias das omissões constitucionais caracterizam-se pela: 1) falta ou insuficiência de medidas legislativas; 2) falta de adoção de medidas políticas ou de governo; 3) falta de implementação de medidas administrativas, incluídas as medidas de natureza regulamentar, ou de outros atos da Administração Pública".[31] Acrescen-

---

29. A propósito, cf. Márcia Rodrigues Machado, "Inconstitucionalidade por omissão", *Revista da Procuradoria-Geral do Estado de São Paulo* 30/41 e ss., São Paulo, 1988; Luís Aguiar de Luque, "El Tribunal Constitucional y la función legislativa: el controle del procedimiento legislativo y de la inconstitucionalidad por omisión", *Revista de Derecho Político* 24/11 e ss., Madri, Universidad Nacional de Educación a Distancia, 1987. Cf., ainda: Francisco Fernández Segado, *Inconstitucionalidad por Omisión*, Santafé de Bogotá, Editorial Themis, 1997; Flávia Piovesan, *Proteção Judicial Contra as Omissões Legislativas*, São Paulo, Ed. RT, 1995; José Júlio Fernández Rodriguez, *La Inconstitucionalidad por Omisión*, Madri, Civitas, 1998.

30. J. J. Gomes Canotilho, *Constituição Dirigente e Vinculação do Legislador*, Coimbra, 1982, p. 297; F. Rubio LLorente, "La Constitución como fuente del Derecho", in *La Constitución Española y las Fuentes del Derecho*, v. I, Madri, 1979, p. 70, in Luís Aguiar de Luque, ob. cit., p. 27, nota 24.

31. In ob. cit., p. 45.

ta, com razão, que a omissão do Poder Legislativo só se caracteriza quando o legislador não cumpre seu dever específico de legislar, que se verifica quando a Constituição: a) estabelece uma ordem concreta de legislar; b) define uma imposição permanente e concreta dirigida ao legislador (criação do ensino básico, obrigatório e gratuito); c) consagra normas que pressupõem mediação legislativa para terem operatividade prática.[32]

44. É pertinente fazer, aqui, uma observação. Há normas constitucionais que requerem uma legislação ulterior de modo *impositivo* (a lei *disporá* ...; a lei *regulará* ...; a lei *estabelecerá* ...), e outras apenas de modo *facultativo*, tais como "é *facultado* ao Senado Federal fixar as alíquotas mínimas nas operações internas (...)" (art. 155, § 2º, V). Nesses casos em que se confere apenas a possibilidade de legislar, por certo que a ausência de atuação do legislador não importará omissão. Esta só se caracterizará pelo não-cumprimento, depois de tempo razoável, das imposições constitucionais imperativas.

45. A Constituição não resolveu completamente o crucial problema da eficácia da decisão que reconhece a omissão constitucional. É o que se pode ver do art. 103, § 2º, que estatui: "Declarada a inconstitucionalidade por omissão de medida para tornar efetiva norma constitucional, será dada ciência ao poder competente para a adoção das providências necessárias e, em se tratando de órgão administrativo, para fazê-lo em 30 (trinta) dias".

46. A questão, como se vê, ficou em aberto em relação ao legislador. Parece, assim, que também perdura o princípio por nós assinalado de outra feita, qual seja, o de que não se pode constranger o legislador a legislar, nem mesmo naqueles casos em que lhe é prefixado prazo, embora sua omissão já seja sindicável e controlável jurídica e jurisdicionalmente.[33] É certo que a decisão judicial pode constrangê-lo moralmente e pode gerar precedentes e costumes constitucionais no sentido do atendimento do julgado. Por outro lado, não deverá surgir aqui nenhuma possibilidade de co-legislação pelo Supremo Tribunal Federal no julgamento da inconstitucionalidade por omissão, pois não poderá emitir sentença normativa substitutiva da atuação do Legislativo. Sua ação legislativa poderá aparecer apenas na medida em que sua decisão venha a estimular o legislador a cumprir seu dever de legislar.

32. Idem, ibidem.
33. Nosso *Aplicabilidade das Normas Constitucionais*, 2ª ed., São Paulo, 1982, p. 118 *[agora, 3ª ed., 2ª tir., São Paulo, Malheiros Editores, 1999, p. 128]*.

47. O exercício dessa função de jurisdição constitucional realiza-se por via de *ação direta de inconstitucionalidade por omissão*, cujos processo e julgamento são de exclusiva competência do Supremo Tribunal Federal, e poderá ser proposta por todas aquelas autoridades e entidades enumeradas no art. 103. O processo a ser adotado até que a lei o discipline pode seguir o da ação direta de inconstitucionalidade de lei ou ato normativo do poder público.

5. Princípio da proteção dos direitos fundamentais

48. A Constituição de 1988 institui inúmeras garantias dos direitos fundamentais da pessoa humana, como: *a*) o princípio da proteção judiciária, que garante a invocação da atividade jurisdicional no caso de lesão ou ameaça a direito (art. 5º, XXXV), e os princípios conexos do contraditório e da ampla defesa nos processos judiciais e administrativos (art. 5º, XXXV) e do devido processo legal (art. 5º, LIV); *b*) as garantias jurisdicionais penais: da inexistência de juízo ou tribunal de exceção (art. 5º, XXXVII), de julgamento pelo tribunal do júri (art. 5º, XXXVIII), do juiz competente (art. 5º, LIII e LXI); *c*) garantias criminais preventivas: anterioridade da lei penal, legalidade e comunicabilidade da prisão (art. 5º, XXXIX e LXIV); *d*) garantias relativas à aplicação da pena (art. 5º, XLV, XLVI, LII e LXVII); *e*) garantia da presunção de inocência (art. 5º, LVIII); *f*) garantias penais da não-discriminação (art. 5º, XLI e XLII).

49. Expressiva é a garantia constante do art. 5º, § 1º, segundo o qual as normas definidoras dos direitos e garantias fundamentais têm aplicação imediata, e que consagra a vinculação positiva das autoridades públicas às normas; e, no que tange ao Judiciário, cumpre-lhe aplicar diretamente as normas constitucionais em matéria de direitos fundamentais.[34]

50. Inovações importantes trouxe ela no campo dos remédios constitucionais, que são meios postos à disposição dos indivíduos e cidadãos para provocar a intervenção da jurisdição visando a sanar e corrigir ilegalidade e abuso de poder em prejuízo de direitos e interesses individuais. Destaquem-se o *habeas corpus*, o mandado de segurança individual, o mandado de segurança coletivo, o mandado de injunção e o *habeas data*, configurados no art. 5º, LXVIII a LXXIII.

---

34. A propósito, cf. Pedro de Vega García, "La Constitución y su defensa en España", in Héctor Fix-Zamudio e outros, *La Constitución y su Defensa*, México, UNAM/Instituto de Investigaciones Jurídicas, 1984, pp. 215 e 216.

6. O princípio democrático

51. O *princípio democrático* encontra sua primeira defesa na maneira pela qual a Constituição organiza os poderes do Estado, reconhecendo a plena vigência da soberania popular e do pluralismo político e dispondo sobre os mecanismos de efetivação do princípio nos arts. 1º e 14 a 17, onde se estatui que todo o poder emana do povo, que o exerce por meio de seus representantes ou diretamente, e que a soberania popular será exercida pelo sufrágio universal e pelo voto direto e secreto, com valor igual para todos, e, nos termos da lei, mediante o plebiscito, o referendo e a iniciativa popular, vedando a cassação de direitos políticos, ao mesmo tempo que institui regras de inelegibilidades destinadas a proteger a normalidade e a legitimidade das eleições, consignando normas de organização livre de partidos políticos como instrumentos de organização e expressão da vontade popular nas instituições representativas. Assim, a Constituição garante e protege o princípio democrático que realize a democracia representativa, participativa e pluralista.

52. Essas instituições fundamentais da democracia constituem núcleo imodificável por via de emenda constitucional, consoante já vimos, desde que não será objeto de deliberação emenda tendente a abolir o voto direto, secreto, universal e periódico, os direitos e garantias individuais e a separação de poderes (art. 60, § 4º, II, III e IV).

7. Conclusão

53. A Constituição de 1988 foi feita com características de instrumento de transformação da realidade nacional. Será assim na medida em que se cumpra e se realize na vida prática. Uma Constituição que não se efetive não passa de uma folha de papel, tal como dissera Lassalle, porque nada terá a ver com a vida subjacente. As leis que ela postula serão as garras e as esponjas que a fazem grudar na realidade que ela visa a reger, ao mesmo tempo que se impregna dos valores enriquecedores que sobem do viver social às suas normas.

Que se cumpra para durar e perdurar, enriquecendo-se da seiva humana que nutre e imortaliza, se antes disso o processo de reformas neoliberais, de interesse dos detentores do poder, não a liquidar, pela desfiguração sistemática.

ACERTOS E DESACERTOS DAS REFORMAS CONSTITUCIONAIS[1]

1. Colocação do tema. 2. A estabilidade constitucional. 3. Funções da reforma constitucional. 4. Balanço das reformas. 5. Globalização e reforma constitucional. 6. Reforma administrativa. 7. Reforma da Previdência. 8. Conclusão.

1. Colocação do tema

1. O exame do tema deve ser sustentado por considerações teóricas sobre os fundamentos e funções das reformas constitucionais, antes que por uma mera análise empírica, caso a caso, para decidir do acerto ou desacerto das reformas que se processam no ordenamento constitucional vigente. Essa metodologia é a que se intentará nos tópicos seguintes, reservando tópicos finais para apreciações concretas das emendas aprovadas.

2. A estabilidade constitucional

2. Quero relembrar, no início desta exposição, idéias que lancei no meu primeiro livro, há trinta e cinco anos.[2] Ali, impregnado do culturalismo e de certo idealismo, observei que, "quando uma sociedade nacional se organiza politicamente e dá nascimento a um Estado, já possui ela certa bagagem cultural, que se traduz em ideais comunitários e símbolos de consciência grupal. Já se formara, então, uma ordem sócio-cultural, qualificada por uma escala de valores, que, historicamente, promanam das relações humanas dentro da comunidade nacional. Pois bem, nessas relações humanas, no entrechoque de interesses, condicionados primeiramente pelo sistema de produção, gera-se certa maneira de conduzir social, que, em vista do bem comum, adquire o valor do justo. Quer dizer: as condutas sociais ajustam-se ao viver, existir e evolver comunitário; ordenam-se em função da paz e da segurança so-

---

1. *Nota desta edição*: Conferência proferida no Seminário sobre Direito Constitucional e Processo Civil, realizado em Salvador em 6 de novembro de 1998, pela Escola Nacional da Magistratura e Tribunal de Justiça da Bahia. Publicado na *Revista Direito Atual* 1/11 (maio de 1999).

2. Cf. meu *Recurso Extraordinário no Direito Processual Brasileiro*, pp. 11 e ss.

ciais para que possa a pessoa humana projetar-se em novos valores que venham a enriquecer e progredir a mesma sociedade e a própria personalidade de cada homem".

"Mas, nessa gama de elementos qualificados pelo valor do justo, condicionante dos outros valores jurídicos, há aqueles que, historicamente, recebem constância e se constituem em fundamento do existir dessa comunidade nacional. Isto é, a Constituição dessa comunidade se funda nesses elementos, que, por isso mesmo, sobrelevam aos demais, transformando-se em primado da nacionalidade."

"São tais elementos constitucionais do grupo que o legislador constituinte intui e transforma em preceitos lógicos" – e o conjunto dessas normas fundamentais é que se chama Constituição, a qual reflete aqueles fenômenos jurídicos que importam a própria existência da sociedade, a implicação de seu viver político. Disso decorre a sua supremacia em face de outras normas jurídicas. Prima sobre tudo. Como disse, então, a Constituição é como aquele *Uno* da filosofia de Plotino, que, por emanações, vai criando as camadas inferiores da realidade, aqui, jurídica. Apenas, na ordem jurídica, de que a Constituição é o foco luminoso, existe um intermediário, que é o legislador, e a fonte que mantém o brilho daquele foco, que são os ideais da cultura nacional. Essas idéias querem, em suma, destacar que o sentido jurídico de Constituição só se compreende em conexão com o conjunto da comunidade como interferência das condutas dos sujeitos e instituições sociais e políticas.

3. A permanência de uma Constituição depende muito de sua capacidade de traduzir os valores mais profundos que informam a sociedade. É desta fonte que promana a mística que a sustenta. Uma Constituição como a de 1988 institui uma nova idéia de Direito e uma nova concepção de Estado, o *Estado Democrático de Direito*, que se inspiram em princípios e valores que incorporam um componente de transformação da situação existente. Esse conteúdo ideológico de transformações sociais provoca ataques que podem ser de dois tipos – *políticos* ou *jurídicos* –, que, por seu lado, requerem defesa compatível com sua natureza. Reproduz-se, aí, em certo sentido, como já disse de outra feita, a situação que ocorrera no século XVIII, quando apareceram os primeiros textos constitucionais, em que os ataques e críticas contra eles assumiram uma dimensão política total, pois a crítica à Constituição, assim, aparece como o resultado da negação prévia de toda a concepção que lhe serve de fundamento, pelo quê a defesa constitucional há, também, que tomar uma perspectiva política e total.[3]

3. Cf. Pedro de Vega, *Estudios Políticos Constitucionales*, México, UNAM/ Instituto de Investigaciones Jurídicas, 1980, pp. 289 e 290. Cf. também Carl Schmitt, *Il Custo della Costituzione*, Milão, Giuffrè, 1981, p. 9.

4. O culto da Constituição, contudo, não deve cegar-nos a ponto de querê-la eterna. Se ela há de ser um instrumento de realização de valores fundamentais de um povo, e se esses valores, dada sua natureza histórica, são mutáveis, intuitivo e compreensível será que a obra do Constituinte originário, que retira do povo cambiante a seiva legitimadora de seu produto, seja também suscetível de mudanças. Lembra Pedro de Vega, com razão, que, "derivada da própria noção de poder constituinte, se compartilharia igualmente a crença de que 'o poder constituinte de um dia não poderia condicionar o poder constituinte de amanhã'. O que, traduzido em outros termos, significa que a Constituição não poderia nem deveria tampouco entender-se como uma lei eterna".[4] Recorda que Jefferson denuncia, em várias ocasiões, como tremendo absurdo que os mortos possam, através da Constituição, impor sua vontade contra os vivos.[5] De fato, nos escritos de Jefferson encontramos passagens tais como a de que alguns homens encaram as Constituições com religiosa reverência e as consideram como a arca do convento, demasiado sagrada para nela se tocar, e atribuem aos homens da época anterior uma sabedoria mais que humana e supõem o que fizeram impossível de ser corrigido, pois uma geração pode obrigar a si mesma enquanto a maioria continua viva; quando esta desaparece, outra a substitui, mantém os direitos e poderes que seus predecessores antes tiveram. Ressaltava que leis e instituições devem acompanhar o progresso do espírito humano. Assim, acrescentava que os verdadeiros amigos da Constituição em sua forma federal, se desejam que seja imortal, devem atentar para as emendas a fim de a fazerem acompanhar o progresso da época em ciência e experiência. Mas nem por isso advogava mudanças freqüentes e novas nas Constituições. Acreditava mesmo que seria preferível suportar imperfeições moderadas porque, ao serem logo conhecidas, nos acomodamos a elas e encontramos meios práticos de corrigir-lhes os maus efeitos.[6]

Semelhante, neste particular, é também a lição do nosso grande Pimenta Bueno: "Desde que um povo tem vivido por tempos constituído debaixo de certas condições, que geram hábitos e interesses valiosos, não convém alterar essas condições irrefletida ou precipitadamente. É preciso conservar o que é útil, e retocar só aquilo que evidente-

---

4. Cf. *La Reforma Constitucional y la Problemática del Poder Constituyente*, pp. 57 e 58.

5. Ob. cit., p. 58.

6. Cf. *Escritos Políticos*, trad. de Leôncio Gontijo de Carvalho, São Paulo, Ibrasa, 1964, pp. 117 a 119.

mente demanda melhoramento; é preciso combinar a estabilidade com o progresso".[7]

5. O art. 28 da Constituição francesa de 1793 traduziu essas idéias em um texto normativo do seguinte teor: "Un peuple a toujours le droit de revoir, de réformer et de changer sa Constitution. Une génération ne peut assujettir à ses lois les générations futures" ("Um povo tem sempre o direito de rever, de reformar e de mudar sua Constituição. Uma geração não pode sujeitar às suas leis as gerações futuras"). Significa isso que as Constituições são mutáveis por natureza, pois já está banida da doutrina constitucional a tese da sua imutabilidade absoluta, "sobretudo porque – como lembra Pinto Ferreira – são, em grande parte, um decalque e um traslado de condições sócio-culturais em permanente modificação dialética. O próprio caráter movediço e cambiante das forças sociais contrastaria com a imobilidade da obra-prima jurídica e constitucional, mais apurada e perfeita que fosse: o estado político e social não pode cristalizar-se indefinidamente em um texto legislativo".[8]

A modificabilidade da Constituição constitui mesmo uma garantia de sua permanência e durabilidade, na medida mesma em que é um mecanismo de articulação da continuidade do Estado e um instrumento de adequação entre a realidade jurídica e a realidade política,[9] realizando, assim, a síntese dialética entre a tensão contraditória dessas realidades.

6. As formas de mudança constitucional são muito variáveis. Cada realidade produz suas formas jurídicas próprias, e quando aquela se modifica, estas tendem a se ajustar na mesma medida. Se a Constituição é flexível essa adaptação se realiza com maior facilidade, ainda que em prejuízo da segurança jurídica. Se a Constituição é rígida, a adaptação é mais difícil e, por regra, realiza-se por um processo de reforma constitucional, pois se toda Constituição é fruto de uma transação entre forças sociais, econômicas e políticas, o deslocamento dessas forças requer uma modificação na estrutura constitucional, a fim de produzir-se o recondicionamento das forças sociais.[10]

7. Cf. *Direito Público Brasileiro e Análise da Constituição do Império*, Ministério da Justiça e Negócios Interiores/Serviço de Documentação, 1958, p. 477.
8. Cf. *Da Constituição*, pp. 98 e 99.
9. Cf. Pedro de Vega, ob. cit., pp. 67 e ss.
10. A propósito, cf. José Guillermo Andueza Acuña, "Los cambios constitucionales en América", na obra coletiva *Los Cambios Constitucionales*, México, UNAM/Instituto de Investigaciones Jurídicas, 1977, p. 7.

A instabilidade da vida material gera a instabilidade do ordenamento constitucional, isso quando a desarmonia entre a Constituição jurídica e os fatores reais do poder não a transforma numa simples folha de papel, esvaziando seu conteúdo normativo pela prevalência das práticas políticas desvinculadas dos limites impostos pelo ordenamento constitucional, como freqüentemente ocorre na América Latina. Essas práticas são inconstitucionais, mas o domínio do presidencialismo imperial e autoritário se impõe em face da inércia ou da complacência dos outros poderes. Aí se caracteriza uma forma de *desconstitucionalização* da Constituição formal ou de parte dela, fenômeno que Loewenstein chama de Constituição nominal, caso em que a Constituição é juridicamente válida, mas carece da realidade existencial, porque a dinâmica do processo político não se adapta às suas normas.[11] Isso quando não se dá a simples destruição da Constituição pela força, e sua substituição por algum instrumento ditatorial.

7. Quando, no entanto, se fala em mudança constitucional, na teoria do Direito Constitucional, quer-se referir aos processos de acomodação das normas constitucionais à realidade, não se incluindo aí as formas de rompimento ou de esvaziamento da Constituição. Assim, só há duas maneiras de realizar essa acomodação: a *reforma constitucional* e a *mutação constitucional*, que revelam respectivamente processos formais e processos informais de modificação da Constituição. É certo, no entanto, que as mutações deixarão de ter sentido na medida em que o ordenamento constitucional se veja submetido a contínuas reformas,[12] como é o caso brasileiro.

De fato, as Constituições brasileiras não têm tempo de adquirir maturação, que é o processo de transformação e desenvolvimento de um organismo para o exercício de suas funções, tempo necessário à fecundação de uma entidade, tal é a ânsia de modificação delas, mal entram em vigor. A do Império, de 1824, dez anos depois, sofreu profunda alteração com o ato adicional de 1834. A de 1891, trinta e cinco anos depois, em 1926, foi amplamente modificada por diversas emendas. A de 1934, apesar de não durar quatro anos, sofreu três emendas. A de 1937 era modificada ao sabor do ditador por leis constitucionais; nos seus pouco menos de oito anos, foi modificada vinte e uma vezes. A de 1946, nos seus cerca de vinte anos de existência, sofreu vinte e uma emendas, algumas longas, e ainda o impacto de quatro atos institucionais. A de 1967, nos seus pouco mais de dois anos de vida, sofreu

---

11. Cf. *Teoría de la Constitución*, Barcelona, Ariel, 1957, p. 218.
12. Cf. Pedro de Vega, ob. cit., p. 81.

o impacto de treze atos institucionais e a Emenda 1/69, que na verdade envolveu sua mudança total, caracterizando-se, assim, como outra Constituição, e esta, por sua vez, foi alterada por vinte e seis emendas.[13] A atual começou a ser modificada já no seu terceiro ano de vida, e já são vinte e seis emendas,[14] algumas bastante amplas, a alterar seu texto.

8. Conclui-se de todo o exposto que o que se busca não há de ser a imutabilidade, mas a estabilidade constitucional, "porque dá às consciências dos cidadãos uma sensação de segurança que redunda em benefício da ordem, da indústria e da economia, e, ao mesmo tempo, porque permite acumular experiências que tornam possível o aperfeiçoamento da Constituição", conforme lição de James Bryce.[15]

3. Funções da reforma constitucional

9. A avaliação do acerto e desacerto de reformas constitucionais depende de saber se estas estão cumprindo as funções que se reconhecem para que uma reforma constitucional seja tida como necessária e legítima. Nota Pedro de Vega[16] que três são os aspectos em que opera a reforma na moderna organização constitucional democrática: *a)* em primeiro lugar, *como instrumento de adequação entre a realidade jurídica e a realidade política*, e essa é a principal exigência a que responde a reforma constitucional, visto que a realidade política é uma realidade em permanente devir e a normatividade constitucional em que se cristalizam imperativos atemporais, fixos e permanentes, de sorte que esse ajuste se torna um imperativo de sobrevivência da própria Constituição e da sua função de garantia de uma ordem constitucional democrática; *b)* em segundo lugar, *como mecanismo de articulação da continuidade jurídica do Estado*, exatamente para que aquela adequação das normas constitucionais à realidade, operada através da reforma, se faça sem quebra da continuidade jurídica, porque o poder de reforma é

---

13. *Nota desta edição*: A rigor, foram só vinte e cinco emendas, porque a Emenda Constitucional 26 não tem natureza de emenda, como já disse em outra parte destes estudos, porque teve natureza de ato político, na medida em que teve por finalidade não a alteração da Constituição vigente, mas a convocação da Assembléia Nacional Constituinte precisamente para elaborar nova Constituição, destruindo a que estava vigorando.

14. *Nota desta edição*: 33 emendas em março de 2000, sendo 6 de revisão e 27 emendas constitucionais comuns.

15. Cf. *Constituciones Flexibles e Constituciones Rígidas*, 2ª ed., Madri, Instituto de Estudios Políticos, 1962, pp. 131 e 132.

16. *La Reforma Constitucional y la Problemática del Poder Constituyente*, Madri, Tecnos, 1991, pp. 67 e ss.

um poder constituído que obtém sua legitimidade no próprio ordenamento jurídico, a operação de reforma é uma operação essencialmente jurídica, e, por isso, necessariamente submetida a limites, pois reformar a Constituição não significa destruí-la, mas, simplesmente, acoplá-la à realidade histórica, sem que perca sua identidade como estrutura conformadora do Estado – e sua vocação, no momento, de propiciar a libertação do Homem, acrescente-se com Cármen Lúcia Antunes Rocha;[17] *c*) em terceiro lugar, *como instituição básica de garantia*, pois é através do procedimento de reforma que a Constituição se transforma em *lex superior*, operando a separação entre lei constitucional e lei ordinária, invertendo o critério de interpretação das normas, já que os aforismos *lex posterior derogat legi priori* e *lex specialis derogat legi generali* são substituídos por este outro: *lex superior derogat legi inferiori* – do que decorre o surgimento de um poder de aferição da compatibilidade das normas inferiores com as normas superiores, pela instituição da jurisdição constitucional.

10. Não é fácil encontrar na realidade atual uma alteração tão grande que justifique a instauração do processo de reformas, ora em andamento. O que é plausível reconhecer é que a Constituição de 1988 não é a Constituição ideal de qualquer grupo nacional. Talvez suas virtudes estejam exatamente em seus defeitos, em suas imperfeições, que decorreram do processo de sua formação lenta, controvertida, não raro tortuosa, porque foi obra de muita participação popular, das contradições da sociedade brasileira, e, por isso mesmo, de muitas negociações. Desse processo proveio uma Constituição razoavelmente avançada, com inovações de relevante importância para o constitucionalismo brasileiro, um documento de grande importância para o constitucionalismo em geral, que se abre para o futuro, com promessas de realização de um Estado Democrático de Direito que construa uma sociedade livre, justa e solidária, garanta o desenvolvimento nacional, erradique a pobreza e a marginalização, reduza as desigualdades regionais e sociais, promova, enfim, o bem-estar de todos, sem discriminação de qualquer

---

17. Cf. "Constituição e mudança constitucional: limites ao exercício do poder de reforma constitucional", Separata da *Revista de Informação Legislativa*, p. 161. Eis o expressivo texto da autora: "Por isso penso ser a vocação da Constituição, no presente, não apenas conferir ou reconhecer e garantir liberdades, mas propiciar a libertação. Por isso ela é sempre e mais uma obra aberta; não é um projeto estatal construído, mas uma proposta sócio-política em permanente construção. A História do Homem não tem fim, porque o Homem não suporta o sossego do término. A Constituição não pode, então, ter um sentido final e acabado, pois ao invés, então, de libertar, ela teria o significado de um aprisionar ideais e mudanças nos limites de suas normas".

natureza (art. 3º). Não é, pois, uma Constituição isenta de contradições: com modernas disposições asseguradoras dos direitos fundamentais da pessoa humana, com a criação de novos instrumentos de defesa desses direitos, com extraordinários avanços na ordem social, ao lado de uma ordem econômica atrasada. A Constituinte produziu a Constituição que as circunstâncias permitiram. Fez-se uma obra certamente imperfeita, mas digna e preocupada com o destino do povo, para que seja cumprida, aplicada e realizada, pois uma coisa são as promessas normativas; outra, a realidade.

Aqui é que se situa a questão. Até que ponto se tem realizado? Por certo que dez anos de uma Constituição é tempo razoável para seu julgamento e para dizer se ela está ou não sendo eficaz, mormente se levarmos em conta que a história constitucional do país revela que nossas Constituições têm vida curta e geralmente atormentada. É ela que está regendo os destinos do país. Alguns sintomas demonstram que preordenou mecanismos de sustentação democrática. Fatores de variada natureza, contudo, interferem com a eficaz vigência da Constituição de 1988. Talvez se possa dizer, como resumo de tudo, que sua parte velha embaraça a aplicação da parte nova. Ela deixou praticamente intacta a estrutura arcaica de poderes. Ela falhou na organização do poder.

Um dos arraigados elementos da cultura política brasileira consiste na primazia do Poder Executivo e na tradicional desconfiança no Poder Legislativo. Larga camada do povo mais carente acalenta a cultura paternalista, que vem do coronelismo, e espera do chefe do Poder Executivo, em todos os níveis de governo, a solução de seus problemas e dificuldades pessoais. Daí decorre um presidencialismo monárquico e personalista, que não raro, ou quase sempre, tende a governar por cima dos demais poderes. Instrumentos aceitáveis e convenientes num sistema de governo parlamentarista acabaram perdurando, de sorte a dar ao Executivo presidencialista mais poderes. O exemplo marcante disso se tem nas *medidas provisórias*. Mal a Constituição fora promulgada, o Presidente da República passou a editá-las indiscriminada e abusivamente, com reedições mais abusivas ainda. O Poder Executivo, assim, não mais submete projetos de lei ao Congresso, porque lhe é mais fácil utilizar desse instrumento, de controle precário, porque surte efeitos desde o momento de sua edição e, não raro, cria situações irreversíveis. Enquanto isso, o Poder Legislativo e o Poder Judiciário se omitem, dominados pelo poder centralizador do Presidente da República, como temos visto com o desenvolvimento de um processo de reformas constitucionais dominado por ele, numa concepção estranha que busca subordinar o sistema constitucional ao serviço do detentor do poder. Assim, cada presidente acabará querendo mudar a Constituição, torcendo-a como a um boneco de cera, para amoldá-la à sua imagem, sob a suave aceitação de um Congresso dócil e um Judiciário abúlico. O sistema de representação distorcido, a disfunção do sistema eleitoral e mais práticas arcaicas completam esse quadro.

11. Quer-se concluir com isso que o maior desacerto da reforma constitucional, no meu sentir, está no fato de não se ter começado pela *reforma política*. Esta, que poderia criar os pressupostos de melhor funcionamento do Estado no interesse do povo, vai ficando para as calendas, enquanto se vai retalhando a Carta Magna, a ponto de já se poder dizer dela, como Seabra Fagundes dizia da Constituição de 1969, que se tornou incompulsável, tal a desordem normativa que as emendas, que tiram e retiram, põem, dispõem e contrapõem, provocam no sistema.

12. Os dez anos de vigência da Constituição, no meu sentir, não a desmerecem. As garantias constitucionais básicas desenvolvem-se normalmente. A democracia, ao menos no seu aspecto político, está funcionando. Podemos mesmo afirmar que estamos vivendo um momento histórico de amplas liberdades políticas, mas ainda não conseguimos aparelhar os meios adequados à efetividade da promessa da Constituição, quando, no "Preâmbulo", se propõe a instituir um Estado Democrático, destinado a assegurar o exercício dos direitos sociais e individuais, a segurança, o bem-estar, o desenvolvimento, a igualdade e a justiça como valores supremos de uma sociedade fraterna, pluralista e sem preconceitos. Ao contrário, em lugar de se construírem as condições econômicas, sociais, culturais e políticas que assegurem a efetividade dos direitos humanos, num regime de justiça social, instaura-se um processo de reforma constitucional que está afastando a Constituição daquela concepção de Ulysses Guimarães de *Constituição-cidadã*, para, com as vinte e seis emendas já aprovadas, algumas bastante amplas, transformá-la numa Constituição neoliberal.

13. Parece, nessa perspectiva, que os vencidos estão passando a vencedores. O "Centrão" recupera seu ideário constitucional e fá-lo prevalecer nas reformas em andamento. Fernando Henrique Cardoso vinga-se da derrota sofrida para relator da Constituinte, e se transforma no relator da deformação da obra do poder constituinte originário. Não se trata mais de uma geração mudar a obra da geração precedente, simplesmente porque não houve sucessão de gerações. É a mesma geração a assistir ao desfazimento de pontos essenciais da obra plasmada por seu poder constituinte. Investem-se na qualidade de intérpretes do povo. Usurpam-se poderes populares, em nome dos quais se ataca a Constituição. Servem-se de fórmulas jurídicas – o processo de reforma constitucional – para se perpetrar ataques políticos à Constituição, atingindo-a em pontos essenciais.

14. Ora, se é certo que as Constituições não podem ter-se como eternas, também se há de reconhecer que não podem ser transformadas num boneco de cera nas mãos de cada detentor do poder, que pode torcê-lo e moldá-lo em qualquer forma que lhe apraz.[18] Se é certo que a geração cujo poder constituinte produziu a Constituição não pode ditar regras para as gerações futuras, e que os mortos não podem impor sua vontade aos vivos, não é menos certo que isso requer a consideração de que tenha havido mudança nas gerações, o que não se dá nos limites exíguos dos dez anos da Constituição de 1988. Toda Constituição é um sistema de limites ao poder. Portanto, o argumento de que a Constituição de 1988 dificulta a tarefa governamental não pode colher em favor de freqüentes mudanças constitucionais, sem levar em conta o rigoroso cumprimento das funções da reforma constitucional. Pois, como disse Fábio Konder Comparato: "A razão de ser de uma Constituição não é facilitar a ação governamental, mas proteger os direitos fundamentais do cidadão".[19]

4. Balanço das reformas

15. A Constituição sofreu até agora vinte e seis emendas:[20] *seis emendas constitucionais de revisão*, em decorrência do processo da fracassada revisão instaurada nos termos do art. 3º do ADCT, e *vinte*

---

18. Jefferson disse: "A Constituição, nesta hipótese, é mero objeto de cera nas mãos do Judiciário, o qual ele pode torcer e moldar em qualquer forma que lhe apraz" (ob. cit., p. 145).
19. *Apud* Roberto Richelette Freire de Carvalho, "Parecer", in *Reforma Administrativa*, publicação da Associação dos Procuradores do Estado de São Paulo-APESP, Caderno Especial, 1998, p. 35.
20. *Nota desta edição*: A esta altura (março de 2000) já são, em verdade, trinta e três emendas, porque a 18.3.99 foram promulgadas mais duas – a EC 21, prorrogando e alterando a alíquota da contribuição provisória sobre movimentação ou transmissão de valores e de créditos e de direitos de natureza financeira, e a EC 22, que acrescenta parágrafo único ao art. 98 e altera as alíneas "i" do inciso I do art. 202 e "c" do inciso I do art. 105 da Constituição; em 2.9.99, a EC 23, que alterou os arts. 12, 52, 84, 91, 102 e 105 da Constituição (criação do Ministério da Defesa); em 9.12.99 a EC 24, que alterou dispositivos pertinentes à representação classista na Justiça do Trabalho; em 14.2.2000 mais duas emendas: EC 25, que dispôs sobre limites de despesas com as Câmaras Municipais (arts. 29, IV e 29-A) e a EC 25 que incluiu *moradia* entre os direitos sociais do art. 6º; e em 21.3.2000 a EC 26 que acrescentou o art. 76 ao ADCT, instituindo a desvinculação de receitas da União.

emendas comuns, aprovadas com base no procedimento previsto no seu art. 60. Darei delas notícia sintética em seguida.

16. São as seguintes as *Emendas Constitucionais de Revisão (ECR)*: *a*) acrescentou os arts. 71, 72 e 73 ao ADCT, instituindo o Fundo Social de Emergência, para os exercícios financeiros de 1994 e 1995 (ECR 1/94); *b*) deu nova redação ao art. 50, *caput*, e § 2º, da Constituição, apenas para submeter à convocação da Câmara dos Deputados e Senado Federal ou suas Comissões "quaisquer titulares de órgãos diretamente subordinados à presidência da República", além dos ministros de Estado, em termos que veremos (ECR 2/94); *c*) mudou a redação do art. 12, I, "c", e II, "b", e seus §§ 1º e 4º, inclusive para possibilitar a dupla nacionalidade de brasileiros nos casos indicados (ECR 3/94); *d*) deu nova redação ao § 9º do art. 14, para incluir a cláusula "a probidade administrativa, a moralidade para o exercício do mandato, considerada a vida pregressa do candidato", entre os valores a serem protegidos pelas regras de inelegibilidade objeto da lei complementar ali prevista (ECR 4/94); *e*) reduziu, no art. 82, o mandato do presidente da República de cinco para quatro anos; *f*) acresceu o § 4º ao art. 55, para determinar que a renúncia de parlamentar submetido a processo que vise ou possa levar à perda do mandato, nos termos desse artigo, terá seus efeitos suspensos até as deliberações finais de que tratam os §§ 2º e 3º.

17. São as seguintes as *vinte emendas* aprovadas com base no procedimento estabelecido no seu art. 60.[21]

A *EC 1, de 31.3.1992*, modificou o § 2º do art. 27 e introduziu os incisos VI e VII no art. 29, fixando limites à remuneração de deputados estaduais e de vereadores, que não foram dignos da autonomia que o texto original lhes outorgou nessa matéria, cometendo sérios abusos.

A *EC 2, de 25.8.1992*, só alterou o art. 2º das "Disposições Transitórias", transferindo o plebiscito de 7 de setembro de 1993 para 21 de abril de 1993, matéria exaurida com a realização do plebiscito nessa data.

A *EC 3, de 17.3.1993*, introduziu várias modificações na Constituição, tais como: *a*) acrescentou o § 6º ao art. 40; *b*) deu nova redação ao § 11 do art. 42, para incluir na remissão aquele § 6º; *c*) instituiu a ação declaratória de constitucionalidade, de que já tratamos; *d*) introduziu diversas alterações no sistema tributário: 1) dá nova redação ao § 6º do art. 50, aplicando sua incidência a subsídios, isenções, redução de base de cálculo, concessão de crédito presumido, além da anistia ou remissão, relativos a impostos, taxas ou contribuições; 2) acrescenta a esse

21. V. nota anterior.

artigo o § 7º, para permitir a responsabilidade pelo pagamento de imposto ou contribuição antes da realização do respectivo fato gerador (fato gerador presumido); 3) elimina a competência dos Estados para instituir o adicional de imposto de renda, que estava previsto no inciso II do art. 155, mas com efeito apenas a partir de 1996 (art. 3º da Emenda); 4) elimina o imposto de venda a varejo de combustíveis que estava previsto no art. 156, III, como de competência dos Municípios, mas com efeito a partir de 1996 (art. 4º da Emenda); 5) dá nova redação ao parágrafo único do art. 160, para incluir os Estados na faculdade ali aberta em favor da União; 6) modificações no inciso IV do art. 167, apenas para incluir a remissão ao § 4º, acrescentado ao mesmo artigo, para permitir também a vinculação de receitas próprias geradas pelos impostos estaduais e municipais e dos recursos de que tratam os arts. 157, 158 e 159, I, "a" e "b", e II, para a prestação de garantia ou contragarantia à União e para pagamento de débitos para com esta; 7) o art. 2º da Emenda facultou a criação do imposto sobre movimentação ou transmissão de valores e de créditos e direitos de natureza financeira, chamado *imposto provisório sobre movimentação financeira* (*IPMF*).

A de n. 4, de 4.9.1993, dá nova redação ao art. 16 da Constituição. A de n. 5, de 15.8.1995, altera o § 2º do art. 25. A de n. 6, de 15.8.1995, modifica o inciso IX do art. 170 e o § 1º do art. 176 (definindo empresa constituída sob a lei brasileira, ao invés de empresa de capital nacional) e introduz o art. 246 nas "Disposições Gerais", proibindo adoção de medida provisória na regulamentação de artigo da Constituição alterado por emenda, e também revoga o art. 171 (que definia a empresa brasileira de capital nacional).

A de n. 7, de 15.8.1995, altera o art. 178, eliminando a nacionalização dos transportes, inclusive do de cabotagem. A de n. 8, de 15.8.1995, altera os incisos XI e XII do art. 21, suprimindo o monopólio da exploração dos serviços de telecomunicações. A de n. 9, de 9.11.1995, introduz flexibilização no monopólio do petróleo.

A de n. 10, de 4.3.1996, altera os arts. 71 e 72 do ADCT, dispondo sobre o Fundo Social de Emergência. A de n. 11, de 30.4.1996, altera o art. 207, para permitir a admissão de professores, técnicos e cientistas estrangeiros pelas Universidades brasileiras e conceder autonomia às instituições de pesquisa científica e tecnológica. A de n. 12, de 15.8.1996, cria o art. 74 do ADCT, para dar competência à União para instituir a *contribuição provisória sobre movimentação ou transmissão de valores e de créditos e direitos de natureza financeira*, chamado *imposto do cheque*. A de n. 13, de 21.8.1996, dá nova redação ao inciso II do art. 192, apenas para introduzir a palavra "resseguro", cujo funcionamento fica dependente de autorização nos termos de lei complementar. A de n. 14, de 12.9.1996, modifica os arts. 34, 208, 211 e 212 e dá nova redação ao art. 60 do ADCT. A de n. 15, de 12.9.1996, dá nova redação ao § 4º do art. 18.

A de n. 16, de 4.6.1997, dá nova redação ao § 5º do art. 14, ao *caput* do art. 28, ao inciso II do art. 29, ao *caput* do art. 77 e ao art. 82, introduzindo a possibilidade de reeleição para os mandatos executivos. A de n. 17, de 22.11.1997, modifica os arts. 71 e 72 do ADCT, para ampliar até 31 de dezembro de 1999 o prazo de arrecadação das contribuições ali previstas.

A de n. 18, de 5.2.1998, dispondo sobre o regime constitucional dos militares, importando alteração dos arts. 42, 61, § 1º, e 142, mudando as rubricas das Seções II e III do Cap. VII do Tít. III, respectivamente, para "Dos Servidores Públicos" e "Dos Militares dos Estados, do Distrito Federal e dos Territórios". A de n. 19, de 4.6.1998, que contém a chamada "Reforma Administrativa", extingue o regime único dos servidores públicos, elimina a isonomia entre servidores e a isonomia entre as carreiras jurídicas, institui novas espécies remuneratórias, introduzindo o subsídio em parcela única para os agentes políticos e certas categorias de funcionários públicos, flexibiliza a estabilidade do funcionário público, entre outras providências. A de n. 20, de 15.12.1998, modifica o sistema de previdência social.

18. Farei, aqui, algumas considerações gerais sobre o acerto e desacerto de algumas dessas emendas. A primeira observação é a de que as emendas constitucionais de revisão são de pouca significação: criação do Fundo Social de Emergência, para 1994 e 1995, sucessivamente modificada pelas Emendas Constitucionais 10 e 17; extinção, com duvidosa conveniência, da hipótese de nacionalidade nata de filho de pais brasileiros, desde que registrados em consulado; melhora da redação do § 9º do art. 14, para o efeito de inelegibilidades; transformação do mandato do presidente da República de cinco para quatro anos, o que serviu de argumento à adoção da reeleição, um desacerto que se consolidou com a Emenda Constitucional 16, de 4.6.1997. Melhor teria sido manter o mandato com cinco anos ou, no máximo, com seis anos, sem reeleição. Acertada a providência da Emenda Constitucional de Revisão 6, de 7.6.1994, introduzindo o § 4º no art. 55, para impedir a renúncia de parlamentar submetido a processo que vise ou possa levar à perda do mandato.

19. A Emenda Constitucional 1, de 31.3.1992, estabeleceu limites à fixação de remuneração de deputados estaduais e vereadores, acertadamente, porque a liberdade originária estava dando margem a abuso.

A Emenda Constitucional 2, de 25.8.1992, antecipou a data do plebiscito previsto no art. 2º do ADCT, esgotado.

A Emenda Constitucional 3, de 17.3.1993, trouxe muitas inovações: *a*) estabeleceu as *contribuições previdenciárias dos servidores*, de um ponto de vista geral, acertadamente, dando tratamento igual aos demais trabalhadores; *b*) criou a *ação declaratória de constitucionalidade de lei ou ato normativo federal*, um desacerto, por seu sentido paralisante de debates em torno de questões fundamentais de interesse coletivo, com possível ofensa ao princípio do contraditório e porque, em certo sentido, trunca o princípio do acesso à Justiça; *c*) acertadamente, eliminou o adicional de imposto de renda de competência dos Estados; *d*) mas, desacertadamente, instituiu o imposto sobre movimentação e transação de valores e de créditos e direitos de natureza financeira (IPMF), que se transformou, pela Emenda Constitucional 12, de 15.8.1996, na CPMF, contribuição provisória sobre movimentação financeira.

A Emenda Constitucional 11, de 30.4.1996, com acerto, possibilitou às Universidades admitir professores, técnicos e cientistas estrangeiros.

A Emenda Constitucional 14, de 12.9.1996, modificou os arts. 34, 208, 211 e 212 da Constituição e o art. 60 do ADCT, em geral com acerto, porque procura ordenar recursos para o desenvolvimento do ensino fundamental.

A Emenda Constitucional 15, de 12.9.1996, melhorou o enunciado do § 4º do art. 18, sobre criação, incorporação, fusão e desmembramento de Municípios, conveniente.

A Emenda Constitucional 16, de 4.6.1997, possibilitou a reeleição dos cargos de chefe de Executivo, com desacerto.

5. *Globalização e reforma constitucional*

20. A Constituição tinha importantes regras de defesa da ordem econômica nacional: conceito de empresa nacional, controle da remessa de lucros do capital estrangeiro, domínio da União sobre o subsolo para efeito de exploração ou aproveitamento, monopólio sobre a pesquisa e a lavra de recursos minerais e o aproveitamento dos potenciais de energia hidráulica, monopólio pela União do petróleo, ordenação dos transportes aéreos, marítimos e terrestres, predominância dos armadores nacionais e navios de bandeira brasileira e do país exportador ou importador, monopólio dos serviços telefônicos, telegráficos, de transmissão de dados e demais serviços públicos de telecomunicações. Todas eram estratégias constitucionais de desconexão, ou seja, "de recusa de submeter a estratégia de desenvolvimento nacional aos imperativos da 'mundialização'".[22]

21. A era da globalização,[23] quando "entra em cena a ideologia do neoliberalismo, como seu ingrediente, produto e condição",[24] não tolera que países emergentes mantenham defesas constitucionais, como aquelas, que impeçam a influência e o domínio do capital e da tecnologia globalizado, porque, no contexto do capitalismo global, a economia nacional se torna província da economia global.[25] A globalização quer dar a idéia de que a economia mundial se expande com reciprocidade entre os Estados, mas, a rigor, a globalização não passa de uma versão tecnológica, mais sofisticada, do velho imperialismo, ou, em outras palavras, segundo Otávio Inani, "o globalismo não anula nem a interdependência nem o imperialismo. Essas são duas dimensões da realidade histórica e geográfica do capitalismo que se reproduzem e se recriam com maior força ainda".[26] Assim, ela também traduz o domínio dos países centrais sobre os povos periféricos, numa relação de interdependência que ainda perdura no concerto das Nações. Por isso, posições de defesa do interesse nacional, como constavam da Constituição, constituem entraves à sua influência. Daí por que as Emendas Constitucionais 5, 6, 7, 8 e 9, todas do mesmo dia – *15.8.1995* –, trataram de limpar os trilhos para neles transitar lisamente a globalização. Desfizeram o conceito de empresa nacional, flexibilizaram o monopólio do petróleo, permitiram a exploração dos minérios por empresas estrangeiras, possibilitaram a concessão a empresas privadas, nacionais ou estrangeiras, da exploração de energia elétrica, de serviços telefônicos e de telecomunicações. Quer dizer, tais emendas constitucionais favoreceram a globalização da riqueza nacional (o que, em última análise, signi-

22. Cf. Samir Amin, *La Déconnexion, pour Sortir du Système Mondial*, Paris, Éditions la Découverte, 1986, p. 108.

23. "A globalização pode assim ser definida como a intensificação das relações sociais em escala mundial, que ligam localidades distantes de tal maneira que acontecimentos locais são modelados por eventos ocorrendo a muitas milhas de distância e vice-versa. Este é um processo dialético porque tais acontecimentos locais podem se deslocar numa direção anversa às relações muito distanciadas que os modelam. A transformação local é tanto uma parte da globalização quanto a extensão lateral das conexões sociais através do tempo e do espaço" (cf. Anthony Giddens, *As Conseqüências da Modernidade*, São Paulo, UNESP, 1991, pp. 69 e 70).

24. Cf. Octávio Ianni, *Teorias da Globalização*, Rio de Janeiro, Civilização Brasileira, 1995, p. 83.

25. Cf. Octávio Ianni, ob. cit., p. 17.

26. Ob. cit., p. 147.

fica alienação), de que as privatizações têm constituído um instrumento eficiente. O desacerto da Reforma, nessa hipótese, é patente.

6. Reforma administrativa

22. A Emenda Constitucional 19, de 4.6.1998, modifica o regime e dispõe sobre os princípios e normas da Administração Pública, servidores e agentes políticos, controle de despesas e finanças públicas, e dá outras providências. A primeira observação que quero fazer é a de que a Reforma Administrativa veiculada pela Emenda 19 é desnecessariamente minuciosa e nem sempre coerente.

23. Parecem-me acertadas as seguintes medidas: *a*) introdução do *princípio da eficiência* na administração pública; *b*) possibilidade de acesso a cargos, empregos e funções públicas por estrangeiros, na forma da lei, especialmente se a lei direcionar esse acesso a funções técnicas, científicas, de pesquisa e tecnológicas; *c*) aferição do mérito em concursos público tendo em consideração a natureza e a complexidade do cargo ou emprego; *d*) funções de confiança exercidas exclusivamente por servidores ocupantes de cargos efetivos; *e*) alteração de remuneração e subsídio somente por lei específica, assegurada a revisão geral anual; *f*) manutenção da vedação de vinculação e equiparação de qualquer espécie remuneratória; não-computação de acréscimos pecuniários para fins de concessão de acréscimos; irredutibilidade de vencimento e subsídio; vedação de acumulações remuneradas; *g*) correção do defeito original do art. 37, XIX, determinando, corretamente, que somente por lei específica poderá ser criada autarquia e *autorizada* a instituição de empresas públicas etc., porque, de fato, não era correto determinar a criação por lei dessas empresas – o que deve caber à lei é simplesmente autorizar sua criação; *h*) previsão de participação do usuário na Administração Pública direta e indireta, mas também acertadamente se prevê restrição ao acesso do servidor a informações privilegiadas; *i*) possibilidade de autonomia gerencial, orçamentária e financeira aos órgãos e entidades da Administração direta e indireta, mediante contrato, firmado entre seus administradores e o poder público – com isso, no entanto, surge um tipo de contrato de gestão de difícil entendimento entre o órgão e o poder público, sendo que o órgão é integrante desse mesmo poder público; a definição da natureza desse contrato vai exigir muita acuidade; talvez não passe de um simples acordo-programa, conforme já escrevemos; *j*) melhora da redação do *caput* do art. 38; *l*) previsão da instituição pela União, Estados, Distrito Federal e Municípios de conselho de política de administração e remuneração de pessoal, integrado por servidores designados pelos respectivos poderes; desacerto só na forma de designação dos servidores pelo poder público, e não por suas entidades de classe; m) manutenção de escola de governo para a formação e o aperfeiçoamento dos servidores públicos, constituindo a participação nos cursos um dos requisitos para a promoção na carreira; n) fixação *por lei*, e não mais por resolução, da remuneração de cargos, empregos e funções da Câmara dos Deputados e do Senado Federal; com isso tem-se um sistema de controle, mediante veto do projeto de lei, a fim de evitar abuso, muito comum no caso; o) previsão de estatutos das empresas públicas, sociedades de economia mista e suas subsidiárias; p) desacerto: eliminação do regime jurídico único dos servidores públicos.

24. Restam três temas a considerar: subsídio, teto e flexibilização da estabilidade. O *subsídio* tradicionalmente era forma de remunerar mandatos políticos. A Constituição o tinha abandonado em favor do termo genérico *remuneração*. Agora, a Emenda Constitucional 19 o reincorpora no texto constitucional, como forma de remuneração dos agentes políticos e certas categorias de agentes administrativos e policiais. Difere substancialmente do subsídio no conceito tradicional, porque: *a*) não é forma de retribuição apenas de titulares de mandato eletivo; *b*) é fixado em parcela única, enquanto o subsídio tradicional compreendia duas partes: uma fixa e outra variável; *c*) é *obrigatório* para detentores de mandato eletivo federal, estadual, distrital (DF) e municipal, para ministros de Estado, secretários de Estado, do Distrito Federal e de Municípios, membros do Poder Judiciário, membros dos Tribunais de Contas, membros do Ministério Públicos Federal, Estadual e do Distrito Federal, advogados da União, procuradores de Estado e do Distrito Federal, defensores públicos e servidores policiais (civis e militares); *d*) é *facultativo* como forma de remuneração de servidores públicos organizados em carreira, se assim dispuser a lei (federal, estadual ou municipal, conforme a regra de competência).

O desacerto que se verifica consiste na manutenção de duas espécies remuneratórias para servidores públicos. Enquanto forma de remuneração de mandatos eletivos e de ocupantes de cargos em comissão, o acerto da medida me parece patente. Já não é assim tratando-se de forma de remuneração de cargos organizados em carreira, como os da Magistratura, do Ministério Público, de procuradores de Estados etc., porque, sendo em parcela única, para cargos da mesma classe, ocorrerá que o novato acabará percebendo a mesma remuneração dos mais antigos. A concepção de parcela única é conveniente, para ordenar um sistema remuneratório que busque afastar os "penduricalhos", que são os meios pelos quais se formam grupos com remuneração elevada e proporcionalmente injusta, os tais "marajás".

25. Pode-se discutir se o valor do *teto remuneratório*, ora cogitado, é acertado ou não, mas é razoável que os detentores das cúpulas dos poderes tenham estipêndios mais elevados do que os agentes dos escalões inferiores. Pode-se objetar também que tais detentores têm, além dos subsídios em espécies, outras vantagens que importam benefícios extras de não pequena monta. Não é fácil estruturar um sistema remuneratório isento de defeitos. Acredito que se o poder público, em todos os níveis, houvesse executado nesses últimos cinqüenta anos uma política de recursos humanos sadia, com escalonamento remuneratório justo, nada disso precisaria estar sendo feito agora. A falta de uma tal política foi gerando distorções, com diversos tipos de vantagens a grupos, classes e pessoas, que resultaram numa enorme desordem na administração de pessoal, com privilégios descabidos e situações injustas, que, agora, se tenta corrigir com tetos e vedações, que não se sabe se terão a eficácia esperada.

26. A *flexibilização da estabilidade*, cujo tempo de aquisição passou para três anos, em lugar de dois, pode criar algum problema para o funcionário, mas ela está cercada de várias garantias, de modo que o bom funcionário pode ficar razoavelmente tranqüilo. O funcionário estável só perderá o cargo: *a)* em virtude de sentença judicial transitada em julgado; *b)* mediante processo administrativo em que lhe seja assegurada ampla defesa; *c)* mediante procedimento e avaliação periódica de desempenho, na forma de lei complementar, assegurada ampla defesa. Este último caso é inovação, mas é bastante aceitável, pois um sistema de recursos humanos que se quer eficiente há que avaliar periodicamente seu pessoal, inclusive para readaptações necessárias ao bom desempenho do próprio serviço público. A questão mais delicada está na possibilidade de o servidor estável perder o cargo, no interesse da redução de pessoal, se outros mecanismos previstos não forem suficientes, para ajustar as respectivas despesas aos limites da lei complementar, que hoje é de 60% da receita tributária. Nesse caso, contudo, o servidor que perder o cargo fará jus a indenização correspondente a um mês de remuneração por ano de serviço, e o cargo será considerado extinto. A lei complementar acima referida, como garantia ainda do servidor estável, há de estabelecer critérios e garantias especiais para a perda do cargo. Esses cuidados e garantias tornam a flexibilização da estabilidade, se não um acerto, pelo menos não totalmente reprovável.

7. Reforma da Previdência

27. Não entrarei em pormenores sobre a Emenda Constitucional 20/98, que contém a chamada "Reforma da Previdência". Ela tenta ordenar a Previdência Social, como aspecto fundamental da Seguridade Social, com a idéia de que esta deve estar especialmente voltada para atender aos trabalhadores de rendas baixas, daí que os proventos de aposentadoria fiquem limitados a certa faixa de remuneração, deixando à previdência complementar completar os proventos no nível das remunerações acima daquele limite. Isso, de certo modo, é justo. Quem ganha mais pode despender contribuição suplementar para obter a complementação de seus proventos. E quem ganha menos deve ter o direito de receber proventos integrais do sistema geral da Previdência. Outra diretriz da Reforma está na verificação dos requisitos para auferir a aposentadoria. O sistema anterior era calcado, basicamente, no tempo de serviço, que não é, certamente, um fator previdenciário, mas também não o é o sistema adotado de quantidade de contribuições. Seja como for, um fator importante da Reforma está precisamente na tentativa de impedir aposentadorias de pessoas jovens. Não tem sentido funcionários se aposentarem aos quarenta e poucos anos ou no nível dos cinqüenta, fundados na contagem de tempo de serviço, como era comum em certas carreiras do funcionalismo, e com proventos integrais. Não há sistema previdenciário que agüente tal prática, que se tornava abusiva, especialmente pela variada forma de computar tempo de serviço. Nesse particular, ainda que com desgosto na generalidade do funcionalismo, não se pode recusar acerto a vários aspectos da Reforma Previdenciária, mormente levando-se em conta que foram ressalvadas situações subjetivas constituídas.

8. Conclusão

28. Como se vê, existem acertos pontuais nas reformas constitucionais em andamento. O desacerto está na concepção política que as orienta para a desfiguração do sentido originário da Constituição. Nem sempre as emendas aprovadas corrigem os defeitos da Constituição; não raro os agravam, pois, se se questionava sobre seu caráter demasiadamente analítico, as emendas vêm alongando ainda mais o texto constitucional, que vai ficando cada vez mais minucioso e enxundioso.

MUTAÇÕES CONSTITUCIONAIS[1]

1. Estabilidade e mudança das Constituições. 2. Formas de mudança constitucional. 3. Conceito e fundamento das mutações constitucionais. 4. Tipos de mutações constitucionais. 5. Os atos de complementação constitucional. 6. A interpretação e a construção constitucionais. 7. As práticas político-sociais. 8. Limites das mutações constitucionais.

1. Estabilidade e mudança das Constituições

1. As Constituições são feitas para perdurar, regendo as estruturas, situações, comportamentos e condutas que a interpretação do Constituinte teve como aferidas aos valores de convivência social na comunidade a que se referem. Mas o poder constituinte originário, que é a manifestação primeira e mais elevada da soberania popular, realiza a sua obra – a Constituição –, traduzindo nela o princípio da supremacia, e, com isso, se ausenta, se oculta, porque seu poder soberano passou a ser encarnado naquela supremacia constitucional. Mas – como nota Pedro de Vega –, derivada da própria noção de poder constituinte, se compartilharia igualmente a crença de que o poder constituinte de um dia não poderia condicionar o poder constituinte de amanhã, o que, em outros termos, significa que a Constituição não pode nem deve entender-se como uma lei eterna. Assim o disse o art. 28 da Constituição francesa de 1793, ao declarar que: "Um povo tem sempre o direito de rever, reformar e mudar sua Constituição. Uma geração não pode submeter a suas leis as gerações futuras".[2]

2. Significa isso que as Constituições são mutáveis por natureza, pois já está banida da doutrina constitucional a tese da imutabilidade absoluta das Constituições, "sobretudo porque – consoante nota Pinto

---

1. *Nota desta edição*: Conferência proferida na Faculdade de Direito da UFMG, em 8 de outubro de 1998, em comemoração dos dez anos da Constituição de 1988. Prevista a sua publicação em *Cuestiones Constitucionales – Revista Mexicana de Derecho Constitucional*, ora em lançamento pelo *Instituto de Investigaciones Jurídicas* da UNAM – Universidade Nacional Autônoma de México.

2. Cf. *La Reforma Constitucional y la Problemática del Poder Constituyente*, Madri, Tecnos, 1991, pp. 58 e 59.

Ferreira – são, em grande parte, um decalque e um traslado de condições sócio-culturais em permanente modificação dialética. O próprio caráter movediço e cambiante das forças sociais contrastaria com a imobilidade da obra-prima jurídica e constitucional, por mais apurada e perfeita que fosse: o estado político e social não pode cristalizar-se indefinidamente em um texto legislativo".[3] A modificabilidade da Constituição constitui mesmo uma garantia de sua permanência e durabilidade, na medida mesma em que é um mecanismo de articulação da continuidade jurídica do Estado e um instrumento de adequação entre a realidade jurídica e a realidade política,[4] realizando, assim, a síntese dialética entre a tensão contraditória dessas realidades.

3. Essa modificabilidade será maior ou menor conforme se trate de Constituição flexível ou Constituição rígida. O primeiro tipo é maleável por natureza. Pode-se dizer que está em constante processo de mudança, uma vez que pode ser alterada pelo processo de formação das leis ordinárias, não havendo distinção formal entre normas constitucionais e normas de legislação ordinária, nem, portanto, relação de superioridade entre umas e outras. Por serem de igual hierarquia, vigora entre elas o princípio *lex posterior derogat legi priori*; ao contrário, num regime de Constituição rígida, a maior dificuldade para sua alteração a transforma em *lex superior*, com a nítida separação entre normas ordinárias e normas constitucionais, do que decorre o princípio da compatibilidade vertical entre elas, fundamentado no aforismo *lex superior derogat legi inferiori*.

4. Vê-se, daí, que as Constituições flexíveis se caraterizam por sua elasticidade, estendendo-se ou adaptando-se de acordo com as circunstâncias, sem que sua estrutura se rompa; ao passo que as Constituições rígidas são mais definidas e fixas.[5] Mas o que se busca não é a imutabilidade, mas a estabilidade da Constituição, "porque dá às consciências dos cidadãos uma sensação de segurança que redunda em benefício da ordem, da indústria e da economia, e, ao mesmo tempo, porque permite acumular experiências que tornam possível o aperfeiçoamento da Constituição", conforme lição de James Bryce.[6] A função essencial de uma Constituição consiste em assegurar os direitos fundamentais do Homem e a dignidade da pessoa humana. E o princípio da supremacia,

---

3. Cf. *Da Constituição*, pp. 98 e 99.
4. Cf. Pedro de Vega, ob. cit., pp. 67 e ss.
5. Cf. James Bryce, *Constituciones Flexibles y Constituciones Rígidas*, 2ª ed., Madri, Instituto de Estudios Políticos, 1962, pp. 48 e 67.
6. Ob. cit., pp. 131 e 132.

que decorre da Constituição rígida, é a mais eficiente garantia da efetividade daquela função, por impor limitações à ação do poder público.[7] O documento que não cumpre essa função não pode ser considerado Constituição.[8]

2. Formas de mudança constitucional

5. As formas de mudança constitucional são muito variáveis. Cada realidade produz suas formas jurídicas próprias, e, quando aquela se modifica, estas tendem a se ajustar na mesma medida. Se a Constituição é flexível essa adaptação, como vimos, se realiza com mais facilidade, ainda que em prejuízo da segurança jurídica. Se a Constituição é rígida a adaptação é mais difícil e, por regra, realiza-se por um processo de reforma constitucional, pois se toda Constituição é fruto de uma transação entre forças sociais, econômicas e políticas, o deslocamento dessas forças requer uma modificação na estrutura constitucional, a fim de produzir-se o recondicionamento das forças sociais.[9]

A instabilidade da vida material gera a instabilidade do ordenamento constitucional, isso quando a desarmonia entre a Constituição jurídica e os fatores reais do poder não a transforma numa simples folha de papel, esvaziando seu conteúdo normativo pela prevalência das práticas políticas desvinculadas dos limites impostos pelo ordenamento constitucional, como freqüentemente ocorre na América Latina. Essas práticas são inconstitucionais, mas o domínio do presidencialismo imperial e autoritário se impõe em face da inércia ou da complacência dos outros poderes. Aí se caracteriza uma forma de *desconstitucionalização* da Constituição formal ou de parte dela, fenômeno que Loewenstein chama de Constituição nominal, caso em que a Constituição é juridicamente válida, mas carece da realidade existencial, porque a dinâmica do processo político não se adapta às suas normas.[10] Isso quando não se dá a simples destruição da Constituição pela força e sua substituição por algum instrumento ditatorial.

7. Cf. Segundo V. Linares Quintana, *Tratado de la Ciencia del Derecho Constitucional Argentino y Comparado*, t. II, Buenos Ares, Editorial Alfa, 1953, pp. 145 e 398.
8. Isso não é novidade. O art. 16 da Declaração dos Direitos do Homem e do Cidadão, de 1789, já estabelecida que *a sociedade na qual a garantia dos direitos não é assegurada, nem a separação dos poderes determinada, absolutamente não tem Constituição*.
9. Cf. José Guillermo Andueza Acuña, "Los cambios constitucionales en América", na obra coletiva *Los Cambios Constitucionales*, México, UNAM/Instituto de Investigaciones Jurídicas, 1977, p. 7.
10. Cf. *Teoría de la Constitución*, Barcelona, Ariel, 1964, p. 218.

6. Quando, no entanto, se fala em mudança constitucional, na teoria do Direito Constitucional, quer-se referir aos processos de acomodação das normas constitucionais à realidade, não se incluindo aí as formas de rompimento ou de esvaziamento da Constituição. Assim, só há duas maneiras de realizar essa acomodação: a *reforma constitucional* e a *mutação constitucional*, que revelam, respectivamente, processos formais e processos informais de modificação da Constituição.[11] A lição de Mílton Campos é pertinente, nesta oportunidade, quando afirmou que "ao lado do processo direto de reforma existem os processos oblíquos de adaptação da Lei Fundamental às infindáveis mutações da realidade. São esses os processos mais fecundos, porque constantes e revelados por meio de vagarosas germinações".[12] É certo, no entanto, que as mutações deixarão de ter sentido na medida em que o ordenamento constitucional se veja submetido a reformas contínuas,[13] como é o caso brasileiro.

7. Os processos de mudança formal da Constituição se efetivam mediante técnicas de modificação dos textos constitucionais por via de atuação voluntária e deliberada de certos órgãos, mediante determinadas formalidades, estabelecidas na própria Constituição. Isso acontece por meio de *reforma, emenda* ou *revisão* constitucional. A doutrina brasileira não é precisa no emprego desses termos. De minha parte, prefiro usar a expressão *reforma constitucional*, como gênero, para englobar todos os métodos de mudança formal da Constituição, que se revelam especialmente mediante o *procedimento de emendas* e o *procedimento de revisão*. A maioria dos autores, contudo, tem empregado indistintamente os três termos, embora a Constituição de 1934 (art. 178) e a atual tenham feito distinção entre *emendas* e *revisão*. Para a primeira, *emenda* era forma de modificar a Constituição quando a proposta

---

11. Cf. Karl Loewenstein, ob. cit., p. 164; G. Jellinek, *Reforma e Mutación de la Constitución*, Madri, Centro de Estudios Constitucionales, 1991, p. 7; Pedro de Vega, ob. cit., pp. 179 e ss.; Anna Cândida da Cunha Ferraz, *Processos Informais de Mudança da Constituição*, São Paulo, Max Limonad, 1986, p. 9; J. H. Meirelles Teixeira, *Curso de Direito Constitucional*, Rio de Janeiro, Forense Universitária, 1991, p. 142; Diego Valdés, "Problemas de la reforma constitucional en el sistema mexicano", in *Los Cambios Constitucionales*, México, Instituto de Investigaciones Jurídicas, 1977, p. 192; Luís Carlos Sáchica, *Reforma Constitucional y Constituyente*, Bogotá, Librería Editorial El Foro de la Justicia, 1982; K. C. Wheare, *Las Constituciones Modernas*, Barcelona, Editorial Labor, 1975, especialmente pp. 73 e ss.

Nota desta edição: Após a elaboração deste texto chegou-me às mãos o livro de Uadi Lammêgo Bulos, *Mutação Constitucional*, São Paulo, Saraiva, 1997.

12. Cf. "Constituição e realidade", *RF* 187/19, janeiro-fevereiro de 1960.

13. Cf. Pedro de Vega, ob. cit., p. 181.

não importasse alterações na estrutura política do Estado ou na organização ou competência dos poderes da soberania. Do contrário, o procedimento seria o da *revisão*. A Constituição de 1988 fez a distinção, dispondo sobre as emendas no art. 60 e a revisão, já esgotada, no art. 3º do ADCT.

8. Mutações constitucionais são mudanças não-formais que se operam no correr da história de uma Constituição, sem alterar o enunciado formal, sem mudar a letra do texto. Segundo a doutrina tradicional, isso se dá por força da modificação das tradições, da adequação político-social, dos costumes, de alteração empírica e sociológica, pela interpretação e pelo ordenamento de estatutos que afetam a estrutura orgânica do Estado.

Sempre encarei essa doutrina com muita reserva, e esta exposição me dá a oportunidade de apresentar algumas reflexões sobre o tema.

3. Conceito e fundamento das mutações constitucionais

9. A doutrina tradicional sobre o tema, que vem de Laband, G. Jellinek, passando por Hsü-Dau-Lin e Heller, concebe as mutações constitucionais num sentido bastante amplo, sob o qual se subsumem diferentes fatos, conforme demonstra Konrad Hesse.[14] De fato, Jellinek admite mutações constitucionais em decorrência de prática parlamentar inconstitucional, sob o argumento de que o que parece, num momento, inconstitucional emerge mais tarde conforme com a Constituição.[15] Mas não só interpretações incorretas parlamentares podem provocar essas mutações, também podem produzi-las a administração e os tribunais.[16] Pois, segundo Jellinek, dessas atuações inconstitucionais podem se originar modificações da Constituição quando reiteradamente efetuadas se impõem na prática.[17] Logo, acrescenta ele que as mutações constitucionais se produzem por necessidade política, já que as usurpações e as revoluções provocam em todas as partes situações nas quais o Direito e o fato, ainda que estritamente distintos, se transformam um no outro, pois o *fait accompli* – o fato consumado – é um fenômeno histórico com força constituinte, diante do qual toda oposição das teorias da legitimidade é, em princípio, impotente.[18]

14. Cf. "Limites de la mutación constitucional", in *Escritos de Derecho Constitucional*, Madri, Centro de Estudios Constitucionales, 1962, p. 89.
15. Ob. cit., p. 16.
16. Idem, ibidem.
17. Cf. Konrad Hesse, ob. cit., p. 89.
18. Jellinek, ob. cit., p. 29.

Jellinek não pára aí, pois ainda admite as mutações constitucionais em decorrência das convenções constitucionais, do desuso das competências constitucionais e das necessidade de cobrir lacunas constitucionais.[19]

10. Antes de mais nada, é pertinente fazer, desde já, algumas observações a respeito dessa doutrina ampla das mutações constitucionais. A questão mais séria que daí advém é que essa doutrina gera uma verdadeira flexibilização das Constituições rígidas. Aliás, Mílton Campos o diz expressamente, quando afirma que "os processos indicados se destinam a pôr as Constituições rígidas em estado de eventual flexibilidade para se adaptarem, sem deformações maliciosas e sem subversões traumatizantes, às mutações da vida dos povos (...)".[20]

Não é sem razão que ela é sustentada por espíritos conservadores, se não aristocráticos. Pois, como nota Bryce, "as Constituições flexíveis têm uma natural afinidade com uma estrutura de governo aristocrático", pois "existe uma atração natural entre uma aristocracia e uma forma de governo elástica e indefinida", ao passo que "a massa popular ganha muito sem perder nada com uma Constituição rígida devido às limitações definidas e fixas que ela implica, em maior medida do que as flexíveis".[21] É que a rigidez constitucional produz a supremacia das normas constitucionais, que constitui garantia de permanência dos direitos fundamentais que precisamente protegem as massas populares do arbítrio do poder, porque "essa teoria das mutações constitucionais, como observa Hesse, debilita, tanto em conjunto como pontualmente, o sentido normativo da Constituição", especialmente porque destrói a função racionalizadora, estabilizadora e limitadora do poder que assume a Constituição rígida.[22]

A função limitadora da Constituição tem precisamente o escopo de impedir o surgimento de realidades políticas contrapostas aos direitos do povo. Os limites constitucionais ao poder têm por fundamento não a limitação pela limitação, mas a limitação para que vigorem os direitos fundamentais.

11. Por tudo isso é que é inaceitável essa teoria tradicional das mutações constitucionais e estas só serão válidas se tiverem como função desenvolver critérios aplicáveis à situação normal, vale dizer, só serão

---

19. Jellinek, ob. cit., pp. 37, 45 e 55. Cf. também Konrad Hesse, ob. cit., p. 89.
20. Cf. "Constituição e realidade", *RF* 187/22, janeiro-fevereiro de 1960.
21. Cf. ob. cit., pp. 64, 65 e 67.
22. Cf. Hesse, ob. cit., pp. 95 e 98.

aceitáveis, como legítimas, as mutações constitucionais que não contrariem a Constituição, ou seja, como diz Anna Cândida, que, indireta ou implicitamente, sejam acolhidas pela Lei Maior, repelindo, como tais, as mutações inconstitucionais.[23] Isso significa aceitar a posição de Hesse em favor de um conceito restrito, no sentido de que a mutação constitucional, sem ofender a Constituição, transforma o sentido, o significado e o alcance de suas normas, sem lhe alterar o enunciado formal, sem mudar a letra do texto. Se as mutações constitucionais constituem tema do Direito Constitucional, então sua fundamentação não pode ser senão jurídico-constitucional, o que implica reconhecer que a mudança não-formal da Constituição não se produz, ainda no dizer de Hesse, através de fatos da "realidade" que atuem "de fora" sobre a Constituição, nem tampouco só através de modificações da "situação constitucional", segundo Laband, ou "necessidade política", na expressão correspondente da Jellinek; pelo contrário, a "realidade" é, por assim dizer, incorporada à Constituição sob a forma de "realidade política", cujo sentido global é o de responder a esta necessidade. O que Hesse quer dizer, com isso, é que as necessidades vitais do Estado constitucional não só consistem em exigências políticas de certo tipo, mas também delas forma parte a função racionalizadora, estabilizadora e limitadora da Constituição.[24] O princípio da vinculação da Constituição, que consiste em que todos ficam sujeitos às suas normas, impede que haja situações fáticas ou realidade política acima ou à margem de suas normas. Se uma conduta ou uma prática política não coincide com a Constituição, não se trata de forma de mutação constitucional, mas de uma forma de desrespeito ou de fraude à Constituição.

12. Pode-se aceitar como fundamento das mutações constitucionais o denominado *poder constituinte difuso*, com os cuidados com que o admitiu Anna Cândida da Cunha Ferraz, nos termos seguintes:

"Tais alterações constitucionais, operadas fora das modalidades organizadas de exercício do poder constituinte instituído ou derivado, justificam-se e têm fundamento jurídico: são, em realidade, obra ou manifestação de uma espécie inorganizada do poder constituinte, o chamado *poder constituinte difuso*, na feliz expressão de Burdeau.

"Destina-se a função constituinte difusa a completar a Constituição, a preencher vazios constitucionais, a continuar a obra do Constituinte. Decorre diretamente da Constituição, isto é, o seu fundamento

---

23. Cf. ob. cit., p. 10; Hesse, ob. cit., p. 103.
24. Cf. ob. cit., pp. 94 e 95.

flui da Lei Fundamental, ainda que implicitamente, e de modo difuso e inorganizado."[25]

De fato, Burdeau discorre sobre essa força constituinte, que não cessa de agir. Admite que a significação presente de uma Constituição é essencialmente móvel: sem que seu quadro formal seja tocado, as instituições, os órgãos, as autoridades, conhecem períodos de expansão seguidos de crises de degenerescência. Reconhece ele que semelhantes alterações se devem à conjuntura política, mas lhe parece que não é satisfatório explicá-las pelas circunstâncias. É que há um exercício cotidiano do poder constituinte que, por não ser registrado pelos mecanismos constitucionais, não é menos real. Particularmente nos regimes democráticos de estilo clássico, em que os cidadãos têm um grande acesso aos instrumentos de difusão do pensamento e há uma ação constante e permanente da opinião pública. Mas adverte que não convém exagerar o alcance de suas observações e concluir delas, apressadamente, sobre a vacuidade da Constituição no sentido formal do termo.[26]

13. Antes de passar à frente, é pertinente fazer algumas reflexões ligeiras sobre as afirmações de que as mutações constitucionais podem decorrer também do *costume, preenchimento de lacunas* e do *desuso*. É discutível a existência de *costume constitucional*. Num regime de Constituição rígida só é constitucional o que consta explícita ou implicitamente de seu texto. Bem o diz Burdeau: "Se a força e a autoridade de regras constitucionais não têm senão a origem formal, não há lugar, num país regido por uma Constituição rígida, para algum costume constitucional, seja ele criativo, modificativo, supressivo ou simplesmente interpretativo".[27] Logo, pode haver prática costumeira, prática reiterada, não vedada pela Constituição, que preencha alguma função não estabelecida nela. Mas não se tratará de regra constitucional. Cumpre, porém, não confundir costumes com precedentes políticos, que podem converter-se em convenções constitucionais, de que falarei à frente.

E aqui entra outro tema controvertido, qual seja, o das *lacunas constitucionais*. Não me parece que haja tais lacunas. Não há omissões constitucionais, simplesmente porque o que não está na Constituição é porque o poder constituinte não quis erigi-lo em regra constitucional. Logo, qualquer situação não prevista na Constituição não constitui lacuna nem omissão, mas uma situação não elevada ao nível das normas

---

25. Ob. cit., p. 10.
26. Cf. *Traité de Science Politique*, t. IV, Paris, Librairie Générale de Droit et de Jurisprudence, 1969, pp. 246 e 247.
27. Ob. cit., t. IV, p. 291.

constitucionais. Por isso, a lei ou qualquer outra forma de atuação pode cuidar dela sem ofensa à Constituição. Nem sequer se trata de completar a Constituição, nem de modificá-la, simplesmente porque a questão escapa do âmbito constitucional. Tanto que, qualquer que seja a forma com que for a questão normatizada, não terá valor de direito constitucional, falando, claro está, no sentido formal.

É de afirmar também que o *desuso* de competências constitucionais não constitui mutação constitucional, mas simples forma de não-aplicação das normas de competência em tela. A utilização de competências, por regra, se inclui no campo das faculdades, não das obrigações de seus titulares. Seu não-uso não importa desqualificá-las. A qualquer tempo poderão ser utilizadas normalmente.

4. Tipos de mutações constitucionais

14. A fixação de quais tipos de mutações constitucionais[28] sejam legitimamente aceitos é já dar um passo importante na configuração de seus limites, questão não lembrada na doutrina tradicional sobre o tema. Vimos o leque de possibilidades que Jellinek apresentou, sem estabelecer qualquer forma de limitação. Ao contrário, de certo modo, ressaltando ser mais interessante a doutrina das mutações do que a das reformas constitucionais, pende para valorizar mais aquelas que estas. Anna Cândida da Cunha Ferraz também arrola os mesmos tipos de mutações admitidas por Jellinek, com a diferença fundamental de que faz nítida distinção entre mutações constitucionais e mutações inconstitucionais, para aceitar como legítimas apenas aquelas.

15. Mílton Campos, entre nós, com a sobriedade que o caracterizava, deu importante contribuição ao tema, admitindo mutações por: *a*) complementação legislativa; *b*) construção judiciária; *c*) consenso costumeiro.

Hsü-Dau-Lin distinguiu quatro tipos de mutações constitucionais: *a*) as devidas a práticas políticas que não se oponham formalmente à Constituição escrita, e para cuja regulamentação não exista qualquer norma constitucional; *b*) as devidas a práticas políticas em oposição aberta a preceitos da Constituição; *c*) as produzidas por impossibilidade de exercício, ou por desuso, das competências e atribuições estabelecidas na Constituição; *d*) as produzidas por interpretação dos termos

---

28. O tema foi amplamente discutido por Pedro de Vega, ob. cit., pp. 185 e ss., de onde, com a devida vênia, extrairemos algumas observações ilustrativas desta exposição.

da Constituição, de tal modo que os preceitos obtêm um conteúdo distinto daquele em que inicialmente foram pensados.[29]

Pedro de Vega, por seu turno, entende que "as modificações não-formais da Constituição procedem de fontes distintas. Umas vezes emanam de órgãos estatais, e adquirem o caráter de verdadeiros atos jurídicos, sejam de natureza normativa (leis, regulamentos), ou sejam de natureza jurisdicional (basicamente, as sentenças dos tribunais constitucionais). Outras vezes derivam de simples práticas políticas que ou não ultrapassam sua condição de fatos, convertidas em normas de natureza político-social (convenções), ou aspiram a converter-se em autênticos fatos jurídicos (costumes)".[30] Em resumo, ele destaca, em sua exposição, como capazes de produzir mutações constitucionais: *a*) os *atos normativos*; *b*) os *costumes*, que, em verdade, ele não aceita como forma de mutação constitucional válida, senão como um modo de destruir os fundamentos da organização constitucional; *c*) *convenções constitucionais*.

16. Penso que podemos discutir como válidas as mutações constitucionais provenientes: *a*) dos atos de complementação constitucional; *b*) da interpretação e da construção constitucionais; *c*) das práticas político-sociais, convertidas em convenções constitucionais.

5. Os atos de complementação constitucional

17. A mutação constitucional pode ocorrer em razão de atos praticados pelo poder público visando à complementação de normas constitucionais. Pedro de Vega, pelo visto, reconhece a importância dos atos normativos produtores de mutação constitucional. Prefiro falar em atos de complementação constitucional (leis, atos executivos, políticas públicas), para denotar que só são válidas mutações deles emanadas quando expandem normas constitucionais que requeiram integração para sua aplicação.

18. Mílton Campos, a propósito, lembra que mesmo em Constituições minuciosas "hão de predominar as diretrizes e, de resto, o que pretende ser preceito positivo e auto-suficiente acaba por precisar da regulação mais detalhada que lhe assegure a boa execução. Fica, assim, a Carta Fundamental dependendo de legislação complementar, e

---

29. Não tive acesso à obra de Hsü-Dau-Lin, *Die Verfassungswandlung*, Berlim e Leipzig, 1932. A referência a ele foi colhida em Pedro de Vega, ob. cit., pp. 185 e ss., e sintetizada nesta exposição.

30. Ob. cit., p. 189.

nessa complementação legislativa está o segredo do êxito da Constituição como verdadeiro instrumento de governo".[31] Cita ele o caso da lei especial que define os crimes de responsabilidade, hoje prevista no art. 85, parágrafo único, da Constituição, sem a qual o princípio constitucional da responsabilidade não se realiza. Lembra também que é a lei que viabiliza a preceituação referente ao sistema eleitoral: alistamento, voto obrigatório, sufrágio universal, representação proporcional, partidos políticos, hoje constantes dos arts. 14, 17 e 45 da Constituição, podendo-se lembrar também, na mesma linha, a previsão da lei complementar sobre inelegibilidades (art. 14, § 9º). São hipóteses de legislação que desdobra o conteúdo das normas constitucionais. Estas últimas constituem mesmo normas de natureza constitucional material veiculadas por leis ordinárias ou complementares.

19. Já ressaltei, de outra feita, a relevância da lei no Estado Democrático de Direito. Pois ele tem que estar em condições de realizar, mediante lei, intervenções que impliquem diretamente uma alteração na situação da comunidade.[32] E se a Constituição se abre para as transformações políticas, econômicas e sociais que a sociedade requer, a lei se elevará de importância, na medida em que se caracteriza como desdobramento necessário do conteúdo da Constituição. Muitas normas constitucionais, outorgantes de direitos econômicos e sociais, dependem de uma legislação ulterior que integre sua eficácia e realize na prática sua aplicação. Neste caso, a lei até poderá ser considerada como um instrumento de realização da eficácia da Constituição, exercendo a função transformadora da sociedade, alterando-lhe o controle social, impondo mudanças sociais democráticas. A Constituição prevê, em vários de seus artigos, uma lei de tipo especial, a lei complementar, para desenvolver seu conteúdo, com natureza paraconstitucional. Igualmente observei, em outra ocasião, que "essas leis são puramente complementares das normas constitucionais. Não podem, portanto, distorcer o sentido do preceito complementado, mudando o sentido da Constituição".[33]

20. Não é, porém, só a lei que integra normas constitucionais. No campo da ordem econômica e da ordem social, muitos outros instrumentos, além da lei, podem desenvolver o conteúdo normativo de disposições constitucionais. Basta lembrar, como simples exemplo, o disposto no art. 196, segundo o qual o direito à saúde é garantido median-

---

31. Cf. artigo citado, *RF* 187/20.
32. Christian Starck, ob. cit., p. 300.
33. Cf. meu *Aplicabilidade das Normas Constitucionais*, 3ª ed., 3ª tir., São Paulo, Malheiros Editores, 1999, p. 230.

te *políticas sociais e econômicas* que visem à redução dos riscos de doença e de outros agravos e ao acesso universal e igualitário às ações e serviços para sua promoção, proteção e recuperação.

21. Uma Constituição é feita para ser cumprida, pois, como já disse de outra feita, não basta ter uma Constituição promulgada e formalmente vigente; impende atuá-la, completando-lhe a eficácia, para que seja totalmente cumprida.[34] Os meios de atuação foram vistos acima. Se essa integração não ocorre, tem-se um vazio, que, perdurando, importará mutação constitucional, por contravir à intencionalidade normativo-constitucional. "Se o comando impositivo não é cumprido, a omissão do legislador *[e de outras autoridades]* poderá constituir um comportamento inconstitucional, que agora é sindicável e controlável jurídica e jurisdicionalmente, por força do § 2º do art. 103 da Constituição."[35] Essa *inércia*, caracterizada pela não-aplicação prolongada das disposições constitucionais, intencional ou não, configura, como nota Anna Cândida da Cunha Ferraz, inegável processo de mudança constitucional, por lhes alterar o alcance, na medida em que paralisa a aplicação constitucional.[36]

De fato, se a integração das normas da Constituição constitui meio de fazê-la funcionar pela sua incidência às hipóteses nela delineadas, a falta de execução dos sistemas de integração previstos na Constituição importa mudança do seu sentido e conteúdo. Essa inércia assimila-se àquela impossibilidade do exercício das competências e atribuições estabelecidas na Constituição, de que fala Hsü-Dau-Lin.[37]

22. Não são menos caracterização de mutação constitucional, de duvidosa legitimidade, por ter um sentido de fraude, eventuais distorções de normas constitucionais por via dos meios de sua integração. Não raro, aquilo que é dado pela Constituição é esvaziado pela lei ordinária ou complementar. Assim é, por exemplo, o caso da participação nos lucros ou resultados ou na gestão da empresa, *conforme definido em lei* (art. 7º, XI, da Constituição). Veio a Medida Provisória 1.439, de 10.5.1996, regulando a matéria, fundada, porém, nas convenções de trabalho, quando a lei deveria estabelecer diretamente o sistema de participação. De certo modo, fraudou os desígnios do texto constitucional.

---

34. Minha ob. cit. *supra*, p. 226.
35. Minha ob. cit. *supra*, p. 129.
36. Ob. cit., pp. 230 e 231.
37. Cf. in Pedro de Vega, ob. cit., pp. 186 e 187.

Mais um exemplo é o da Lei Complementar 78/93, que fixou o número de deputados, nos termos do art. 45, § 1º, da Constituição. Esse dispositivo determinou que a lei complementar estabelecesse, proporcionalmente à população, o número de deputados, para que nenhuma unidade da Federação tenha menos de oito ou mais de setenta deputados. O art. 2º da lei deformou esse final do dispositivo constitucional ao estabelecer que o *Estado mais populoso* será representado por setenta deputados federais. Reduziu as possibilidades do texto constitucional, pois só admite um Estado – o mais populoso – com setenta deputados, quando a Constituição diz apenas que nenhuma unidade da Federação terá mais de setenta deputados – o que, observadas as regras de proporcionalidade, poderia admitir mais de um com setenta representantes. A lei foi reducionista.

6. *A interpretação e a construção constitucionais*

23. A interpretação, como tal, não pode mudar a Constituição, só por si. A interpretação jurídica, em qualquer de suas formas, é modo de compreensão, que é uma modalidade de conhecimento. "Compreender, adverte Cossio, é conhecer algo em seu ser quando esse ser é ser um sentido, e interpretar é compreender o objeto cultural já criado. A interpretação é, assim, um conhecimento cultural, o que, em última análise, significa que a interpretação é uma problema da teoria do conhecimento",[38] aplicada aos bens culturais, como é o Direito. Isso quer dizer que a interpretação busca conhecer o objeto do conhecimento, tal como se apresenta, ou seja, sem modificá-lo.

Vale dizer: a interpretação (salvo a interpretação construtiva de que falarei em seguida), por si, não pode produzir mutação constitucional. O que ela pode é mostrar que o objeto a ser conhecido se transformou, quer porque a realidade a que se refere evoluiu e requer que o objeto normativo se acomode a ela, se tiver elasticidade suficiente para tanto, ou porque palavras ou expressões normativas sofreram mudanças semânticas que exigem que o seu novo sentido seja explicitado pela interpretação. É especialmente nessa hipótese que se diz que o significado da Constituição dos Estados Unidos da América é hoje muito diferente do original. Aí a interpretação, especialmente a judicial, exerce um papel fundamental de adaptação das normas constitucionais às exigências de novos conceitos da realidade por elas pensadas.

---

38. Cf. Carlos Cossio, *La Teoría Egológica del Derecho*, 2ª ed., pp. 40 e ss. e 72 e ss.

24. É bem verdade que os processos de interpretação integrativa, por analogia ou por extensão normativa, podem modificar o alcance de normas constitucionais. O exemplo que sempre se oferece é o referente à cláusula de comércio nos Estados Unidos da América. Segundo o n. 3 da Seção VIII da Constituição norte-americana, compete ao Congresso dos Estados Unidos regular o comércio com as Nações estrangeiras, entre os diversos Estados e com as tribos de índios. Aí não entra expressamente o comércio intra-estadual, mas o intenso desenvolvimento econômico dos Estados Unidos da América levou a Corte Suprema a interpretar a palavra "comércio", do dispositivo, como abrangente de muitas realidades que antes não eram incluídas no conceito de comércio interestadual, inclusive aspectos do comércio intra-estadual.[39]

A interpretação incorreta, que importe mudar a Constituição, é inconstitucional. Mas têm havido situações dessa natureza. O caso mais extraordinário foi a inversão da natureza do Estatuto Albertino, de 1848, que é a Constituição italiana, que vigorou até o fascismo. Os estudantes de Direito Constitucional recebem nas suas primeiras aulas a informação de que esse Estatuto é o típico exemplo de Constituição escrita flexível. Mas nas primeiras dezenas de anos de sua existência não era assim. Ao contrário, ele era tido como imodificável, porque não previu processo para sua modificação. No seu "Proêmio", o Rei Carlos Alberto o chamou de "lei perpétua e irrevogável da Monarquia".[40] Alessandro Pace é explícito: "O Estatuto Albertino, enquanto ato constitucional especial, formalizado num apropriado documento especificamente qualificado de 'Lei Fundamental', era – em conformidade com sua forma e com sua natureza – uma Constituição não-modificável na via ordinária. E tal foi, inicialmente, ainda que não pacificamente, considerada por estudiosos e políticos. É, porém, indubitável que, em um segundo momento, o Estatuto *se tornou* (*rectius*: foi considerado) 'flexível'. Isso derivou, convergentemente, de um lado, da natureza 'elástica' das normas estatutárias, que tornavam geralmente possíveis notáveis mutações normativas, contanto que fosse por lei, de outra parte, em razão do surgimento de (...) conjuntura político-cultural que – querendo explicar a vicissitude em termos normativistas – determinou a existência de uma 'lacuna aparente' em relação ao regime de imodificabilidade a que as normas do Estatuto eram submetidas: lacuna que tornou, portanto,

---

39. Cf. ampla discussão do tema em Edward S. Corwin, *A Constituição Norte-Americana e seu Significado Atual*, Rio de Janeiro, Zahar, 1986, pp. 47 e ss., e também em K. C. Wheare, ob. cit., pp. 111 e ss.

40. Cf. Gaetano Arangio-Ruiz, *Istituzioni di Diritto Costituzionale*, Milão, Fratelli Bocca Editori, 1913, p. 467.

possível a introdução, no ordenamento estatutário, de uma norma consuetudinária 'sobre' a produção normativa, que facultava a modificação das suas normas pelas leis ordinárias".[41]

Arangio-Ruiz, ao dizer que o Estatuto não previa a sua modificação, concluía que "a lógica conseqüência é que não havia distinção entre lei constitucional e lei ordinária".[42] Em verdade, a conseqüência lógica é bem ao contrário, pois um documento denominado Constituição (carta, estatuto, ato constitucional), observa Alessandro Pace, que contém a forma de Estado e de governo, constitui um *unicum*. Segue-se daí que esse especial ato constitucional não pode ser modificado pelo legislador ordinário, porque a rigidez é caráter 'natural' das Constituições escritas. Pela mesma razão, o silêncio da Constituição sobre o procedimento para sua revisão não muda o regime de "imodificabilidade" desse ser, a Constituição escrita, ato em si e por si "superior".[43]

O processo de flexibilização da Constituição italiana de 1848 por modos nela não acolhidos mostra o perigo das mutações constitucionais sem limites, capazes de destruir a Constituição.

25. Passemos à *construção constitucional* que se forma por via de interpretação construtiva da Constituição, que, na lição de Mílton Campos, "é outro processo fecundo de adaptação dos textos constitucionais permanentes à realidade em transformação constante. O juiz não pode ser um aplicador frio da letra das leis", pois, "sob o impacto de circunstâncias não previstas pelo legislador, há de ver na lei não uma letra morta, mas um tecido vivo, capaz de reações novas ante a provocação de situações supervenientes".[44]

A *construção constitucional* é uma forma de interpretação fecunda na medida em que, partindo de uma compreensão sistemática de princípios e normas constitucionais, constrói instituições explicitamente não previstas. Como qualquer forma de construção, também a *construção constitucional* consiste na reunião de vários elementos numa edificação unitária. A mais fantástica construção constitucional, de repercussão universal, se deu com a criação do instituto do controle de constitucionalidade das leis pela sentença do *Chief Justice* Marshall,

---

41. Cf. *Potere Costituente, Rigidità Costituzionale, Autovincoli Legislative*, Pádua, CEDAM, 1997, pp. 13-15.
42. Ob. cit., pp. 465 e 466. Por isso rebateu a citada declaração do Rei Carlos Alberto sobre a perpetuidade e irrevogabilidade do Estatuto, afirmando que tal não significava considerá-lo imutável em suas normas.
43. Cf. Alessandro Pace, ob. cit., pp. 10 e 11.
44. In *RF* 187/21.

em 1803, na Corte Suprema dos Estados Unidos da América, partindo da idéia de que o Poder Legislativo é um poder definido e limitado, a Constituição é uma lei superior, se ela puder ser modificada pela lei ordinária, então as Constituição escritas serão absurdas tentativas feitas pelo povo para limitar um poder em sua natureza ilimitável. "Certamente todos os que fizeram Constituições escritas as contemplam como coisas que formam a lei fundamental e suprema da Nação, e, por conseguinte, a teoria de todos os governos dessa espécie deve ser a da nulidade do ato da legislatura que contrarie a Constituição."[45]

O Judiciário brasileiro não é fértil em construção constitucional, nem esta é um procedimento cotidiano. Aqui, foi fértil a construção da chamada doutrina brasileira do *habeas corpus*, estendendo-o à proteção dos direitos pessoais líquidos e certos quando ele se destinava, como se destina, a proteger a liberdade pessoal de locomoção. Dessa doutrina surgiu o mandado de segurança.

Outra construção constitucional interessante, não-judicial, mas doutrinária, foi a da figura do *interventor*. A Constituição de 1891 previu a intervenção federal nos Estados (art.'6º), mas não previu a figura do interventor. Então, surgiu a controvérsia sobre a possibilidade de sua nomeação em relação às intervenções nos Estados de Mato Grosso e do Amazonas, por volta de 1906. Ruy Barbosa discutiu profundamente o assunto: "reconhecendo que a Constituição se não ocupava com a entidade do interventor, reconhecia eu ao legislador nacional o direito de, no uso da faculdade a ele conferida pelo art. 6º, n. 2, criar por lei a intervenção e confiá-la a um interventor".[46] Fundamentou-se Ruy Barbosa na doutrina dos poderes implícitos – "Quer dizer (princípio indiscutível) que, uma vez conferida uma atribuição, nela se consideram envolvidos todos os meios necessários para a sua execução regular" – e no "princípio de que a concessão dos fins importa a concessão dos meios".[47]

7. As práticas político-sociais

26. As práticas político-sociais geram precedentes políticos que interferem no significado de certos preceitos da Constituição. Não é

---

45. Cf. in Saul K. Padover (*A Constituição Viva dos Estados Unidos*, São Paulo, Ibrasa, 1964, pp. 89-93) a transcrição integral da famosa sentença de Marshall.
46. Cf. *Comentários à Constituição Federal Brasileira*, v. I, São Paulo, Saraiva, 1932, p. 195.
47. Ob. cit., v. I, pp. 210 e 211.

raro que uma prática constitucional introduza regra em desacordo com normas constitucionais. Aí é que se manifestam as chamadas *convenções constitucionais*.[48]

Pedro de Vega, contudo, adverte que, "em um sistema constitucional rígido, qualquer modificação que se estabeleça na legalidade fundamental, à margem do procedimento de reforma, não admite outra interpretação possível senão a de entendê-la como uma violação da Constituição. Por isso não cabe falar de mutações criadas diretamente por atos normativos. Uma lei com conteúdos materiais opostos à norma fundamental não gera uma mutação, mas simples e somente um pressuposto de inconstitucionalidade".[49]

27. As *convenções constitucionais* ocorrem, especialmente, no sistema inglês de Constituição não-escrita e flexível, que representa uma complicada reunião de leis, decisões judiciais, costumes, tradições e convenções, segundo expressão de *Sir* Yvor Jennings.[50] Por isso ela vai se acomodando às novas condições que surgem. As *convenções* são normas extrajurídicas formadas por meio de precedentes políticos que se tornaram práticas costumeiras relativamente às atribuições e funcionamento dos poderes. É a isso que a classificação citada de Mílton Campos denomina "consenso costumeiro". As convenções diferem dos costumes, na Grã-Bretanha, porque estes são usos e práticas reiteradas que a jurisprudência sancionou. As convenções não recebem sanção judicial. Por serem práticas políticas, escapam à apreciação do Poder Judiciário.[51] Mas, nesse caso, não se trata do conceito de mutação constitucional, pois este deve ser reservado apenas para modificação de Constituição rígida.

---

48. Cf. Pedro de Vega, ob. cit., pp. 200 e 201. Wheare nota que: "En principio es preciso observar que las fuerzas que provocan el cambio en las Constituciones puden actuar en una de dos formas. En primer lugar pueden originar un cambio en las circunstancias que, de por sí, no conduzca a ningún cambio efectivo en el texto de la Constitución pero que, sin embargo, haga que ésta signifique algo diferente de lo acostrumbado o que perturbe su equilibrio. La segunda y la más patente forma en que dichas fuerzas actúan se da cuando éstas originan circunstancias que conducen a una modificación en la Constitución, ya sea por el proceso de una enmienda formal o a través de una decisión judicial o del desarrollo y establecimiento de algún uso o convención en la Constitución" (*Las Constituciones Modernas*, Barcelona, Editorial Labor, 1975, p. 77).

49. Ob. cit., p. 200.

50. Cf. *El Régimen Político de la Gran Bretaña*, pp. 13 e 14.

51. Cf. J. H. Meirelles Teixeira, ob. cit, p. 101; *Sir* Yvor Jennings, ob. cit., pp. 16 e 17.

Reconhece-se que as convenções constitucionais podem ocorrer também nos regimes de Constituição rígida. Mas aí, por regra, elas quase sempre importam desvios da reta compreensão das normas constitucionais.

Podemos lembrar alguns exemplos do sistema brasileiro. O surgimento do *voto de liderança* nas Casas Legislativas decorreu do esvaziamento do Congresso Nacional no regime militar, quando a função dos parlamentares consistia especialmente em obter nos Ministérios recursos para suas regiões. Sem número para votar, as decisões legislativas passaram a ser tomadas pelas lideranças presentes, que votavam, e votam, como se as respectivas bancadas estivessem decidindo. Tal prática contraria a regra constitucional segundo a qual *as deliberações de cada Casa e de suas Comissões serão tomadas por maioria dos votos, presente a maioria absoluta de seus membros* (art. 47 da Constituição), regra que já figurava nas Constituições anteriores.

Bancadas representativas dos Estados na Câmara dos Deputados: *a Constituição declara que a Câmara dos Deputados se compõe de representantes do povo, e o Senado Federal de representantes dos Estados (arts. 45 e 46). Mas a prática vai transformando essa teoria de que os deputados são representantes de todo o povo do país. É nítido que se fala e se pratica a idéia de que as bancadas estaduais na Câmara dos Deputados representam o interesse de seus Estados, em desacordo com aquelas previsões constitucionais.*

Abuso das medidas provisórias: *a produção de medidas provisórias sem observância de seus pressupostos revela prática contrária ao princípio de que ao Congresso Nacional cabe a função legislativa. Por meio das medidas provisórias, que constituem exceção em função da urgência, subverte-se esse princípio, na medida em que são expedidas, a critério do presidente da República sem os limites – relevância e urgência – previstos no art. 62 da Constituição, passando, com isso, a função legislativa praticamente e quase inteiramente a ser exercida pelo chefe do Poder Executivo. A reiteração das medidas provisórias não apreciadas agrava a violação dos princípios constitucionais. Os precedentes foram gerados devido à inércia do Congresso Nacional e à incúria do Poder Judiciário.*

Representação corporativa: outra prática que se desenvolve ao arrepio da Constituição é a da utilização do sistema de representação proporcional (art. 45) para a organização de verdadeira representação corporativa, formando, assim, bancadas suprapartidárias com representantes de certas corporações, especialmente corporações religiosas: a bancada evangélica, bancadas ruralistas, por exemplo – contrariando, assim, a idéia de proporcionalidade e o princípio da representação partidária.

8. Limites das mutações constitucionais

28. A doutrina contemporânea das mutações constitucionais aceita-as com as limitações indispensáveis para sua conformação com a ordem constitucional. Admitir o triunfo do fato sobre a norma, como queria Jellinek, como forma de mutação constitucional, seria destruir o próprio conceito jurídico de Constituição, pelo aniquilamento de sua força normativa. Esse conflito entre fato e norma pode ser resolvido: *a)* ou por emenda constitucional, como se deu com a Emenda 22 à Constituição norte-americana, que elevou uma prática constitucional (uma mutação), a reeleição sem limite do presidente da República, ao nível constitucional, com a limitação de reeleição apenas uma vez; *b)* ou pela prevalência da norma sobre o fato por decisão judicial firme, como seria o caso de o Supremo Tribunal Federal impedir reiteração indefinida de medidas provisórias.

São idéias sobre os limites das mutações que Pedro de Vega oferece, acrescentando, como arremate: "Enquanto a tensão sempre latente entre o fático e o normativo não se apresenta em termos de conflito e incompatibilidade manifesta, as mutações constitucionais podem coexistir com o princípio da supremacia constitucional, sem que este sofra deterioração importante. O problema dos limites da mutação começa quando a tensão entre os fatos e a normatividade se converte social, política e juridicamente em um conflito que põe em perigo a mesma noção de supremacia. É então quando aparece como única alternativa possível a de, ou bem converter a prática convencional (a mutação) em norma através da reforma, ou bem negar o valor jurídico da mutação, em nome da legalidade existente".[52]

29. Konrad Hesse também cuidou de estabelecer limitações às mutações constitucionais. A base de sua doutrina sobressai no seguinte texto: "A mutação constitucional e seus limites só se consegue entender com clareza quando a modificação do conteúdo da norma é compreendida como mudança 'no interior' da norma constitucional mesma, não como conseqüência de desenvolvimento produzido fora da normatividade da Constituição, e cuja 'mutação' em normatividade estatal tampouco se pode explicar satisfatoriamente quando se parte de uma relação de coordenação correlativa entre normalidade e normatividade".[53]

---

52. Cf. ob. cit., pp. 208 e ss.
53. Cf. ob. cit., p. 99.

Pouco adiante, continua: "Se as modificações da realidade social só devem considerar-se relevantes para o conteúdo da norma enquanto forma parte do âmbito normativo, se o 'programa normativo' resulta a esse respeito determinante e se para este último resulta fundamental o texto da norma, então o conteúdo da norma constitucional só poderá ser modificado no interior do marco traçado pelo texto". E logo, conclui: "Onde a possibilidade de uma compreensão lógica do texto da norma termina ou onde uma determinada mutação constitucional apareceria em clara contradição com o texto da norma, terminam as possibilidades da interpretação da norma e, com isso, as possibilidades de uma mutação constitucional".[54]

Tais delimitações e outras que a doutrina vai construindo asseguram melhor a defesa da Constituição diante dos perigos das mutações constitucionais.[55]

---

54. Cf. ob. cit., pp. 101 e 102.
55. Ainda é Konrad Hesse que lembra (ob. cit., p. 104).

ÍNDICE ALFABÉTICO REMISSIVO
(Os números remetem às páginas)

A

Ação civil pública
- conceito, 180
- jurisdição da liberdade, 180

Ação popular
- conceito, 21, 151, 80
- e democracia participativa, 20, 21, 51
- jurisdição da liberdade, 180

Acesso à justiça
- conceito, 150
- e desigualdade social, 157
- garantia constitucional, 152-155
- justiça igual para todos, 155
- organização judiciária, 158

Assembléia Constituinte de 1933
- convocação, 99
- deputados classistas, 99

Assembléia Geral Constituinte e Legislativa
- aristocracia, 90
- e a Fala do Trono, 91
- dissolução, 91
- imperial, 89
- o princípio popular, 90

Assembléia Nacional Constituinte
- audiências públicas, 109
- congresso constituinte, 42
- convocação, 17, 29, 30, 33, 35, 39, 40, 41, 72, 78, 108
- composição, 109
- Emenda Constitucional 26, 78
- exclusiva, 73, 75
- forma e conteúdo da constituição, 43
- formação constituição democrática, 42
- função legislativa ordinária, 34, 39
- livre e soberana, 30
- participação popular, 109
- poder constituinte originário, 19
- senadores biônicos, 34, 36, 37
- soberana, 72, 73, 74
- soberania popular, 74

Assistência judiciária
- e condição econômica, 158
- patrocínio honorífico, 158

Ato Institucional n. 5
- instrumento duro e cruel, 107

Ato jurídico perfeito
- conceito, 225, 226
- e direito adquirido, 225

C

Cartorialismo capitalista
- e regime militar, 123

Cidadania
- Constituição do Império, 139
- construção da, 137
- direitos da, 151
- e a Constituição de 1988, 112
- e acesso á justiça, 150
- e conceito de povo, 44
- e constituição dirigente, 140, 141
- e democracia, 138
- e dignidade, 135
- e direitos humanos, 135, 138, 141
- e opinião pública, 49
- e representatividade, 47
- e vida humana digna, 186
- Faculdade de Direito, 137
- nova dimensão, 140
- regime democrático, 47
- vinculação ao princípio democrático, 15

Cidadão
- e povo, 86

Coisa julgada
- conceito, 226
- material e formal, 226
- núcleo constitucional imodificável, 231, 232, 233, 234

Comissão Afonso Arinos
- e constituinte democrática, 57

Competências constitucionais
- desuso, 287

Confederação do Equador
- e a Constituição do Império, 92
- e Frei Caneca, 92

Congresso Constituinte
- e Constituição de 1891, 94, 95

Constitucionalismo brasileiro
- e a Constituição de 1988, 111

Constituição
- ato constituinte fundamental, 29
- conteúdo democrático, 21, 22
- defesa, 13, 14
- definição, 188
- democrática, 19
- dignidade da pessoa humana, 35
- e constituinte, 15
- e pacto social, 17
- e Poder constituinte, 15
- e transformação da realidade, 21, 43
- e vontade constituinte, 29
- escrita, 67
- formação, 69
- função, 188
- legitimidade, 69
- não-escrita, 67
- natureza mutável, 279
- outorgada, 11
- populares, 67
- repositório de valores, 13, 14
- significados, 66
- soberania da, 229

Constituição de 1891
- e as oligarquias, 170
- e o coronelismo, 170
- formação, 30, 31, 94, 95
- prática do regime, 170

Constituição de 1934
- formação, 31, 99, 100
- carta ditatorial, 100, 101

Constituição de 1946
- e regime democrático, 17
- formação, 101-103
- sistema partidário, 55

Constituição de 1967
- formação, 32, 105, 106
- outorga indireta, 105

Constituição de 1969
- concepção autoritária, 18

- outorga, 107

Constituição de 1988
- constituição aberta, 289
- conteúdo, 110
- Declaração Universal dos Direitos, 188, 195
- direitos fundamentais, 258
- e cidadania, 112
- e constitucionalismo, 111
- e direitos da criança, 185
- e direitos humanos, 188
- e Estado Democrático de Direito, 125, 237, 261, 262
- e justiça social, 112
- e princípio da moralidade, 127, 128
- e princípio popular, 107, 111
- e proteção dos direitos humanos, 174
- formação, 109, 110
- princípio da constitucionalidade, 237
- princípio democrático, 238
- princípio da proteção dos direitos, 238
- ataques, 238
- princípio da reforma, 262, 263
- realização, 267
- relação de poderes, 267

Constituição de Cádiz
- adoção no Brasil, 88

Constituição democrática
- conteúdo, 21, 22, 23
- formação, 42, 76

Constituição dirigente
- e nova dimensão da cidadania, 140, 141, 142

Constituição do Império
- Confederação do Equador, 92
- divisão de poderes, 93
- formação, 30
- organização dos poderes, 169
- outorga, 93

Constituição legítima
- soberania popular, 43

Constituinte
- convocação, 57
- de democracia, 56
- e constituição, 15
- e discriminação, 63
- e figuras do passado, 58
- e nova ordem constitucional, 17
- e regime democrático, 42
- influência da televisão, 62

Constituinte 1946
- formação 31, 32

– processo constituinte, 33
Construção constitucional
– e interpretação, 293
– e mutação constitucional, 293, 294
Continuismo governamental
– e proibição de reeleição, 64
Controle de constitucional
– no Brasil, 177
– Constituição de 1988, 254, 255
– sistema americano, 249-251
– sistema brasileiro, evolução, 251-254
– sistema europeu, 248
– sistemas, 247-251
Controle externo do Judiciário
– concepção, 161
– constituições estrangeiras, 161, 162
Convenção constitucional
– conceito, 295
Convocação da Constituinte
– crítica, 79-81
– referências históricas, 80
Coronelismo
– e poder dos governadores, 95
– sentido, 170
Corte constitucional
– concepção, 164, 165
– debate, apoio, 36
– e jurisdição constitucional, 164, 165
– proposta de criação, 28, 165
Costume constitucional
– existe?, 286
Criança
– direito à convivência familiar, 209
– direito à educação, 209
– direito à dignidade, 209
– direito à liberdade, 210
– direito à saúde, 209
– direito à vida, 209
– direito ao respeito, 210
– direitos humanos da, 207 e ss.
– proteção constitucional, 185
– promessa e realidade, 185-186
Crime de responsabilidade
– fundamento constitucional, 132, 133

D

Declaração Americana de Direitos
– conteúdo, 194
Declaração de direitos
– Constituição do Império, 167, 168, 169
– Constituição de 1891, 169, 170
– Constituição de 1934, 172
– Constituição de 1946
– Constituição de 1967/1969, 172
– Constituição de 1988, 174
– da criança e adolescente, 185
– e dignidade da pessoa humana, 182
– promessa e realidade, 181-186
– universalização, 190
Declaração Universal dos Direitos Humanos
– conteúdo, 191, 192
– formação, 191
– impacto na Constituição de 1988, 188, 195
– objetivos fundamentais, 193
– outros documentos internacionais– 194
Defesa da Constituição
– e ataques, 238, 239
– defesa jurídica, 240
– defesa política, 238
– meios de, 238
– pressupostos e conceito, 237
Democracia
– afirmação do povo, 43
– conceito, 15, 23, 43, 44
– concepção, 15
– direta, 47
– e cidadania, 138
– e cultura do povo, 62
– e elitismo, 62
– e Estado de Direito, 114
– e Estado Democrático de Direito, 126
– e legislativo forte, 61
– e povo, 138
– e tabelamento de preços, 60
– garantia de direitos, 46, 47
– indireta, 47
– participativa, 20, 50-52
– pretensos obstáculos, 54
– processo de luta, 45
– princípio básico, 43
– princípios, 46
– qualificações, 46
– semidireta, 47
– representativa, 147-50
– revolução permanente, 12
– teoria e prática, 59
– vontade do povo, 20
– valores, 46, 47

Democracia econômica
- e poder econômico, 46

Democracia participativa
- ação popular, 21
- conteúdo, 20, 21
- e democracia semidireta, 20
- iniciativa popular, 20
- institutos, 51
- referendo popular, 20
- veto popular, 21
- revocação popular, 21

Democracia política
- e poder político, 46

Democracia representativa
- e regime político, 86

Democracia social
- e poder social, 46

Descentralização judiciária
- concepção, 163, 164

Desconstitucionalização
- conceito, 281

Dignidade
- conceito kantiano, 146
- essência do homem, 146

Dignidade da pessoa humana
- condição de eficácia, 182
- e cidadania, 135
- e direitos humanos, 135, 149
- e sistema carcerário, 184
- fundamento constitucional, 144
- natureza, 148, 149
- proteção constitucional, 146, 147
- valor supremo da democracia, 144

Direita
- concepção, 12, 13

Direito à liberdade da criança
- conteúdo, 211
- Convenção, 210
- Estatuto, 210
- fundamentos constitucionais, 211
- liberdade de ação, 212
- liberdade de brincar, 217
- liberdade de crença, 216
- liberdade de culto, 216
- liberdade de divertir-se, 217
- liberdade de expressão, 215
- liberdade de locomoção, 213
- liberdade de opinião, 215
- liberdade de praticar esporte, 217
- liberdade de refúgio, 219
- liberdade política, 218
- problemática complexa, 219

- promessa e realidade, 220
- vida comunitária, 218
- vida familiar, 218

Direito adquirido
- conceito, 223-225
- e ato jurídico perfeito, 225
- e direito público, 224
- e direito subjetivo, 223, 224
- e norma constitucional, 227
- e poder constituinte originário, 227
- fundamento constitucional, 224, 232

Direito divino
- monarquia, 82
- soberania, 82
- teoria do, 83

Direito intertemporal
- e direito adquirido, 221
- segurança jurídica, 222

Direito subjetivo
- conceito, 222
- e direito adquirido – 223

Direitos fundamentais
- equilíbrio de poder, 20
- proteção, 258

Direitos humanos
- concepção, 142
- Constituição do Império, 167, 168
- Constituição de 1891, 169
- constitucionalismo brasileiro, 166
- Declaração Universal dos, 188
- e ação positiva do Estado, 142
- e cidadania, 135, 138
- e constituição, 188
- e dignidade, 135
- e violência polícia, 183
- indivisibilidade, 196, 197
- interdependência, 196, 197
- positivação, 166, 189
- proteção constitucional, 166
- resistência popular, 173
- subjetivação, 166, 189
- universalidade, 196, 197

Direitos humanos da criança
- Convenção dos, 207
- Constituição de 1988, 207, 208
- direito à liberdade, 210

Direitos sociais
- base da aplicação imediata, 203
- classificação, 199
- conceito, 198, 199
- eficácia, 197, 198, 200, 201, 202
- eficácia contra terceiros, 202

- expressão do constitucionalismo, 21, 22, 23
- e inconstitucionalidade por omissão, 204
- e mandado de injunção, 204
- e prestação positiva, 201, 202
- garantias econômicas, 205
- iniciativa popular, 205
- instrumentos da eficácia, 203
- natureza, 198
- positivação, 199

Direitos subjetivos
- estabilidade, 222
- segurança jurídica, 222

Discriminação
- fato lamentável, 63

Doutrina da segurança nacional
- golpe militar de 1964, 172

E

Emenda constitucional
- conceito, 242
- e reforma, 242
- e revisão, 242

Equilíbrio de poder
- e direito fundamental, 20, 70
- e federalismo, 70
- Estado Democrático de Direito, 20
- governamental, 70

Esquerda
- concepção, 12, 13

Estabilidade constitucional
- constituição flexível, 280
- defesa da Constituição, 237
- e constituição rígida, 280
- e mudança constitucional, 235, 279
- e permanência da Constituição, 261

Estado
- intervencionista, 26
- equilíbrio de poderes, 26

Estado autoritário
- e corrupção, 123

Estado brasileiro
- crise e ruptura, 17

Estado de direito
- e democracia, 114

Estado de segurança nacional
- concepção autoritária, 124
- corrupção, 124

Estado democrático
- e Estado liberal, 119
- e Estado social, 119

Estado Democrático de Direito
- direitos fundamentais, 20
- democracia, 126
- e a Constituição de 1988, 114
- e corrupção, 114
- e ética política, 125
- equilíbrio de poder, 20
- princípio da legalidade, 127
- tarefa fundamental, 134

Estado ético
- e totalitarismo, 123-125

Estado liberal de direito
- concepção, 115-117
- e ética utilitarista, 120
- e princípio da legalidade, 120
- e utilitarismo, 119
- individualismo, 119

Estado material de direito
- concepção, 118

Estado social de direito
- concepção, 117-119
- ética corporativa, 120

Estados-membros
- garantia de autonomia, 25
- tributos propostos, 25

Ética
- cívica, 121
- e diálogo, 121
- e Estado ético, 123-125
- individual, 121
- no Estado de direito, 119
- política, 120, 121

F

Faculdade de Direito
- e construção da cidadania, 142, 143

Fala do Trono
- D. Pedro I, 91
- e concepção de constituição, 91

Federação
- equilíbrio federativo, 23
- proposta de redefinição, 23-26

G

Garantias constitucionais
- conceito, 175, 176
- direitos humanos, 166, 175

Garantias econômicas
- eficácia dos direitos sociais, 205

Globalização
- e reforma constitucional, 273, 274

Golpe de 1964
- ou revolução? 104

Governo do povo
- conceito, 45

Governo para o povo
- conceito, 45

Governo pelo povo
- conceito, 45

H

"Habeas corpus"
- conceito, 178
- jurisdição da liberdade, 178

"Habeas data"
- conceito, 180
- jurisdição da liberdade, 180

Homem
- conceito kantiano, 145
- fim não meio, 145
- ser racional, 145

I

"Ignorantia iuris"
- regra antidemocrática, 157

"Impeachment"
- processo Collor, 129-133

Inconstitucionalidade por omissão
- conceito, 204
- e eficácia dos direitos sociais, 205
- e imposições constitucionais, 256
- eficácia das normas constitucionais, 255, 257
- fonte da, 205

Iniciativa popular
- conceito, 20, 51
- e democracia participativa, 20, 51
- e eficácia dos direitos sociais, 205
- e referendo popular, 20

Interpretação constitucional
- e construção constitucional, 293
- e mutação constitucional, 291-294

J

Jurisdição constitucional
- conceito, 247, 177
- controle de constitucionalidade, 26, 247, 177

- e corte constitucional, 164, 165
- evolução, 247
- da liberdade, 177-181

Justiça Federal
- proposta de descentralização, 29

Justiça igual para todos
- e acesso à justiça, 155
- e realização da cidadania, 156

L

Lacunas constitucionais
- inexistência, 286

Legalidade
- e Estado de direito, 121

Liberalismo
- social, 11

Logradouros públicos
- conceito, 213
- e liberdade da criança, 213

M

Mandado de injunção
- conceito, 180
- e eficácia dos direitos sociais, 204
- jurisdição da liberdade, 180

Mandado de segurança
- coletivo, 179
- conceito, 179
- individual, 179
- jurisdição da liberdade, 179

Mandato político
- e povo, 61
- e representação, 48
- representativo, conceito, 48

Manifesto Republicano
- conteúdo, 94

Monarquia
- direito divino, 82

Moralidade
- administrativa, 122
- e corrupção, 122
- e legalidade, 121
- e poder, 122
- princípio constitucional, 127

Movimentos sociais
- e direitos humanos, 173

Mudança constitucional
- defesa da Constituição, 237
- e estabilidade constitucional, 235
- e reforma constitucional, 282

ÍNDICE ALFABÉTICO REMISSIVO

- emenda constitucional, 242
- formas, 263, 264, 281
- mutações constitucionais, 241
- processo formal de, 241, 242
- processo não-formal de, 241
- reforma constitucional, 242
- revisão constitucional, 242

Municípios
- participações, 26
- proposta de classificação, 24
- tributos propostos, 25-26

Mutações constitucionais
- conceito, 283
- convenções constitucionais, 295-296
- doutrina e concepções, 283-287
- e atos de complementação constitucional, 288
- e construção constitucional, 293
- e costume constitucional, 286
- e mudança constitucional, 241
- e reforma constitucional, 282
- fundamento, 283
- ilegítimas, 290
- limitações, 297
- por interpretação, 291-294
- práticas político-sociais, 294
- tipos, 287

N

Nação
- conceito, 83, 84

Norma constitucional
- e direito adquirido, 227
- incidência imediata, 230

Norma de garantia
- e direito garantido, 232, 233

Normas constitucionais
- geração sociológica, 260, 261

Normas fundamentais
- criação, 19

Nova República
- concepção, 108

O

Oligarquia
- cartorialismo, 123
- e clientelismo, 123
- novo tipo, 18
- patrimonialismo, 123
- poder dos governadores, 95

Omissão constitucional
- conceito, 256
- inconstitucionalidade por, 255, 256

Opinião pública
- expressão da cidadania, 49

P

Parlamentarismo
- e presidencialismo, debate, 26, 27
- na América Latina, 53

Participação popular
- e elaboração constitucional, 109

Partido político
- Conservador, 11
- coordenação da vontade popular, 49
- e mandato partidário, 50
- e sistema eleitoral, 50
- Império, 11
- Liberal, 11
- regime de 1891, 171

Período constituinte
- e situação constituinte, 29
- e vontade constituinte, 29

Pessoa humana
- e ser humano racional, 145
- fim não meio, 145

Poder
- e corrupção, 122, 123
- e moralidade, 122

Poder Constituinte
- atuação, 68
- conceito, 67
- constituído, 82
- decorrente, 82
- derivado, 68
- e constituição, 15
- e modo de existência da nação, 68
- e nova idéia de direito, 107, 108
- e poder popular, 82
- e revolução, 10
- exercício, 70, 71
- nova concepção de Estado, 108
- originário, 19, 68, 82
- poder divino dos reis, 82
- soberania popular, 82, 84
- titular, 67, 68

Poder constituinte originário
- e direito adquirido, 227, 229
- e soberania popular, 229

Poder corporativo
- e elaboração constitucional, 110

Poder de reforma
- e direito adquirido, 231
- limitações, 244, 245

Poder democrático
- democracia direta, 47
- democracia indireta, 47
- democracia representativa, 47-50
- democracia semidireta, 47
- exercício, 47

Poder econômico
- e democracia econômica, 46

Poder Judiciário
- juizado itinerante, 159, 160
- proposta de reoganização, 27, 28
- reforma, 159

Poder militar
- doutrina da segurança nacional, 103
- e Ato Institucional, 104
- e poder popular, 103

Poder Moderador
- Constituição do Império, 169
- invenção maquiavélica, 92
- opressão da nação, 92

Poder oligárquico
- e poder popular, 93, 94

Poder político
- e democracia política, 46

Poder popular
- e poder constituinte, 82
- e poder militar, 103
- e poder oligárquico, 93, 94
- e procedimento, 86
- redemocratização de 1946, 101

Poder social
- e democracia social, 46

Poderes governamentais
- equilíbrio, 26

Povo
- conceito, 43, 44
- em Rousseau, 86
- constitucionalismo brasileiro, 86
- e democracia liberal, 44
- governo do, 45
- governo para o, 45
- governo pelo, 45
- matéria prima da democracia, 139
- titular do poder social, 83

Práticas político-sociais
- e convenção constitucional, 295
- e mutação constitucional, 294

Presidencialismo
- concepção, 53, 54

- de gabinete, uma proposta, 27
- e parlamentarismo, 26, 27, 53
- objeção de debatedor, 36, 38
- uma discussão, 36, 38, 39

Princípio
- popular, 88
- da representação, 48
- da soberania popular, 49
- da supremacia constitucional, 240

Princípio da constitucionalidade
- conceito e conteúdo, 240
- rigidez constitucional, 240
- supremacia constitucional, 240

Princípio da constitucionalidade
- e moralidade, 127

Princípio da legalidade
- Estado Democrático de Direito, 127

Princípio da moralidade
- constitucionalização, 127
- e "impeachment" de Collor, 129-133
- e princípio constitucionalidade, 127, 128

Princípio democrático
- defesa, 259
- e soberania popular, 259

Princípio monárquico
- e princípio popular, 88

Princípio popular
- e Constituição de 1988
- e princípio monárquico, 88
- e problema do povo, 112

Princípios
- da democracia, 46

Procedimento
- e poder popular, 86
- constituinte, 87

Procedimento constituinte
- conceito, 87
- formação da Constituição de 1967, 105

Processo constitucional brasileiro
- uma singularidade, 88

Processo constituinte espanhol
- referendo popular, 77
- transição pacífica, 77

Processo constituinte português
- pontos fundamentais, 76

Processo justo
- direito da cidadania, 156
- e princípios formais do processo, 156

Proteção da criança
- promessa e realidade, 185

ÍNDICE ALFABÉTICO REMISSIVO

Q

Questão regional
- e federação, 24

R

Referendo constitucional
- e soberania constituinte, 75
- uma proposta democrática, 75, 76

Referendo popular
- conceito, 20, 51
- e democracia participativa, 20, 51
- e iniciativa popular, 20

Reforma administrativa
- conteúdo, 275-277
- e reforma constitucional, 275

Reforma constitucional
- balanço, 269-273
- conceito, 242
- e direito adquirido, 221, 231
- e emenda, 242
- e globalização, 273
- e mutação constitucional, 282
- e reforma política, 268
- e revisão, 242
- funções, 246, 265, 266
- reforma administrativa, 275-277
- reforma da previdência, 278

Reforma da previdência
- consideração geral, 278

Reforma do Judiciário
- controle externo, 161
- corte constitucional, 163
- descentralização judiciária, 163
- pontos da reforma, 161
- sentido, 165
- súmulas vinculantes, 161

Reformas constitucionais
- acertos e desacertos, 280

Regime constitucional
- e autoritarismo, 18

Regime democrático
- e equilíbrio de poder, 17, 18
- e sistema eleitoral, 20

Regime militar
- e corrupção, 123, 124

Regime monárquico
- não democrático, 169

Representação
- defeitos, 61
- e mandato político, 48

Representação proporcional
- representatividade do povo, 50

República
- Manifesto Republicano, 94
- proclamação, 94

Revisão constitucional
- conceito, 242
- e emenda, 242
- e reforma, 242

Revocação de mandatos
- conceito, 51
- e democracia participativa, 51

Revocação popular
- conceito, 21
- e democracia participativa, 20-21

Revolução de 1930
- esperança frustrada, 172
- frustração popular, 96
- supressão do regime constitucional, 172
- tenentismo, 97

Rigidez constitucional
- e supremacia constitucional, 240

S

Segurança nacional
- doutrina, 103

Sistema carcerário
- e dignidade da pessoa humana, 184

Sistema de governo
- parlamentarismo, 26, 27
- presidencialismo, 26, 27

Sistema eleitoral
- e regime democrático, 20
- e representatividade, 50

Sistema partidário
- Constituição de 1946, 55
- fragilidade, 55
- e mandato partidário, 50
- e vida democrática, 55

Sistema tributário
- conteúdo, 25, 26
- proposta de reformulação, 24
- tributos da União, 25
- tributos dos Estados, 25
- tributos dos Municípios, 25

Situação constituinte
- conceito, 19
- criação de normas fundamentais, 107
- e período constituinte, 29
- peculiaridade, 32

Situação jurídica subjetiva
– noção, 222
Soberania
– e monarquia, 82
– e poder, 86
– popular, 83, 85
Soberania do povo
– e soberania nacional, 83, 84
Soberania nacional
– e as constituições brasileiras, 85, 86
– teoria, 84
Soberania popular
– e constituição legítima
Soberania popular
– e sufrágio universal, 49
Sufrágio universal
– e mandato político, 49
Súmula vinculante
– concepção, 161
– e reforma judiciária, 161
Supremacia
– e rigidez constitucional, 240

– significado, 240, 241

T

Tenentismo
– concepção, 95, 96

V

Valores da democracia
– igualdade, 46
– liberdade, 46
Veto popular
– conceito, 21, 51
– e democracia participativa, 20-21, 51
Violência policial
– e direitos humanos, 183
– números expressivos, 183
Voto
– atas eleitorais, 171
– a bico de pena, 171
– currais eleitorais, 171

GRÁFICA PAYM
Tel. (011) 4392-3344
paym@terra.com.br